用友ERP系列丛书·用友 ERP 认证系列实验用书

用友 ERP 生产管理系统实验教程(U8.72 版)

张莉莉　主编

清华大学出版社

北　京

内 容 简 介

本书是用友 ERP 认证推荐实验用书，也可以作为高等院校信息管理与信息系统、工商管理等相关专业 ERP 相关课程的教学实验用书。

本书共分 14 章，第 1 章介绍了用友 ERP-U8.72 生产管理软件的应用基础，包括 ERP 生产管理系统概述、系统管理、共用资料设置和实验的组织设计；第 2~14 章分别介绍了生产制造系统中的主生产计划、需求规划、产能管理、生产订单、车间管理、物料清单、工程变更及设备管理 8 个模块，介绍了与生产管理活动密切相关的销售管理、采购管理、委外管理、库存管理 4 个供应链管理模块以及应收款管理、应付款管理 2 个财务会计管理模块的相关功能，并以实验的方式介绍了以上模块的使用和操作方法。

本书以企业生产经营活动为主线，以突出实战为主导思想，以一个企业单位的生产经营业务为原型，重点介绍了在企业信息化管理环境下各项业务的处理方法和处理流程。本书为学员量身定做了十几个实验，并提供了实验数据准备账套，以便提高实验效率；提供了 ERP-U8.72 版和 ERP-U8.61 版的生产管理实验操作学习工具，以辅助教学和自学，使学员尽快掌握各个系统功能的操作；提供了 ERP 实战演练短剧，以便体会 ERP 软件环境下企业生产经营活动的情景。本书中的每个实验既环环相扣，又可以独立运行，适应了不同层次、不同进度教学的需要。

图书在版编目(CIP)数据

用友 ERP 生产管理系统实验教程(U8.72 版)/张莉莉 主编. —北京：清华大学出版社，2012.7 (2019.7重印)

(用友 ERP 系列丛书·用友 ERP 认证系列实验用书)

ISBN 978-7-302-29260-9

Ⅰ. ①用…　Ⅱ. ①张　Ⅲ. ①企业管理—生产管理—计算机管理系统—教材　Ⅳ. ①F273-39

中国版本图书馆 CIP 数据核字(2012)第 151327 号

责任编辑：刘金喜　胡雁翎
封面设计：唐　宇
版式设计：康　博
责任校对：成凤进
责任印制：刘祎淼

出版发行：清华大学出版社
网　　址：http://www.tup.com.cn，http://www.wqbook.com
地　　址：北京清华大学学研大厦 A 座　　邮　　编：100084
社 总 机：010-62770175　　邮　　购：010-62786544
投稿与读者服务：010-62776969, c-service@tup.tsinghua.edu.cn
质量反馈：010-62772015, zhiliang@tup.tsinghua.edu.cn
印 装 者：清华大学印刷厂
经　　销：全国新华书店
开　　本：185mm×260mm　　印　张：19.25　　字　数：456 千字
(附光盘 1 张)
版　　次：2012 年 7 月第 1 版　　印　次：2019 年 7 月第 8 次印刷
定　　价：59.00 元

产品编号：045773-03

序

用 ERP 武装中国企业

中国企业在经历了“发挥劳动力成本优势”、“装备现代化”两个发展阶段后，现在正进入以应用 ERP 为代表的“企业信息化”发展阶段，并为“自主技术与产品研发”阶段建立基础。

ERP(企业资源计划)系统是当今世界企业经营与管理技术进步的代表。对企业来说，应用 ERP 的价值就在于通过系统的计划和控制等功能，结合企业的流程优化，有效地配制各项资源，以加快对市场的响应，降低成本，提高效率和效益，从而提升企业的竞争力。

在发达国家 ERP 从 20 世纪 90 年代中期开始普及。中国从 20 世纪 80 年代开始导入 ERP 的前身 MRP 及 MRPII，经过导入期和发展期，现在开始进入 ERP 普及应用时期。在 ERP 普及时代，ERP 将不只是少数大型企业的贵族式消费，而是更广泛企业(包括中小企业)的大众化应用。

在中国 ERP 的发展时期，国产 ERP 产品和服务能力得到长足发展。国产 ERP 以其产品结合中国和亚洲商业环境与管理模式、技术上的后发优势、深入的服务网络以及良好的性价比在中国和亚洲市场逐步成为主流，将对中国 ERP 普及发挥主力军的作用。

在 ERP 普及时代，企业需要大量的 ERP 应用人才，全社会需要 ERP 知识的广泛普及。用友公司作为中国 ERP 应用市场最大的软件及服务提供商，我们不仅把推动 ERP 在中国企业普及作为我们的商业计划，更作为全体用友人的历史使命和共同追求的事业。出版“用友 ERP 系列丛书”就是用友普及教育计划的一个重要组成部分。

ERP 应用是中国企业继装备现代化(“硬武装”)之后的又一次武装(“软武装”)。我们期待着 ERP 在中国企业的普及应用，千百万中国企业的经营与管理水平获得一次历史性的进步，中国企业在全球市场的竞争力实现跨越式提升。

王文京

用友软件股份有限公司董事长兼总裁

前　言

随着企业信息化建设的全面推进，企业对信息化管理人才的需求越来越迫切。ERP(企业资源计划)系统融先进管理思想、最佳企业业务实践于一体，受到企业界的广泛关注，几乎成为企业管理软件的代名词。作为中国最大的企业管理 ERP 软件供应商，用友 ERP 在国内得到了最广泛的应用。正是洞悉了企业对 ERP 应用人才的迫切需求，用友软件于 2003 年推出了面向社会大众的“用友 ERP 认证”，旨在普及 ERP 教育，提升学员的 ERP 应用技能，帮助企业建立遴选 ERP 应用人才的标准。

用友公司根据市场的用人需求，结合多年行业应用经验，设置了具有前瞻性和实用性的培训课程，既有理念体系贯穿其中，展示 ERP 蕴含的先进管理思想，又有大量实用技能的培训，使学员熟练掌握 ERP 应用技术，具有利用 ERP 系统管理企业业务的能力。

为了规范认证业务，用友软件组织了相关行业的专家、院校教师和实施顾问等，成立了用友 ERP 认证课件编写组，并收集大量资料、企业案例等，精心策划、共同开发用友 ERP 认证系列实验用书，本书即为其中之一。

本书在前一版的基础上进行了改进和完善，补充了大量专业术语和概念的解释与分析内容，并重新制作了新的数据账套。本书旨在从企业应用的实际出发，遵循由浅入深、循序渐进的原则，力求通俗易懂，便于操作。读者可以通过一个个实验亲自体验 ERP 生产管理系统的功能，掌握其功能特点及应用方法，提高企业信息化环境下的业务处理能力。

本书共分 14 章，以用友 ERP-U8.72 管理软件为实验平台，以一个企业的生产经营业务为线索贯穿始终，分别介绍了 ERP 生产管理系统中物料清单、主生产计划、产能管理、需求规划、生产订单、车间管理、工程变更、设备管理的生产制造模块，以及与生产管理活动有关的销售管理、采购管理、委外管理、库存管理、应收款管理及应付款管理等模块的相关功能。每章的内容都包括业务概述、系统业务流程和实验内容三个部分。每个实验都包括实验目的、实验要求、实验资料和操作指导以及问题思考等内容。

- “业务概述”主要介绍各个系统的基本功能、相关子系统功能模块之间的关系以及实验应用准备。
- “系统业务流程”介绍了日常的业务流程和主要的业务内容。
- “实验目的”明确了通过该实验应该掌握的知识点。
- “实验要求”指出了为完成本实验所需的操作要求。
- “实验资料”提供了实验的背景资料和应该准备的数据环境。
- “操作指导”针对实验要求和实验资料具体描述了完成实验的操作步骤，并且给出了操作中应该注意的重点问题。

本书附一张 DVD 光盘包括五部分内容：用友 ERP-U8.72 教学版软件、ERP-U8.72 生产管理实验数据账套、ERP-U8.72 生产管理实验操作学习软件、ERP-U8.61 生产管理实验操作学习软件和 ERP 实战演练短剧。它们作为学习工具为辅助教学和自主学习提供了便利条件。

本书既可以作为与用友 ERP 认证培训教程配套的实验用书，又可以作为高等院校开设的有关 ERP 原理与应用课程的实验用书，还可以供学员单独自学使用。使用对象为希望了解信息化应用的高等院校工商管理、经济管理、信息管理与信息系统等专业的学生和教师。

本书由张莉莉主编，负责全面策划、资料准备、案例数据编写、文稿撰写和审校等工作。在编写过程中得到了北京林业大学经济管理学院企业管理专业研究生付浦君同学的大力协助，该同学在“ERP-U8.72 版生产管理实验数据账套”的制作和数据截图等方面付出了大量的时间和精力，在此对她表示衷心的感谢。感谢用友新道科技有限公司王新玲老师给予的支持和帮助；感谢用友新道科技有限公司北京分公司提供拍摄场所。

为了满足教学需要，本书的编写受时间限制较大，如有不当和错误之处，恳请读者多提宝贵意见，以备今后进一步修改完善。

张莉莉

2012 年 3 月

光盘使用说明

欢迎您使用《用友 ERP 生产管理系统实验教程(U8.72 版)》(以下简称“实验教程”)，此实验教程光盘中所附的内容包括用友 ERP-U8.72 教学版软件、实验账套、U8.72 和 U8.61 版的生产管理实验操作学习软件，以及 ERP 实战演练短剧。光盘中的备份账套是实验得以顺利操作的保证。

1. 用友 ERP-U8.72 软件安装

该实验教程是在用友 ERP-U8.72 系统中操作的，您必须在计算机中安装用友 ERP-U8.72 教学版软件，然后进行实验操作。

用友 ERP-U8.72 的安装步骤和所需要的组件较多，具体的安装方法和设置请参见光盘中的“U8.72 安装说明.doc”文档。

2. 账套使用方法

光盘中的备份账套均为“压缩”、“只读”文件，应首先将相应的压缩文件从光盘上复制到硬盘上，再用解压缩工具进行解压(建议用 WinRAR 3.42 或以上版本进行解压)，得到相应可以引用的账套。引入账套之前，将已解压到硬盘中的账套备份文件的“只读”属性去掉，否则将不能引入相应的账套。

您可以在做实验前引入相应的账套，也可以将实验结果与备份账套相核对以验证实验的正确性。

3. 生产管理实验操作学习软件

本光盘中分别提供了 U8.72 版和 U8.61 版的生产管理实验操作学习软件，以辅助教学和自学。该学习软件视频可直接双击打开。

4. ERP 实战演练短剧

本光盘中还提供了 ERP 实战演练短剧，以便学员体会 ERP 软件环境下企业生产经营活动的情景。该短剧文件可直接双击打开。

目　录

第1章 系统应用基础

1.1 ERP 生产管理系统概述

本书以制造企业生产经营业务流程为主线，通过对 ERP 生产管理系统的相关功能模块的讲述来开展实验教学，旨在让学员了解企业生产经营活动的管理方法和管理流程。

管理的基本职能是计划、组织和控制，生产经营管理就是通过有计划、有组织的生产活动，生产出用户满意的产品，实现最大投入产出率的全过程控制。管理的目标是要达到“在需要的时候，以适宜的价格，向客户提供具有质量保证的产品和服务”，体现在严格按照客户要求的品种、数量、交货期和质量进行制造产品或提供服务的管理过程中。生产经营活动是企业经营管理的核心内容，涉及顾客服务、营销管理、生产计划与控制、质量保证、库存管理、工作执行、财务管理、人力资源管理等方面的活动，对它们所实施的管理从根本上而言就是对这些活动中所使用的人力、财力、物力等诸多生产要素及资源进行合理配置的管理。

对于一个产品制造企业而言，生产管理系统是一个复杂的系统，它由物质系统和管理系统构成。物质系统包括车间、设备、运输工具、原材料、半成品、产成品等，然而，要使生产经营活动按照既定目标得以实现，必须要有包括计划、控制功能的管理系统，通过计划来规定整个业务活动的流程，通过控制以使业务活动按照标准流程运作，通过信息反馈对计划进行修正而使其更加合理化和科学化。可见，企业生产经营活动的管理包含物质活动和管理活动，它们的起点是市场，而市场是以客户需求为中心、为导向的。

1.1.1 系统特点

用友 ERP 生产管理系统是 ERP-U8.72 管理软件的重要组成部分，是企业信息化管理中核心的和有效的方法和工具。它可以面向离散型和半离散型的制造企业资源管理的需求，遵循以客户为中心的经营战略，以销售订单及市场预测需求为导向，以计划为主轴，覆盖了面向订单采购、订单生产、订单装配和库存生产四种制造业生产类型，并广泛应用于机械、电子、食品、制药等众多行业。

生产管理系统的业务活动涉及企业的销售、计划、生产、采购、委外、库存、财务等业务管理内容，其中，“生产制造”子系统主要包括物料清单、主生产计划、产能管理、需求规划、生产订单、车间管理、工序委外、工程变更、设备管理等模块功能。

1.1.2 总体结构

以产品销售订单为导向，以计划为主轴的生产经营管理活动的流程如图 1-1 所示。

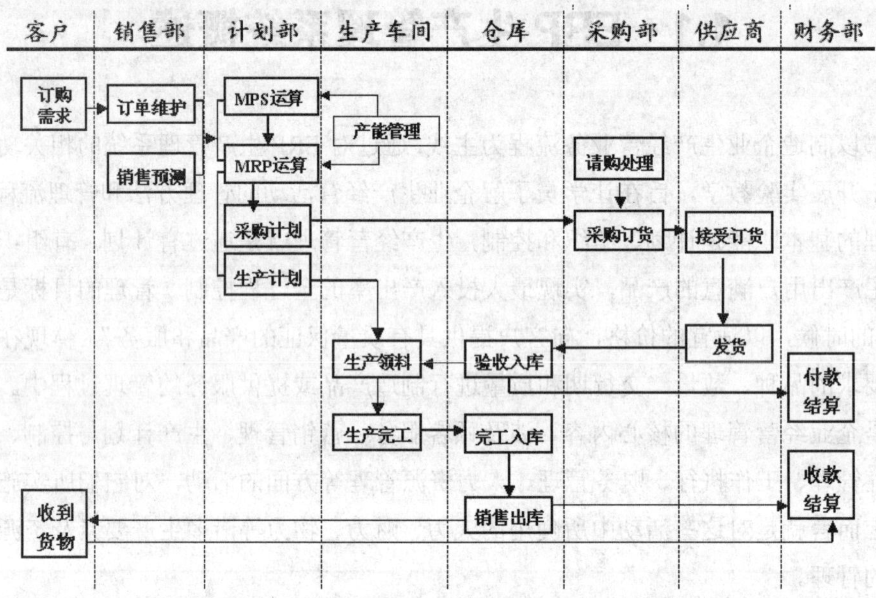

图 1-1 企业生产经营活动工作流程图

由图 1-1 所示的生产经营活动业务流程可见，第一，企业销售部门业务员根据客户的需求，从产品、规格型号、价格、有效期限、折扣等方面对客户进行产品报价，并进一步了解客户的购买意愿和需求；第二，当与客户签订了销售合同以后，将客户的实际需求和市场预测的需求相结合，由企业的规划部门制作出主生产计划和物料需求计划；第三，结合企业的资源产能情况分析、检查主生产计划和物料需求计划是否可行，如果可行，则可以进一步编制企业的采购计划、生产计划和委外计划，以便采购部门和生产部门组织对外采购、加工外包和加工制造的业务工作；否则，需要重新调整生产计划，甚至销售订单，直到生产需求与资源能力达到平衡；第四，采购部门按照采购计划组织安排采购人员开展所需料品的采购业务活动，生产部门根据生产计划组织车间或工作中心完成生产任务，生产部门按照委外计划安排委外商来企业领料回厂加工生产；第五，采购部门将采购到货的物料交付给仓库，仓库负责进行入库业务处理，委外加工完成和车间加工生产完成的料品交付给仓库，仓库负责办理入库处理业务；第六，产成品完工入库后，销售部门根据销售订单或销售合同组织向客户发货，由仓库负责进行出库业务处理；最后，财务部门负责对采购和委托加工的料品的应付款项进行付款结算和账务处理，对销售部门销售的料品进行收款结算和账务处理。

1.1.3　系统功能模块

用友 ERP-U8.72 系统将生产制造、供应链和财务业务等企业经营管理的各个环节集成为一体，体现了系统数据的集成性、共享性和时效性，实现了对企业资金流、物流和信息流的统一管理。生产管理系统的业务活动涉及企业的销售、计划、生产、采购、委外、库存、财务等业务管理内容，因此，该软件就通过相应模块的功能对上述各项业务工作进行数据处理，从而完成企业的各项业务活动。这些模块共用的基础信息包括企业部门、人员、岗位、存货、仓储、客户、供应商及财务等多方面的资料，这些公共资料数据被用友 ERP-U8.72 各个子系统共享。系统功能模块之间的关系如图 1-2 所示。

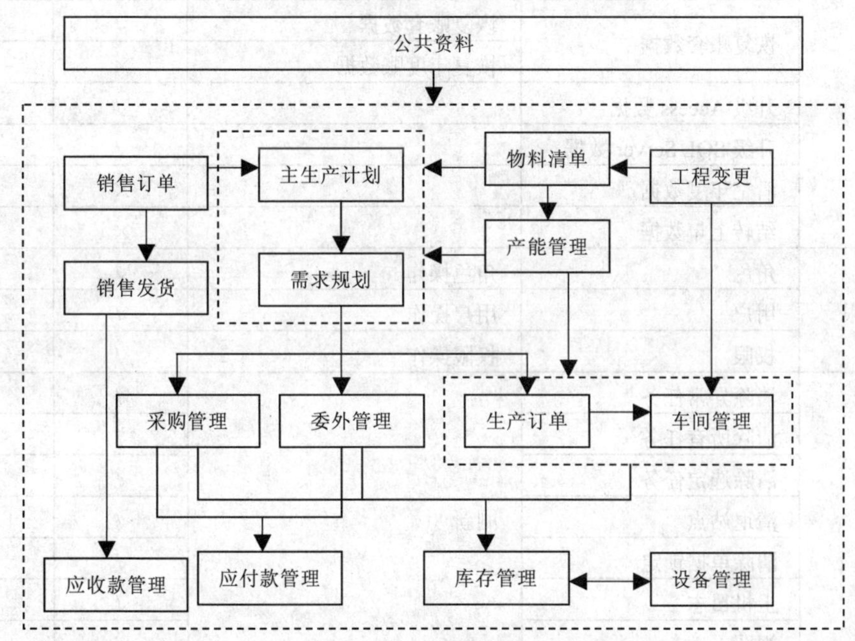

图 1-2　系统功能模块之间的关系

1.2 系 统 管 理

系统管理是用友 ERP-U8.72 的运行基础，它为其他子系统提供公共的账套、年度账及其他相关的基础信息。系统管理的功能包括对账套的建立、修改、引入和输出管理，对年度账的建立、引入、输出、结转上年数据、清空年度数据管理，对操作员、角色、权限的集中管理，以及对系统安全的管理等。系统管理的使用者是企业的信息管理人员，包括系统管理员(admin)和账套主管。admin 与账套主管的区别如表 1-1 所示。

在使用系统管理功能时，假设计算机系统时间为 2012-01-05，则账套建立的日期和系统启用日期均为 2012-01-05。

表 1-1　admin 与账套主管的区别

主要功能	详细功能 1	详细功能 2	admin	账套主管
账套操作	建立账套	新账套建立	√	×
		年度账建立	×	√
	修改账套		×	√
	删除数据	账套数据删除	√	×
		年度账数据删除	×	√
	备份账套	账套数据输出	√	×
		年度账数据输出	×	√
	设置备份计划	设置账套数据输出计划	√	×
		设置年度账数据输出计划	√	√
	恢复账套数据	恢复账套数据	√	×
		恢复年度账数据	×	√
	升级 Access 数据		√	√
	升级 SQL Server 数据		√	√
	清空年度数据		×	√
	结转上年数据		×	√
人员、权限	角色	角色操作	√	×
	用户	用户操作	√	×
	权限	权限操作	√	√
其他操作	清除异常任务	刷新	√	×
	清除所有任务		√	×
	清除选定任务		√	×
	清退站点		√	×
	清除单据锁定		√	×
	上机日志		√	×
	视图		√	√

1.2.1　初始化数据库设置

ERP-U8.72 软件安装完成以后，系统会自动配置数据源，数据源名称为 default。若提示数据源出现异常，可以对数据源进行重新配置，并对数据库进行初始化。

1. 配置数据源：连接数据库服务器

菜单路径：开始/程序/用友 ERP-U8.72/系统服务/应用服务器配置

或者“开始/程序/用友 ERP-U8.72/企业应用平台/系统服务/服务器配置/应用服务器配置”

在“配置工具”窗口中，单击“数据库服务器”按钮，进入“数据源配置”窗口，单击“增加”按钮，建立数据源(任意起名)，数据库服务器为计算机名称或 IP 地址，SA 用户密码为安装 SQL Server 数据库时设定的密码，也可在此处修改认证的密码。

2. 初始化数据库：创建数据库结构

岗位：系统管理员

菜单路径：开始/程序/用友 ERP-U8.72/系统服务/系统管理/系统/初始化数据库

或者“开始/程序/用友 ERP-U8.72/企业应用平台/系统服务/系统管理/系统管理”

数据库实例为计算机名称，输入 SA 密码后，单击“确定”按钮即可。

1.2.2　建立账套

岗位：系统管理员

菜单路径：开始/程序/用友 ERP-U8.72/系统服务/系统管理/系统/注册

或者“开始/程序/用友 ERP-U8.72/企业应用平台/系统服务/系统管理/系统管理”

菜单路径：开始/程序/用友 ERP-U8.72/系统服务/系统管理/账套/建立

(1) 单击“系统”菜单下的“注册”命令，进入登录界面，操作员为“admin”，密码为空，单击“确定”按钮。

(2) 在“账套”菜单下执行“建立”命令，用户可以根据向导提示录入各项内容，直到提示账套创建成功为止。

注意：

- 可以自己选择要存放的账套的磁盘路径。
- 在“会计期间设置”中，双击灰色的月份，可以修改结账日，确定会计期间。
- 本实验的企业类型为“工业”，选择“行业性质”为“2007 年新会计制度科目”。会计科目编码选择 422 的编码规则，即科目级次到 3 级，编码位长为 8 位(第 1 级 4 位、第 2 级 2 位、第 3 级 2 位)。

1.2.3 启用系统

1. 系统启用方式

(1) 由系统管理员创建新账套成功后，系统会自动提示选择是否进入启用系统界面，用户可以一气呵成地完成系统启用的工作。

(2) 也可以由账套主管在“企业应用平台/基础设置/基本信息/系统启用”中进行各子系统的启用操作。

2. 操作指导

(1) 执行“系统启用”命令，窗口中列出所有子系统的名称。

(2) 在方框内打钩，即可选择要启用的子系统。只有系统管理员和账套主管有对系统启用的权限。但是，系统管理员只能在“系统管理”模块中建立账套时操作启用系统；账套主管只能进入“企业应用平台”中启用系统。

(3) 输入启用会计期间的年和月。

(4) 单击“确认”按钮后，可保存此次的启用信息，并将当前操作员写入启用人名单中。

注意：

- 所有的系统进入时都要判断系统是否已经启用，未启用的系统不能登录。
- MS-SQL Server 中的 MSDTC 不可用(如图 1-3 所示)的解决办法：在 Windows 控制面板/管理工具/服务/Distributed Transaction Coordinator/属性/启动，启动类型选择手动或自动。

图 1-3 MSDTC 不可用提示

- 启用时若提示“其他系统独占使用，无法启用某些模块”。这是因为已登录的系统关闭后，没有在系统管理中注销它，或者在使用过程中，数据库关闭产生的异常退出，都会在任务表中保存一条记录，认为该用户还在使用系统。
- 解决的办法是：执行“开始/程序/Microsoft SQL Server/企业管理器”操作，双击打开 UFSystem 数据库，再双击其中的表，然后再打开 Ua_Task_common 表和 Ua_TaskLog 表(右击打开表/返回所有行)，逐一删除记录，如图 1-4 所示。

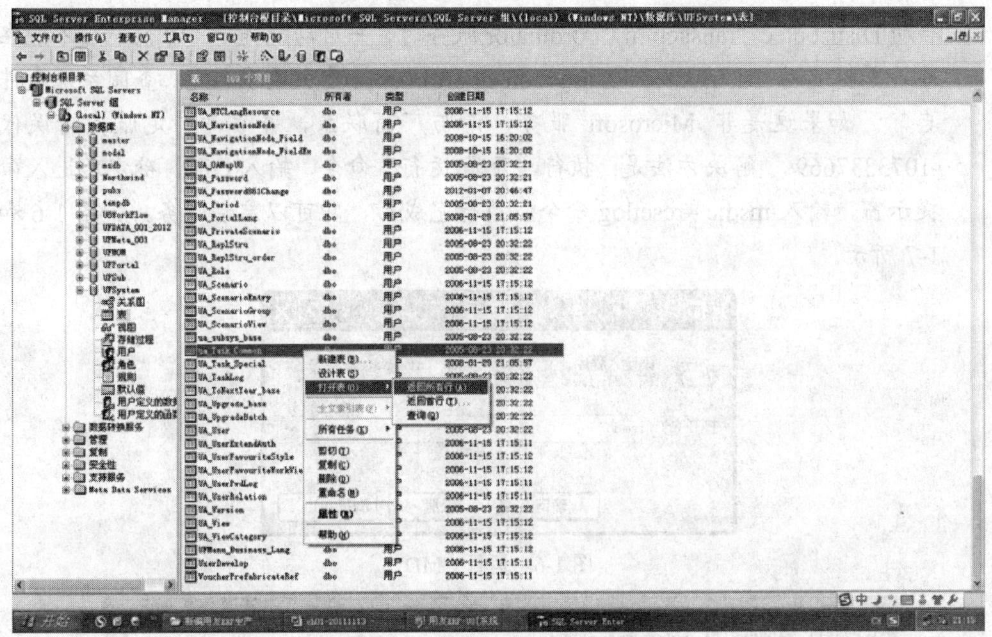

图 1-4　关闭未正常关闭的系统

- 用友 U8 "科目(××××××)正在被机器(××××)上的用户(×××)进行(××××)操作锁定，请稍候再试"的解决方法是：在 SQL Server 企业管理器中打开数据库 UFDATA_001_2012 中的表 GL_mccontrol 里的记录并进行删除，如图 1-5 所示。

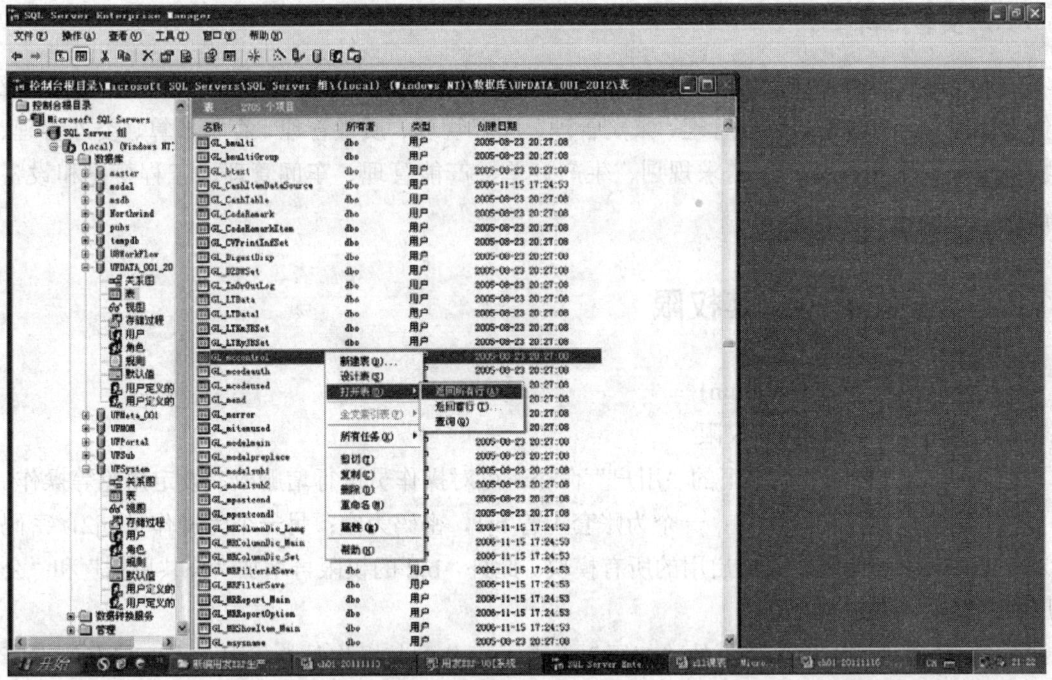

图 1-5　清除 GL_mccontrol 表中的记录

- 启动 Distributed Transaction Coordinator 服务时，一启动就提示“Windows 不能在本地计算机启动 Distributed Transaction Coordinator，有关更多信息，查阅系统事件日志”。如果这是非 Microsoft 服务，请与厂商联系，并参考特定服务错误代码 -1073337669 。解决方法是：执行“开始/运行”命令，输入 cmd，确定后进入命令提示窗，输入 msdtc –resetlog 命令，执行完成后，即可以启动服务，如图 1-6 和图 1-7 所示。

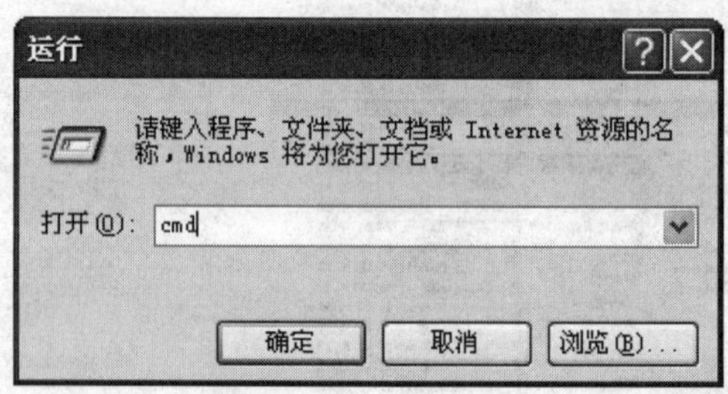

图 1-6　运行 CMD

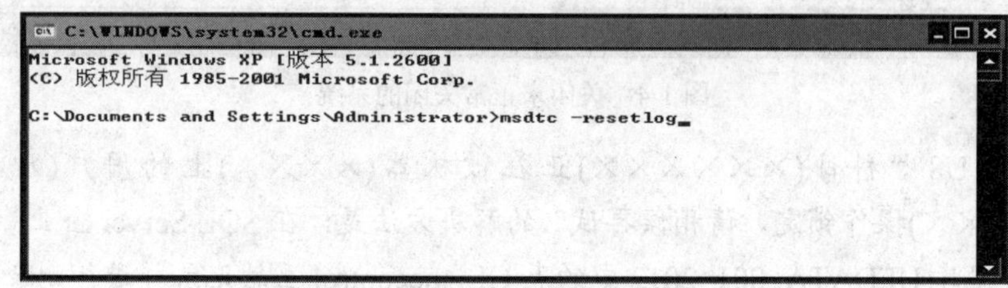

图 1-7　输入 msdtc –resetlog 命令

3. 实验资料

本实验所进行的生产经营管理工作需要启用以下业务子系统：总账、应收款管理、应付款管理、售前分析、销售管理、采购管理、库存管理、质量管理、存货核算、委外管理、物料清单、主生产计划、需求规划、生产订单、产能管理、车间管理、工程变更和设备管理。

1.2.4　设置用户及其权限

岗位：系统管理员(admin)

菜单路径：系统管理/权限

(1) 单击“权限”菜单下的“用户”命令，可对操作员进行增删改、设定角色等操作。

本实验设置了两个用户：一个为账套主管 bj1，密码为空；另一个为操作员 bj2，密码为空，他们均可使用本实验启用的所有模块。此外，bj2 的权限再增加“公共单据”和“公用目录设置”两个部分。

(2) 单击“权限”菜单下的“权限”命令，可分配某操作员的权限。在窗口左侧选择某操作员，在窗口右侧上方选中账套和年份，单击工具栏“修改”按钮，选中功能模块，最后“保存”设置即完成操作。

bj1 的权限设置如图 1-8 所示，bj2 的权限设置如图 1-9 所示。

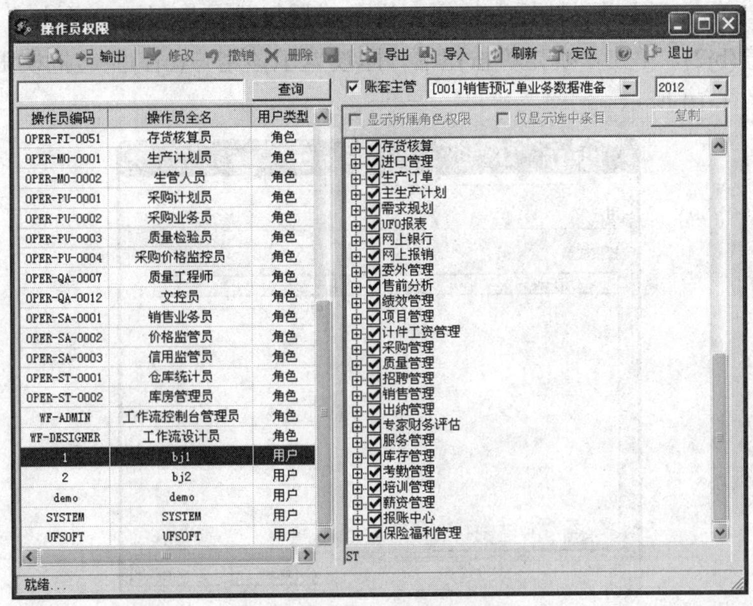

图 1-8　设置账套主管(bj1)权限

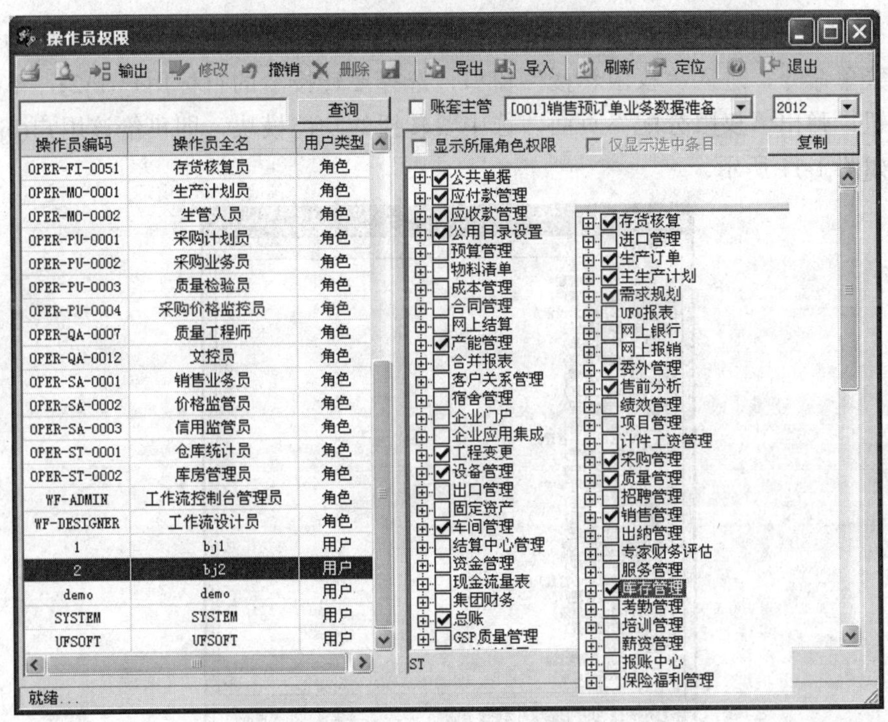

图 1-9　设置操作员(bj2)权限

(3) 为了减少系统管理员的压力和责任，提高功能权限授权的灵活性，除系统管理员以外，也允许其他用户进行功能权限的授权，即允许其他用户可以对别人的功能权限进行设置。

① 单击“权限”菜单下的“用户”命令，系统管理员在“用户管理”页面上选择某用户(bj1)，单击工具栏“转授”按钮，进入“授权成员”界面，单击“增加”按钮，选择目标用户(bj2)，单击“确定”按钮后，即设置了该用户(bj1)能够把权限转授给哪些人(bj2)，如图 1-10 所示。

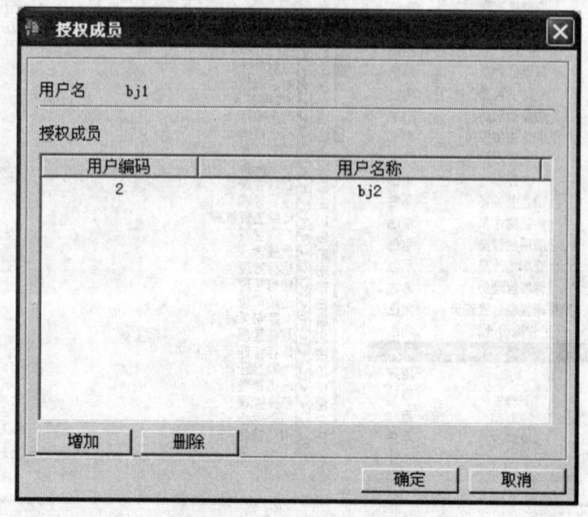

图 1-10　选择授权成员

② 拥有了转授权限的用户(bj1)可以执行“企业应用平台/系统服务/权限/功能权限转授”菜单命令，进入“权限转授”窗口，选择要转授给的目标用户(bj2)，单击“修改”按钮，弹出“权限分配”页面，选中要转授的功能模块，即可给该用户(bj2)分配权限，如图 1-11 所示。

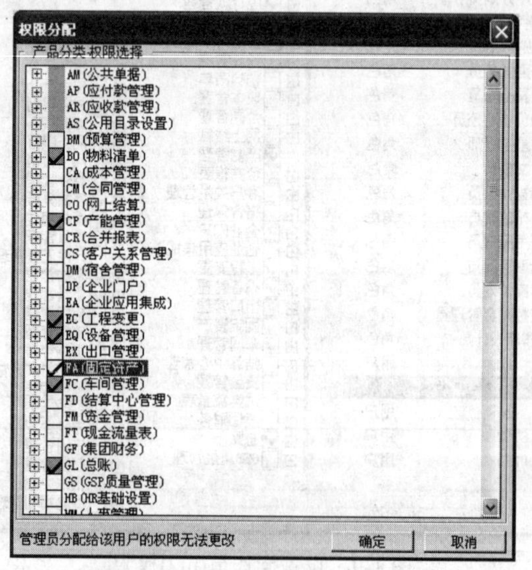

图 1-11　给目标用户(bj2)分配权限

③ 如果用户(bj1)想要对其他用户(bj2)收回分配的权限，则在“权限分配”页面把已

经转授的权限取消即可，被授权的用户则只拥有他原来的权限。

注意：

- “权限分配”页面中灰色的部分为目标用户已经拥有的权限，不能对目标用户的已有权限进行更改。
- 系统管理员删除用户能够授权的人时，已经授予的权限依然存在，需要管理员手动调整。例如：系统管理员设置 A 可以对 B 进行转授，A 对 B 也进行了权限转授，此时，系统管理员又设置了 A 不可以对 B 进行权限转授，但 B 仍然还拥有 A 对他转授的权限，因此，还需要系统管理员在“系统管理/权限/权限”中对 B 的权限进行手动取消。

1.2.5　输出与引入账套数据

岗位：系统管理员(admin)

菜单路径：系统管理/账套/输出

菜单路径：系统管理/账套/引入

(1) 由系统管理员(admin)执行“账套”菜单下的“输出”命令，可选择对某账套数据进行备份。备份成功后，生成 UFDATA.BAK 和 UfErpAct.Lst 两个文件。

(2) 由系统管理员(admin)执行“账套”菜单下的“引入”命令，可选择某账套数据导入系统。选择账套的引导文件 UfErpAct.Lst 进行某账套数据的引入。

注意：

若提示“数据库正在使用，引入不成功”，引入账套失败，主要是因为若已登录的系统关闭后，没有在系统管理中注销；或者在使用过程中，数据库关闭产生的异常非正常退出，都会在任务表中保存一条记录，认为该用户还在使用系统。解决的办法见“启用系统”部分的说明，如图 1-4 所示。

1.2.6　输出与引入年度账套数据

岗位：账套主管

菜单路径：系统管理/年度账/输出

菜单路径：系统管理/年度账/引入

(1) 由账套主管注册登录进入系统管理界面，执行“年度账”菜单下的“输出”命令，单击“确定”按钮，系统默认按登录时的年度输出年度账。输出成功后，生成 UFDATA.BAK 和 UfErpYer.Lst 两个文件。

(2) 由账套主管执行“年度账”菜单下的“引入”命令，可选择某账套数据导入系统。选择账套的引导文件 UfErpYer.Lst 进行某账套数据的引入。

1.3 设置共用资料

岗位：账套主管或授权人员

1. 设置部门档案

菜单路径：企业应用平台/基础设置/基础档案/机构人员/部门档案
资料如表 1-2 所示。

表 1-2 部门名称

部门编码	部门名称
0	厂部
1	销售部
2	采购部
3	财务部
4	仓管部
5	生产部
6	技术部
7	设备部

2. 设置人员档案

菜单路径：企业应用平台/基础设置/基础档案/机构人员/人员档案
资料如表 1-3 所示。

表 1-3 人员档案

人员编码	人员姓名	人员类别	行政部门	性别	是否为业务员
101	章海	在职人员	厂部	男	是
0010	薄宝龙	在职人员	销售部	男	是
0020	曹建新	在职人员	销售部	男	是
0030	李梅	在职人员	采购部	女	是
0040	刘东	在职人员	采购部	男	是
0050	夏雪	在职人员	财务部	女	是
0060	刘莉	在职人员	仓管部	女	是
0070	李丽	在职人员	仓管部	女	是
0080	王建	在职人员	生产部	男	是
0090	刘军	在职人员	生产部	男	是
0100	汤国强	在职人员	技术部	男	是
0102	苏言	在职人员	设备部	男	是

3. 设置地区分类

菜单路径：企业应用平台/基础设置/基础档案/客商信息/地区分类

资料如表 1-4 所示。

表 1-4 地 区 分 类

分 类 编 码	分 类 名 称
01	东北地区
02	华北地区
03	华东地区
04	华南地区
05	西北地区
06	西南地区

编码规则：** *** ****

4. 设置行业分类

菜单路径：企业应用平台/基础设置/基础档案/客商信息/行业分类

资料如表 1-5 所示。

表 1-5 行 业 分 类

分 类 编 码	分 类 名 称
1	工业企业
2	商业企业
3	其他

编码规则：* ** ***

5. 设置供应商分类及其档案

菜单路径：企业应用平台/基础设置/基础档案/客商信息/供应商分类

菜单路径：企业应用平台/基础设置/基础档案/客商信息/供应商档案

资料如表 1-6、表 1-7 所示。

表 1-6 供应商分类

分 类 编 码	分 类 名 称
01	工业
02	商业
03	其他

表 1-7 供应商档案

供应商编码	供应商名称	供应商简称	所属分类	币种	货物/委外/服务
0010	江苏塑料二厂	江苏塑料二厂	01 工业	人民币	货物
0020	北京铝材厂	北京铝材厂	01 工业	人民币	货物
0030	上海昊恒工贸有限公司	上海昊恒工贸	02 商业	人民币	货物
0040	北京兴隆注塑厂	北京兴隆注塑厂	01 工业	人民币	委外

6. 设置客户分类、级别及其档案

菜单路径：企业应用平台/基础设置/基础档案/客商信息/客户分类
菜单路径：企业应用平台/基础设置/基础档案/客商信息/客户级别
菜单路径：企业应用平台/基础设置/基础档案/客商信息/客户档案
资料如表 1-8、表 1-9、表 1-10 所示。

表 1-8 客 户 分 类

分 类 编 码	分 类 名 称
01	事业单位
01001	学校
01002	机关
02	企业单位
02001	工业
02002	商业
02003	金融
03	其他

编码规则：** *** ****

表 1-9 客 户 级 别

客户级别编码	客户级别名称
01	VIP 客户
02	重要客户
03	一般客户

表 1-10 客户档案

客户编码	客户名称	客户简称	所属分类	币种	信用额度
001	湖北华联商厦	湖北华联商厦	02002 商业	人民币	500 000
002	北京西单商场	北京西单商场	02002 商业	人民币	750 000
003	江西省钟表销售分公司	江西省钟表	02002 商业	人民币	300 000

注意：

- 如果在“销售管理/销售选项/信用控制”页签中，选项“控制客户信用”已被选中，表示将对该客户的销售单据实行信用额度控制。同时，还需要在“基础档案/客商信息/客户档案”的“信用”页签中，输入客户的信用额度，并选中“控制信用额度”选项。在此设置基础上，如果客户货款超过其信用余额，则在保存客户的销售订单、发货单等单据时，提示超出信用额度，等待审批人处理或者客户信用问题得到解决后才可以保存并生成相应单据。
- 如果在“应收款管理/设置/选项/权限与预警”页签中，选项“信用额度控制”已被选中，则当在应收款管理系统保存录入发票和应收单时，系统将对超出信用额度的单据提示不予保存，并保留起来等待处理。
- 应收款系统和销售管理系统可以分别启用或关闭信用控制，两者互不影响。

7. 设置存货分类

菜单路径：企业应用平台/基础设置/基础档案/存货/存货分类

资料如表 1-11 所示。

表 1-11　存 货 分 类

分 类 编 码	分 类 名 称
01	成品
02	半成品
03	材料

编码规则：** ** ** ** ***

8. 设置存货计量单位

菜单路径：企业应用平台/基础设置/基础档案/存货/计量单位

单击“分组”按钮，先对计量单位进行分组，然后单击“单位”按钮，输入各种计量单位。资料如表 1-12、表 1-13 所示。

表 1-12　存货计量单位组

计量单位组编码	计量单位组名称	计量单位组类别
01	箱	固定换算率
02	根	固定换算率
03	千克	固定换算率
04	米	固定换算率
05	包	固定换算率
06	元	固定换算率

(续表)

计量单位组编码	计量单位组名称	计量单位组类别
07	个	固定换算率
08	节	固定换算率
09	无固定计量单位	无换算率

注：只能出现 1 个无固定计量单位和无固定换算率，本实验都选固定换算率。

表 1-13　存货计量单位

计量单位编码	计量单位名称	计量单位组	主单位标志	换算率
01	箱	1 箱	是	1
02	个	1 箱	否	100
03	根	2 根	是	1
04	Gen	2 根	否	1
05	千克	3 千克	是	1
06	Kg	3 千克	否	1
07	米	4 米	是	1
08	Mi	4 米	否	1
09	包	5 包	是	1
10	Bao	5 包	否	1
11	元	6 元	是	1
12	YUAN	6 元	否	1
13	个	7 个	是	1
14	Ge	7 个	否	1
15	节	8 节	是	1
16	Jie	8 节	否	1
17	包	1 箱	否	10
18	个	5 包	否	10

注意：

- 换算率：录入辅计量单位和主计量单位之间的换算比，如一箱啤酒为 24 听，则 24 就是辅计量单位(箱)和主计量单位(听)之间的换算比。
    - ♦ 主计量单位的换算率自动置为 1。
    - ♦ 无换算计量单位组中不可输入换算率。
    - ♦ 固定换算的计量单位组，辅单位的换算率必须录入。
    - ♦ 浮动换算的计量单位组，可以录入，可以为空。

♦ 数量(按主计量单位计量) = 件数(按辅计量单位计量) × 换算率。

- 主计量单位标志：(打钩选择，不可修改)
  ♦ 无换算计量单位组下的计量单位全部默认为主计量单位，不可修改。
  ♦ 固定、浮动计量单位组：对应每一个计量单位组必须且只能设置一个主计量单位，默认值为该组下增加的第一个计量单位。
  ♦ 每个辅计量单位都是能和主计量单位进行换算的。

9. 设置仓库档案

菜单路径：企业应用平台/基础设置/基础档案/业务/仓库档案

资料如表 1-14 所示。

表 1-14　仓 库 档 案

仓库编码	仓库名称	部门	计价方式	仓库属性	参与 MRP 运算、参与 ROP 计算	货位管理
0010	原辅料仓库	仓管部	全月平均法	普通仓	是、是	否
0020	成品仓库	仓管部	全月平均法	普通仓	是、是	否
0030	半成品仓库	仓管部	全月平均法	普通仓	是、是	否
0040	委外仓库	仓管部	全月平均法	普通仓	是、是	否
0050	现场仓库	仓管部	全月平均法	普通仓	是、是	否
0060	备件仓库	仓管部	全月平均法	普通仓	是、是	否
ZZ001	借用仓	仓管部	全月平均法	普通仓	是、是	否

10. 设置存货档案

菜单路径：企业应用平台/基础设置/基础档案/存货/存货档案

资料如表 1-15 所示。本实验只有电子挂钟是 MPS 件，其他存货均不属于 MPS 件。

表 1-15　存 货 档 案

基 本 资 料								计　划	
存货编码	存货代码	存货名称	计量单位	存货分类	存 货 属 性	供应倍数	供需政策	固定提前期+变动提前期(变动基数)	成本相关
10000	10000	电子挂钟	个	01 成品	内销、外销、自制	30	PE	1+1(200)	是
11000	11000	机芯	个	02 半成品	外购、生产耗用		PE	3	是
12000	12000	钟盘	个	02 半成品	自制、生产耗用		PE	2	是
12100	12100	长针	根	02 半成品	自制、生产耗用		PE	1	是
12200	12200	短针	根	02 半成品	自制、生产耗用		PE	1	是

(续表)

基本资料								计划	
存货编码	存货代码	存货名称	计量单位	存货分类	存货属性	供应倍数	供需政策	固定提前期+变动提前期(变动基数)	成本相关
12300	12300	秒针	根	02 半成品	自制、生产耗用		PE	1	是
12010	12010	铝材	kg	03 材料	外购、生产耗用		PE	4	是
12400	12400	盘面	个	02 半成品	自制、生产耗用		PE	1	是
12410	12410	盘体	个	02 半成品	委外、生产耗用		PE	2	是
12411	12411	塑料	Kg	03 材料	外购、生产耗用		PE	1	是
12420	12420	字模	个	02 半成品	自制、生产耗用		PE	2	是
12421	12421	薄膜	米	03 材料	外购、生产耗用		PE	1	是
13000	13000	钟框	个	02 半成品	委外、生产耗用		PE	2	是
14000	14000	电池	节	02 半成品	外购、生产耗用	10	PE	1	是

注意：

- 默认仓库：成品仓库包括电子挂钟；原辅料仓库包括铝材、塑料、薄膜；其他料品在半成品仓库。
- 电子挂钟供应倍数为 30，变动提前期为 1，变动基数为 200，其他料品没有变动提前期。
- MPS 件：只有电子挂钟，其他存货不属于 MPS 件。
- 所有存货供需政策：PE。
- 计划方法：R，转换因子为 1。

11. 设置凭证类别

菜单路径：企业应用平台/基础设置/基础档案/财务/凭证类别

单击“增加”按钮设置凭证的格式，按照不同格式凭证的借贷方科目的条件要求设置完成。可以设置为通用格式的记账凭证格式，或者设置为收付转格式的记账凭证等类型。本实验选用统一格式的记账凭证类型，借贷方科目不受限制。

12. 输入应交增值税明细科目

菜单路径：企业应用平台/基础设置/基础档案/财务/会计科目

资料如表 1-16 所示。

表 1-16　应交税费会计科目

级　次	会计科目编码	会计科目名称
1	2221	应交税费
2	222101	应交增值税
3	22210101	进项税额
3	22210102	进项税额转出
3	22210103	销项税额
3	22210104	已交税金
3	22210105	出口退税

编码规则：**** ** **

13. 设置外币汇率

菜单路径：企业应用平台/基础设置/基础档案/财务/外币设置
资料如表 1-17 所示。

表 1-17　外 币 资 料

币　名	币　符	固 定 汇 率	
		日　期	记 账 汇 率
美元	$	2012.1	6.3

14. 设置结算方式

菜单路径：企业应用平台/基础设置/基础档案/收付结算/结算方式
资料如表 1-18 所示。

表 1-18　结 算 方 式

结算方式编码	结算方式名称
1	支票
2	现金

15. 设置付款条件

菜单路径：企业应用平台/基础设置/基础档案/收付结算/付款条件
资料如表 1-19 所示。

表 1-19　付 款 条 件

付款条件编码	付款条件名称	信 用 天 数
01	5/10，2/20，n/30	30
02	n/60	60
03	n/90	90

注意：

- 付款条件又称现金折扣，它是指企业为了鼓励客户偿还货款而允诺在一定期限内给予的规定的折扣优待。这种折扣条件通常可表示为 5/10，2/20，n/30，代表客户在 10 天内偿还货款，可得到 5％的折扣(优惠率 1)，只付原价的 95％的货款；在 20 天内偿还货款，可得到 2％的折扣(优惠率 2)，只要付原价的 98％的货款；在 30 天内偿还货款，则须按照全额支付货款；在 30 天以后偿还货款，则不仅要按全额支付货款，还可能要支付延期付款利息或违约金。
- 付款条件主要在采购订单、销售订单、采购结算、销售结算、客户目录、供应商目录中引用。系统最多同时支持 4 个时间段的折扣优惠。
- 信用天数指双方规定的最大可延期付款天数，如果超过此天数还款，则不仅要按全额支付货款，还可能支付延期付款利息或违约金，它是输入项，最大值为 999。

16. 设置银行档案

菜单路径：企业应用平台/基础设置/基础档案/收付结算/银行档案

资料如表 1-20 所示。

表 1-20　银 行 档 案

编　码	名　称	个人账是否定长	个人账长度	单位编码	企业账号是否定长
00001	中国光大银行	否	11		
00002	中国银行	否	11		
01	中国工商银行	否	11		是(长度 12)
02	招商银行	否	11		是(长度 12)
03	中国建设银行	否	11	12345678	是(长度 12)
04	中国农业银行	否	11		是(长度 12)

17. 设置本单位开户银行

菜单路径：企业应用平台/基础设置/基础档案/收付结算/本单位开户银行

资料如表 1-21 所示。

表 1-21　本单位开户银行

编码	银行账号	账户名称	币种	开户银行	所属银行编码	签约标志
01	123456789012	现金支出账	人民币	招商银行海淀支行	招商银行 02	检查收付账号
02	987654321013	现金收入账	人民币	中国工商银行海淀支行	中国工商银行 01	检查收付账号

18. 设置仓库收发类别

菜单路径：企业应用平台/基础设置/基础档案/业务/仓库收发类别

资料如表 1-22 所示。

表 1-22　仓库收发类别

收发类别编码	收发类别名称	收发类别标志
1	正常入库	收
11	采购入库	
12	半成品入库	
13	成品入库	
14	调拨入库	
2	非正常入库	
21	盘盈入库	
22	其他入库	
6	正常出库	发
61	销售出库	
62	生产领用	
63	调拨出库	
7	非正常出库	
71	盘亏出库	
72	其他出库	

编码规则：* * *

19. 设置采购类型

菜单路径：企业应用平台/基础设置/基础档案/业务/采购类型

资料如表 1-23 所示。

表 1-23 采 购 类 型

采购类型编码	采购类型名称	入 库 类 别	是否为默认值	是否为委外默认值	是否列入 MPS/MRP 计划
01	生产用材料采购	11(采购入库)	是	否	是
02	其他材料采购	11(采购入库)	否	否	否
03	委外采购	12(半成品入库)	否	是	是

20. 设置销售类型

菜单路径：企业应用平台/基础设置/基础档案/业务/销售类型
资料如表 1-24 所示。

表 1-24 销 售 类 型

销售类型编码	销售类型名称	出 库 类 别	是否为默认值	是否列入 MPS/MRP 计划
01	批发	61(销售出库)	是	是
02	零售	61(销售出库)	否	否
03	代销	61(销售出库)	否	否

21. 设置费用项目分类

菜单路径：企业应用平台/基础设置/基础档案/业务/费用项目分类
资料如表 1-25 所示。

表 1-25 费用项目分类

分 类 编 码	分 类 名 称	备 注
1	生产	用于生产的费用分类
2	研发	
3	销售	

编码规则：* **

22. 设置费用项目

菜单路径：企业应用平台/基础设置/基础档案/业务/费用项目
资料如表 1-26 所示。

表 1-26 费 用 项 目

费用项目编码	费用项目名称	费用项目分类名称
F01	生产费	生产
F02	辅助费	生产
F03	机物料	生产

(续表)

费用项目编码	费用项目名称	费用项目分类名称
F04	包装费	生产
F05	调拨费	生产
F06	试模费	生产
F07	新产品开发费	研发
F08	销售招待费	销售
F09	广告宣传费	销售
F10	运输费	销售
F11	装卸费	销售
F12	保险费	销售

23. 设置料品发运方式

菜单路径：企业应用平台/基础设置/基础档案/业务/料品发运方式

资料如表 1-27 所示。

表 1-27　料品发运方式

发运方式编码	发运方式名称
01	公路
02	铁路
03	航空
04	海运

24. 设置工作中心

菜单路径：企业应用平台/基础设置/基础档案/业务/工作中心维护

资料如表 1-28 所示。

表 1-28　工作中心资料

工作中心代号	工作中心名称	隶 属 部 门	是否生产线
0010	线切割加工中心	生产部	是
0020	冲压中心	生产部	否
0030	表面处理中心	生产部	否
0090	总装中心	生产部	是

25. 设置工作日历

菜单路径：企业应用平台/基础设置/基础档案/业务/工作日历维护

修改工作日历(代号：SYSTEM)，设置 2012 年 1 月和 2012 年 2 月的工作日为周一到周五，每天工作 8 小时。

26. 设置 ATP 模拟方案

菜单路径：企业应用平台/基础设置/基础档案/业务/ATP 模拟方案定义

资料如表 1-29 所示。

表 1-29　ATP 模拟方案

模拟方案号	001
模拟方案描述	201201
逾期需求天数	0
逾期供应天数	0
供应定义	MPS 计划量、MRP 计划量、采购在途量、已请购量、生产订单量、委外订单量、到货/在检量
需求定义	销售订单量、待发货量、生产未领量、委外未领量
仓库选择	原辅料仓库、成品仓库、半成品仓库

注意：

- ATP 即指可承诺量(Available To Promise)。
- “逾期需求天数”、“逾期供应天数”决定售前 ATP 模拟运算时的供应及需求的日期范围，即(模拟日期 + 逾期需求天数)至(模拟日期 + 展望期)范围之内的需求才纳入需求计算；(模拟日期 + 逾期供应天数)至(模拟日期 + 展望期)范围之内的供应才纳入供应计算。

27. 设定生产制造参数

菜单路径：企业应用平台/基础设置/基础档案/生产制造/生产制造参数设定

设置手动输入生产订单默认状态为“锁定”状态；生产订单排程类型默认为“逆推”；物料清单展开层数为 5。

28. 设置需求时栅资料

菜单路径：企业应用平台/基础设置/基础档案/生产制造/需求时栅维护

资料如表 1-30 所示。

表 1-30 需求时栅资料

(时栅代号：0001，时栅说明：201201 版)

行 号	天 数	需求来源
1	10	客户订单
2	20	预测+客户订单，反向抵消
3	40	预测+客户订单，先反向再正向抵消

29. 设置时格资料

菜单路径：企业应用平台/基础设置/基础档案/生产制造/时格资料维护

资料如表 1-31 所示。时格代号及其内容，供查看物料可承诺量、MPS 与 MRP 供需资料、工作中心资源产能和负载资料，以及设定资源需求计划、重复计划期间的使用。

表 1-31 时 格 资 料

(时格代号：0001，时格说明：201201 版)

行 号	类 别	天 数	起始位置
1	周		星期一
2	周		星期一
3	月		
4	月		

30. 设置制造 ATP 规则

菜单路径：企业应用平台/基础设置/基础档案/生产制造/制造 ATP 规则

资料如表 1-32 所示，可以使用不同规则计算物料的 ATP 数量。系统每次执行 ATP 检查时，这些规则均会确定如何匹配物料的供应和需求。

表 1-32 制造 ATP 规则

规则代号	0001
说明	201201ATP 规则
逾期需求天数	0
逾期供应天数	0
需求来源	销售订单、生产订单、委外订单、计划需求
供应来源	计划订单、生产订单、委外订单、采购订单、请购单、现存量

31. 设置计划代号

菜单路径：企业应用平台/基础设置/基础档案/生产制造/计划代号维护

资料如表 1-33 所示。维护 MPS/MRP 计划代号、说明及其类别，供 MPS/MRP 计划生成时使用。

表 1-33　计划代号资料

序　　号	计 划 代 号	计 划 说 明	计 划 类 别	默 认 计 划
1	0001	201201MPS	MPS	否
2	0002	201201MRP	MRP	否

32. 设置预测版本资料

菜单路径：企业应用平台/基础设置/基础档案/生产制造/预测版本资料维护

资料如表 1-34 所示。用来维护需求预测订单的版本号及其类别，以说明 MPS/MRP 展开所使用的产品预测资料来源。

表 1-34　预测版本资料

版 本 代 号	版 本 说 明	版 本 类 别	默 认 版 本
201201	2012 年 1 月版需求预测	MPS	否
2012011	2012 年 1 月版需求预测	MRP	否

33. 设置资源资料

菜单路径：企业应用平台/基础设置/基础档案/生产制造/资源资料维护

资料如表 1-35 所示。

表 1-35　资 源 资 料

资源代号	资源名称	资源类别	计费类型	隶属工作中心	工作中心名称	计算产能	可用数量	超载百分比/%	关键资源
0001	线切割机床	机器设备	自动	0010	线切割加工中心	是	2	110	是
0002	精密冲压模具	模具	自动	0020	冲压中心	是	3	110	是
0003	高级技工	人工	自动	0030	表面处理中心	是	5	110	是
0009	技工	人工	自动	0090	总装中心	是	10	110	是

注意：

"计费类型"为建立标准工序或工艺工序资源的默认值。"手动"表示在建立工时记录单时，该工序资源需要手动输入完工工时；"自动"则表示系统可以自动按该工序资源的标准工时计算完工工时。

34. 设置标准工序资料

菜单路径：企业应用平台/基础设置/基础档案/生产制造/标准工序资料维护

长针生产的标准工序资料如表 1-36 所示，其操作界面如图 1-12 所示。电子挂钟的资料如表 1-37 所示。

表 1-36　长针生产的标准工序资料

项　目	内　容		
工序代号	0001	0002	0003
工序说明	铝材切割	冲压成形	表面处理
报告点	是	是	是
工作中心	0010	0020	0030
倒冲工序	否	否	是
委外工序	否	否	否
选项相关	否	否	否
计费点	是	是	是
检验方式	免检	免检	免检
行号	10	10	10
资源代号	0001	0002	0003
资源名称	线切割机床	精密冲压模具	高级技工
资源活动	切割	冲压成形	抛光
基准类型	物料	物料	物料
工时(分子)	1	1	1
工时(分母)	60	60	1
是否计划	是	是	是
计费类型	自动	自动	自动

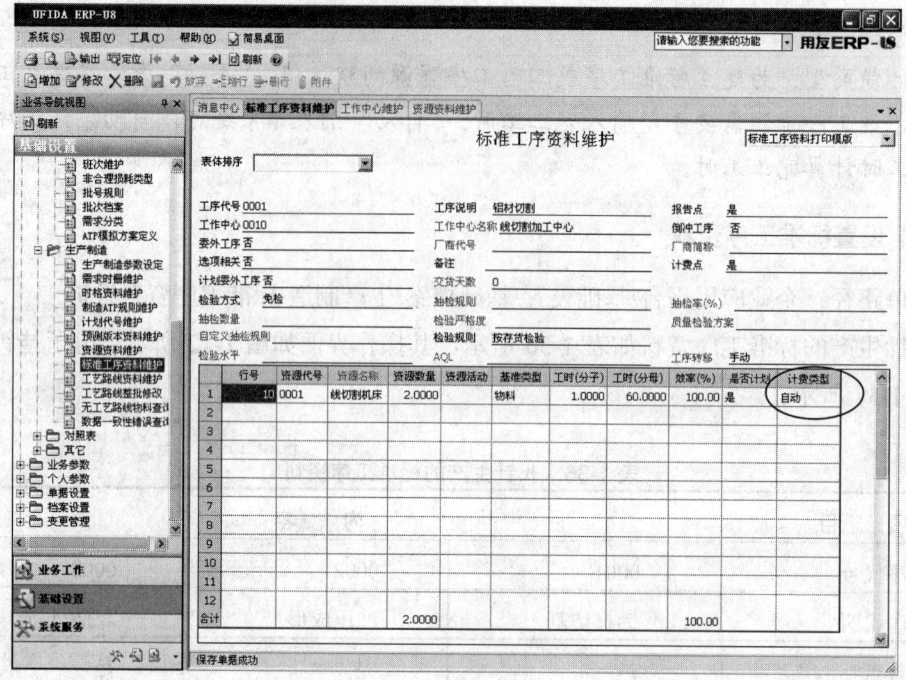

图 1-12　长针生产的标准工序资料维护

表 1-37　电子挂钟总装的标准工序资料

项　目	内　容
工序代号	0009
工序说明	总装
报告点	是
工作中心	0090
倒冲工序	否
委外工序	否
选项相关	否
计费点	是
检验方式	免检
行号	10
资源代号	0009
资源名称	技工
资源活动	成品总装
基准类型	物料
工时(分子)	30

(续表)

项　　目	内　　容
工时(分母)	60
是否计划	是
计费类型	自动

注意：

工时(分子)与工时(分母)的比值表示加工一个单位料品所需要的工时数(以小时为单位)。例如，1 分钟切割一个长针的铝材，则分子输入 1，分母输入 60，表示单位用工时 1/60 小时；若 1 秒钟加工一个料品，则分子输入 1，分母输入 3600，表示单位用工时 1/3600 小时。

35. 维护长针生产及电子挂钟总装的工艺路线资料

菜单路径：企业应用平台/基础设置/基础档案/生产制造/工艺路线资料维护

长针生产的工艺路线资料如表 1-38 所示。当新增或修改工序时，可在某行单击鼠标右键，在弹出的快捷菜单中选择“资源资料维护”，输入相应资源数量及所需工时等信息。如图 1-13 和图 1-14 所示。

电子挂钟总装的工艺路线资料如表 1-39 所示。当新增或修改工序时，可在某行单击鼠标右键，在弹出的快捷菜单中选择“资源资料维护”，输入相应资源数量及所需工时等信息。

表 1-38　长针生产的工艺路线及资源资料

工序行号	标准工序	工序说明	报告点	工作中心	资源名称	资源数量	工时(分子)	工时(分母)	计费类型
0010	0001	铝材切割	是	线切割加工中心	线切割机床	2	1	60	自动
0020	0002	冲压成形	是	冲压中心	精密冲压模具	3	1	60	自动
0030	0003	表面处理	是	表面处理中心	高级技工	5	1	1	自动

表 1-39　电子挂钟总装的工艺路线及资源资料

工序行号	标准工序	工序说明	报告点	工作中心	资源名称	资源数量	工时(分子)	工时(分母)	计费类型
0090	0009	总装	是	总装中心	技工	10	30	60	自动

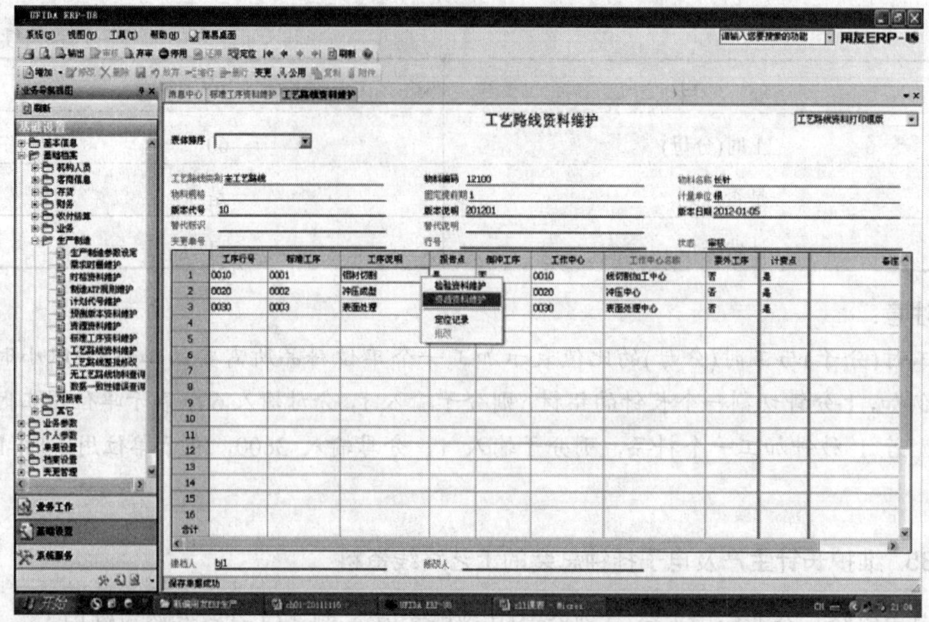

图 1-13　长针生产的工艺路线资料维护

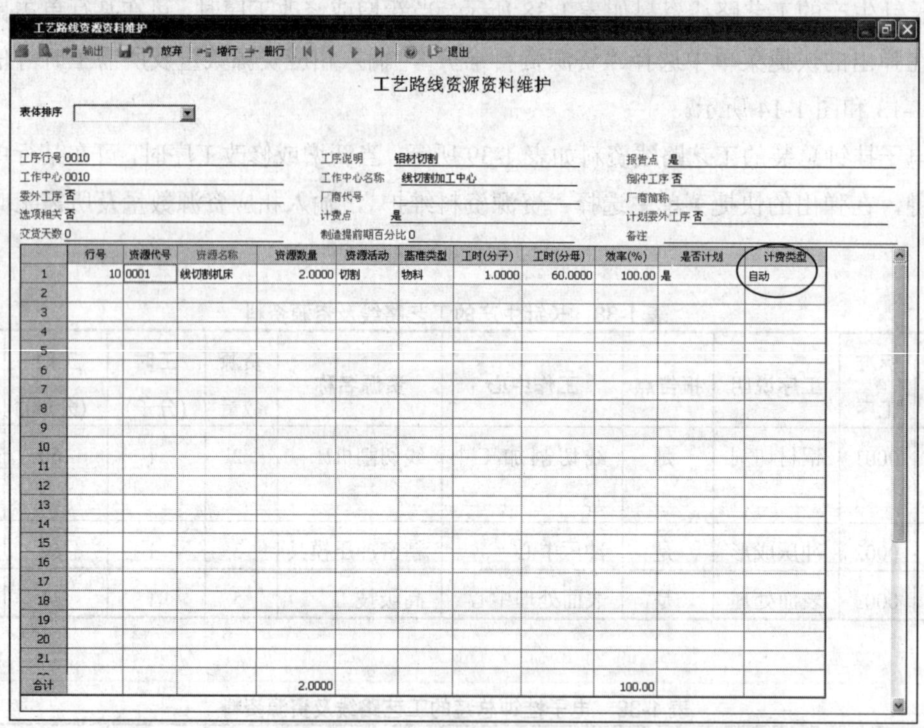

图 1-14　长针工艺路线资源资料维护

36. 设置物料清单资料

菜单路径：业务工作/生产制造/物料清单/物料清单维护/物料清单资料维护

菜单路径：业务工作/生产制造/物料清单/物料清单维护/物料低阶码推算

菜单路径：业务工作/生产制造/物料清单/物料清单维护/物料清单逻辑查验

物料清单录入完毕后，要对其进行查验和低阶码推算。如表 1-40 和图 1-15 所示。

表 1-40 物料清单结构表

母件编码	母件名称	子件阶别	子件编码	子件名称	子件计量单位	基本用量	基础数量	使用数量
10000	电子挂钟	+	11000	机芯	个	1	1	1
10000	电子挂钟	+	12000	钟盘	个	1	1	1
10000	电子挂钟	+	14000	电池	节	2	1	2
10000	电子挂钟	+	13000	钟框	个	1	1	1
12000	钟盘	++	12100	长针	根	1	1	1
12000	钟盘	++	12200	短针	根	1	1	1
12000	钟盘	++	12300	秒针	根	1	1	1
12000	钟盘	++	12400	盘面	个	1	1	1
12100	长针	+++	12010	铝材	千克	0.02	1	0.02
12200	短针	+++	12010	铝材	千克	0.01	1	0.01
12300	秒针	+++	12010	铝材	千克	0.02	1	0.02
12400	盘面	+++	12410	盘体	个	1	1	1
12400	盘面	+++	12420	字模	个	4	1	4
12410	盘体	++++	12411	塑料	千克	0.5	1	0.5
12420	字模	++++	12421	薄膜	米	0.05	1	0.05
13000	钟框	++	12411	塑料	千克	0.5	1	0.5

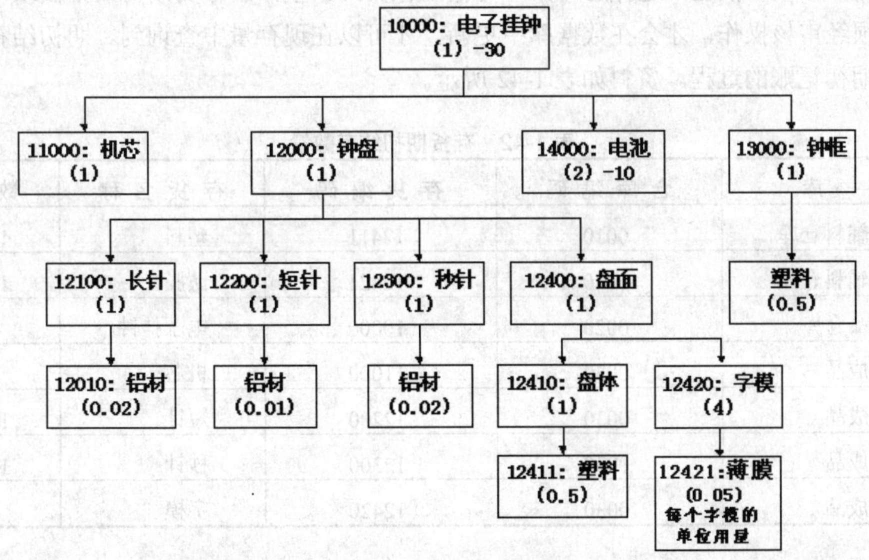

图 1-15 “电子挂钟”物料清单结构

37. 设置单据变化原因码

菜单路径：企业应用平台/基础设置/基础档案/其他/原因码档案

资料如表 1-41 所示。

表 1-41　原　因　码

原因编码	原因名称	可选择的所属类型
01	得单原因	不良品原因 让步放行原因 采购退货原因 销售退货原因 变更原因 拖欠原因 商机得单原因 商机失单原因 产品投诉原因 部门投诉原因 职员投诉原因 其他投诉原因 故障原因 生产制造原因
02	丢单原因	
03	产品投诉原因	
04	部门投诉原因	
05	人员投诉原因	
06	其他投诉原因	

38. 输入存货期初结存数量

菜单路径：业务工作/供应链/库存管理/初始设置/期初结存

单击“修改”按钮，选择仓库，即可输入存货的数量，当存货期初数据被录入完成以后，必须经审核操作，才会在数据库中更新，才可以在现存量中查询到。期初结存的审核实际是期初记账的过程。资料如表 1-42 所示。

表 1-42　存货期初结存数量

仓库	仓库编码	存货编码	存货名称	数量
原辅料仓库	0010	12411	塑料	1 000
原辅料仓库	0010	12421	薄膜	1 000
成品仓库	0020	10000	电子挂钟	50
半成品	0030	11000	机芯	20
半成品	0030	12200	短针	1 000
半成品	0030	12300	秒针	1 000
半成品	0030	12420	字模	300

输入存货期初数量时，也可以使用“取数”按钮由“存货核算”模块取期初数。但是，只有第一年启用时，才能使用取数功能，以后年度结转上年末数据后，取数功能不能使用，系统会自动结转期初数据。

另外，要使期初数据能够及时更新，还必须把“库存管理/初始设置/选项”的“通用设置”页签中的“修改现存量时点”处的选项全部选中这样就可以在单据被审核以后立刻更新库存数据，以保证单据与实物出入库数据的一致性。如图 1-16 所示。

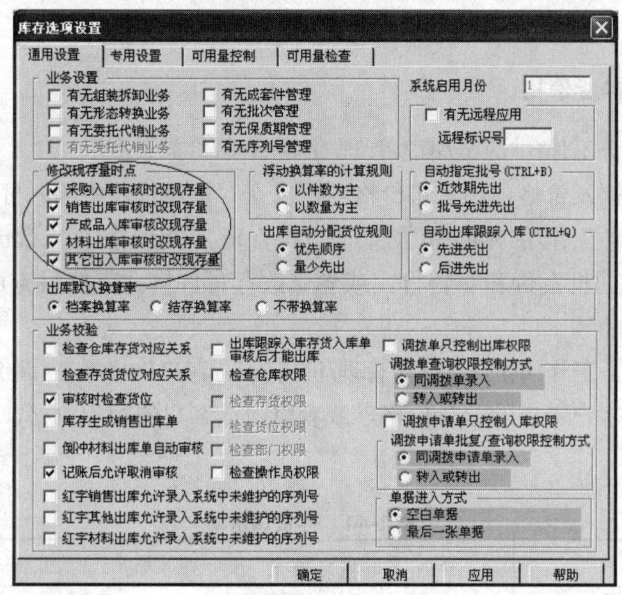

图 1-16　库存选项设置

39. 输入供应商存货价格

菜单路径：业务工作/供应链/采购管理/供应商管理/供应商供货信息/供应商存货调价单

“新增”输入存货价格，或者修改存货价格。“保存”和“审核”后方可生效。如表 1-43 所示。

表 1-43　供应商存货价格

供　应　商	存　　货	含 税 单 价
上海昊恒工贸有限公司	机芯	30
上海昊恒工贸有限公司	电池	10
上海昊恒工贸有限公司	薄膜	8
北京铝材厂	铝材	20
江苏塑料二厂	塑料	19

注意：

- 供应商存货调价表可以针对不同供应类型(采购、委外、进口)进行价格设置，包括含税单价、税率、无税单价，可以按数量阶梯进行价格设置，可以设置生效日期、失效日期，还可以设置是否为促销价。
- 供应商存货价格表在供应商存货调价单审批通过后产生。供应商存货价格表用于供应商存货价格的查询、调价。在填制采购单据(订单、到货单、发票)时，可以设置从供应商存货价格表中取价。

40. 输入客户存货价格

菜单路径：业务工作/供应链/销售管理/价格管理/价类设置

选择要使用的批发价格项和零售价格项，以在存货调价表中输入价格时使用。

菜单路径：业务工作/供应链/销售管理/价格管理/存货价格/存货调价单

新增输入存货的批发价和零售价，或者修改存货价格。审核后方可生效，如表 1-44 所示。

菜单路径：业务工作/供应链/销售管理/价格管理/客户价格/客户调价单

新增输入向某客户销售的存货价格，或者修改该客户的存货价格。审核后方可生效，如表 1-45 所示。

表 1-44 存货调价单

料　　品	批发价 1	零售价 1
电子挂钟(10000)	批发价	120

表 1-45 客户的存货调价单

客　　户	货　　品	批 发 价	零 售 单 价
湖北华联商厦(001)	电子挂钟	120	130
北京西单商场(002)	电子挂钟	100	110
江西省钟表销售分公司(003)	电子挂钟	100	120

注意：

存货价格表和客户价格表也是分别对存货调价单和客户调价单进行录入和修改，在审批通过后方可产生的。在填制报价单、销售订单时，可以设置为从客户存货价格表中取价。

41. 设置应收账款与应付账款科目的受控系统

菜单路径：企业应用平台/基础设置/基础档案/财务/会计科目

在会计科目编码表中设置“应收账款”科目辅助核算为客户往来，受控系统为应收系统。表示所有发生的应收款业务的凭证必须在应收款管理系统中生成传递给总账系统。

在会计科目编码表中设置“应付账款”科目辅助核算为供应商往来，受控系统为应付系统。表示所有发生的应付款业务的凭证必须在应付款管理系统中生成传递给总账系统。

1.4　实验的组织

若要对教学实践活动组织安排得充分得当，需要做好两项准备工作。首先，应编写好内容合适、目的明确的实验指导书，要有较全面的、合理的实验数据；其次，要有合适的实验教学方法。

ERP 生产管理的实验教学运用体验式的教学方法，采取实战演练的方式进行。即使用 ERP 软件模拟企业的生产经营过程，在实战演练剧本的情景环境中，按照企业业务流程完成企业生产经营的全过程，让学生体会各岗位角色的业务工作内容以及岗位之间、部门之间的协作关系。其中，剧本的编写和短剧的排演均由学生自己完成，充分鼓励、调动和发挥学生们的主动性和创造性，锻炼他们的组织能力和协作能力。

1.4.1　实验设计方法

1. 个人练习和小组实战演练相结合

实验分为两个阶段，前一阶段以学生个人练习为主，反复练习软件功能的操作，提高熟练程度，达到独立完成所有实验内容的目的；后一阶段是在前一阶段实验的基础上，分小组进行，以小组为单位模拟一个企业，按照所划分的部门和岗位，每位学生担任一个岗位的工作，结合企业生产经营业务的流程和软件的功能，根据所给的实验数据，将企业生产经营活动全过程演练完成。

实验要求：教师提供业务内容、工作流程和业务数据；学生自己设计业务发生的情景，自编自导自演，用 ERP 软件模拟企业的工作环境进行实际工作，最终提交实战演练报告(企业生产经营活动实战演练剧本)。

2. 实验内容

根据学生对实验内容的掌握程度、对软件操作的熟练程度，以及对数据模拟的正确程度，教师给学生综合评定成绩。

实验内容的范围可以分为“简单方式”和“详细方式”两种。

“详细方式”实验是按照实验教程的内容逐一完成。

“简单方式”实验是以企业生产经营活动为主线展开的，如表 1-46 所示，共有九个实验，内容由浅入深，思路清晰。在这九个实验熟练完成的基础上，再进一步学习其他各章的内容。以这种方式组织学习，有利于掌握企业生产管理活动的全貌，便于学生尽快掌握生产管理系统的业务流程和功能操作。

表 1-46　实验内容安排

实 验 名 称	实 验 内 容	学　时
客户订货、排程业务、产能管理	实验一、二、三	4
采购管理、委外管理、生产管理	实验四、五、六	4
销售发货、财务制单、期末处理	实验七、八、九	4
综合实验	个人单独将九个实验一次性完成	4
分组实战演练	企业生产经营活动全过程	4
合　计		20

3. “简单方式”的实验指导

按照如图 1-17 所示的顺序组织实验，使用实验教程中提供的数据，完成各项功能的操作。

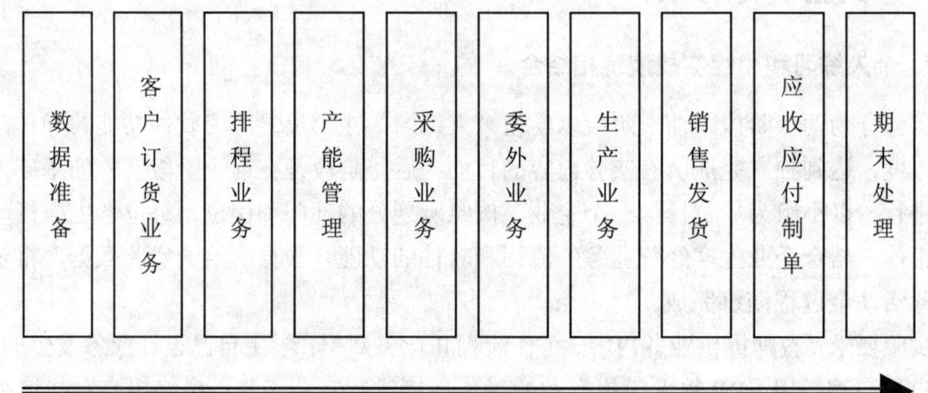

图 1-17 “简单方式”实验顺序安排

1.4.2　实验案例情景设计

下面以剧本的形式描述一个制造企业发生的经济业务情况。该情景是以“简单方式”实验的内容为主线，模拟企业的生产经营活动，了解企业各个部门的作用和职能，以及它们之间的业务关系。

1. 模拟企业基本情况

“北京林信钟表制造公司”是一家多年从事钟表生产制造的企业，共设置了八个部门，分别是厂部、销售部、采购部、仓储部、技术部、生产部、财务部、计算机中心。目前，已和全球几十个国家的跨国公司有着业务上的紧密联系，每天都接到来自国内外的大量订单。

2. 分配岗位角色

岗位角色分配表如表 1-47 所示。

表 1-47　角色分配表

部　门	角　色	工作内容
厂部	总经理	全权安排管理企业工作，协调、平衡、解决问题
供应商	上海昊恒工贸有限公司	机芯、电池、薄膜
	北京铝材厂	铝材
	江苏塑料厂	塑料
委外商	北京兴隆注塑厂	盘体、钟框的领料、加工、完工后送达仓库
客户	湖北华联商厦	收货签单、付款
	江西钟表公司	收货签单、付款
销售部	部门经理	审核、分析业绩、协调工作
	销售员 1	报价、谈判、联系业务
	销售员 2	发货、送货
采购部	部门经理	审核、协调工作
	采购员 1	询价、谈判
	采购员 2	请购单作业
	规划员 1	规划采购订单
仓储部	部门经理	协调工作、月末处理
	仓管员 1	领料
	仓管员 2	验收入库
技术部	部门经理	审核、协调工作、设计、编制物料清单
	规划员 1	制作主生产计划(MPS)、物料需求计划(MRP)
生产部	部门经理	审核、协调工作
	规划员 1	规划生产订单
	规划员 2	规划委外订单
	生产管理人员	派工、下达生产任务(通知单、领料单)
	生产人员	生产领料、加工生产、搬运
	委外管理人员	给委外商下达委外通知
财务部	部门经理	签字审核、协调工作
	应收会计	确认应收单据、制作凭证
	应付会计	确认应付单据、制作凭证
计算机中心	系统管理员	用户管理、权限设置；备份、还原业务数据

3. 案例情景描述

1) 引言

- 随着我国市场经济的发展和完善，也随着经济全球一体化发展的趋势，企业面临的竞争环境愈加激烈，迫切需要提高企业管理效率，提高竞争力。近年来 ERP 在我国获得了快速的发展，许多企业通过实施 ERP 收到了良好的成效，改善和优化了业务流程，提高了管理水平，增强了企业竞争力。
- 为了更好地推广 ERP 的使用，最近，一些 ERP 厂商在北京市召开了一次 ERP 推广会，旨在推广 ERP 的理念和软件产品的应用。会上通过了两个案例，使广大企业认识到 ERP 软件及其管理思想对企业经营管理的重要性，同时，也让各个企业认识到，ERP 不是万能的，企业的核心最终还在于人，如果没有好的领导者和优秀的团队及合理的经营方法，有了 ERP 也不一定会起到良好的效果，因此，引进 ERP 要有充分的准备！

2) 第一幕　ERP 推广会现场

场景：ERP 推广现场

人物：王雪——某公司 ERP 推广部的负责人

班级其他成员——ERP 推广会上的各企业总裁

事件：王雪向在座的各位总裁宣传推广 ERP

王雪：各位老总，大家好！

欢迎来到 ERP 软件的推广现场，我是某公司 ERP 推广部的负责人王雪。首先很感谢在座的企业精英在百忙之中抽出时间光临现场，也很荣幸可以和大家在这里交流经验。

大家都知道，如今市场上 ERP 这个词很火，当今世界 500 强的公司都在以 ERP 思想管理企业，其在国内选择合作伙伴的一个关键条件是这个公司是否使用了 ERP 的管理方式，因此，面对信息化的浪潮，业内人士都雄心勃勃地想借助于 ERP 等现代化的信息管理工具来实现自身的价值，在他们眼中信息化的任何突破都具有创新的意义，也是释放生产力的有效平台。那么 ERP 究竟能为我们带来什么？究竟什么力量使 ERP 变得如此神奇呢？

请大家跟着我回到十年前，看看北京的某一钟表公司是怎样经营的……

3) 第二幕　十年前北京一个传统钟表公司惨淡经营

“北京林信钟表制造公司”原名“北京福里斯特钟表有限公司”，原本是一家很有实力的企业，生产的电子挂钟质量很好，但是企业在经营了多年以后，销售业绩一年不如一年……

场景一：湖北华联商厦采购员询价

人物：李冰——湖北华联商厦采购员

刘梅——“北京福里斯特钟表有限公司”销售部销售员

事件：李冰向刘梅询价。

刘梅：您好，这里是“北京福里斯特钟表有限公司”。

李冰：您好，我是湖北华联商厦采购员。请问贵公司现在生产的电子挂钟多少钱一个？

刘梅：我们公司的电子挂钟，现在含税单价是 120 元一个。

李冰：120 啊。如果我们要 100 个电子挂钟，你们能在 20 号交货吗？

刘梅：这个没有问题，我们公司有充足的货源，下午咱们确认一下订单好吗？你看什么时间合适。

李冰：下午 3 点钟吧。

刘梅：行，再见！

(下午 3 点钟)

李冰：喂，您好，这里是湖北华联商厦。

刘梅：您好，我是“北京福里斯特钟表有限公司”的销售员。上午您订的货，我想再确认一下。

李冰：没问题，就和你们订货了。你们一定要准时交货啊！

场景二：　采购员找采购主管确认报价单

人物：王斌——采购部主管

刘梅——采购部采购员。

事件：刘梅向王斌报告几个原料厂家情况。

刘梅：经理，这是几家原料厂的价格和质量情况，请您看一下！

王斌：好！

王斌：我想听听你的意见。

刘梅：我觉得北京厂的原料不错，质量上乘，价格合理，服务也好。天津厂呢，质量比北京厂要差点儿，价格还高，但服务倒还可以。

王斌：嗯！我也觉得北京厂的不错！这样吧，我再考虑考虑，你下午再过来拿吧！

刘梅：好的！

场景三：采购主管受贿

人物：王斌——采购部主管

老张——天津原料公司销售部经理

事件：临近中午，老张来电话请王斌吃饭。

(叮……叮……)

王斌：喂，你好！……啊，老张啊，你好你好！哎呀，这个事情不好办啊！人家北京厂的价格比你们低啊！这个，真的不好办啊！…… 中午？中午有时间啊！……这个怎么好意思啊？！好！那咱们就中午酒店见！

场景四：采购部采购员向主管要订单

人物：王斌——采购部主管

刘梅——采购部采购员

事件：王斌把原料订单交给刘梅。

刘梅：经理，您叫我来拿原料订单？

王斌：嗯，在这儿。

刘梅：天津厂？

王斌：对，天津厂！要是没问题，你就下去办吧！

刘梅：哦，好的！(质量不行，价格还高，一定吃回扣了！)

场景五：逾期未交货，客户投诉

人物：张宇——“北京福里斯特钟表有限公司”总经理

李冰——湖北华联商厦采购员

事件：客户投诉。

张宇：喂，您好，哪位？

李冰：我是湖北华联商厦，您是钟表公司总经理吗？

张宇：对，我是。请问有什么事吗？

李冰：你们公司是怎么搞的，上次从你们公司订了 100 个电子挂钟，说是 20 号交货，今天都 23 号了，怎么还没到货呢？

张宇：不好意思，不好意思。我问问，看是什么情况，好吗？然后给您答复，您看行吗？

李冰：快点吧，我们这边还等着呢！

张宇：行行，一定尽快给您答复。

李冰：就这样，快点，再见！

张宇：好，再见！

场景六：总经理召集开会

人物：张宇——公司总经理

王斌——采购部主管

国林——销售部主管

杨彤——生产部主管

金明——仓库主管

贺雷——财务部主管

事件：公司总经理接到顾客投诉电话后，召集各部门主管开会；各部门主管互相推卸责任。

张宇：都到齐了吧？刚才湖北华联商厦来电话了，催问那批货，怎么还没给人家发过去啊？销售部，怎么回事啊？

国林：生产部门没把货给我们，我们拿什么卖啊？

张宇：生产部，你们怎么回事啊？

杨彤：库房里什么东西也没有，我们怎么生产啊？

张宇：仓库，怎么回事啊？

金明：采购部没买原料，我们哪有东西？

王斌：这可不关我们的事啊！财务部不拿钱，我们拿什么去买原料啊？

贺雷：他们销售部卖不出去东西，我们哪有钱给你们啊？

……

张宇：够了！你们就这样把责任推来推去？公司到底是谁的啊？干不好大家都得喝西北风！

4) 第三幕　ERP 推广现场——王雪对以往不科学经营的总结

场景：ERP 推广现场

人物：王雪——某公司 ERP 推广部的负责人

班级其他成员—— ERP 推广会上的各位总裁

事件：王雪对以往不科学经营的总结。

王雪："各位老总，不知您看了这个案例后有什么体会，您是否也在为生产和库存的紧张关系而烦恼呢？是否也感觉到了因管理人员腐败造成的巨大金钱损失又无从核实查证而困惑呢？是否也为对客户的响应效率太低，失去了很多客户而窘迫呢？是否也开始觉得自己的员工相互推卸责任，工作氛围紧张不和谐呢？好的，如果您正在为这些问题伤脑筋，正在解决的道路上苦苦探索的话，请再跟着我去看另一个案例。那家钟表公司在濒临破产的时候，换了领导人，安装了一套 ERP 软件，好的，让我们看看这家公司在几年里发生了怎样翻天覆地的变化……

5) 第四幕　新公司的经营情况

在更换了领导班子后，原"北京福里斯特钟表有限公司"更名为"北京林信钟表制造公司"，并且引进了 ERP 软件和管理思想，针对员工进行了培训，开始了新的生产经营……

场景：公司总经理介绍公司情况

人物：梅兰——"北京林信钟表制造公司"总经理

事件：介绍公司情况

梅兰：大家好！我们"北京林信钟表制造公司"是前年引进的 ERP 软件，在引进后的这一年多的时间里，我们降低了库存成本，提高了生产效率，取得了一定的业绩，但是还是有些不足的地方，我们也正在改进。现在就以我们一个月的公司业务为主线，向大家展示一下 ERP 在企业生产经营中的作用！

首先请允许我介绍一下我们公司的主要部门以及各个部门的主管。

销售部主管郭静，销售部是我们公司很重要的一个部门，它负责产品的销售，业务的联系，我们公司的利润主要由它产生。

计划部主管孟学，计划部负责在接收到销售业务订单以后，为我们公司的整个生产做好计划，如果没有它，我们的生产就无法安排，会出现混乱。

采购部主管张兰，采购部负责原材料的采购，任务比较重，如果没有采购部，我们就无法进行生产。

仓管部主管贺炜，仓管部是非常重要的部门，别看它其貌不扬，实际上我们公司的每一个部门都与它有密切的关系。

生产部主管潘明，生产部是我们的心脏，没有了生产部，我们就没有产品，生产部工作的好坏直接影响我们的经济效益。

财务部主管郑威，财务部负责掌管和监督公司的资金流动和管理，没有钱什么都干不了，同样财务部的作用不可小视。

好，各部门介绍完了，那么我们这个月的生产经营是这样进行的……

第一部分　客户订货业务

场景一：湖北华联商厦询价

人物：汪建——销售部业务员

李冰——湖北华联商厦采购员

事件：销售部业务员根据对方提供的信息填好报价单，包括客户名称、需求日期、货品数量、含税单价、出货仓库、预发货日期、完工日期等。

(销售部电话铃响起)

汪建：喂，您好！这里是“北京林信钟表制造公司”销售部。

李冰：您好，我是湖北华联商厦采购员，想问一下贵公司生产的电子挂钟多少钱一个？

汪建：现在的价格是 120 元一个，请问您要多少货？

李冰：100 个，这个价格高了一点儿啊。

汪建：不高，现在这种电子挂钟在市场上卖得很不错的。

李冰：这个价格的话我要请示我们经理了。

汪建：那我明天给您打电话再确定这件事情，您看行吗？

李冰：好的。

汪建：先生您贵姓啊？

李冰：姓李，我的联系方式是……，好，那先这样，明天再联系。

汪建：好的，再见。

场景二：报价单审核

人物：汪建——销售部业务员

郭静——销售部主管

事件：销售主管进行报价单的审核工作。

汪建：经理，这是刚刚向湖北华联商厦提供的电子挂钟的报价，请您签字。

郭静：你尽快向对方确认一下是否要这批货。辛苦了啊！

场景三：湖北华联商厦业务的跟催

人物：汪建——销售部业务员

李冰——湖北华联商厦采购员

事件：业务员(汪建)给湖北华联商厦采购员(李冰)打电话，以确认是否签订这笔业务。

汪建：喂，您好！是李冰先生吗？

李冰：您好，是我。

汪建：我是“北京林信钟表制造公司”的汪建，上次您打电话要订购 100 个电子挂钟的事，现在考虑得怎样了？

李冰：你们生产的电子挂钟我上次问是 120 元一个，能不能便宜一点儿，因为我要 100 个，量也不少。

汪建：这个，我得请示一下。过一会儿给您回电话好吗？

李冰：那好吧，我等您电话，再见。

汪建：再见。

场景四：请示主管是否可以降价

人物：汪建——销售部业务员

郭静——销售部主管

事件：在接到湖北华联商厦的降价要求后，业务员向主管请示。

汪建：郭经理，湖北华联商厦说 120 元的价格太高，说能不能低点儿？

郭静：这个月销售不是特别好，他们这次要的量也比较大，那就给他们降到 115 元。

汪建：好的，我这就给他们回电话。

场景五：修改已审核的报价单

人物：汪建——销售部业务员

周明——销售部业务员

事件：对已审核报价单的修改，并填写修改的原因。

汪建：小周，这是刚刚对湖北华联商厦的新报价，麻烦你修改一下好吗？

周明：好的，交给我吧，希望这笔业务可以达成。

汪建：应该没问题。

场景六：客户确认报价单并订货。

人物：汪建——销售部业务员

李冰——湖北华联商厦采购员

事件：对报价单的确认。

李冰：喂，你好，这里是湖北华联商厦。

汪建：你好，我是"北京林信钟表制造公司"的销售员汪建。刚才您说要降价，我们经理已经同意了。

李冰：是吗？多少钱？

汪建：给您优惠价，含税单价 115 元，您觉得怎么样？

李冰：115，可以。

汪建：那您现在就订货吗？

李冰：嗯，我们订 100 个，需要 20 号到货，行吗？

汪建：好的，没问题。

李冰：那就这样，再见。

汪建：再见。

场景七：报价单转销售订单

人物：汪建——销售部业务员

郭静——销售部主管

周明——销售部业务员

事件：把报价单转成销售订单。

汪建：郭经理，已和湖北华联商厦签下了销售订单。

郭静：这么顺利啊，干得不错，继续努力啊。那就做一张销售订单吧，你和小周打个招呼。

汪建：小周，我们和湖北华联商厦的销售订单签下来了，按照报价单做一张销售订单，打印出来我给经理送去，今天要发给湖北华联商厦。

周明：好的，马上就做好。

汪建：郭经理，这是要给湖北华联商厦传过去的销售订单，您签个字，我马上给他们传真过去。

郭静：好。尽快把这些销售订单拿给技术部的规划员，他们好做计划。

汪建：好的，经理，放心吧！

场景八：与新城钟表公司签订销售订单

人物：国林——销售部业务员

刘梅——新城钟表公司采购员

事件：与新的客户签订销售订单。

国林：您好，这里是北京林信钟表公司，有什么可以帮忙的吗？

刘梅：您好，我是新城钟表公司的刘梅，我们想订 400 个电子挂钟，这个月 30 号能交货吗？

国林：400个，嗯，可以交货。

刘梅：价格方面能不能优惠一点儿啊？

国林：你们公司定货量这么大，那我们可以考虑给您最低价，100元一个。

刘梅：好的，那就这么定了啊，货到后5天内货款给你们打到账上，好吗？

国林：好说，咱们都是老关系了，没问题。400个，每个100元，30日交货。再把你们的详细地址和联系电话告诉我一下。

刘梅：我们的地址是海淀区……，电话是……。现在你们送货还是免运费吗？

国林：五环内免运费，你们可以免运费的。合作愉快！

刘梅：合作愉快！再见！

国林：再见！

场景九：销售订单输入

人物： 国林——销售部业务员

郭静——销售部主管

周明——销售部业务员

事件： 输入销售订单内容，包括客户名称、需求日期、货品数量、含税单价、预发货日期及完工日期等。

国林：经理，这是刚接到的新城钟表公司的销售订单。

郭静：他们要了400个啊，量还挺大的嘛。新城钟表公司好像前不久刚订过一批货，看来电子挂钟卖得还不错。你叫小周把单据赶快打印出来。

国林：好的。

(国林把新城钟表公司要货的信息记录交给小周)

国林：小周，这是新城钟表公司要的货，你输入一下吧。

周明：好的，你先放这儿吧。一会儿就输，我先把手头的工作做完。

国林：好的，输完打印出来给我。

周明：好的，处理完我马上给你。

场景十：销售订单审核

人物： 郭静——销售部主管

周明——销售部业务员

事件： 销售主管对销售订单的审核。

周明：经理，这两张销售订单做好了，您签个字。

郭静：好的。

第二部分　排程业务

场景一：技术部接到安排计划的通知

人物：郭静——销售部主管

孟学——技术部计划主管

事件：销售部接到订单后通知技术部安排计划

郭静：喂，是技术部吗？

孟学：您好，这里是技术部。

郭静：刚刚接到了两笔订单，两张销售订单我们经理已经审核完了，你们查一下。

孟学：好的，您先等等。(查询订单)对，订单已经有了，我们马上做计划安排。

郭静：好的，再见！

孟学：再见！

场景二：进行排程业务

人物：孟学——技术部计划主管

朱玉——技术部规划员

刘梅——技术部规划员

梁伟——技术部规划员

事件：接到销售部通知后，进行排程作业，根据销售订单制订产销规划。

孟学：小朱、小刘，销售部又有新的订单了，你们看一下，做一下排程，然后让梁伟通知采购部和生产部。

朱玉、刘梅：好的。(完成 MPS 和 MRP 运算)

刘梅：梁伟，新的销售订单的计划已经制订好了，你打电话通知采购部和生产部，看他们有没有意见。

梁伟：好的。

第三部分　采购业务

场景一：填写请购单并进行审核

人物：张兰——采购部主管

汤丽——采购部采购员

事件：业务员请主管审阅仓管部填写的请购单。

汤丽：张总，这是仓管部的请购单，请您审批，我去找厂商订货。

张兰：嗯，好的，小汤最近辛苦了。

汤丽：过奖了，还需努力啊。

场景二：向各原料供应商询价

人物：张兰——采购部主管

王斌——采购部采购员

朱玉——江苏塑料厂销售部业务员

杨彤——北京铝材厂销售部业务员

事件：采购部主管让业务员进行询价。

张兰：王斌，这有一批原料的订单，你打电话去问问情况。

王斌：好的。

(打电话)

王斌：您好！是江苏塑料厂吗？

朱玉：对！您是？

王斌：我是“北京林信钟表制造公司”采购员王斌。

朱玉：您好！您好！

王斌：我们最近需要一批塑料，想问问你们厂塑料的价格？

朱玉：好的！我们厂塑料的质量是有保证的！几年来一直受各个厂家的欢迎。单价每公斤 25 元。

王斌：25？太贵了吧！现在的市场价哪有那么高啊？人家好多都卖 15、16。

朱玉：可我们的质量不一样啊，15、16 的哪能跟我们的比啊？

王斌：这样吧，再低一些，我们要的量可不小啊。

朱玉：这样吧，21，不能再低了。

王斌：您这哪儿叫低啊，整个市场数您最高！我们诚心买，您就说个最低价吧！

朱玉：那……19 吧。

王斌：19？好吧！这批货 6 月 8 日前能给我们吗？

朱玉：我查查……，行！6 月 8 日没问题，留一下您的地址和电话。

王斌：好的。地址是……，电话是……，一定要准时交货。

朱玉：没问题，再见！

(打电话)

王斌：您好！是北京铝材厂吗？

杨彤：对！您是？

王斌：我是北京林信钟表制造公司采购员。

杨彤：您好！

王斌：我们公司需要一批铝材，你们厂铝材怎么卖？

杨彤：我们厂有一批最新的铝材，质地优良，单价每公斤 23 元。

王斌：23？有点儿贵。我们都是老主顾了，您就给个最低价。

杨彤：那就 20 吧。

王斌：我们 6 月 6 号就要拿到货，能行吗？

杨彤：没问题！

王斌：好的！再见！

场景三：业务员向上海昊恒工贸公司询价

人物：宋平——采购部采购员

王俊——上海昊恒工贸公司销售部业务员

事件：业务员打电话到上海昊恒工贸公司询问配件价格等情况。

宋平：您好！是上海昊恒工贸公司吗？

王俊：对！您是？

宋平：我是“北京林信钟表制造公司”采购员宋平。

王俊：您好！

宋平：我们最近需要一批机芯，你们厂机芯的价格和质量怎么样？

王俊：机芯的质量可以保证，30 元一个。

宋平：那好吧！先订 100 个，10 号要货。

王俊：好的！再见！

宋平：再见！

场景四：询价后向公司反馈

人物：王斌——采购部采购员

汤丽——采购部采购员

事件：王斌询价回来后告诉汤丽

(王斌走进门)

汤丽：最后谈得怎么样啊？

王斌：都成了。江苏塑料厂的塑料每公斤 19 元，北京铝材厂的铝材每公斤 20 元，上海昊恒工贸的机芯 30 元一个。

汤丽：真厉害啊！

王斌：哪里，哪里，你把它记下来吧。

汤丽：记了。

场景五：由请购单生成采购订单

人物：汤丽——采购部采购员

事件：汤丽解说操作。

汤丽：经过询价，将请购订单转为采购订单并请供应商确认，然后审核采购订单。根据 MRP 的运行结果生成采购订单，并确定每种料品的供应商。

场景六：采购订单审核

人物：张兰——采购部主管

汤丽——采购部采购员

宋平——采购部采购员

王斌——采购部采购员

陈力——仓库管理员

事件：汤丽找张兰审核。

汤丽：张总，请您审核一下采购订单，一部分是请购单转成的采购订单，另一部分是经过 MPS 和 MRP 运算后生成的采购单。

张兰：好的。让宋平和王斌再和供应商确认一下到货日期。

(采购到货)

王斌：仓管部吗？我们采购的货马上就到了，你们准备验收。

陈力：好的。

场景七：采购金额审核

人物：汤丽——采购部采购员

郑威——财务部主管

林山——财务部会计

罗明——财务部会计

贺雷——财务部会计

事件：汤丽将采购的票据交给财务部，财务部进行相关业务审核。

汤丽：这是近期采购料品的票据，交给你们入账。

郑威：好的。林山、罗明，还有贺雷，你们尽快将采购部门和仓管部的票据审核下。

林山、罗明、贺雷：好的，郑头儿！

林山：输入并确认验收单上与付款相关的项目内容，以便转入应付账款。

罗明：检查完由采购管理模块转入的验收费用和退回资料后，将验收和验退资料转到应付账款模块，经核对无误后，在应付账款系统进行应付单据的登账、支付等操作，实现信息的自动传递。

贺雷：我把采购管理模块转入的验收费用及验退资料检查一下，再核查供应商应付账款的资料。

第四部分　委外业务

场景一：委外件询价，输入和规划委外订单，并进行委外单的审核。

人物：潘明——生产部主管

顾燕——生产部生产人员

周静——生产部委外处主任

周明——北京兴隆注塑厂生产部主任

事件：经过 MPS、MRP 自动规划后，规划人员要对建议规划量进行核查。生产人员向委外商询价，签订委托加工合同后，生产人员录入委外单，由生产部门主管审核；打印出委外单，再由生产部门主管签字，作为正式合同交与委外商，委外商来企业仓库领料。

顾燕：潘总，委外规划已经做好了，请您审核。

潘明：好的，你去通知周静，让她尽快和厂家联系。

顾燕：周主任，委外规划已经做好了，尽快跟委外商联系吧！

周静：好的，我和老周熟，我直接和他说。

(打电话)

周静：您好，请问是北京兴隆注塑厂吗？

周明：您好，我是北京兴隆注塑厂。请问您是哪位？

周静：我是“北京林信钟表制造公司”生产部的周静。我们公司想委托贵厂生产一批钟表零部件。

周明：是什么零件？

周静：主要是盘面和钟框，各要 100 个，月底交货。

周明：好，那价格呢？

周静：您看按照上次咱们合作的价格怎么样？盘体 10 元，钟框 15 元。

周明：嗯……可以。

周静：太好了，就说咱们是老熟人了嘛，那我现在就把委外订单给您传真过去，您确认一下，若没有问题直接到我们厂仓管部领料就可以了。

周明：好的，再见。

周静：再见。

(布置任务)

周静：小顾啊，你把委外单传给北京兴隆注塑厂老周，还有，送一份到仓管部。

顾燕：好的。

周静：这段时间咱们都比较忙，辛苦啦！

顾燕：哪儿的话！周主任，这不咱分内的事吗？

场景二：委外商领料

人物： 周明——北京兴隆注塑厂生产部主任

贺炜——仓管部主管

陈力——仓库管理员

事件： 委外商领料。

周明：您是“北京林信钟表制造公司”仓管部的贺总吗？这是委外单，请您帮我全领出来。

贺炜：好的。陈力，你来处理一下。

陈力：好的，我马上就办。

场景三：委外验收

人物： 周明——北京兴隆注塑厂生产部主任

金明——仓库管理员

陈力——仓库管理员

事件：委外加工完成后，仓管员要收料入库。

周明：喂，您是“北京林信钟表制造公司”仓管部的老陈吗？我是北京兴隆塑注厂的。你们公司委托我厂生产的东西，我派人给你们送去了，请您验收一下。

陈力：好的，我马上查一下，以后再联系。老金，麻烦你去验收一下。

(验收过程……)

金明：验收完了，没有问题，可以入库了。

陈力：好的，我马上填入库单。

场景四：金额审核

人物：周静——生产部委外处主任

顾燕——生产部生产人员

郑威——财务部主管

林山——财务部会计

罗明——财务部会计

贺雷——财务部会计

事件：委外业务基本完毕，请财务部门进行相关业务处理。

顾燕：主任，我已经根据委外订单和入库的委外件数量和质量核对了委外发票的单价和总金额，核对无误，已经交给会计了。

周静：好，我马上和财务部联系。

(财务部处理委外单据)

林山：我现在查完转来的委外单据和发票，将委外资料转到应付账款系统，罗明，你核对一下吧。

罗明：嗯，没有错，现在我就在应付账款系统进行应付委外单的制单作业。

贺雷：我来查一查还有多少应付账款。

第五部分　生产业务

场景一：由电脑规划生产订单，并由主管审核。

人物：潘明——生产部主管

刘芳——生产部生产人员

事件：规划人员对电脑自动规划的结果进行确认，生成生产订单，并交由主管签字。

刘芳：潘总，生产订单已经做好了，请您签字。

潘明：好的，马上和仓库联系，准备生产！

场景二：按生产订单领料

人物：潘明——生产部主管

贺炜——仓管部主管

陈力——仓库管理员

事件：制造部门持生产订单到仓库领料，结果出现了问题。

潘明：是仓管部的贺总吗？你们仓库到底有没有料啊，怎么我们这里看你们仓库缺料缺得厉害，让我们怎么生产嘛！

贺炜：啊？潘哥你没开玩笑吧，我们仓库现在原料、半成品、成品可是都全啊，没缺啊！

潘明：没缺？你自己上 ERP 系统看看，照那上面的情况，我们就没有办法生产了！

贺炜：我看看！……啊？这是怎么搞的！

(生产陷入了一片混乱，仓库明明有货，可是在 ERP 中的反映，仓库的原料却不足以生产，此事反映到了总经理处)

场景三：总经理召集各部门主管开会

人物：梅兰——总经理

郭静——销售部主管

张兰——采购部主管

孟学——计划部主管

贺炜——仓管部主管

潘明——生产部主管

郑威——财务部主管

事件：生产出现了问题，总经理召集大家开会解决。

梅兰：我听说生产出现了很大的问题，到底怎么回事？谁先来说说？

潘明：我先说吧，我们生产前，到 ERP 系统上查了一下，准备领料，可是一看缺了好多的料，打电话给贺炜，他却说他们那里有货！

贺炜：梅总好，大家好，我来解释下，其实我们仓库确实是有货的，刚才潘哥也去我们那里看了，的确是有货，可是由于我们对库存在 ERP 系统上的更新做得不够及时，造成了系统没有正确反映库存，仓库里明明是有的，可是 ERP 上怎么查都查不到，这是我的失职，没有做好工作！

梅兰：既然你都说了是你的失职，那你就承担一定的责任！这个月的奖金你就不要拿了。

贺炜：那没问题，梅总，罚我倒没什么，现在就是要看怎样把这个错弥补了，咱们还要交货呢！有了这 ERP 系统还必须做到及时更新啊。

梅兰：我们现在也先不要考虑自己的得失了，先全力将这个月的订单交货，谁有解决的方案啊？

潘明：现在也没有办法了，虽然我们仓库确实有很多货，但是我们还不能用，用了账面最后肯定不对！现在需要麻烦大家再重新做一遍业务，重新处理原料采购的入库，这样与账面才能一致！只不过这样公司这个月就要亏大了啊！

梅兰：现在不是说亏与不亏的时候了，先把该交的货交了，不要影响我们公司的信誉才是！那就这样吧，其他各个部门全力配合一下，把这个问题尽快解决了！

其他与会人员：好吧！

场景四：重新按生产订单领料

人物： 刘芳——生产部生产人员

王俊——仓库管理员

事件： 各个部门全力配合，终于将仓库的数据补全，生产得以继续。

刘芳：是仓管部吗？

王俊：是。

刘芳：我是生产部小刘，看到我们给你们传真过去的生产所需的料品了吗？库存充足吗？

王俊：充足，我们整理一下，下午送到你们车间去。

刘芳：好的。

王俊：好，再见。

刘芳：再见。

场景五：产品加工完毕入库

人物： 刘芳——生产部生产人员

王俊——仓库管理员

事件： 制造部门生产的制品完工后，立即入库，仓管员要及时录入入库单，并更新各料品的现存量。

刘芳：是仓管部吗？

王俊：是的。

刘芳：我是生产部小刘，我们这批货品加工完了，你看你们什么时候有时间把货取走，做一下入库处理。

王俊：好的，我们下午派人过去。

刘芳：好的，下午见。

王俊：下午见。

第六部分　销售出货业务

场景一：填写出货单

人物： 郭静——销售部主管

贺炜——仓管部主管

周明——销售部销售员

汪建——销售部销售员

事件：销售部门业务员根据销售订单输入发货单，并检查客户的信用余额，发货数量是否正确，客户购买的货物是否库存不足。打印发货单(一式五份)，一份交于仓库管理人员作为销售出库的原始凭证。

贺炜：喂，这里是仓管部。100 个电子挂钟已经生产好了。

周明：好的，今天发货，请你们仓库准备好出库。

贺炜：好的。再见！

周明：郭经理，湖北华联商厦的 100 个电子挂钟今天要发货，回执单可能要过两天到，距离比较远。

郭静：发货单我来填吧。你去通知小汪，叫他给那边的联系人打个电话，注意查收。

周明：好的，我这就去。

(见到小汪)

周明：小汪，湖北华联商厦的 100 个电子挂钟今天出货，经理叫你和湖北华联商厦的人联系一下。

汪建：知道了。

场景二：向湖北华联商厦打电话通知收货，并填写发货单回执联

人物：汪建——销售部业务员

李冰——湖北华联商厦采购员

事件：客户收到货物和发票后，在发货单回执联上签字，由送货方返还销售方，再由销售部门业务员签字，并填写发货单回执记录。

汪建：喂，是李先生吗？我是小汪啊。

李冰：哦，您好，您好！

汪建：你们要的 100 个电子挂钟已经送去了，请你们注意查收。

李冰：好的，我们已经收到了，这次合作得挺成功的，希望我们下次合作愉快啊！

汪建：好，那下次有机会再联系。再见！

李冰：再见！

场景三：与财务部门交接工作

人物：郭静——销售部主管

贺雷——财务部会计

事件：回执单收到后，可以进行销售分析，根据出货资料制单转应收账款系统操作，目的是为了给销售分析提供数据和使财务部在应收账款系统中进行收款处理。

郭静：喂，您好！我是销售部经理郭静。湖北华联商厦的销售发票和发货资料已经传过去了，请你们查一下。

贺雷：好的，我们会注意的。谢谢。

郭静：不客气，有问题再给我打电话吧。再见！

贺雷：再见！

第七部分　财务业务

场景：财务制单业务

人物：郑威——财务部主管

贺雷——财务部会计

林山——财务部会计

罗明——财务部会计

事件：对湖北华联商厦销售的应收业务制作凭证，对采购商和委外商的应付业务制作凭证。

郑威：刚接到销售部通知说向湖北华联商厦已经发货了，单据都传过来了，还有采购的物料和委外加工的物料也都到货了，货款还没有付。

贺雷：我核对一下销售单据。

罗明：我核对一下北京铝材厂和北京兴隆注塑厂的货款单据，填一下应付凭证。

林山：我现在查询应收和应付账款余额还有多少。

第八部分　期末处理

场景：仓管部进行期末处理

人物：贺炜——仓管部主管

金明——仓库管理员

张兰——采购部主管

郭静——销售部主管

潘明——生产部主管

事件：采购部门、销售部门、生产部门以及仓管部进行月末结账。

(仓管部)

贺炜：小金啊，你把这个月的报表都打印出来吧，我们开会时要用。

金明：好的，贺总。我们仓管部要算一下采购物料的成本，查询库存月末状况，最后将库存的当月数据结转到下月。过一会儿，我就把月末报表打印出来！

(采购部主管布置任务)

张兰：月末了，大家检查一下自己的工作，如果没有问题，就把采购的账结了。

(销售部主管布置任务)

郭静：月末了，大家检查一下自己的工作，如果没有问题，就把销售的账结了。

(生产部主管布置任务)

潘明：月末了，大家检查一下自己的工作，如果没有问题，就把委外的账结了。

第九部分　总经理开会对当月工作做总结

场景： 总经理召集大家开会总结

人物： 梅兰——总经理

郭静——销售部主管

张兰——采购部主管

孟学——计划部主管

贺炜——仓管部主管

潘明——生产部主管

郑威——财务部主管

事件： 对过去一个月的生产经营情况进行总结。

梅兰：一个月的业务完成了，这个月大家都干了什么，干得怎么样，都说说吧。

郭静：我们销售部这个月共有500个电子挂钟的订单，实际发货了100个，总的来说完成了我们月初制订的计划。

孟学：我们计划部这个月主要对公司的生产进行了排程，还算是可以吧。

张兰：我们采购部这个月除了完成了本职工作之外，在仓管部出现问题，生产无法进行的时候，还全力配合了仓库和生产部的工作，进行了系统的数据修正，保障了生产的按期完工以及产品的销售资料的正确性。

贺炜：这个月我们仓管部出现了失误，原料入库后没有及时对ERP系统的数据进行更新，给公司的生产造成了混乱，在这里再次向大家表示歉意，在这件事情上我无疑要负主要的责任。

潘明：我们生产部门一共生产了510件电子挂钟，完成了既定的生产任务。

郑威：财务部能配合各个部门的工作，较好地完成了公司财务的工作。

梅兰：好，大家都总结完了，我再总结一下。本月我们公司在销售上虽然取得了一些成绩，但是由于工作中的一些失误给公司的工作带来了一定的混乱，贺炜说主要责任在他们部门，他负主要的责任，这话是没错，不过大家想一想，这个错误是仓管部一个部门造成的吗？我看不是！我们公司是一个集体，只有这个集体中的所有环节都正常、良好地运作，公司才能健康地成长。依我看，我们之所以出现有这样的失误，是由于我们各个部门之间的沟通不足！现金流、物流、信息流是企业生产经营的三大流，任何一个环节出错，都会影响企业生产经营活动的顺畅进行。这个月，我们就是由于各个部门没有进行及时、良好的沟通，导致信息流出了问题，最终才导致物流的不顺畅！如果我们其他各部门在与库存发生了业务后，能够及时地向仓库反映，让仓库更新库存，那么我们这个月的损失也许就不会发生。

让我们记住这次教训，记住企业中沟通的重要性，在以后的生产经营中争取不再发生这样的失误！

6) 第五幕 推广人总结

场景：ERP 推广现场

人物：王雪——某公司 ERP 推广部的负责人

班级其他成员—— ERP 推广会上的各位总裁

事件：推广负责人总结案例。

王雪：呵呵！各位老总，抱歉，一不小心，我给大家放了一段失败的案例，其实，事实也真是如此，如今 ERP 的高实施风险已经成为不争的事实，诸如成功概率为 0 说、80 亿投资水漂说、三分之一能用说等流行说法。总结起来，要想使 ERP 真正发挥功效，企业要从需求出发，结合实际，抓住瓶颈，总体规划，分步实施，企业"一把手"的决心和认知是关键，必须重视现代企业管理模式的建立与优化调整！正确选择符合中国国情和企业实际情况的软件厂商，在实施阶段，技术基础工作和人员培训必须同步落实，监管工作不可忽视。"路漫漫其修远兮"，ERP 这株幼苗要在中国尽快长成参天大树，还需要更多的阳光和养分。谢谢大家！

4. ERP 实战演练表演者角色分配(表 1-48)

表 1-48 ERP 实战演练角色分配表

序号	姓名	角色	其他角色
1	金明	仓库管理员	
2	梁伟	技术部规划员	
3	汪建	销售部业务员	
4	张宇	北京福里斯特钟表有限公司总经理	
5	宋平	采购部采购员	
6	贺炜	仓库主管	
7	陈力	仓库管理员	
8	潘明	生产部主管	
9	林山	财务部会计	
10	李冰	湖北华联商厦采购员	
11	王斌	采购部采购员	
12	周明	销售部销售员	北京兴隆注塑厂业务员、生产部主任
13	王俊	仓库管理员	上海昊恒工贸公司销售部业务员
14	顾燕	生产部生产人员	北京铝材厂业务员
15	贺雷	财务部会计	
16	杨彤	生产部生产人员	
17	孟学	技术部计划主管	
18	刘芳	生产部生产人员	
19	周静	生产部生产人员	

(续表)

序号	姓名	角色	其他角色
20	汤丽	采购部采购员	江西钟表公司业务员
21	罗明	财务部会计	
22	朱玉	技术部规划员	江苏塑料厂业务员
23	张兰	采购部主管	
24	王雪	串讲人	
25	刘梅	技术部规划员	采购员、江西钟表公司业务员等
26	梅兰	北京林信钟表公司总经理	
27	郑威	财务部主管	
28	郭静	销售部主管	
29	国林	销售部销售员	北京林信钟表公司业务员
30	老张	天津原料公司销售部经理	

第 2 章　客户订货

2.1 业务概述

2.1.1 功能概述

客户订货业务是指由购销双方确认的客户的要货过程，企业根据销售订单组织货源，并对订单的执行进行管理、控制和追踪。由“销售管理”子系统进行业务处理。

本实验主要完成向客户进行报价和与客户签订销售订单的管理工作。

- 销售报价是企业针对不同客户、不同存货、不同批量提出的有关货品、规格、价格、结算方式、折扣优惠等信息，双方达成协议后，销售报价单转为销售订单。通过对报价单的查询和跟踪，为销售部门提供相关客户信息。
- 销售预订单处理是计划人员针对客户非正式的、有意向的销售订单判断企业在客户需求时间内进行 ATP(可承诺量)交期模拟，预测这个订单能否完成(即此订单能否在当前生产过程中进行安排并完成)，根据模拟结果，如果认为此订单可以完成，则审批该销售预订单，然后由该预订单生成正式的销售订单。在做销售预订单处理工作时，首先设置 ATP 模拟方案，建立制造 ATP 规则，然后对存货进行售前 ATP 模拟运算，最终确定销售订单的可承诺数量及承诺日期。详细操作参见第 3 章。
- 销售订货是指企业与客户签订购销合同，主要对销售订单的执行进行管理、控制和追踪。销售订单是由购销双方确认的客户要货需求的单据，它是企业销售合同中关于货物的明细资料，也可以是一种订货的口头协议。销售订单是整个销售业务的核心，必须依据订单填制发货单和销售发票，通过销售订单可以跟踪销售的整个业务流程。经审核确认的报价单或者销售预订单可以作为生成销售订单的依

据，传递到销售订货系统；已审核的销售订单可增加库存管理中料品的预约量，减少料品的可用量；已审核的销售订单可作为出货参照的依据；也为销售分析系统提供了原始分析数据。

客户是销售业务工作的起点和终点，当客户的需求信息传递到企业的销售部门时，销售部门要针对客户需求形成相应的客户订单。在此过程中，销售部门要做好订单管理工作，及时记录和跟催客户的需求信息，跟踪客户并处理好与客户的关系，最终实现将客户意向变成为客户订货合同的目标。在销售订单管理过程中，需要综合考虑需求信息、交货信息和产品信息等，并通过对企业生产情况、产品定价、客户信用等方面来考察以确认和考核是否接受订货。销售订单是企业生产计划、加工生产、销售发货及货款结算的依据，对销售订单的管理是销售工作的核心。

销售订单管理业务工作包括对客户的报价管理，以及记录客户需求意向信息，以便跟踪客户；按照客户需求编制销售订单，记录客户所需产品、数量、规格型号以及交货时间和地点；查询客户订单资料，了解销售订单的执行情况，分析销售工作的进展。

2.1.2 相关子系统功能模块之间的关系

客户订货相关子系统功能模块之间的关系如图 2-1 所示。

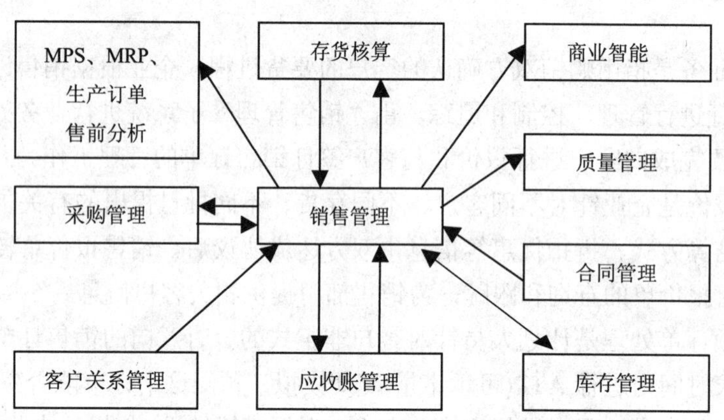

图 2-1　客户订货相关子系统功能模块之间的关系

2.1.3 应用准备

(1) 建立新账套、启用要使用的系统、设置用户及其权限。

(2) 设置基础数据，包括分类体系、基础档案等。

(3) 设置单据格式、单据编号。

(4) 设置“销售管理”模块的系统选项。

(5) 录入并审核存货的期初数据。

上述准备已经在本实验初始账套中设置完成。

2.2 系统业务流程

2.2.1 日常业务流程

客户订货业务流程图如图2-2所示。

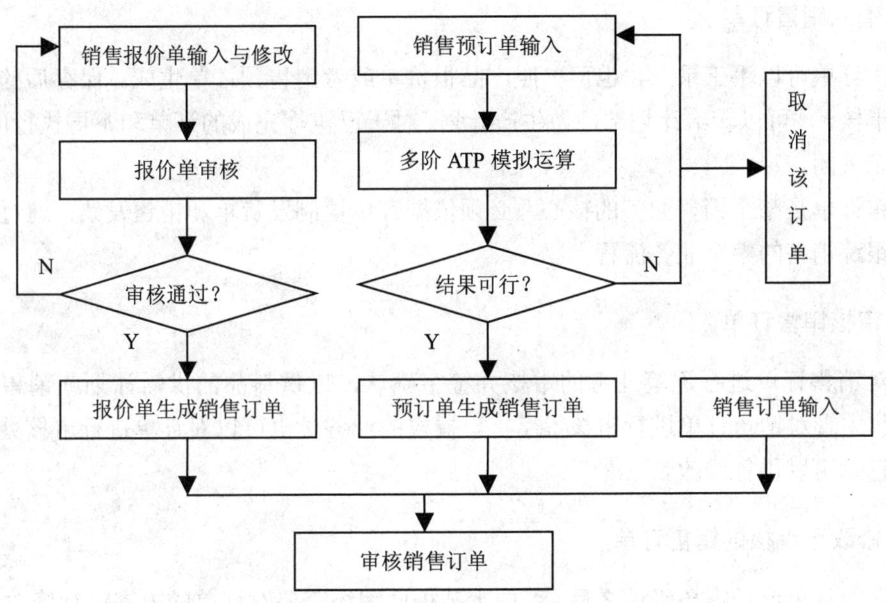

图2-2 客户订货业务流程图

2.2.2 主要业务内容

1. 输入销售报价单

在获得客户需求信息以后，输入产品报价单，并将已录入的报价单打印或传递给销售主管进行审核。

2. 审核销售报价单

由销售主管对产品报价单进行签字确认。已审核的单据不能修改和删除。若要修改，则对该报价单进行“弃审”后方可修改。

3. 输入销售预订单

销售预订单是指非正式的、客户有意向的销售订单。它用于给计划人员判断企业是否能满足此订单(即此订单是否能插到当前生产过程中进行加工生产)，计划人员可以对预订单进行ATP交期模拟，模拟完成后，给出模拟结果，如果认为该预订单可以满足，则审批预订单，并在销售系统中根据预订单生成正式的销售订单。

计划人员手工输入销售预订单,在已有的 ATP 模拟方案基础上,选取需要模拟的存货,进行多阶 ATP 模拟运算和供需分析;可以在展望期内手工录入预计占用量,观察 ATP 数量的变化,以最终确定销售订单的可承诺数量及承诺日期;用户还可以根据需要查看各种量的明细组成情况;如果企业可以满足预订单的需求,则可以审批预订单,由它可以生成正式的销售订单。详见第 3 章的“补充实验一　销售预订单处理”。

4. 输入销售订单

销售订单可以手工录入,也可参照产品报价单或者销售预订单生成。保存后的销售订单需要审核,才可以转给计划部门做生产计划。对于已执行完成的订单和不再执行的订单,可以手工关闭。

销售订单是整个销售业务的核心,必须依据订单填制发货单和销售发票,通过销售订单可以跟踪销售的整个业务流程。

5. 审核销售订单

针对销售订单进行逐笔业务的审核并签字确认,以供料品的供需计划或销售发货使用。销售主管对销售订单进行审核签字,已授权的业务员也可以对订单进行审核处理,未审核的订单可以进行修改。

6. 修改已审核的销售订单

当销售订单已经审核确认之后,若由于某种原因还需要对订单的内容进行修改,此时,要先对该订单进行弃审,然后才能进行修改,修改后的销售订单需要再次审核。

2.3　实验一　客户订货

【实验目的】

(1) 理解销售报价的作用,掌握销售报价的操作。

(2) 理解销售订货管理的主要功能,掌握相关的基本操作。

【实验要求】

以操作员的身份进入系统进行操作。

【实验资料】

1. 实验数据准备

(1) 修改系统时间为“2012-01-06”。

(2) 引入光盘“实验数据”文件夹中的“基础资料数据准备”数据账套。

2. 实验资料

(1) “2012-01-06”接到湖北华联商厦对电子挂钟的询价电话，销售人员向其报价：电子挂钟(编号 10000)，客户需要数量为 100 个，所报含税单价为 120 元，预交货日期为 2012-01-20。

(2) 审核销售报价单。

(3) 参照销售报价单生成一张新的销售订单，订单完工日期为 2012-01-20。

(4) 审核这张销售订单。

(5) 湖北华联商厦要求降价，企业领导同意按客户要求降价，在已生成的销售订单中直接修改，将含税单价改为 115 元。

(6) 手动输入一张销售订单：江西钟表公司购买电子挂钟，数量为 400 个，含税单价为 100 元，需求日期为 2012-01-26。

(7) 审核这张手动输入的销售订单。

【操作指导】

1. 输入报价单

岗位：销售部门/业务员

菜单路径：业务工作/供应链/销售管理/销售报价/销售报价单

(1) 在“销售报价单”窗口中，单击工具栏上的“增加”按钮，生成一个新的销售报价单，如图 2-3 所示。

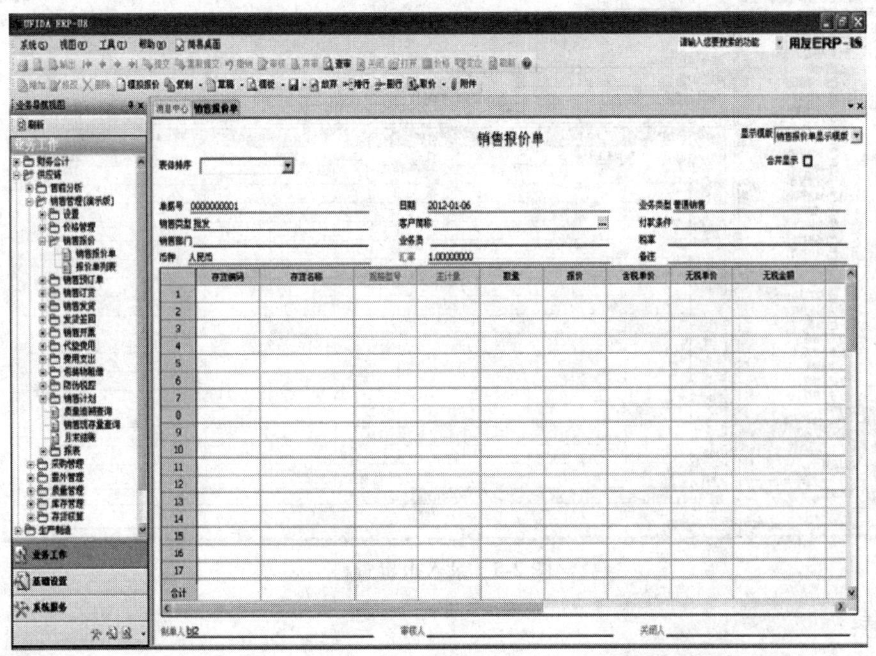

图 2-3 新增报价单

(2) 在“客户简称”栏位单击…按钮，在参照窗口选择客户后，单击“确定”按钮，如图 2-4 所示。

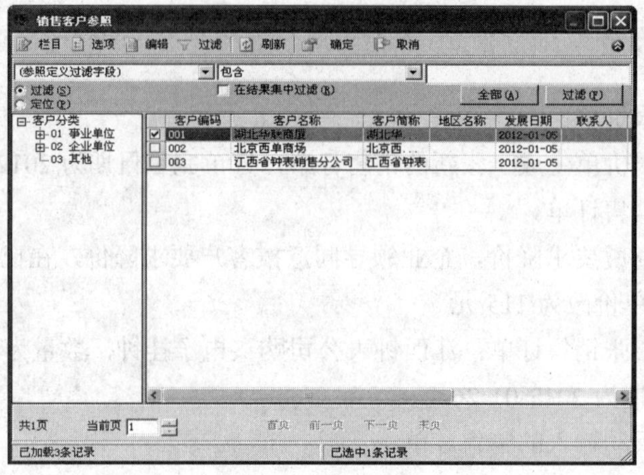

图 2-4　选择客户

(3) 同理，输入“销售部门”、“业务员”、“税率”、“存货编号”等表头信息，单击“增行”按钮输入表体项目，完成后，单击工具栏上的“保存”按钮即完成报价单的输入工作，如图 2-5 所示。

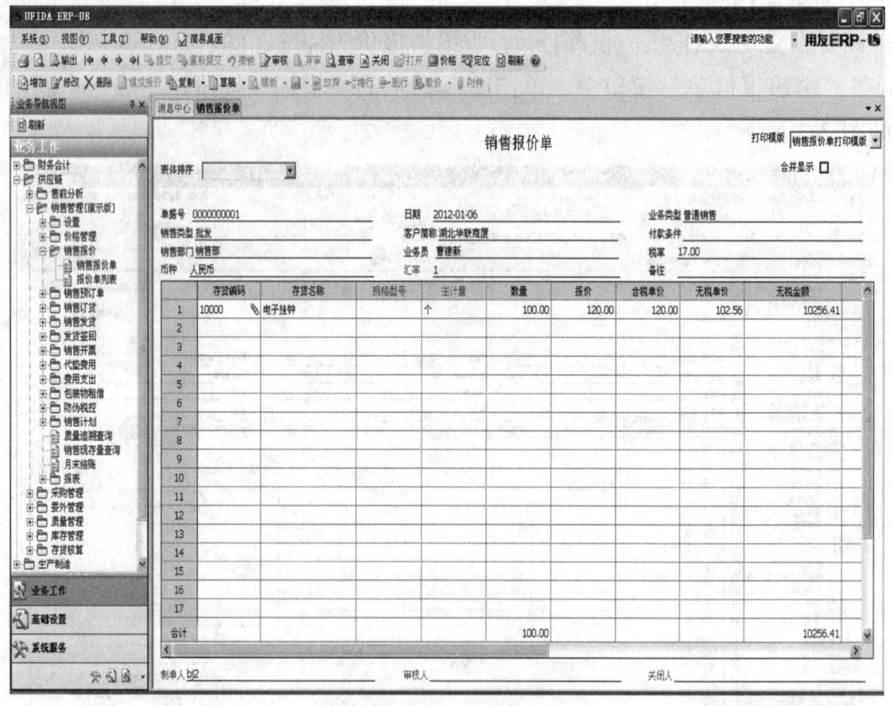

图 2-5　录入报价资料

注意：

- 所有蓝字的项目均是必填项，黑字为可选项。

● 报价单审核前可以进行修改。

2. 审核报价单

岗位：销售部门/销售主管

菜单路径：业务工作/供应链/销售管理/销售报价/销售报价单

在“销售报价单”窗口中，单击工具栏上的“审核”按钮，完成审核后的报价单可以作为生成销售订单的依据。

注意：

审核后的报价单需要修改时，先进行“弃审”才能进行修改；此时，修改后的订单仍需要进行审核才可成为有效的报价单。

3. 根据报价单生成销售订单

岗位：销售部门/业务员

菜单路径：业务工作/供应链/销售管理/销售订货/销售订单

(1) 在“销售订单”窗口中，单击工具栏上的“增加”按钮，生成一个新的销售订单。单击工具栏上“生单”按钮中的“报价”选项，弹出“过滤条件选择”窗口，单击“过滤”按钮，进入“参照生单”窗口。

(2) 在“参照生单”窗口中，双击上方列表行的“选择”栏位选择客户，“选择”栏显示为“Y”后，再在下方的“订单参照报价单”列表中选择相应的报价单，单击“确定”按钮，即返回到“销售订单”窗口，信息被带入销售订单中，如图 2-6 所示。

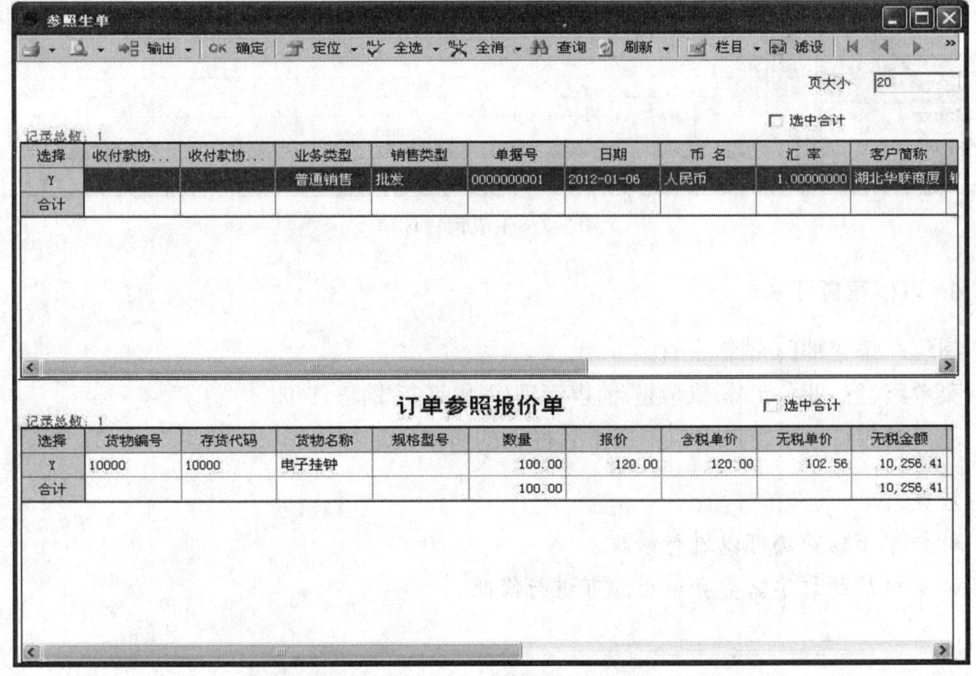

图 2-6 选择报价单

(3) 在“销售订单”窗口中，修改订单日期为 2012 年 1 月 20 日，然后单击“保存”按钮即完成参照报价单生成销售订单的工作，如图 2-7 所示。

注意：

- 销售订单栏目与销售报价栏目内容基本一致，其中订单日期为完工日期。
- 销售订单表体栏目中的“预发货日期”默认为订单日期。预发货日期可以大于等于订单日期。
- 可以通过窗口中的“可用量”按钮，查询企业当前的可用数量，以便了解对客户的满足情况。

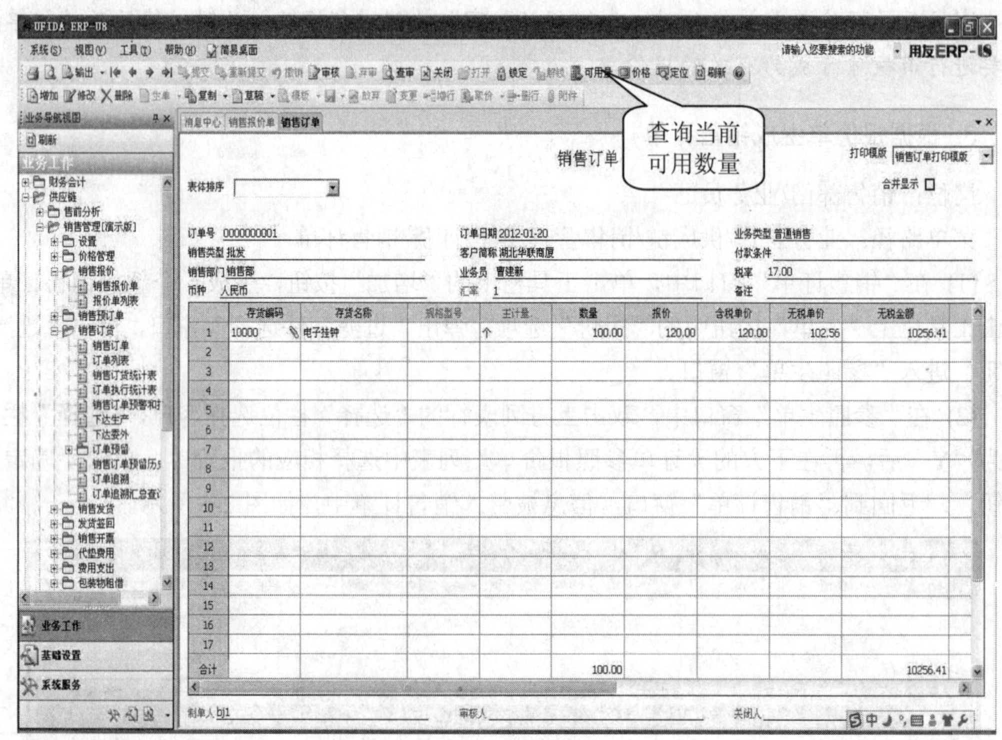

图 2-7　生成销售订单

4. 审核销售订单

岗位：销售部门/销售主管

菜单路径：业务工作/供应链/销售管理/销售订货/销售订单

在“销售订单”窗口中，单击工具栏上的“审核”按钮。

注意：

- 订单审核前仍可以进行修改。
- 审核后的订单需要弃审后才可进行修改。

5. 修改已审核的销售订单

岗位：销售部门/业务员

菜单路径：业务工作/供应链/销售管理/销售订货/销售订单

在“销售订单”窗口中，单击工具栏上的“弃审”按钮，再单击工具栏上的“修改”按钮，即可进行数据资料的修改，最后保存订单。

注意：

修改后的销售订单，仍需要进行审核，才能成为有效的销售订单。

6. 手工录入新的销售订单

岗位：销售部门/业务员

菜单路径：业务工作/供应链/销售管理/销售订货/销售订单

(1) 在“销售订单”窗口中，单击工具栏上的“增加”按钮，生成一个新的销售订单。订单日期为完工日期 2012-01-26，其他表头栏目的录入与销售报价单同理，这里不再赘述，如图 2-8 所示。

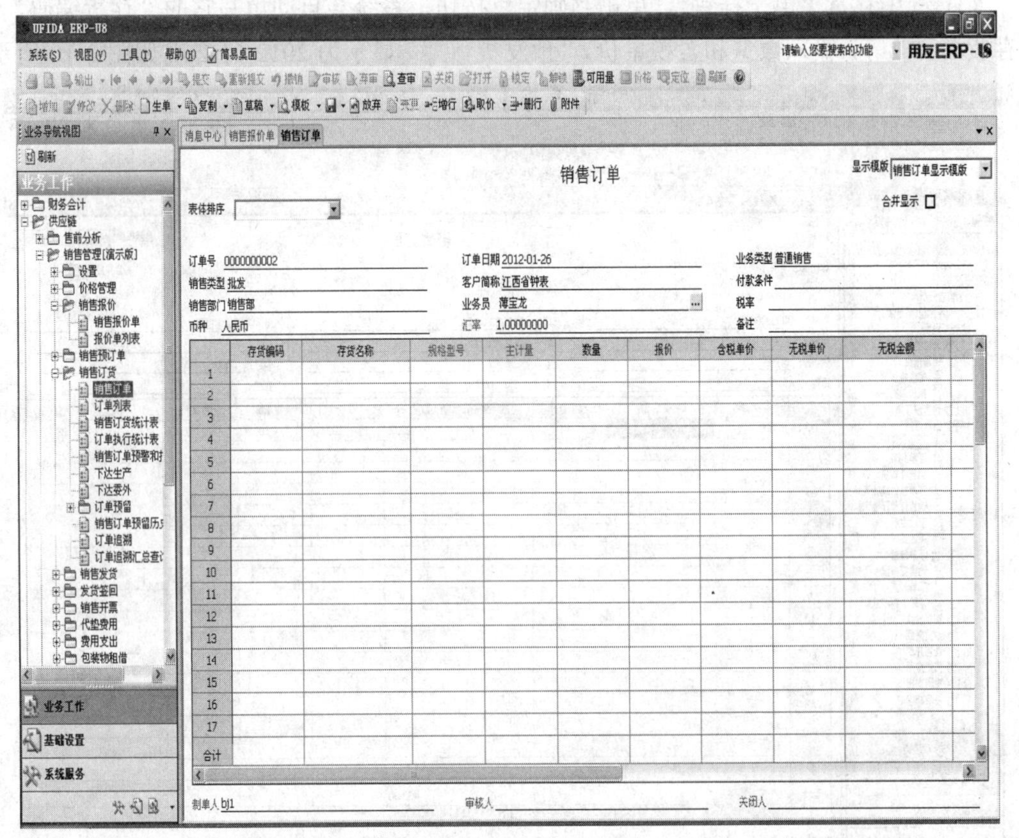

图 2-8　手工录入销售订单

(2) 单击“增行”按钮，输入表体中的项目。单击“存货编码”栏位的“…”按钮，弹出“存货基本参照”窗口，如图 2-9 所示。

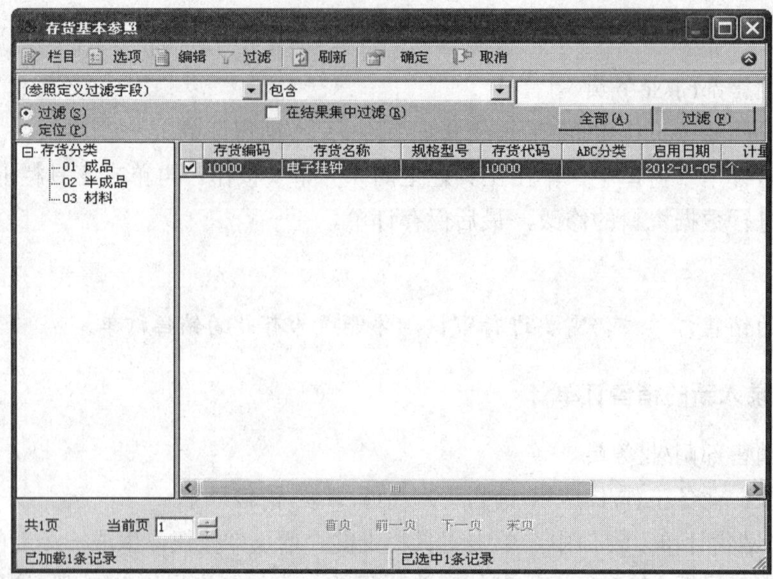

图 2-9　选择存货窗口

(3) 选中存货“电子挂钟”，单击“确定”按钮，系统会自动填写它的“存货编码”及“存货名称”等，输入数量和含税单价，“预发货日期”显示为 2012-01-26，如图 2-10 所示。

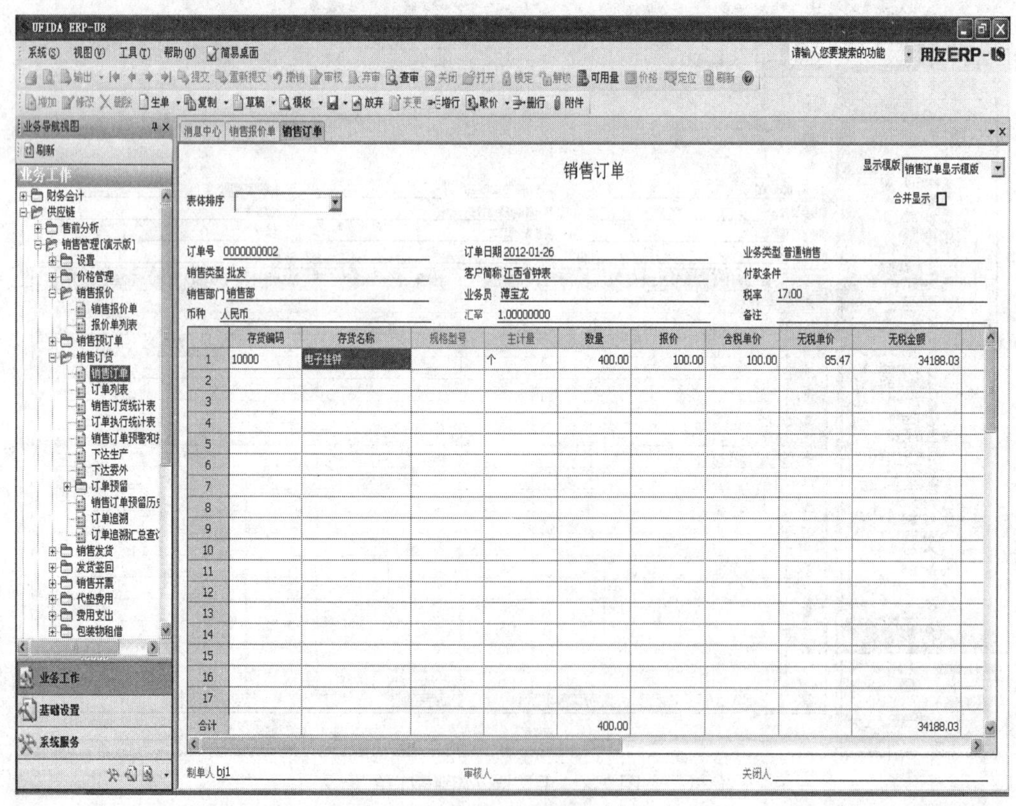

图 2-10　手动生成销售订单

(4) 最后，单击“保存”按钮，完成销售订单的录入工作。

7. 审核手工录入的销售订单

岗位：销售部门/销售主管

菜单路径：业务工作/供应链/销售管理/销售订货/销售订单

在“销售订单”窗口中，单击工具栏上的“审核”按钮。

【思考题】

销售订单有哪些生成方式？它们各自都起什么作用？

第3章 排程业务

3.1 业务概述

3.1.1 功能概述

本实验的作用在于根据客户订货需求或者预测订单需求完成企业主生产计划和物料需求计划的编制，据此，即可根据排程建议的供需数量和时间编制采购订单、生产订单和委外订单，供采购部门和生产部门安排生产使用，同时各部门也可以根据自身情况和资源产能状况，向企业规划部门反馈，或修改计划，或采取措施增加产能，以制订出合理的采购计划和生产计划，使实际生产活动能够按照计划顺利进行。

1. 主生产计划

主生产计划(Master Production Schedule，MPS)是以客户销售订单和市场预测为需求数据源，以企业生产的产品为对象，说明什么时间生产什么产品以及生产多少的计划安排。即计划企业应该生产的最终产品的数量和交货期，并在生产需求和可用资源之间进行平衡。

MPS 用来定义关键零配件或产品(对公司利益影响重大或消耗关键资源的物料，主要针对产成品)的预期生产计划，有效的主生产计划为销售承诺提供基准，并用以识别所需资源(物料、劳力、设备与资金等)的用量及其所需要的时间。可以使用 MPS 调节生产来有效地利用资源并推动物料需求计划(MRP)的有效制订，因此，MPS 是产销协调的依据，它是所有计划的根源。制造、委外和采购三种活动的细化日程都是依据 MPS 的日程计算而得。在计划相关零配件和采购件之前，计划和调整关键物料的主计划可以保证对 MPS 料品计划所做的任何变动不会影响较低层次的物料，以避免给供应计划造成不必要的混乱。

主生产计划是确定每一具体的最终产品在每一具体时间段内生产数量的计划。最终产品是指对于企业来说最终完成的、要出厂的完工成品，它要具体到产品的品种、规格及型号等。具体时间段，通常是以周为单位，也可以是日、旬、月。主生产计划详细规定了将要生产什么、什么时段应该产出，它是独立的需求计划，通过独立需求来源(需求预测订单和客户订单)，综合考虑现有库存和未关闭订单而生成。主生产计划根据客户合同和市场预测，把经营规划或生产规划大纲中的产品系列具体化，使之成为展开物料需求计划的主要依据，起到从综合计划向具体计划过渡的承上启下的作用。

在 MPS 生成之前，规划人员需要根据市场需求预测、客户订单情况，制定出几套面向最终产品的生产方案，作为生产规划模块的输入资料，根据这些资料，以及现有可用资源及料品的规划政策，自动产生最终产品及关键零部件的模拟需求与供应计划。经规划人员最终确定的方案及据此展开的需求及供应计划，将为相关部门(采购部门、生产部门)提供相应配合、调整及进一步规划的依据。产销排程是一切供应活动(制造、委外、采购等)具体指令下达的依据，因此 MPS 的执行方案应保持相对的稳定。如果 MPS 经常变动或可行性不高，将迫使所有的供应活动摇摆不定，导致生产经营秩序混乱，必然会造成极大的浪费。

2. 物料需求计划

20 世纪 60 年代美国 IBM 公司管理专家约瑟夫·奥列基博士提出独立需求和相关需求的概念，并利用库存物料订货的新方法——物料需求计划(Material Requirements Planning，MRP)来进行库存管理。物料需求计划是指依据主生产计划对最终产品的需求数量和交货期，推导出构成产品的零配件及原材料的需求数量和需求日期，再推导出自制料品、采购料品和委外料品的供应时间和供应数量，并进行需求资源和可用能力之间的平衡。利用物料清单资料，同时考虑现有库存量信息以及有效订单(如请购单、采购订单、生产订单、委外订单等)的供应量，来计算物料净需求，并提出新的供应规划，这一过程称为物料需求计划。它是相关需求计划。MRP 是为了解决物料库存大量占用的一个有效的物料控制系统，它是在满足物料需求的基础上，使其库存水平保持在最低的状态。MRP 是一种保证既不出现短缺，又不积压库存的计划方法，有效解决了制造业所关心的缺件与超储的矛盾它体现了按需准时生产的思想。

在运算 MRP 之前，要先执行 MPS 运算，待关键物料(MPS 物料)先模拟出可行的产销计划以后，再依此供需计划进行 MRP 的供需规划的编制，以保证 MRP 计划的可行性。MRP 规划是针对 MRP 物料的，依 MPS 计划或物料预测订单需求，依据物料清单提供的产品物料结构，考虑现有库存和未关闭订单，计算出各采购件、委外件及自制件的供需数量和供需日期，以供制定采购订单、委外订单和生产订单之用。

按需求的来源不同，企业内部的物料可分为独立需求和相关需求两种类型。独立需求是指需求量和需求时间由企业外部的需求来决定的。例如，客户订购的产品、科研试制需要的样品、售后维修需要的备品备件等。相关需求是指根据物料之间的结构组成关系而派生出来的需求。例如，半成品、零部件、原材料等的需求是由成品的需求逐级派生而来的。

MRP 的基本任务是：从最终产品的主生产计划(独立需求)导出相关物料(原材料、零部件等)的需求量和需求时间(相关需求)；根据物料的需求量及需求时间和生产(或采购订货)周期来确定其开始生产(或采购订货)的时间及其数量。

MRP 的基本内容是编制所有物料的供需规划。然而，要正确编制物料需求计划，首先必须落实产品的主生产计划，这是 MRP 展开的起点。MRP 还需要知道产品的物料结构，即物料清单(Bill Of Material，BOM)，才能把主生产计划展开成物料供需计划；同时，还必须知道库存数量、在单量及预约量等才能准确计算出物料的采购及生产数量。因此，运算 MRP 的依据是主生产计划、物料清单、库存信息、工作日历等。

3. 执行令单的编制

执行令单是指采购订单、委外订单和生产订单。由 MPS 和 MRP 规划出的建议的物料供需数据资料，经过粗能力和细能力资源产能计算权衡后，若资源能力可以满足生产的需要，则可以进一步制作采购、委外、生产活动的执行令单，即生成采购订单、委外订单和生产订单，并下发给采购部门和生产部门。采购部门和生产部门还可以根据相应的订单，结合自身的实际能力对规划部门的规划进行反馈，可以与规划部门协商修改相关计划。通过对采购订单、委外订单和生产订单的管理，有助于企业实现采购业务、委外加工业务和生产业务的事前预测、事中控制和事后统计。

- 采购订单是企业与供应商之间签订的采购合同或购销协议，其内容包括采购什么物料、采购多少、由谁供货、何时到货、到货地点、运输方式、价格、运费等数据信息。它是采购收货、入库和财务结算的依据。
- 委外订单(委外加工单)是企业与委外供应商之间签订的委外加工合同或协议，是仓库发料和收货的依据，也是委外供应商领料及加工的依据。生产部门业务员负责与委外商的联络，由生产部门经理对委外订单审核签字确认，再由委外商确认后，就形成了正式的委外加工合同或协议。委外订单的信息包括反映在订单中的委外加工母件信息以及反映在订单用料表中的子件信息。母件信息包括委托供应商加工什么物料、加工多少、什么时间加工完成等收货数据信息，它是仓库收货的依据；子件信息包括需要提供给委外供应商的子件种类、用料量、需求日期、批次、发料仓库、供应类型等发料数据信息，它是仓库发料的依据。因此，对委外订单的管理包括对母件的管理和对子件的管理。企业生产管理部门或物料管理部门通常以委外订单为中心，依据委外订单进行委外后续的发料、到货、入库、开票、核销、结算等业务。
- 生产订单(制造命令或工作订单)主要用来表示某一物料的加工生产数量，计划开工日期和完工日期等数据信息的单据。它是对加工车间派工和领料的依据，也是车间管理中工序规划的依据，企业的生产管理或物料管理人员通常以生产订单为依据，来控制产能利用、缺料、效率、进度等情况。

3.1.2 相关子系统功能模块之间的关系

主生产计划与其他子系统之间的关系如图 3-1 所示。排程业务模块之间的关系如图 3-2 所示。

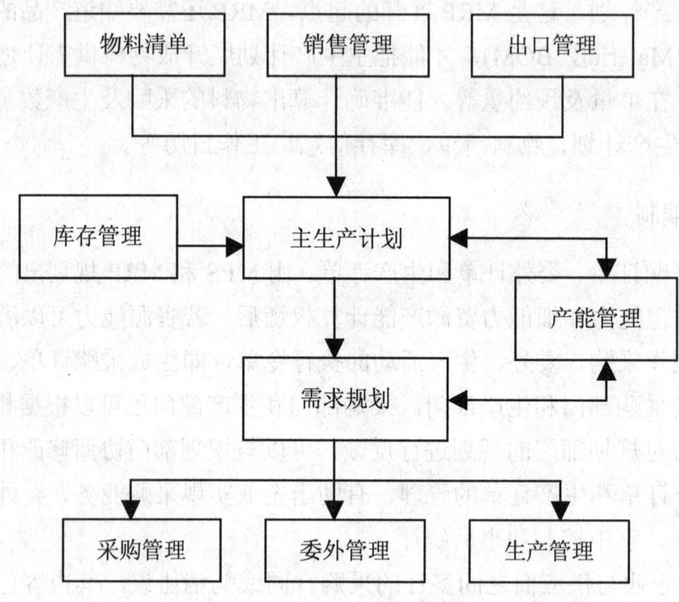

图 3-1 主生产计划与其他子系统之间的关系

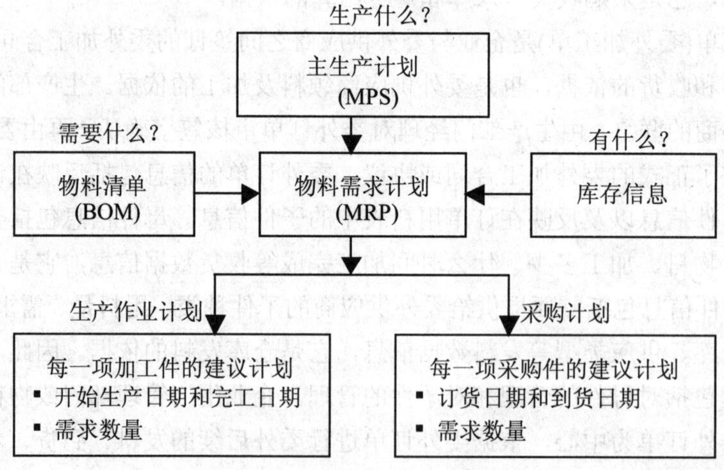

图 3-2 排程业务模块之间的关系

3.1.3 应用准备

(1) 建立账套：用户在新建账套时可选择为工业企业，可设置用户单位信息、分类编码方案、数据精度等。

(2) 系统启用：在新建账套后，系统提示是否进行系统启用设置，相关的系统(主生产计划、需求规划、物料清单)只有被启用后才可使用。

(3) 基本资料维护：用户需要在基础档案中进行设置，“自定义项、工作日历、时栅资料、时格资料、预测版本”是使用“主生产计划”系统时可选择性建立的基础资料；使用“需求规划”系统时，“工作日历、时栅资料、时格资料、预测版本”等基础档案是系统内部必须首先建立的基础资料；“自定义项”是使用“需求规划”系统时可选择性建立的基础资料。

(4) 单据设置：用户可以对“主生产计划”、“需求规划”模块的所有单据进行格式设置、编号设置。

3.2 系统业务流程

3.2.1 日常业务流程

主生产计划的业务流程图如图 3-3 所示。

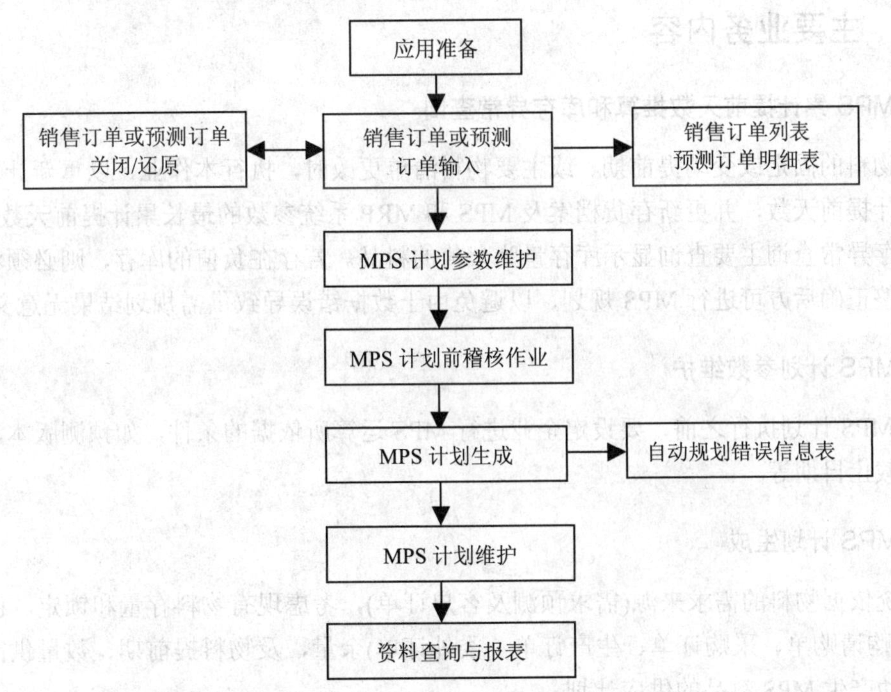

图 3-3 主生产计划的业务流程图

物料需求计划的业务流程图如图 3-4 所示。在主生产计划已经生成的基础上对物料需求进行计划。

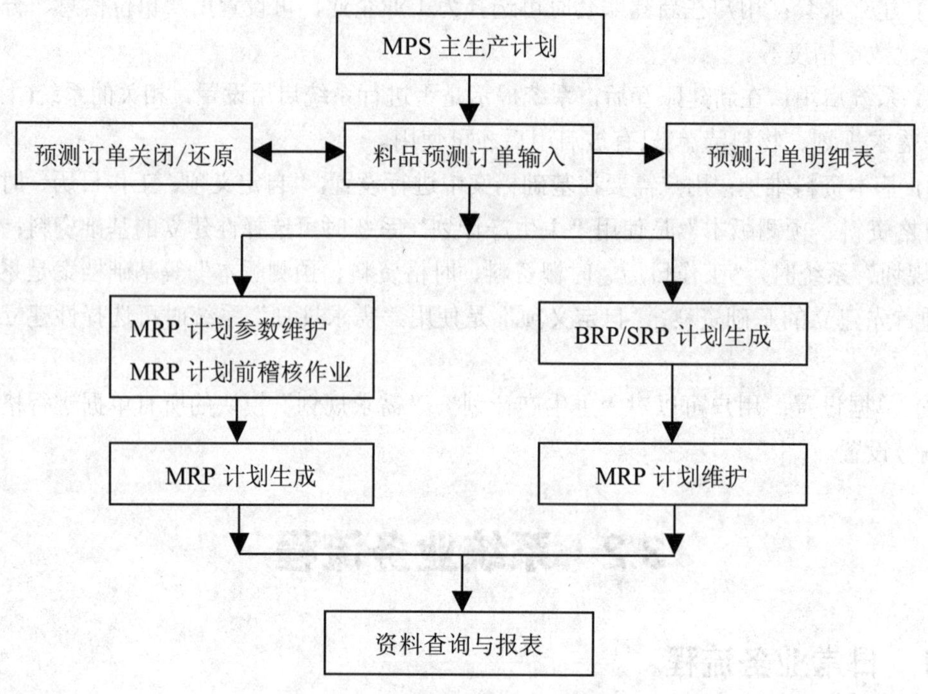

图 3-4　物料需求计划的业务流程图

3.2.2　主要业务内容

1. MPS 累计提前天数推算和库存异常查询

当物料的固定或变动提前期、或主要物料清单更改时，执行本作业，以重新计算各物料的累计提前天数，并更新存货档案及 MPS 和 MRP 系统参数的最长累计提前天数。

库存异常查询主要查询显示库存量为负值的料品。若存在负值的库存，则必须将库存数据调整正确后方可进行 MPS 规划，以避免由于数据错误导致供需规划结果无意义。

2. MPS 计划参数维护

在 MPS 计划执行之前，要设定企业进行 MPS 运算所依据的条件，如预测版本、时栅代号、截止日期等。

3. MPS 计划生成

系统依据物料的需求来源(需求预测及客户订单)，考虑现有物料存量和锁定、已审核订单(采购请购单、采购订单、生产订单、委外订单)余量，及物料提前期、数量供需政策等，自动产生 MPS 料品的供应计划。

4. MPS 计划作业的供需资料查询

按销售订单或者按物料查询 MPS 的规划供需状况。

5. MRP 累计提前天数推算和库存异常状况查询

物料的固定或变动提前期，或主要物料清单更改时，可执行本作业，重新计算各物料的累计提前天数，并更新存货档案及 MPS 和 MRP 系统参数的最长累计提前天数。

库存异常状况查询是查询各仓库中现存量为负值的不正常物料资料，供 MRP 生成前查核使用。库存调整准确以后才可以使 MRP 运算正确。

6. MRP 计划参数维护

设置 MRP 运算的相关参数，作为 MRP 计算时所依据的条件。

7. MRP 计划生成

系统依据物料的需求来源(主生产计划、需求预测及客户订单)，按物料清单，考虑现有物料存量和锁定、已审核订单(采购请购单、采购订单、生产订单、委外订单)余量，及物料提前期、数量供需政策等，自动产生 MRP 料品的供应计划。

8. MRP 供需资料查询

按销售订单或者按物料查询 MRP 的规划供需状况。

3.3 实验二 排程业务

【实验目的】

理解主生产计划和物料需求计划的作用，掌握产销排程和物料需求计划的操作。

【实验要求】

以操作员身份进入系统进行操作。

【实验资料】

1. 实验数据

(1) 修改系统时间为“2012-01-06”。

(2) 引入光盘“实验账套”文件夹中的“排程业务数据准备”数据账套。

2. 实验资料

(1) 针对 MPS 计划，推算料品累计提前天数，并对库存异常状况进行查询。

(2) 设置 MPS 计划参数：预测版本代号为 201201(2012 年 1 月需求预测)，需求时栅编号为 0001，计划代号为 0001，计划期间起始日期为 2012-01-06，截止日期设为 2012-01-31，来源 MPS 计划代号为 0001，初始库存为现存量，如表 3-1 及表 3-2 所示。

表 3-1 时栅(0001)资料

行　号	天　数	预 测 来 源
1	10	客户销售订单
2	20	预测＋客户销售订单，反向(往前)抵消
3	40	预测＋客户销售订单，先反向(往前)再正向(往后)抵消

表 3-2 计划代号资料

序　号	计 划 代 号	计 划 说 明	计 划 类 别	默 认 计 划
1	0001	201201MPS	MPS	否
2	0002	201201MRP	MRP	否

(3) 生成 MPS 的供需规划资料。

(4) 查询并分析 MPS 的供需资料内容。

(5) 针对 MRP 计划，推算料品累计提前天数，并对库存异常状况进行查询。

(6) 设置 MRP 的计划参数：预测版本代号为 201201(2012 年 1 月需求预测)，需求时栅编号为 0001，计划代号为 0002，计划期间起始日期为 2012-01-06，截止日期设为 2012-01-30，来源 MPS 计划代号为 0001，来源 MRP 计划代号为 0002，初始库存为现存量。不考虑替换料、替代料的情况，如表 3-1 和表 3-2 所示。

(7) 生成 MRP 的供需规划资料。

(8) 查询 MRP 的供需资料内容。

【操作指导】

1. MPS 累计提前天数推算和库存异常状况查询

岗位：规划人员

菜单路径：业务工作/生产制造/主生产计划/MPS 计划前稽核作业/累计提前天数推算

菜单路径：业务工作/生产制造/主生产计划/MPS 计划前稽核作业/库存异常状况查询

(1) 在“累计提前天数推算”窗口中，单击“执行”按钮，系统自动执行各物料累计提前期推算，弹出提示“处理成功”窗口，单击“确定”按钮，即完成操作。

(2) 在“库存异常状况查询”过滤窗口中，输入常用条件，单击“过滤”按钮，即可查询到出现异常的MPS物料的库存异常状况(如库存量为负值等)。若无异常情况，表体内容为空，如图3-5所示。

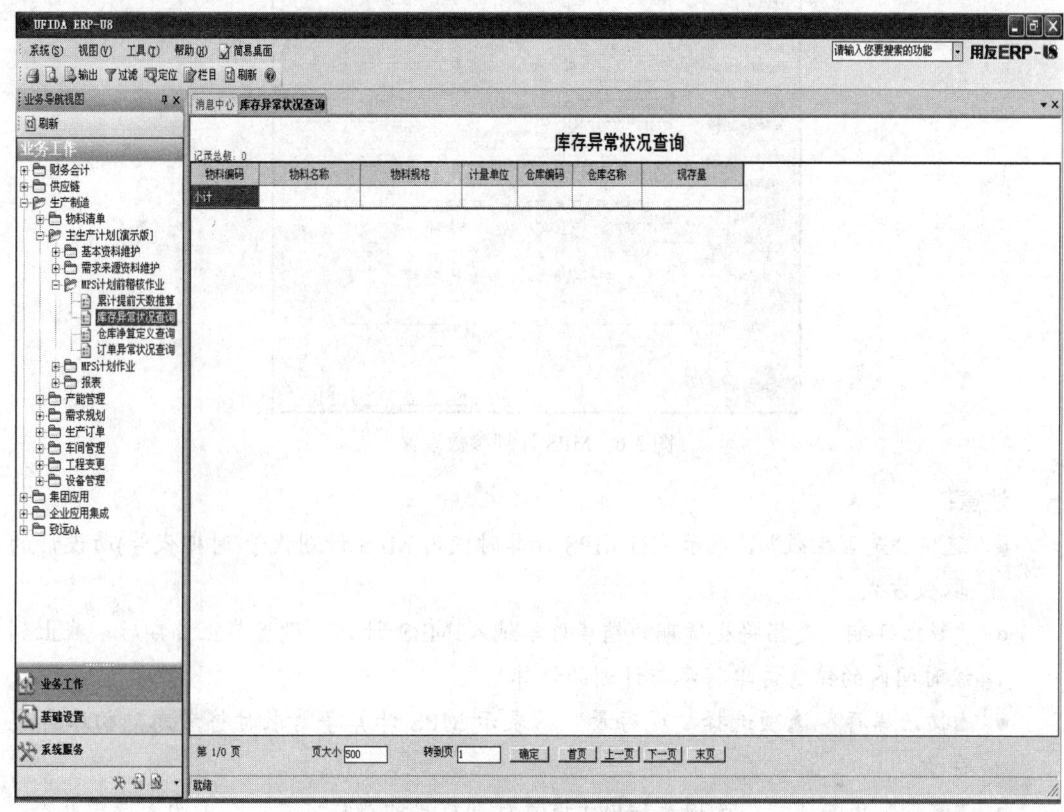

图3-5 物料库存异常状况查询

注意：

“最长累计提前天数”是指MPS料品最长的累计提前期天数，表示MPS件的生产时间，未考虑变动提前期。参考MRP计划的客户订单和产品预测订单资料的预计完工日期来决定截止日期，由此计算的截止天数应不小于最长累计提前天数，否则，料品的供应计划将会逾期(来不及供应)。

2. MPS计划参数维护

岗位：规划人员

菜单路径：业务工作/生产制造/主生产计划/基本资料维护/MPS计划参数维护

在“MPS计划参数维护”对话框中，输入各项参数，单击“确定”按钮，即完成MPS计划参数的设置工作，如图3-6所示。

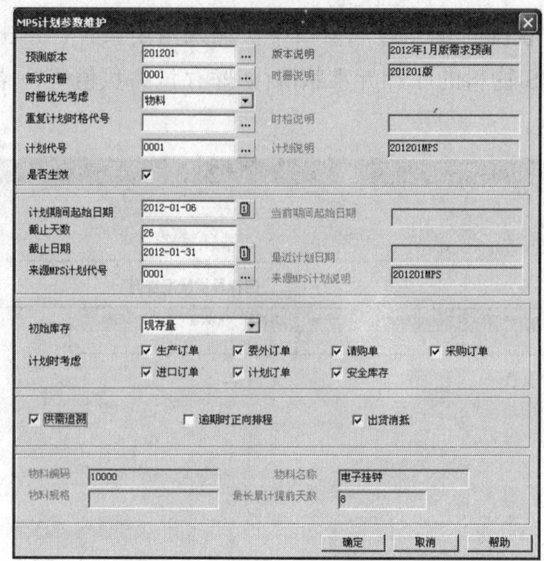

图 3-6　MPS 计划参数设置

注意：

- 选中“是否生效”，表示执行 MPS 计算时使用 MPS 计划代号(时栅代号)所设计的取数方式。
- “截止日期”是指将交货期的销售订单纳入 MPS 计划。设置截止日期后，截止到该时间内的销售订单将参与计划的计算。
- “初始库存”选项选择“现存量”，表示 MPS 计算净需求时将考虑期初库存现存量。
- “逾期时正向排程”选项是指用于设置计划订单的排程方式。如果为未选中状态，系统总以物料的需求日反向推算计划订单的开始日，而不论计划订单是否逾期；若为选中状态，则当计划订单开工日期逾期时，系统自动将该计划订单以系统日作为开始日进行正向排程，而不论是否满足需求日期。默认为未选中状态。
- “供需追溯”选项是指由 MPS 自动规划后，各订单(计划订单、生产订单、请购单、采购订单、进口订单、委外订单)的需求来源资料，以及根据销售订单追踪其相关供应资料。若选择为未选中状态，则 MPS 计算时不记录供需追溯资料，提高运算效率。若为选中状态，则可在供需追溯资料查询功能中查询到需求来源资料，或按照物料查询时，在供需资料明细查询表体中，单击鼠标右键可以查询该订单的供需追溯资料。

3. MPS 计划生成

岗位：规划人员

菜单路径：业务工作/生产制造/主生产计划/MPS 计划作业/MPS 计划生成

在“MPS 计划生成”窗口(如图 3-7 所示)中，单击“执行”按钮，系统会自动运算 MPS。完成后弹出提示“处理成功”的窗口，单击“确定”按钮，即完成 MPS 的处理。

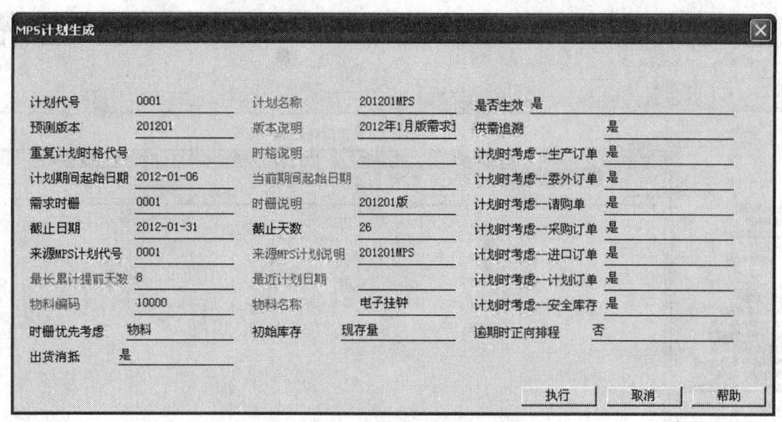

图 3-7 MPS 计划生成

注意：

本模块只对 MPS 料品进行净需求计算，主要是最终产品(如电子挂钟)、关键零部件、采购期较长的采购件、产能负荷占用较多的零部件(如使用瓶颈设备)等。按照所选取的计划时栅设计方案(MPS 计划代号)需求量的抵消方法进行计算。

4. MPS 计划作业的供需资料查询

岗位：规划人员

菜单路径：业务工作/生产制造/主生产计划/MPS 计划作业/供需资料查询—物料

业务工作/生产制造/主生产计划/MPS 计划作业/供需资料查询—订单

(1) 在“供需资料查询—物料”窗口中，打开过滤窗口，输入条件，单击“过滤”按钮，如图 3-8、图 3-9 所示。

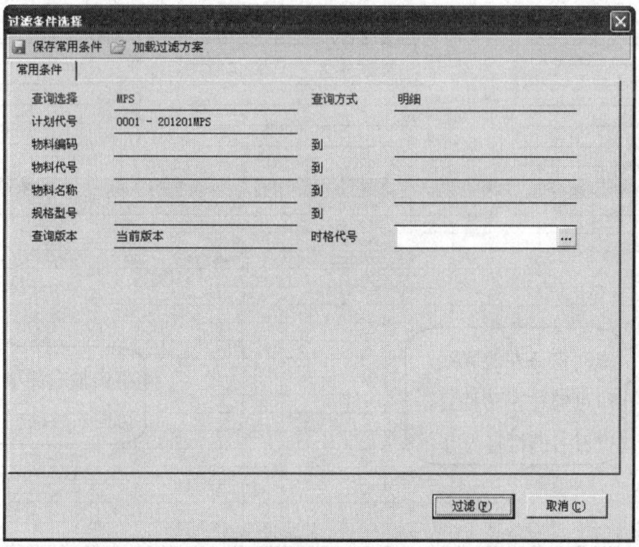

图 3-8 选择 MPS 过滤条件

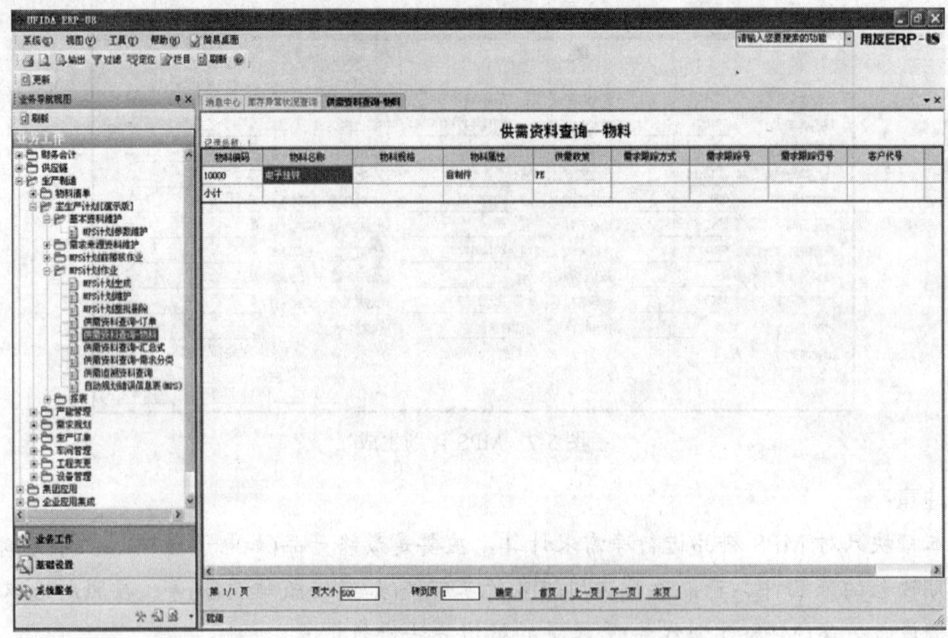

图 3-9　按物料查询 MPS 的供需资料

(2) 在图 3-9 中，双击表体栏目的记录行，即可显示物料供需详细资料。如图 3-10 所示，单击最右侧单元格，可看到被遮住的最右侧单元格的内容，拖动左边单元格边界线，可以锁住左边栏目不被移动，便于浏览。

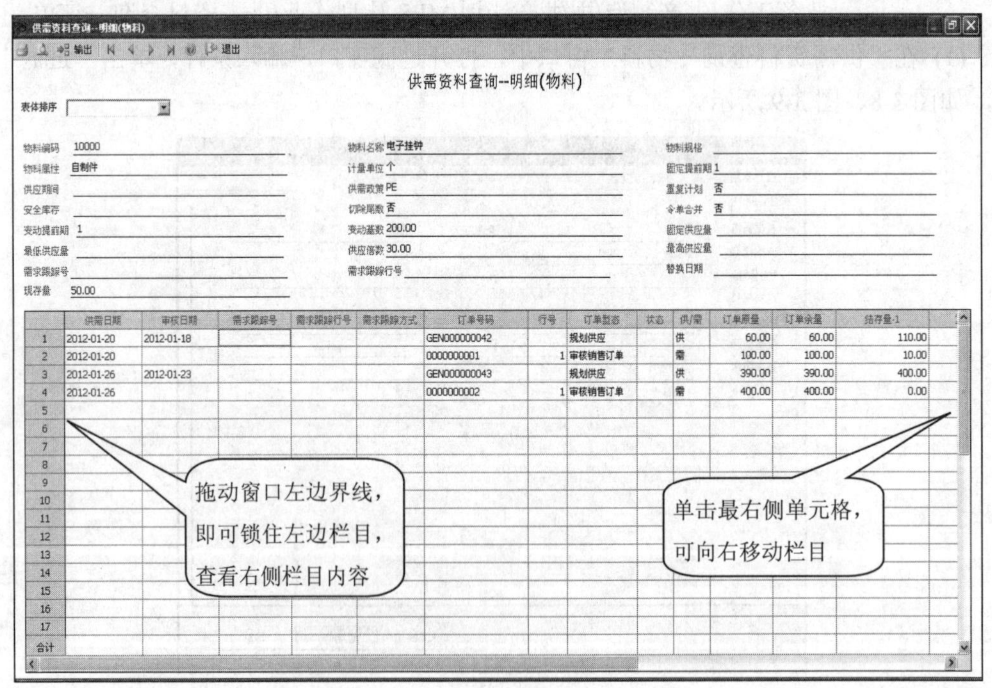

供需资料查询--明细(物料)

	供需日期	审核日期	需求跟踪号	需求跟踪行号	需求跟踪方式	订单号码	行号	订单型态	状态	供/需	订单原量	订单余量	结存量-1
1	2012-01-20	2012-01-18				GEN000000042		规划供应		供	60.00	60.00	110.00
2	2012-01-20					0000000001	1	审核销售订单		需	100.00	100.00	10.00
3	2012-01-26	2012-01-23				GEN000000043		规划供应		供	390.00	390.00	400.00
4	2012-01-26					0000000002	1	审核销售订单		需	400.00	400.00	0.00

图 3-10　查询 MPS 的供需明细资料

参见图 3-10 所示，MPS 规划结果分析如下。

1月份电子挂钟期初现有库存量为50个，生产批量为30个，本月有效工作日22天，按照先交货先生产的原则，计算MPS物料的净需求，规划的结果如下。

按照销售订单0000000001的要求，1月20日(周六)交货100个电子挂钟，考虑累计提前期2天，因此，规划1月18日开始组装60个(2批)，19日组装完成供应，此时现存量为110个，交货后电子挂钟现存量剩余10个。

按照销售订单0000000002要求，1月26日交货400个电子挂钟，考虑固定提前期1天，变动提前期2天(变动基数200个)，扣除周六和周日，因此，计划1月23日开始组装390个(13批)，25日组装完成供应390个，加上现有库存量10个，共400个，正好满足客户订单的需求。

注意：

- 本模块只对MPS料品进行净需求计算，主要是最终产品(如电子挂钟)、关键零部件、采购期较长的采购件、产能负荷占用较多的零部件(如使用瓶颈设备)等。
- 系统依据料品的需求来源(需求预测及客户订单)，考虑现有料品存量和锁定、已审核订单(采购请购单、采购订单、生产订单、委外订单)余量及料品提前期、供需政策等，自动产生MPS件的供应计划。

净需求＝毛需求－现有库存量＋在单量－预约量＋安全库存

- MPS中的供需数量计算

产品需求量(订单原量)＝产品订单的需求量(抵消后的结果)

规划的供应数量(规划供应的订单原量)＝产品需求量－现有库存量＋在单量－预约量

- MPS中的供需时间计算

需求日期(供需日期)＝订单的产品需求日期

规划供应的开始时间(审核日期)是根据需求日期逆推而得的，逆推的天数为总提前期。

总提前期＝固定提前期＋变动提前期

- ◆ 提前期是指执行某项任务由开始到完成所消耗的时间。提前期等于固定提前期加变动提前期(随变动基数而变)。计算累计提前期时，只考虑物料的主要物料清单，不考虑替代清单，母件不考虑其虚拟子件的固定提前期，不计算其产出品提前期。
- ◆ 固定提前期是指从发出需求信息，到收到存货为止所需的固定时间。它不随着规划供应料品的数量而变化。以采购件为例，不论数量多少，从发出采购订单到收到存货为止的最少需求时间，称为此采购件的固定提前期。
- ◆ 变动提前期指在进行生产、采购、委外活动时，会因规划供应数量的变化而使生产、采购、委外加工的时间有所不同，该时间称为变动提前期。它会根据料品的变动基数、库存现存量和经济批量的变化而变化。

✧ 变动基数指在考虑变动提前期时每日的产量。如变动基数为 200，表示每多生产 200 个，就多增加 1 天，则提前期为 1 天。

✧ 总变动提前期 = [(订单需求数量 − 现有库存量) × 批量化处理后的数据 ÷ 变动基数] × 变动提前期

该值若不足 1 天，计为 1 天。(订单需求数量 − 现有库存量)批量化处理后的数据即为规划供应数量(规划供应的订单原量)。如，规划供应数量为 201，变动提前期 = (201 ÷ 200) × 1，大于 1 且小于 2，计为 2 天。

批量化处理即指根据供应(订购或生产)倍数来确定数量。供应(订购或生产)倍数是指在某个时段内向供应商订购或要求生产部门生产某种物料的数量。如制造倍数为 30，表示生产线一批生产的量为 30，即使实际料品规划供应量为 1，也要生产 30 个。

◆ 总提前期是指从取得原材料开始到完成制造该料品所需的时间。可逐层比较取得其物料清单下层子件的最长固定提前期，再将本料品与其各层子件中最长的提前期累加而得。该值由“MPS 计划前稽核作业”中的“累计提前期天数推算”命令自动计算而得，在“MPS 计划参数维护界面”中显示可见，实际上是对“存货档案/计划”中的累计提前期数据项的计算，在存货档案中可见该数据。总提前期 = 固定提前期 + 总变动提前期。

- “最长累计提前天数”是指 MPS 中最长的累计提前期天数，表示 MPS 件的生产时间，未考虑变动提前期。参考 MRP 计划的客户订单和产品预测订单资料的预计完工日期来确定截止日期，由此所计算出的截止天数应不小于最长累计提前天数，否则，料品的供应计划将会逾期(来不及供应)。
- 做完 MPS 运算后，还需要进行资源的粗能力计划，了解资源是否能满足主生产计划所需的产能的要求。若不能满足，则需要修改主生产计划的时间或数量，甚至销售订单的完工日期等资料(参见产能管理的操作)。

5. MRP 累计提前天数推算

岗位：规划人员

菜单路径：业务工作/生产制造/需求规划/MRP 计划前稽核作业/累计提前天数推算

菜单路径：业务工作/生产制造/需求规划/MRP 计划前稽核作业/库存异常状况查询

(1) 在“累计提前天数推算”窗口中，单击“执行”按钮，完成累计提前天数的推算，弹出“处理成功”提示窗口，单击“确定”按钮完成。

(2) 在“库存异常状况查询”过滤窗口中，输入常用条件，单击“过滤”按钮，即可查询到出现异常的 MRP 物料的库存异常状况(如库存量为负值等)。若无异常情况，表体内容为空。

注意：

“最长累计提前天数”是指MPS中最长的累计提前期天数，表示MPS件的生产时间，未考虑变动提前期。参与MRP计划的客户订单和产品预测订单资料的预计完工日期的截止日期所计算的截止天数应不小于最长累计提前天数，否则，物料需求计划中某些物料的供应计划将会逾期(来不及供应)。

6. MRP 计划参数维护

岗位：规划人员

菜单路径：业务工作/生产制造/需求规划/基本资料维护/MRP 计划参数维护

在“MRP 计划参数维护”对话框中，输入各项参数，单击“确定”按钮，即完成MRP计划参数的设置工作，如图3-11所示。

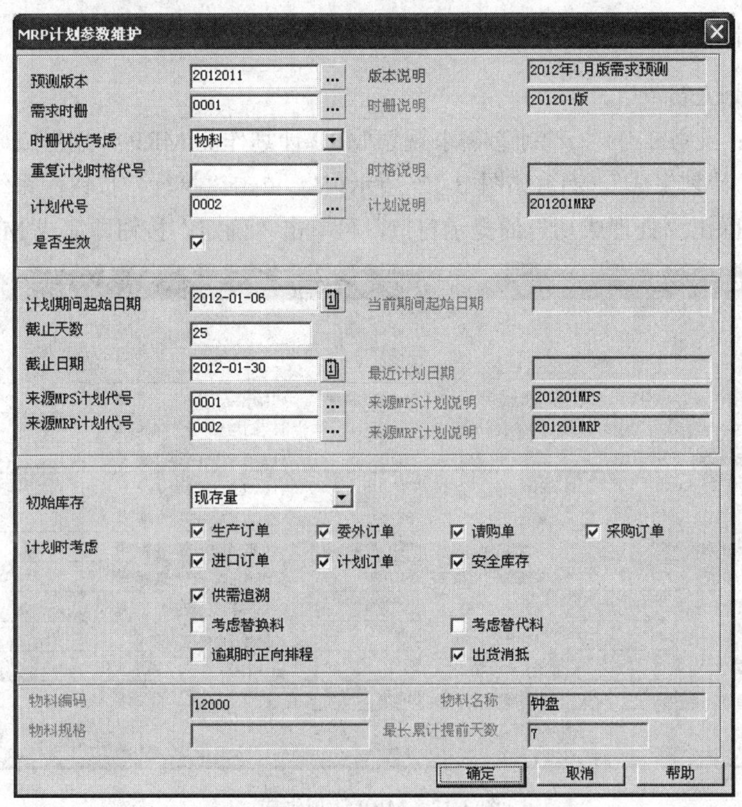

图 3-11　MRP 参数设置

注意：

- 选中“是否生效”，表示执行MRP计算时生成的MRP计划代号立即生效。
- “截止日期”指将料品或预测订单纳入MRP计划。设置截止日期后，截止到该时间内的料品或预测订单将参与计划的计算。

- “初始库存”选项选择“现存量”，表示 MRP 计算净需求时将考虑期初库存现存量。
- “逾期时正向排程”用于设置计划订单的排程方式。如果为未选中状态，系统总以物料的需求日反向推算计划订单的开始日，而不论计划订单是否逾期；若为选中状态，则当计划订单开工日期逾期时，系统自动将该计划订单以系统日作为开始日进行正向排程，而不论是否满足需求日期。默认为未选中状态。
- “供需追溯”指由 MRP 自动规划后，各订单(计划订单、生产订单、请购单、采购订单、进口订单、委外订单)的需求来源资料，以及根据销售订单追踪其相关供应资料。若为未选中状态，则 MRP 计算时不记录供需追溯资料，从而提高运算效率；若为选中状态，则可在供需追溯资料查询功能中查询到需求来源资料，或按照物料查询时，在供需资料明细查询表体中，单击鼠标右键可以查询该订单的供需追溯资料。

7. MRP 计划生成

岗位：规划人员

菜单路径：业务工作/生产制造/需求规划/MRP 计划作业/MRP 计划生成

在“MPS 计划生成”窗口(如图 3-12 所示)中，单击“执行”按钮，系统会自动运算 MRP。完成后弹出“处理成功”的提示窗口，再单击“确定”按钮即完成 MRP 的处理。

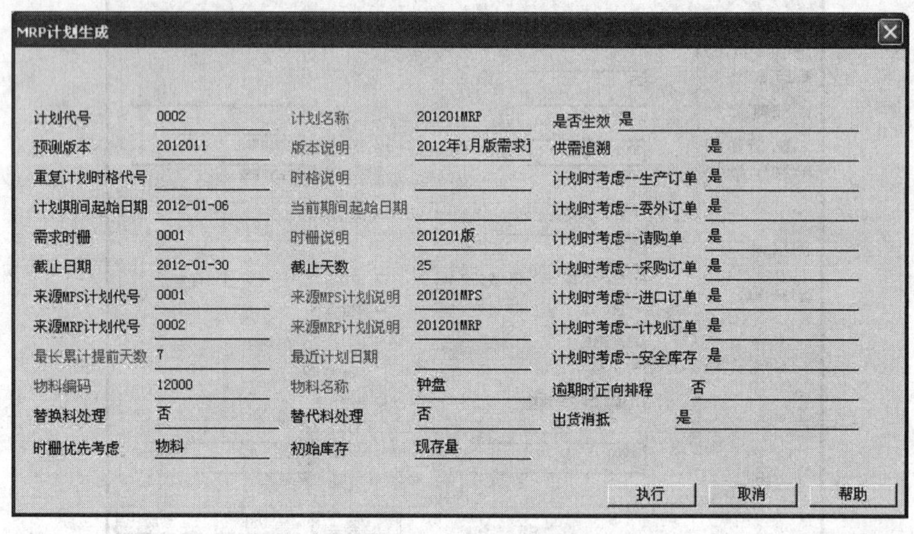

图 3-12　MRP 计划生成

8. MRP 计划作业的供需资料查询

岗位：规划人员

菜单路径：业务工作/生产制造/需求规划/MRP 计划作业/供需资料查询—物料

(1) 单击“供需资料查询－物料”命令，在过滤条件窗口输入条件，单击“过滤”按钮，如图 3-13 所示。

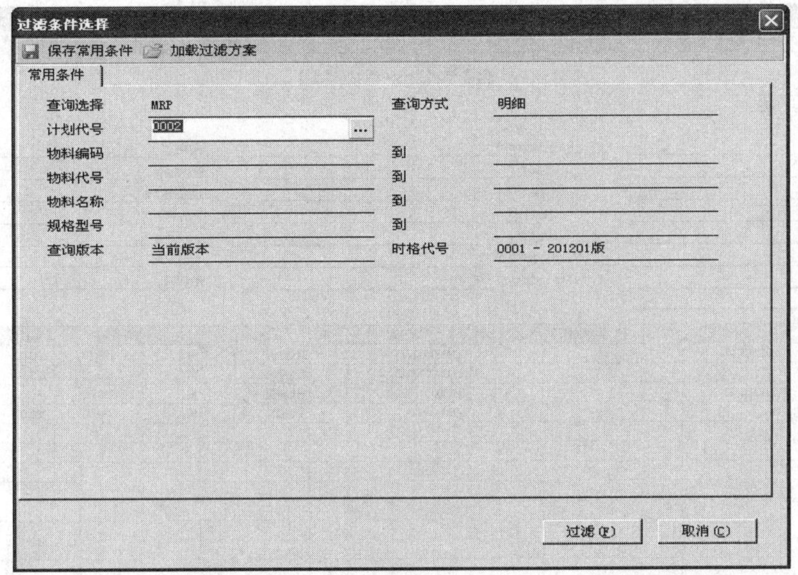

图 3-13 MRP 过滤条件选择

(2) 如图 3-14 所示，在“供需资料查询－物料”窗口中，双击某物料所在行，即可查看其详细规划资料，如图 3-15 所示。

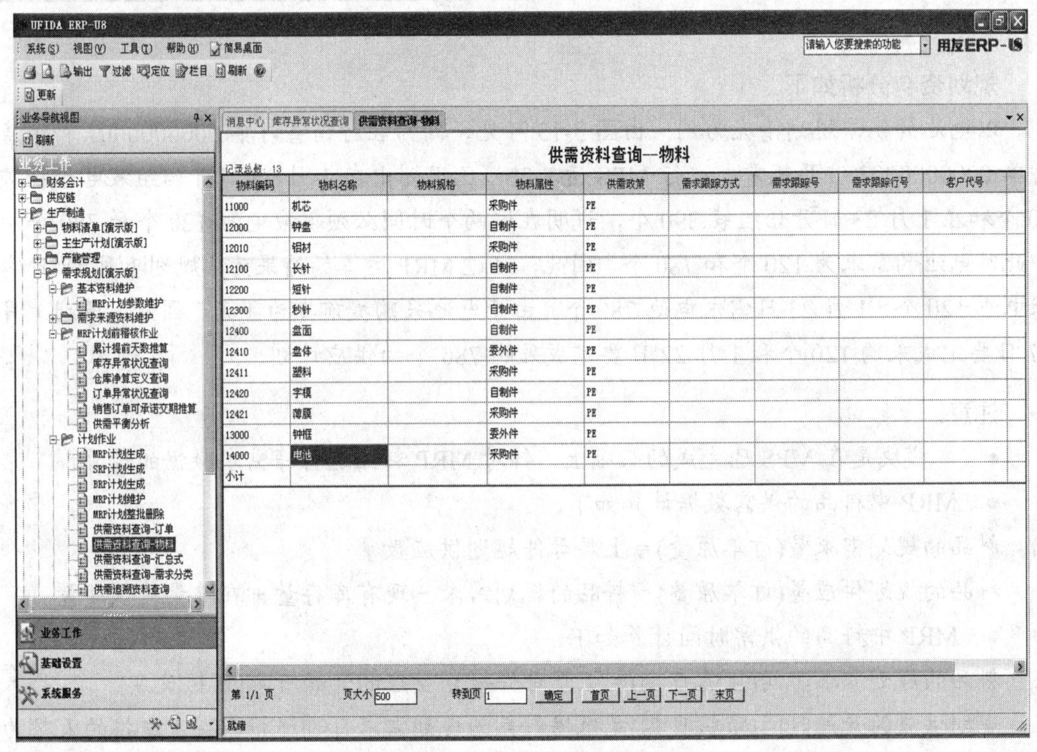

图 3-14 MRP 供需资料查询

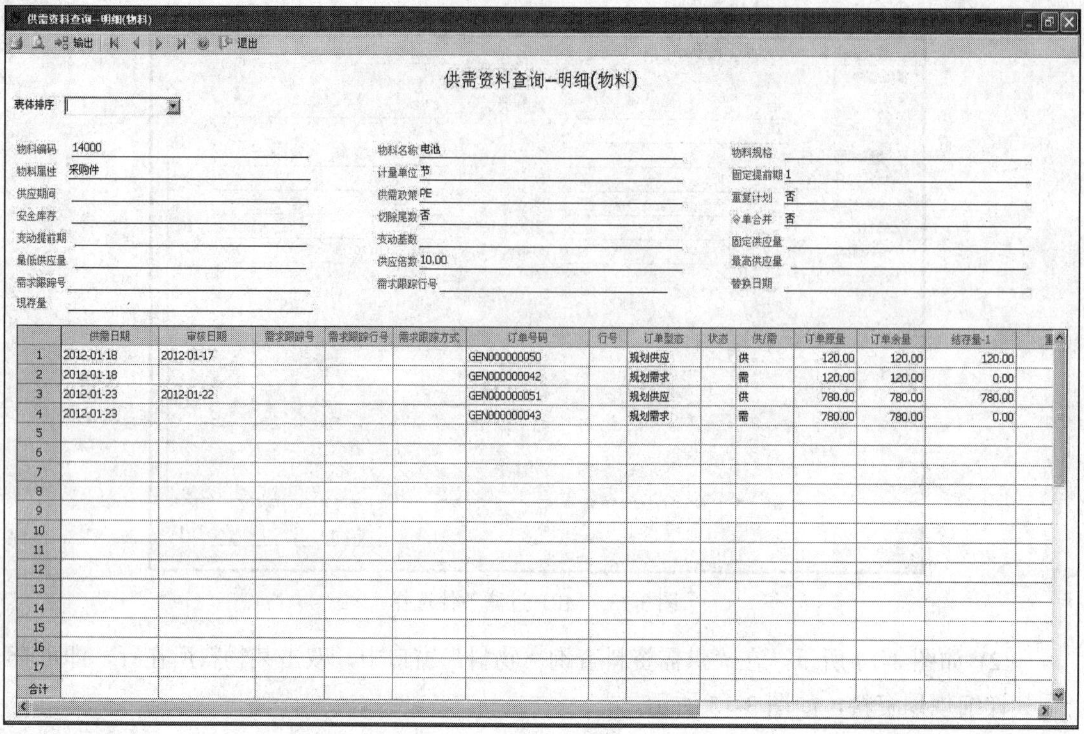

供需资料查询--明细(物料)

输出 退出

供需资料查询--明细(物料)

表体排序

物料编码 14000	物料名称 电池	物料规格
物料属性 采购件	计量单位 节	固定提前期 1
供应期间	供需政策 PE	重复计划 否
安全库存	切除尾数 否	令单合并 否
变动提前期	变动基数	固定供应量
最低供应量	供应倍数 10.00	最高供应量
需求跟踪号	需求跟踪行号	替换日期
现存量		

	供需日期	审核日期	需求跟踪号	需求跟踪行号	需求跟踪方式	订单号码	行号	订单型态	状态	供/需	订单原量	订单余量	结存量-1	重
1	2012-01-18	2012-01-17				GEN000000050		规划供应		供	120.00	120.00	120.00	
2	2012-01-18					GEN000000042		规划需求		需	120.00	120.00	0.00	
3	2012-01-23	2012-01-22				GEN000000051		规划供应		供	780.00	780.00	780.00	
4	2012-01-23					GEN000000043		规划需求		需	780.00	780.00	0.00	
5														
6														
7														
8														
9														
10														
11														
12														
13														
14														
15														
16														
17														
合计														

图 3-15　电池供需规划资料查询

规划资料分析如下。

以电池的供需规划情况为例。由图 3-15 可见，因为在对销售订单 0000000001 和销售订单 0000000002 这两笔需求进行 MPS 运算时，已规划出在 1 月 18 日开始组装电子挂钟 60 个和在 1 月 23 日开始组装 390 个，说明在这两个时间必须供应电池 120 个和 780 个，即此时电池的需求为 120 个和 780 个。因此，经过 MRP 运算的结果为：规划 1 月 18 日需求电池 120 个、1 月 23 日需求电池 780 个，由于电池采购提前期为 1 天，因此，规划 1 月 17 日要完成采购 120 个和 1 月 22 日要完成采购 780 个的供应计划。

注意：

- 本模块是在 MPS 已完成的基础上，针对 MRP 料品进行净需求数据的计算。
- MRP 中料品的供需数据计算如下。

料品的规划需求量(订单原量) = 上层母件规划供应数量

料品的规划供应量(订单原量) = 料品的规划需求 − 现有库存量 + 在单量 − 预约量

- MRP 中料品的供需时间计算如下。

料品的规划需求时间(供需日期) = 上层母件规划供应的开始日期(审核日期)

规划供应的开始时间(审核日期)是根据料品的规划需求日期逆推而得。逆推的天数为累计提前期。

累计提前期 = 固定提前期 + 变动提前期

◆ 提前期是指执行某项任务由开始到完成所消耗的时间。提前期等于固定提前期加变动提前期(随变动基数而变)。计算累计提前期时，只考虑物料的主要物料清单，不考虑替代清单，母件不考虑其虚拟子件的固定提前期，不计算其产出品提前期。

- ♦ 固定提前期：从发出需求信息，到收到存货为止所需的固定时间。它不随规划供应料品的数量而变化。以采购件为例，不论数量多少，从发出采购订单到收到存货为止的最少需求时间，称为此采购件的固定提前期。
- ♦ 变动提前期：在进行生产、采购、委外活动时，会因规划供应数量的变化而使生产、采购、委外加工的时间有所不同，该时间称为变动提前期。它会根据料品的变动基数、库存现存量和经济批量的变化而变化。本实验设定为 1 天。
  - ✧ 变动基数：在考虑变动提前期时，每日的产量即为变动基数。本实验设定为 200 个。
  - ✧ 总变动提前期 = [(订单需求数量 − 现有库存量)批量化处理后的数据 ÷ 变动基数] × 变动提前期

(订单需求数量 − 现有库存量)批量化处理后的数据即为规划供应数量(规划供应的订单原量)。如，规划供应数量为 201，变动提前期＝(201 ÷ 200) × 1，大于 1 且小于 2，计为 2 天。

批量化处理即指根据供应(订购或生产)倍数来确定数量。供应(订购或生产)倍数是指在某个时段内向供应商订购或要求生产部门生产某种物料的数量。如，制造倍数为 30，表示生产线一批生产的量为 30，即使实际料品规划供应量为 1，也要生产 30 个。

- ♦ 总提前期：指从取得原材料开始到完成制造该存货所需的时间。可逐层比较取得其物料清单下层子件的最长固定提前期，再将本存货与其各层子件中最长的提前期累加而得。该值由 MPS 和 MRP 模块中“累计提前期天数推算”命令自动计算而得。总提前期 = 固定提前期 + 变动提前期。

- “最长累计提前天数”是指 MRP 中最长的累计提前期天数，说明料品的生产时间最长为该数值，未考虑变动提前期。截止天数应不小于最长累计提前天数，否则，物料需求计划中某些物料的供应计划将会逾期(来不及供应)。
- 做完 MRP 运算后，还需要进行能力需求计算，了解资源可用能力是否能满足物料需求计划所需要的产能要求。若不能满足，则要修改计划的时间或数量等资料，或者调配资源(参见产能管理的操作)。
- 做完 MRP 运算后，还需要进行资源的能力需求检验，了解资源是否能满足 MRP 中各物料所需的产能的要求。若不能满足，则需要调配资源、修改 MRP 和 MPS、甚至销售订单的完工日期等资料(参见产能管理的操作)。

【系统功能参数说明】

在 MPS 和 MRP 运算过程中所考虑的需求资料来源于两个方面：一是客户销售订单的需求数据，另一个是企业自身预测的需求数据。两类数据可能同时存在，也可以只有其中之一。那么，如何计算需求量数据呢？需要对需求来源资料划分时间段(时栅)以分别计算不同时间段内的数据。在某时间段内可能兼有实际订单需求和预测需求，二者组合的需求数据需要使用抵消方法来计算求得。通常有四种需求抵消方式(反向抵消、正向抵消、先反向再正向抵消、先正向再反向抵消)，参见下述内容所示。

(1) 时栅(Time Fence)表示用来划分需求来源资料的时间段。在不同时段计算需求时，所取需求来源不同。在 MPS 和 MRP 计算时，对某一时段的某物料而言，其独立需求来源可能是客户销售订单，也可能是预测订单，或两者都有，系统是按各物料所对应的时栅资料设计而运算的。时栅资料如表 3-1 所示。

例如图 3-16 所示，9 月 1 日、9 月 11 日、9 月 21 日分别有预测需求 500 个，9 月 7 日有一张客户订单需求 1200 个。因为所有的预测需求都是为客户真实订单准备的，所以，抵消方法是以客户实际需求为节点与预测需求进行抵消计算的。

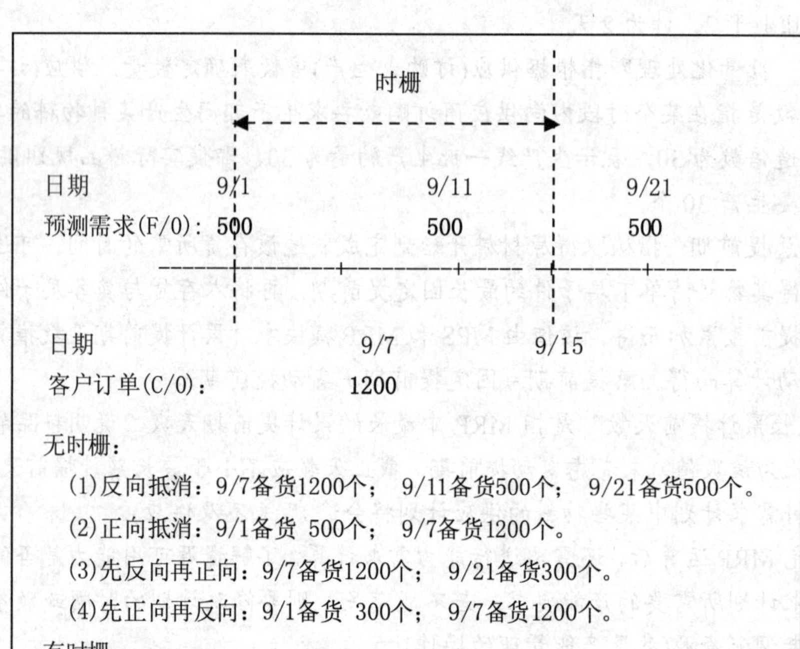

图 3-16 需求数据来源分析

若不分时段(无时栅)，则需求数据情况如下：若采用“反向抵消”的方法，从 9 月 7 日往前抵消，9 月 1 日的 500 个预测需求被抵消掉，9 月 7 日以后的预测需求被保留，则需求为9月7日需要1200个，9月11日、9月21日分别需要500个。若用“正向抵消”的方法，则9月1日的预测需求被保留，9月11日、9月21日的两张预测订单被抵消掉，则需求为9月1日需要500个，9月7日需要1200个。若用“先反向再正向”的抵消方法，9月1日的500个预测需求被抵消掉，余700个(1200－500)，再抵消后面9月11日和9月21日的预测需求，9月21日还剩余300个(500+500－700)，则需求为9月7日需要1200个，9月21日需要300个。若用“先正向再反向”的抵消方法，9月11日和9月21日的共1000个预测需求被抵消掉，余200个(1200－500－500)，再抵消前面预测订单，9月1日还剩余300个(500－200)，则需求为9月1日需要300个，9月7日需要1200个。

在有时栅的情况下，若第一时段为15天，第二时段不限制，如果按照“先反向再正向”的抵消方法，则需求数据情况如下：在9月1日至9月15日的时段内，有9月1日、9月11日两张预测订单和9月7日的一张客户订单，按照抵消要求，在9月7日前面的订单将被抵消，9月1日的500个预测需求被抵消掉，余700个(1200－500)，再抵消掉后面9月11日的预测需求500个，这一时段的预测值全部被抵消掉(因为700>500)，不再考虑预测值，则最终的需求量为9月7日需要1200个，9月21日需要500个(属于第二时段)。

(2) 时格是一种时间区段的划分方式，供查看物料可承诺量、MPS和MRP供需资料、工作中心资源产能及负载资料，以及设定资源需求计划和重复计划期间时使用。不同的物料可依照不同的时格代号查询可承诺量和可用量，反映系统以何种时间区段提供信息。

例如表3-3所示，若当前系统时间为2012-01-06，则时格0002代表可承诺量的时间范围为1.2～1.8、1.9～1.15、1.16～1.31、2.1～3.1。

表3-3　时格(0002)资料

行　号	类　别	日　数	起始位置
1	周		星期一
2	周		星期一
3	月		
4	天	30	

(3) 计划期间起始日期：以时格代号划分重复制造计划期间的起始日期。默认“当前期间起始日期”可改，可不输入。输入日期不可大于系统日期及当前期间起始日期。MPS展开时，系统以该日期为起点，并按重复计划时格代号所对应的时段和顺序，将该日期至MPS及MRP展开工作日历限度(当年往后两年、往前一年)截止日期，正向和反向分别划分为若干重复计划期间，若时格中定义的各时段总日期长度不足，则不足部分以时格代号最后一个时段再设置若干计划期间。

(4) 截止日期是设定参与MPS及MRP运算的客户订单和产品预测订单资料，预计完工日期的截止日期，本栏必输入且不可小于系统日期。客户订单以预定完工日期为准，预测资料则以均化后各期间的起始日期为准。在截止日期之后的客户订单或预测订单，不列入本次计划的范围；均化后预测订单的需求日期若小于系统日期，也不视为计划对象。

(5) 提前期是指执行某项任务由开始到完成所消耗的时间。提前期等于固定提前期加变动提前期(随变动基数而变)。计算累计提前期时，只考虑物料的主要物料清单，不考虑替代清单，母件不考虑其虚拟子件的固定提前期，不计算其产出品提前期。建议在每次展开 MPS 和 MRP 之前，先执行“累计提前天数推算”，如图 3-17 所示。

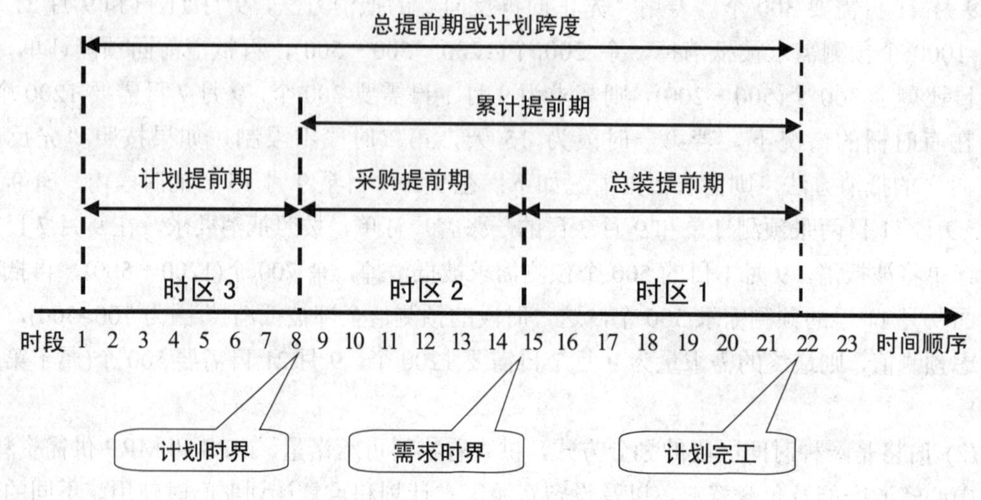

图 3-17　料品提前期计算

“最长累计提前天数”是指 MPS 和 MRP 物料中最长的累计提前期天数，截止天数应不小于最长累计提前天数，否则物料需求计划中某些物料的供应计划将会逾期(来不及供应)。

(6) 在 MPS 和 MRP 系统中，按照先完工先规划的原则，根据 BOM 结构，结合现有库存状况等资料，统筹计算物料的净需求量。净需求量＝毛需求量+在单量－预约量－现有库存量。这些数据同在一个时间段内。

- 毛需求：料品的独立需求(订单需求)或派生需求。派生需求是由独立需求根据 BOM 结构推算出来的相关需求。
- 现有库存量：是指在企业仓库中实际存放的物料(成品、半成品、采购件)的现有可用库存数量。
- 在单量(在途量)：已计划好将来要有的，但目前尚未真正拥有的数量。即根据正在执行中的采购订单或生产订单，在未来某个时段内物料将要入库或将要完成的数量。
    - ◆ 采购件：已下采购订单而供应商尚未交货(验收入库)的数量。
    - ◆ 自制成品、半成品：已下生产订单而制造车间尚未完工入库的数量。
    - ◆ 委外件：已下达委外单而委外商尚未交货(验收入库)的数量。
- 预约量：将来要发生而现在还没有发生的需求量。即尚保存在仓库中但已被分配掉的物料数量。

◆ 采购件：已发生产订单或委外单，要领用而车间或委外商尚未领料的数量。

◆ 成品：已接到客户订单而尚未交货的数量

◆ 自制半成品：已发生产订单或委外单，要领用而车间或委外商尚未领料的数量。

◆ 委外件：已发生产订单或委外单，要领用而车间或委外商尚未领料的数量。

● 安全库存量：为了预防需求或供应方面的不可预测的波动，在仓库中经常应保持最低库存数量作为安全库存量。

● 供应(订购或生产)倍数：在某个时段内向供应商订购或要求生产部门生产某种物料的数量。如制造倍数为30，表示生产线一批生产的量为30，既使实际料品规划供应量为1，也要生产30个。

(7) 供需政策指的是规划生成供应令单(采购订单、生产订单)的方式。有PE和LP两种供需政策。

● PE(period)称为期间供应法，即按一定期间，将该设定期间内的净需求，一次供应，即一起生成一张规划令单。此方式可增加供应批量，减少供应次数。但需求来源(如销售订单)变化太大时，将造成库存太多、情况不明的现象。若供需政策采用PE，则在“供应期间”栏位，需另输入天数，其在存货档案中设置。

● LP(Lot Pegging)称为批量供应法，即按各时间的净需求，分别各自供应。所有净需求，都不合并，各自生成规划令单。此方式可使供需对应关系明晰，库存较低，但供应批量可能偏低，达不到经济规模。若供需政策选用LP，则“令单合并”栏位必须输入(或选择或不选择)，其在存货档案中设置。

● 令单合并是指按照所设定时格的要求，将相同物料的供应令单进行合并。

例如：如表3-4所示，料品A，当MPS或MRP展开时的净需求有三笔，4月1日需求100件，4月10日需求200件，4月20日需求150件。若该料品为自制件，供应固定提前期为40天，则(不计假日时，依系统工作日历的工作日，推算令单的到期日)选择同一销售订单的各个净需求，是否予以合并。若供需政策选用LP，则“令单合并”栏位必须选择或不选择。

表3-4 供应政策说明

供应政策	设定内容	MPS或MRP展开后，规划生产订单
PE	供应期间为30天	只有一张生产订单，即4月1日应完成450件
LP	无	三张生产订单： 4/01应完成 100件 4/10应完成 200件 4/20应完成 150件

例如：有两种产品A和F，其产品结构如图3-18所示(括号内为全部提前期)。销售订

单 001 订购 A 料品，另一销售订单 002 订购 F 料品，在 B 料品、C 料品、E 料品的不同提前期之下，B 料品会有 4 个不同需求日期，假设如下。

- 7 月 20 日需要 100 件(销售订单 001)。
- 7 月 15 日需要 150 件(销售订单 001)。
- 7 月 12 日需要 80 件(销售订单 002)。
- 7 月 8 日需要 200 件(销售订单 002)。

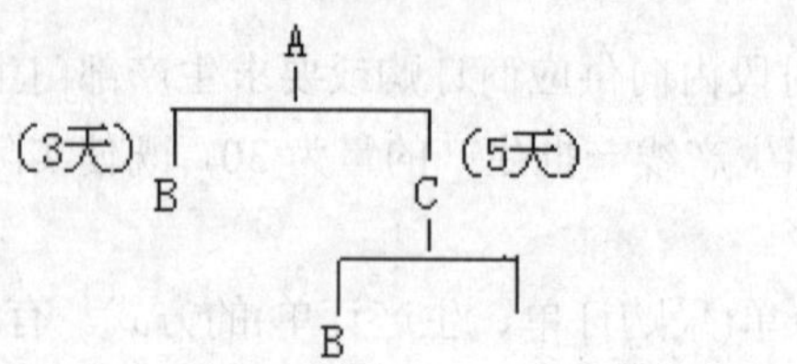

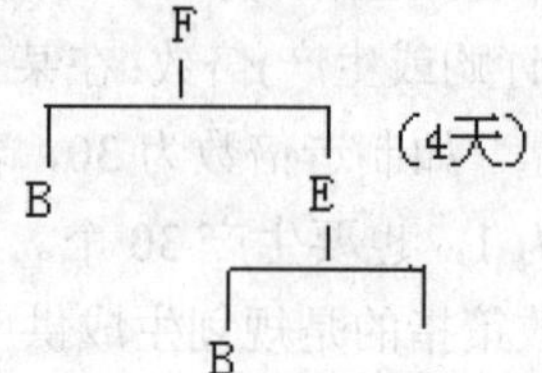

图 3-18　产品结构图

- ♦ 若 B 料品的供需政策为 LP，并选择“令单合并”，则上述四项需求合并成为两项：7 月 8 日需要 280 件(200+80)；7 月 15 日需要 250 件(150+100)。
- ♦ 若 B 料品的供需政策为 LP，而不选“令单合并”，则上述四项需求维持不变。
- ♦ 若 B 料品的供需政策为 PE，而“供应期间”为 10 天，则上述四项需求合并成为两项：7 月 8 日需要 430 件(200+80+150)；7 月 20 日需要 100 件。
- ♦ 若 B 料品的供需政策为 PE，而“供应期间”为 5 天，则上述四项需求合并成为三项：7 月 8 日需要 280 件(200+80)；7 月 15 日需要 150 件；7 月 20 日需要 100 件。

综上所述，供需政策为 LP，是依销售订单供应；而选 PE，则不依销售订单供应，完全以需求日期和供应日期作为供应(生产订单、委外、采购)依据。在 LP 政策下，各销售订单的各自供应数量不合并运用，只有 PE 政策才需合并运用。

(8) MPS 和 MRP 的规划结果中的“状态”是指供应订单的状态，供进行例外管理使用。系统提供以下 7 种状态。

- 逾期：计划订单的审核日期小于系统日期，或锁定和审核供应订单的供应日期小于系统日期。
- 冲突：计划生产订单的审核日期介于系统日期与冻结日期之间。
- 提前：锁定和审核供应订单，系统建议其计划供应日期提前。
- 取消：因为需求减少，锁定和审核供应订单应取消。
- 延后：锁定和审核供应订单，系统建议其计划供应日期延后。
- 减少：因需求减少，锁定和审核供应订单的计划数量应减少。
- 审核日：计划订单的审核日期等于系统日期。

3.4 补充实验一 销售预订单处理

本实验针对以下的情况展开：假如企业根据以前客户需求已经完成了企业生产计划和物料需求计划的编制，并制定了采购订单、生产订单和委外订单，企业正常的生产经营活动正在开展过程之中。

企业在生产活动进行过程中，经常遇到新的客户购买意向，此时，企业销售人员需要了解企业某时间段的满足需求的能力，因此，需要企业能够提供某时间段料品的可承诺量数据，以便与客户商议出稳妥的供货协议。本版软件通过销售预订单的方式来进行售前分析和 ATP 模拟推算，以得到准确的可承诺量数据。

销售预订单是指非正式的、客户有意向的销售订单，用于计划人员判断企业是否能满足此订单(即此订单是否能插入到当前生产过程中进行加工生产)的需要。计划人员可以对销售预订单进行 ATP 交期模拟，求出模拟结果，如果认为订单可以满足，则审批预订单，并在销售管理系统中根据预订单生成正式的销售订单，然后，进一步制订计划进行生产。

下述实验操作方法，可用于单独模块练习，也可以与其他模块结合使用。

【实验目的】

理解销售预订单的作用，掌握多阶 ATP 模拟计算和供需分析的操作。

【实验要求】

以操作员身份进入系统进行操作。

【实验资料】

1. 实验数据准备

(1) 修改系统时间为“2012-01-07”。

(2) 引入光盘“实验数据”文件夹中的“销售预订单业务数据准备”数据账套。

2. 实验资料

(1) 已有采购订单计划如图 3-19 所示。

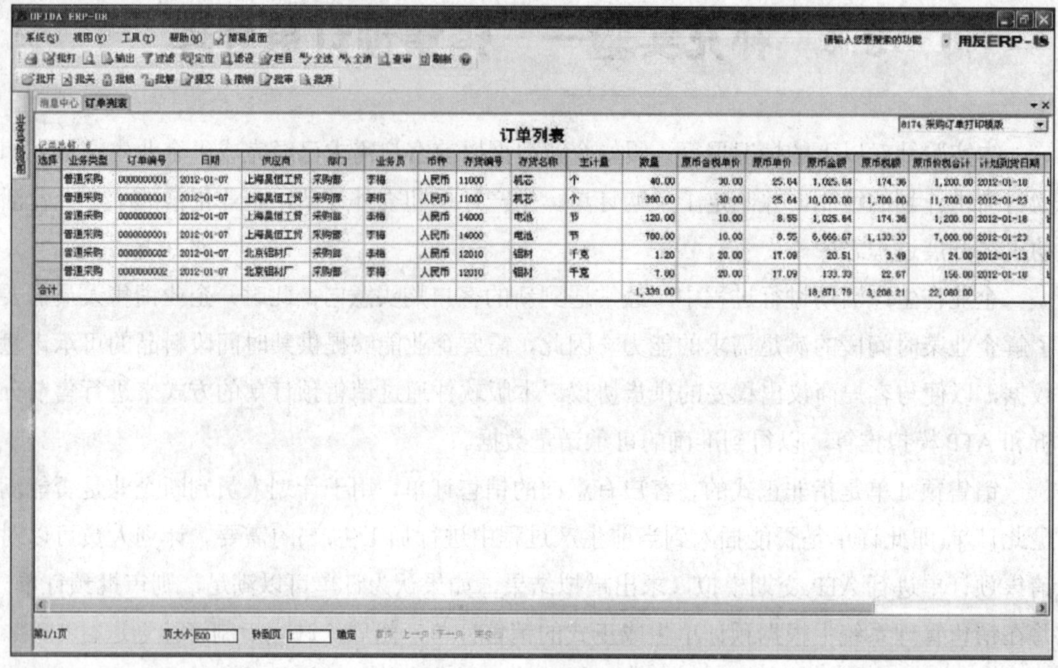

订单列表

选择	业务类型	订单编号	日期	供应商	部门	业务员	币种	存货编号	存货名称	主计量	数量	原币含税单价	原币单价	原币金额	原币税额	原币价税合计	计划到货日期
	普通采购	0000000001	2012-01-07	上海晨恒工贸	采购部	李梅	人民币	11000	机芯	个	40.00	30.00	25.64	1,025.64	174.36	1,200.00	2012-01-18
	普通采购	0000000001	2012-01-07	上海晨恒工贸	采购部	李梅	人民币	11000	机芯	个	390.00	30.00	25.64	10,000.00	1,700.00	11,700.00	2012-01-23
	普通采购	0000000001	2012-01-07	上海晨恒工贸	采购部	李梅	人民币	14000	电池	节	120.00	10.00	8.55	1,025.64	174.36	1,200.00	2012-01-18
	普通采购	0000000001	2012-01-07	上海晨恒工贸	采购部	李梅	人民币	14000	电池	节	700.00	10.00	8.55	6,666.67	1,133.33	7,000.00	2012-01-23
	普通采购	0000000002	2012-01-07	北京铝材厂	采购部	李梅	人民币	12010	铝材	千克	1.20	20.00	17.09	20.51	3.49	24.00	2012-01-13
	普通采购	0000000002	2012-01-07	北京铝材厂	采购部	李梅	人民币	12010	铝材	千克	7.80	20.00	17.09	133.33	22.67	156.00	2012-01-18
合计											1,330.00			18,871.79	3,208.21	22,080.00	

图 3-19　已有采购订单计划

(2) 已有委外订单计划如图 3-20 所示。

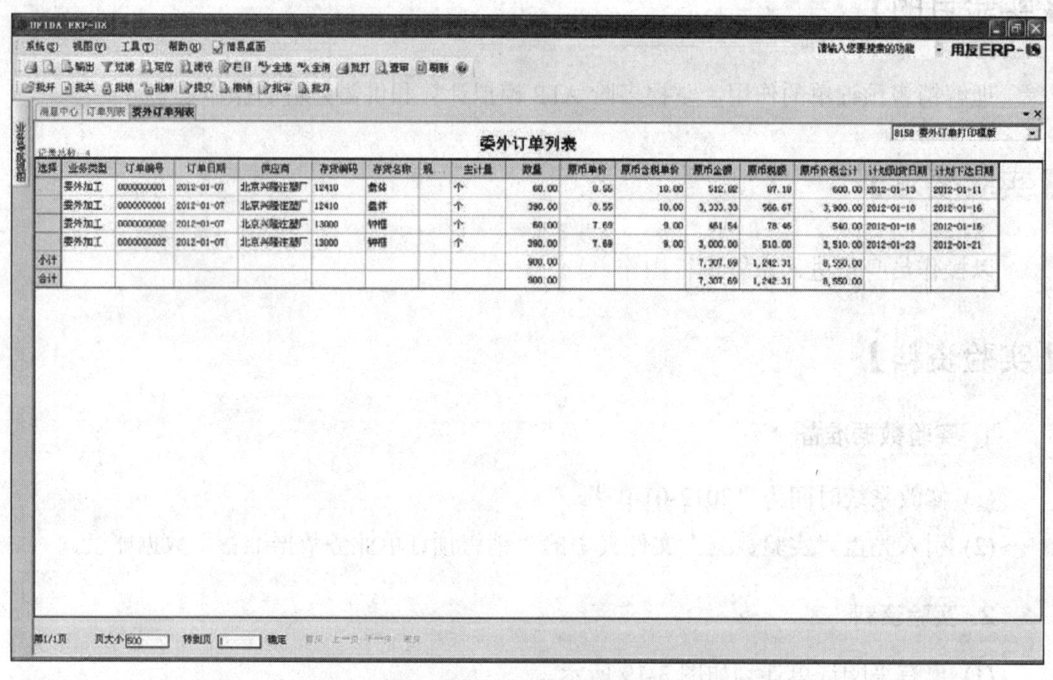

委外订单列表

选择	业务类型	订单编号	订单日期	供应商	存货编码	存货名称	规	主计量	数量	原币单价	原币含税单价	原币金额	原币税额	原币价税合计	计划到货日期	计划下达日期
	委外加工	0000000001	2012-01-07	北京兴隆注塑厂	12410	盘体		个	60.00	8.55	10.00	512.82	87.18	600.00	2012-01-13	2012-01-11
	委外加工	0000000001	2012-01-07	北京兴隆注塑厂	12410	盘体		个	390.00	8.55	10.00	3,333.33	566.67	3,900.00	2012-01-18	2012-01-16
	委外加工	0000000002	2012-01-07	北京兴隆注塑厂	13000	钟框		个	60.00	7.69	9.00	461.54	78.46	540.00	2012-01-18	2012-01-16
	委外加工	0000000002	2012-01-07	北京兴隆注塑厂	13000	钟框		个	390.00	7.69	9.00	3,000.00	510.00	3,510.00	2012-01-23	2012-01-21
小计									900.00			7,307.69	1,242.31	8,550.00		
合计									900.00			7,307.69	1,242.31	8,550.00		

图 3-20　已有委外订单计划

(3) 已有生产订单计划如图 3-21 所示。

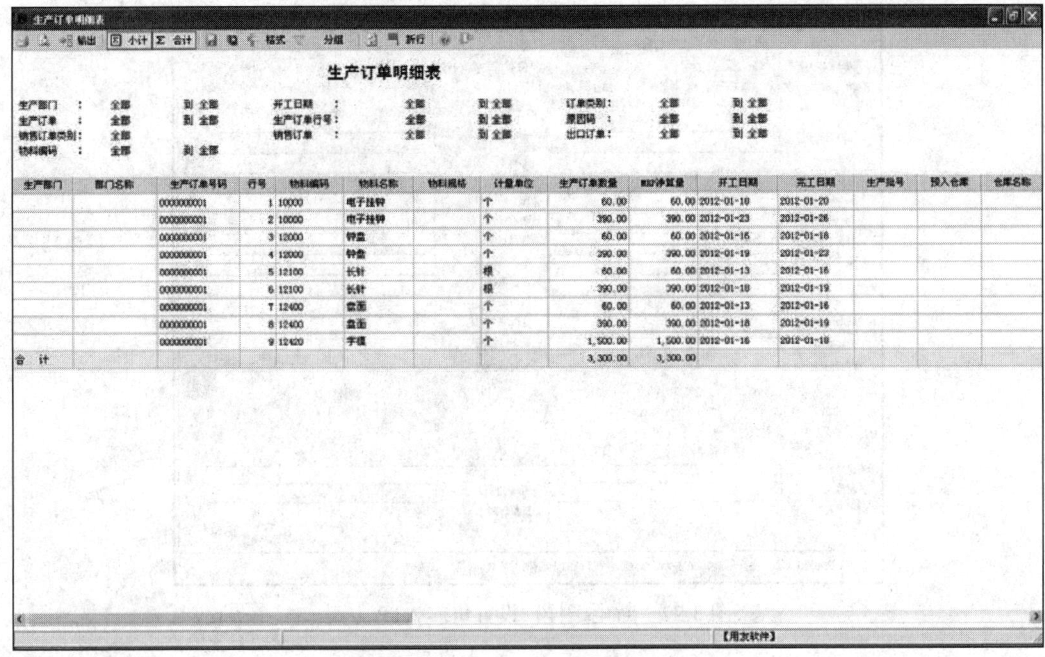

生产订单明细表

生产部门 : 全部 到 全部　开工日期 : 全部 到 全部　订单类别: 全部 到 全部
生产订单 : 全部 到 全部　生产订单行号: 全部 到 全部　原图码 : 全部 到 全部
销售订单类别: 全部　销售订单 : 全部 到 全部　出口订单: 全部 到 全部
物料编码 : 全部 到 全部

生产部门	部门名称	生产订单号码	行号	物料编码	物料名称	物料规格	计量单位	生产订单数量	MRP净算量	开工日期	完工日期	生产批号	预入仓库	仓库名称
		0000000001	1	10000	电子挂钟		个	60.00	60.00	2012-01-18	2012-01-20			
		0000000001	2	10000	电子挂钟		个	390.00	390.00	2012-01-23	2012-01-26			
		0000000001	3	12000	钟盘		个	60.00	60.00	2012-01-16	2012-01-18			
		0000000001	4	12000	钟盘		个	390.00	390.00	2012-01-19	2012-01-23			
		0000000001	5	12100	长针		根	60.00	60.00	2012-01-13	2012-01-16			
		0000000001	6	12100	长针		根	390.00	390.00	2012-01-18	2012-01-19			
		0000000001	7	12400	盘面		个	60.00	60.00	2012-01-13	2012-01-16			
		0000000001	8	12400	盘面		个	390.00	390.00	2012-01-18	2012-01-19			
		0000000001	9	12420	字模		个	1,500.00	1,500.00	2012-01-16	2012-01-18			
合 计								3,300.00	3,300.00					

【用友软件】

图 3-21　已有生产订单计划

(4) 在“基础档案/存货/存货档案/其他”中，对电子挂钟存货选择“售前 ATP 方案”。

(5) 按照北京西单商场的购买意向输入一张销售预订单：购买电子挂钟 300 个，期望需求日期为 2012-01-19，最晚接受日期为 2012-01-24。

(6) 做售前分析的 ATP 模拟运算。

(7) 对电子挂钟进行多阶 ATP 模拟计算和供需分析。

(8) 审批销售预订单。

(9) 参照销售预订单生成销售订单，含税单价为 100 元，并审核。

(10) 做第二张销售预订单：北京西单商场预购电子挂钟 150 个，期望 2012-01-10 交货。

(11) 对第二张销售预订单做售前 ATP 模拟运算。

(12) 对第二张销售预订单做多阶 ATP 模拟计算和供需分析。

【操作指导】

1. 设置电子挂钟存货的“售前 ATP 方案”

岗位：销售部门/业务员

菜单路径：基础设置/基础档案/存货/存货档案

在“电子挂钟存货档案”窗口中，对“其他”页签中的“售前 ATP 方案”进行选择，如图 3-22 所示。

修改存货档案

复制 退出

存货编码 10000　　存货名称 电子挂钟

基本 | 成本 | 控制 | 其它 | 计划 | 质量 | MPS/MRP | 图片 | 附件

重量计量组		重量单位	
净重		毛重	
体积计量组		体积单位	
长(cm)		宽(cm)	
高(cm)		单位体积	
启用日期	2012-01-05	停用日期	
批准文号		包装规格	
合格证号		注册商标	
入关证号		许可证号	
注册商品批件		国际非专利名	
保修期限		保修期单位	
□ 检查售前ATP		售前ATP方案	001 - 201201
质量要求			
建档人	bj1	所属权限组	
变更人	bj2	变更日期	2012-01-07 13.50.14

如有无法设置的项目，是受账套参数的控制，请先到各子系统的业务范围中设置。

图 3-22　对电子挂钟设置售前 ATP 方案

2. 手工输入销售预订单

岗位：销售部门/业务员

菜单路径：业务工作/供应链/销售管理/销售订货/销售预订单

在“销售预订单”窗口中，单击工具栏上的“增加”按钮，输入的订单日期为期望需求时间，在表体中输入电子挂钟的数量，单击“保存”按钮，完成录入工作，如图 3-23 所示。销售预订单中可以满足的完工日期，可以通过多阶 ATP 模拟计算求出来。

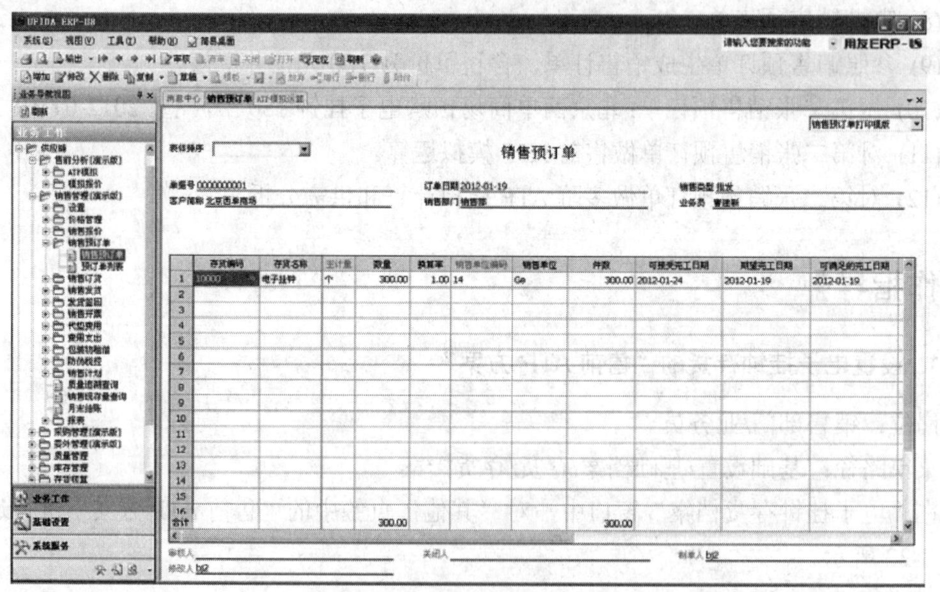

图 3-23　录入销售预订单

注意：

在输入销售预订单之前，需要事先做好以下几项准备工作。

- 在“基本信息/系统启用”中，检查“售前分析”模块是否被启用。
- 在“基础档案/业务/ATP模拟方案定义”中设置ATP模拟方案，如图3-24所示。

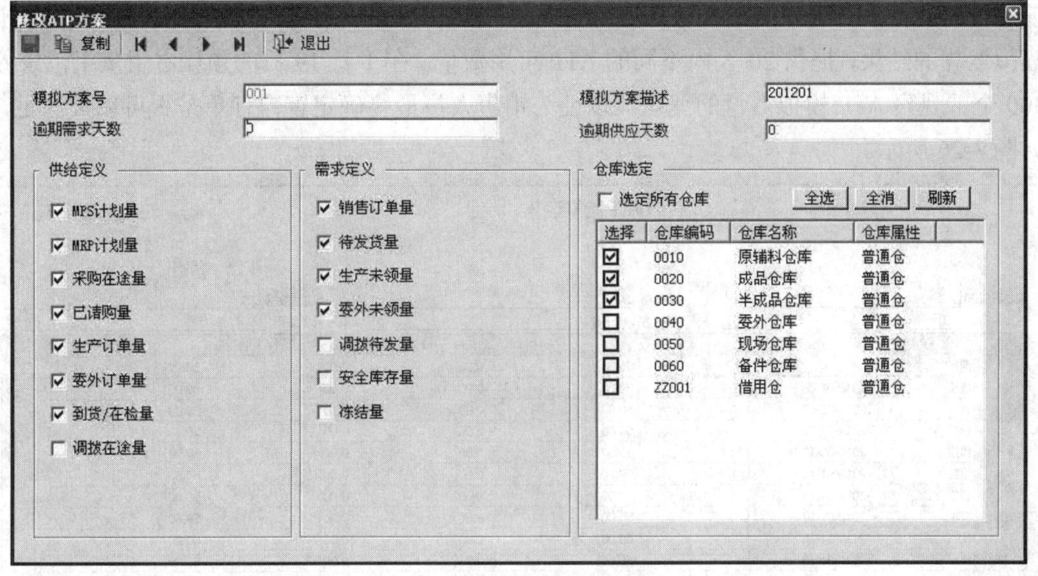

图3-24　ATP模拟方案设置

- 在“基础档案/存货/存货档案/其他”中，对电子挂钟存货选择“售前ATP方案”，以便在售前分析时可以依此进行ATP模拟运算。
- 在“基础档案/生产制造/制造ATP规则维护”中，按照企业特定需要，设置相应规则，可以使用不同规则来计算不同物料的ATP数量，系统每次执行ATP检查时，这些规则是匹配物料的供应和需求的依据，如图3-25所示。

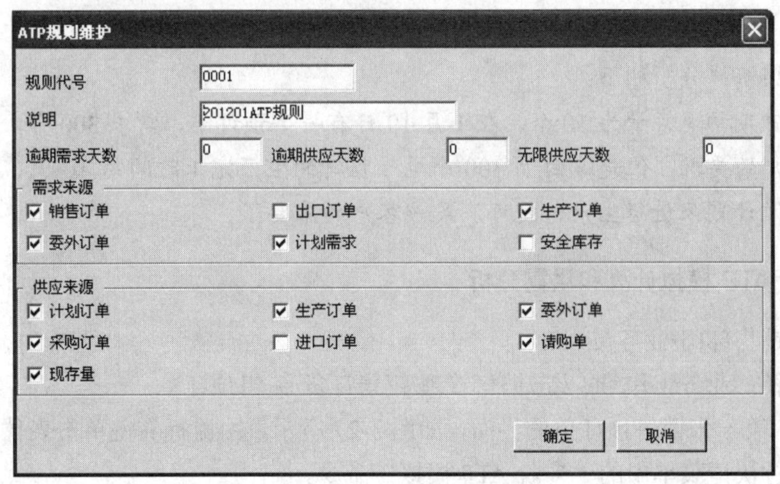

图3-25　制造ATP规则设置

3. 做售前分析的 ATP 模拟运算

岗位：销售部门/业务员

菜单路径：业务工作/供应链/售前分析/ATP 模拟/ ATP 模拟运算

在“ATP 模拟运算”窗口中，单击“增加”按钮，依次输入表头信息。模拟日期为当前系统时间推后一天，展望期输入 20 天(默认 7 天)。单击“运算”按钮，在表体中显示出模拟运算的结果，提供 20 天内不同的 ATP 可用数量。在 1 月 19 日的预计占用量手工录入 300 个，观察 ATP 模拟数量的变化，以便为销售人员最终确定客户订单是否可以被满足，如图 3-26 所示。

ATP模拟运算

显示模版 ATP模拟运算显示模版

模拟日期 2012-01-08　展望期 20　模拟方案号 001

存货编码 10000　存货名称 电子挂钟　规格型号

	期初\模拟	起始日期	期初	预计收入	预计发出	ATP可用量	预计占用量
1	期初		50.00	0.00	0.00	50.00	
2	模拟	2012-01-08	50.00	0.00	0.00	50.00	
3	模拟	2012-01-09	50.00	0.00	0.00	50.00	
4	模拟	2012-01-10	50.00	0.00	0.00	50.00	
5	模拟	2012-01-11	50.00	0.00	0.00	50.00	
6	模拟	2012-01-12	50.00	0.00	0.00	50.00	
7	模拟	2012-01-13	50.00	0.00	0.00	50.00	
8	模拟	2012-01-14	50.00	0.00	0.00	50.00	
9	模拟	2012-01-15	50.00	0.00	0.00	50.00	
10	模拟	2012-01-16	50.00	0.00	0.00	50.00	
11	模拟	2012-01-17	50.00	0.00	0.00	50.00	
12	模拟	2012-01-18	50.00	0.00	0.00	50.00	
13	模拟	2012-01-19	50.00	0.00	0.00	-250.00	300.00
14	模拟	2012-01-20	-250.00	60.00	100.00	-290.00	
15	模拟	2012-01-21	-290.00	0.00	0.00	-290.00	
16	模拟	2012-01-22	-290.00	0.00	0.00	-290.00	
17	模拟	2012-01-23	-290.00	0.00	0.00	-290.00	
18	模拟	2012-01-24	-290.00	0.00	0.00	-290.00	
19	模拟	2012-01-25	-290.00	0.00	0.00	-290.00	
20	模拟	2012-01-26	-290.00	390.00	400.00	-300.00	
合计				450.00	500.00		300.00

操作员 bj2

图 3-26　ATP 模拟运算

模拟结果资料分析如下：

电子挂钟期初现存量为 50 个，在 1 月 19 日有一个预订单，需求 300 个，现有库存不能满足该客户的要求，但是，由于 300 个电子挂钟的生产完工时间约 10 天，因此，此订单可以通过做计划来进行生产，就可满足该客户的需要了。

4. 多阶 ATP 模拟计算和供需分析

岗位：销售部门/业务员

菜单路径：业务工作/供应链/销售管理/销售订货/销售预订单

(1) 进入第一张销售预订单的界面，如图 3-27 所示，用鼠标右键单击表体中电子挂钟记录行，执行快捷菜单中的“多阶 ATP 模拟”命令。

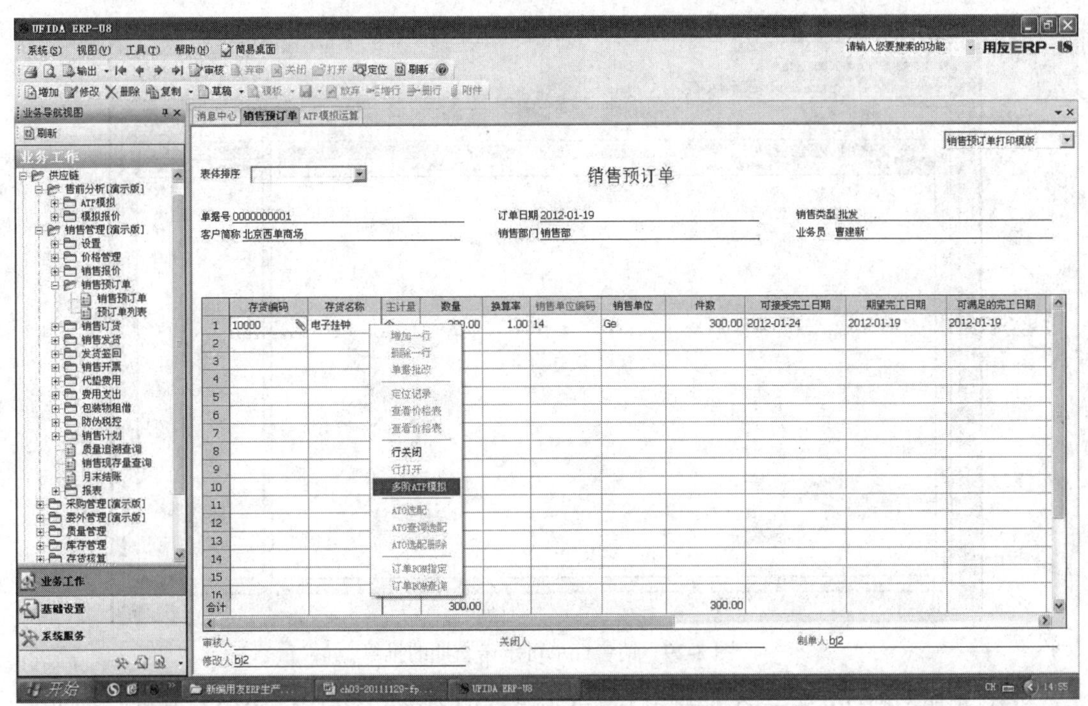

图 3-27　多阶 ATP 模拟计算

(2) 在“销售订单可承诺交期推算”对话框中，单击“过滤”按钮，进入如图 3-28 所示的对话框中，单击“查询”按钮，下方列表中显示已存在的预订单，选择相应的预订单后，单击“添加”按钮，即回到“销售订单可承诺交期推算”结果对话框。

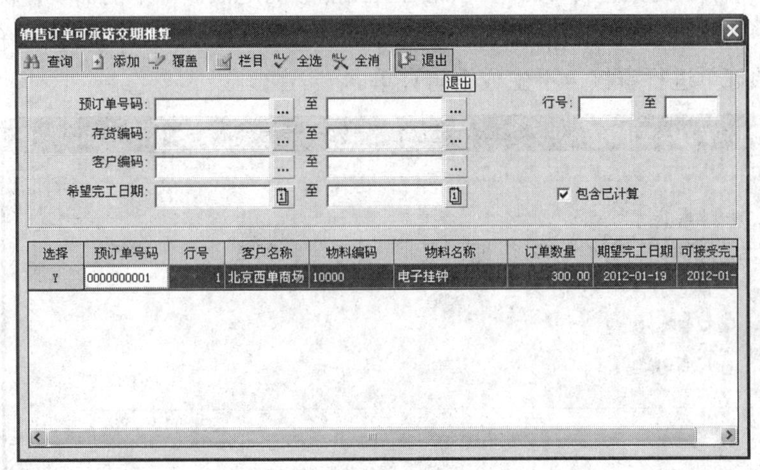

图 3-28　预订单的选择

(3) 在“销售订单可承诺交期推算”结果对话框中的“销售预订单”页签中列出该预订单的内容，如图 3-29 所示。单击“计算”按钮，进入“销售订单可承诺交期推算”对话框。

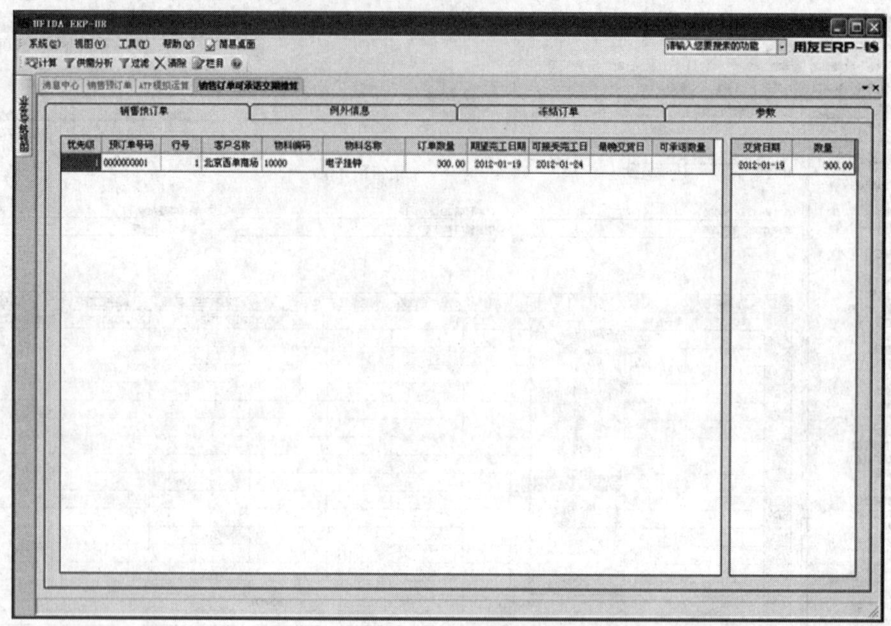

图 3-29　销售订单可承诺交期的推算

(4) 在如图 3-30 所示的“销售订单可承诺交期推算”窗口中，BOM 基准日期设为 2012-01-06，选中“自动更新预订单交期”和“采购计划满足”选项，单击“计算”按钮，完成最晚交货日期、可承诺数量、交货日期、交货数量的推算，交期推算结果如图 3-31 所示。若要修改参数，需要单击“计算”按钮重新推算。由结果资料显示，在交货期 2012 年 1 月 19 日可承诺的数量为 300 个，说明企业能够满足该预订单的需要，能够在交货期内生产完工，则此时可以对该销售预订单进行审核，然后生成正式的销售订单。若不能满足，则不对预订单进行审核，不生成销售订单。

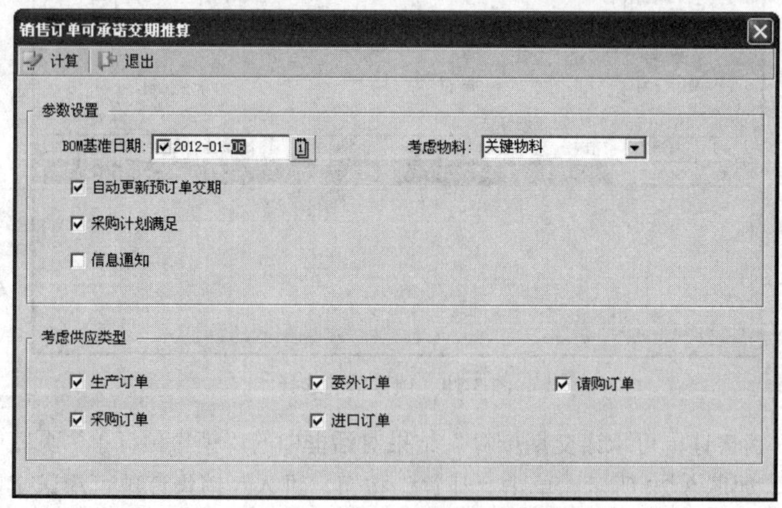

图 3-30　设置销售订单可承诺交期推算参数

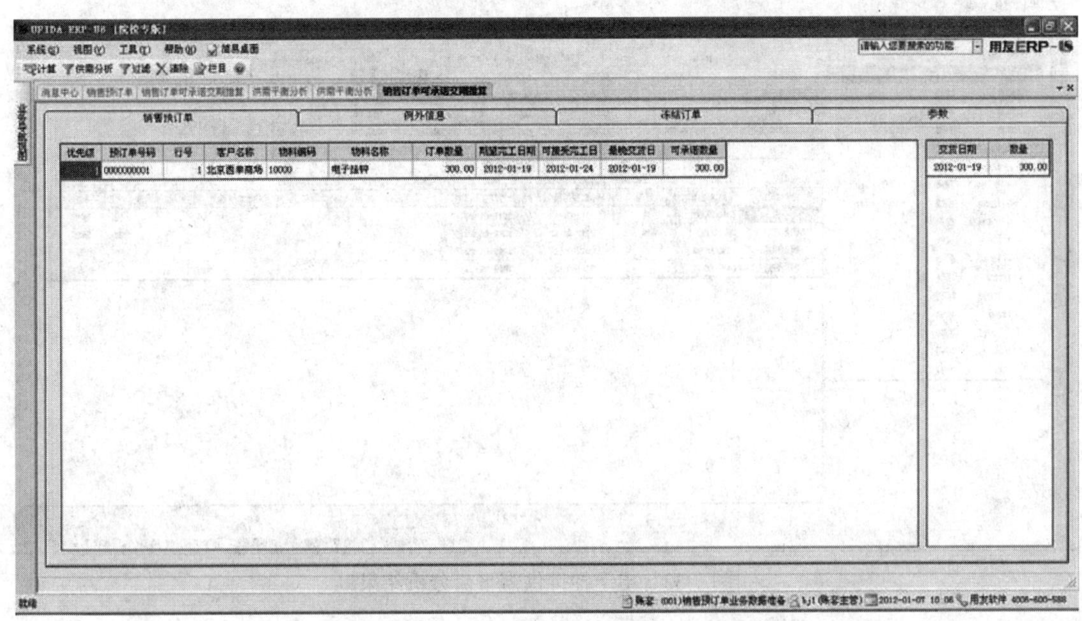

图 3-31　销售订单可承诺交期推算结果

(5) 单击“供需分析”按钮，如图 3-32 所示，经“过滤条件选择”对话框的条件过滤后，显示供需平衡分析结果的窗口，如图 3-33 所示。

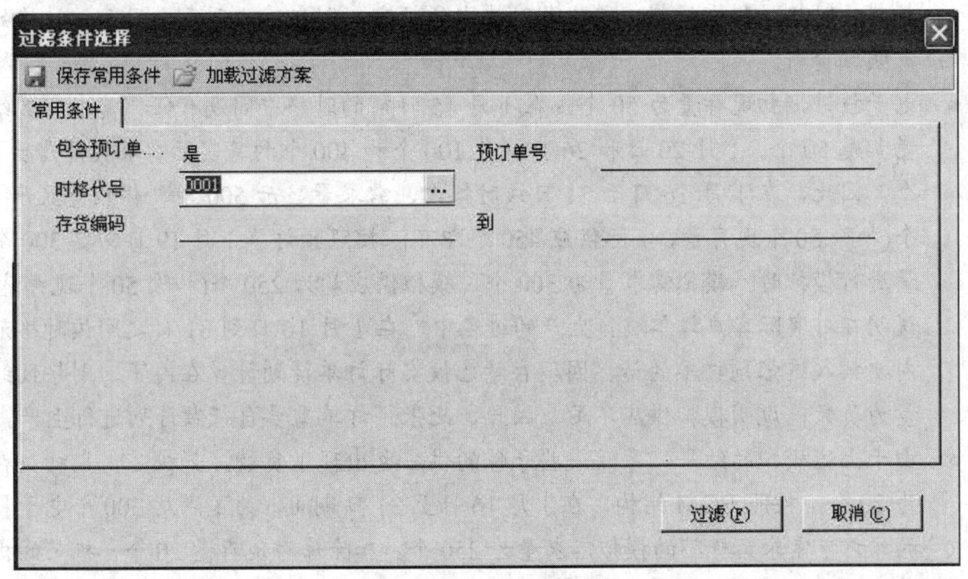

图 3-32　选择过滤条件

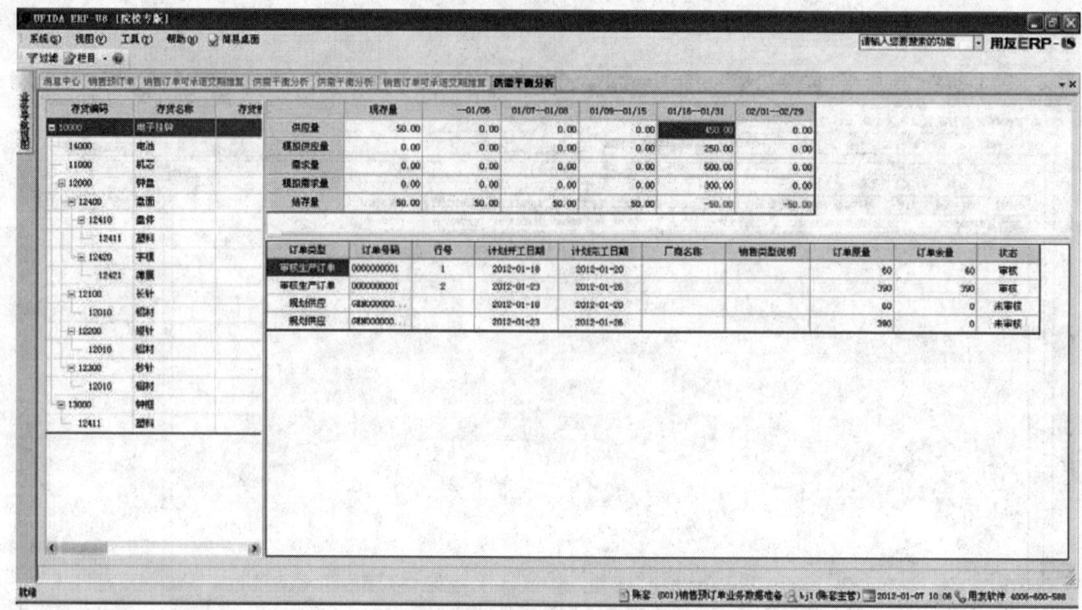

图 3-33　电子挂钟供需平衡分析结果

如图 3-33 所示，对电子挂钟供需平衡资料分析如下：

- 在所选定的时格范围内进行供需平衡分析，目的是查看为了满足预订单的交货而产生的模拟计划和模拟计划的子件供需情况。
- 在窗口左侧树状列表中显示物料的 BOM 结构，单击某一物料，窗口右边显示该物料各时格的供需资料。单击各时格中的数字，则在下方列表中显示该时格的供需明细资料。
- 电子挂钟期初现存量为 50 个，在 1 月 15 日前的时格中因没有任何需求，其结存量都是 50 个。1 月 20 日和 26 日将有 100 个和 400 个两笔实际需求共计需要 500 个，因此，在 1 月 16 日至 31 日该时格内，需求量显示 500 个，供应量显示 450 个(扣除 50 个现存量，实际供应 450 个即可)。按照预订单 1 月 19 日需要 300 个数量进行模拟时，模拟需求量为 300 个，模拟供应量为 250 个(扣除 50 个现存量)，说明在对实际客户订单进行生产的过程中，在 1 月 16 日到 31 日之间该时格范围内要插入这张预订单的话，因现存量已被实际订单计划计算在内了，则导致结存量为负数，说明模拟供应不足。因此，此张预订单需要自行做计划进行生产。
- 由于上述模拟的结果，导致一些子件的供应也出现了负数。如机芯，期初现存量为 20 个，按照 BOM 结构，在 1 月 16 日至 31 日期间，为了满足 300 个电子挂钟的预订单需求，机芯的模拟需求量为 250 个，扣除库存现存量 20 个，机芯的模拟供应量为 230 个，表明在此期间，只要模拟供应 230 个即可满足模拟需求 250 个的需要。如果是这样的话，对实际客户订单来说，所计划的供应量 430 个与需求量 450 个是不平衡的，结存量为负 20，表明机芯的供应不足，缺料 20 个，这将导致正在进行的生产环节的机芯缺料。所以，此预订单是不能够插单的，除非自行计划来生产，否则将影响正常的生产活动，如图 3-34 所示。

图 3-34　机芯供需平衡分析结果

- 如短针，期初现存量有 1000 个，按照 BOM 结构，在 1 月 9 日至 15 日期间，短针模拟需求量为 250 个，由于库存量大于需求量，因此，无需模拟供应，在此时格内，库存结存量为 750 个。在 1 月 16 日至 31 日期间，客户订单计划需求量为 450 个，而 750 个库存结存量完全可以满足需要，无需生产，则在此时格内结存量还余 300 个，如图 3-35 所示。

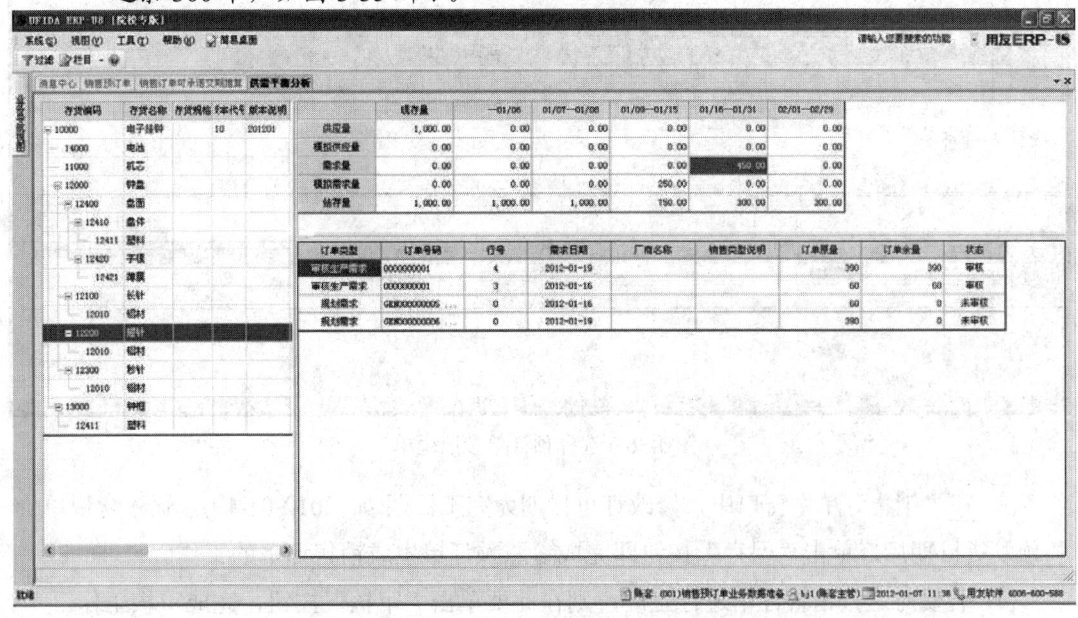

图 3-35　短针供需平衡分析结果

5. 审批销售预订单

岗位：销售部门/业务员

菜单路径：业务工作/供应链/销售管理/销售订货/销售预订单

经过售前的 ATP 模拟分析，如果企业对该预订单可以满足需求，则可以进入预订单审批程序进行审核，审核过的预订单可以用来生成销售订单。在“销售预订单”窗口中，单击“审核”按钮，完成审批工作。若企业不能满足该订单，则无需审核，不必生成销售订单。

6. 参照销售预订单生成销售订单并审核

岗位：销售部门/业务员、销售主管

菜单路径：业务工作/供应链/销售管理/销售订货/销售订单

(1) 在“销售订单”窗口中，单击工具栏上的“增加”按钮，生成一张新的销售订单。单击工具栏上的“生单”按钮中的“预订单”选项，弹出“过滤条件选择”窗口，输入预订单的开始与截止日期，单击“过滤”按钮，进入“参照生单”窗口。

(2) 在“选择单据”窗口的上方列表中选择客户预订单记录行，双击“选择”栏使之变为“Y”，再在下方的列表中选择电子挂钟记录行，单击“确定”按钮，即返回到“销售订单”窗口，如图 3-36 所示。

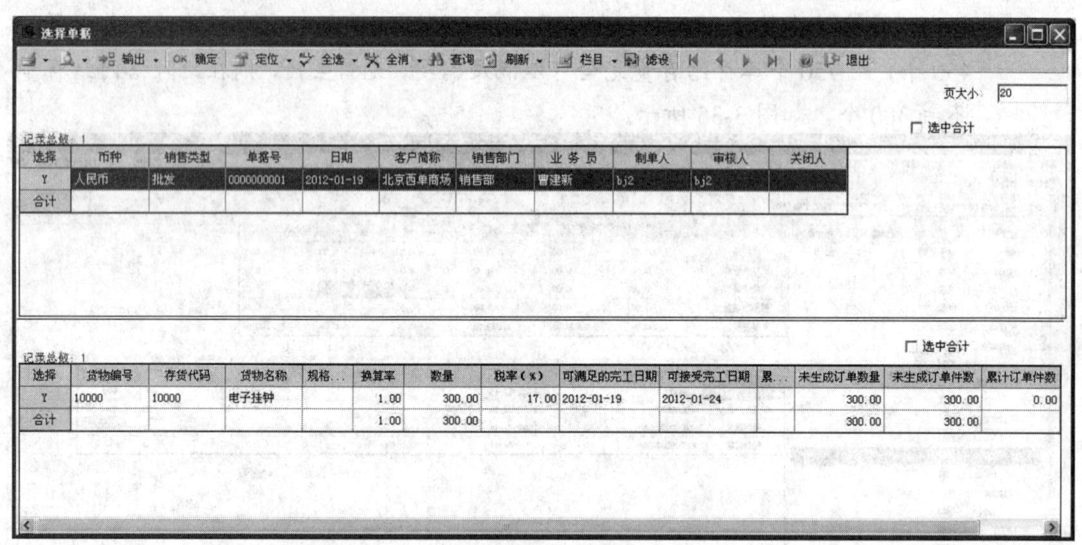

图 3-36 选择预订单参照生单

(3) 在“销售订单”窗口中，修改订单日期为完工日期(如 2012-01-19)，输入含税单价和预发货日期后，单击“保存”按钮即完成参照预订单生成销售订单的工作。

(4) 若要对这张销售订单进行生产，则在此要单击“审核”按钮，完成审核工作。

注意：

- 在本书的实验中，将不对这张销售订单进行生产，所以，对该销售订单不做审核处理，因此，MPS 和 MRP 也不对它做规划处理。
- 如果要对这张销售订单进行生产，则要对它进行审核，然后，重新运行 MPS 和 MRP 计算，为这张销售订单做供需规划。若资源能力能够满足，以后就可以进行采购、生产、委外业务的活动，最终完成产品的生产。此时，将会是两个计划同时执行。

7. 录入第二张销售预订单

岗位：销售部门/业务员

菜单路径：业务工作/供应链/销售管理/销售订货/销售预订单

在“销售预订单”窗口中，单击工具栏上的“增加”按钮。输入的订单日期为 2012 年 1 月 10 日，在表体中输入数量为 150 个，单击“保存”按钮，完成录入工作，如图 3-37 所示。

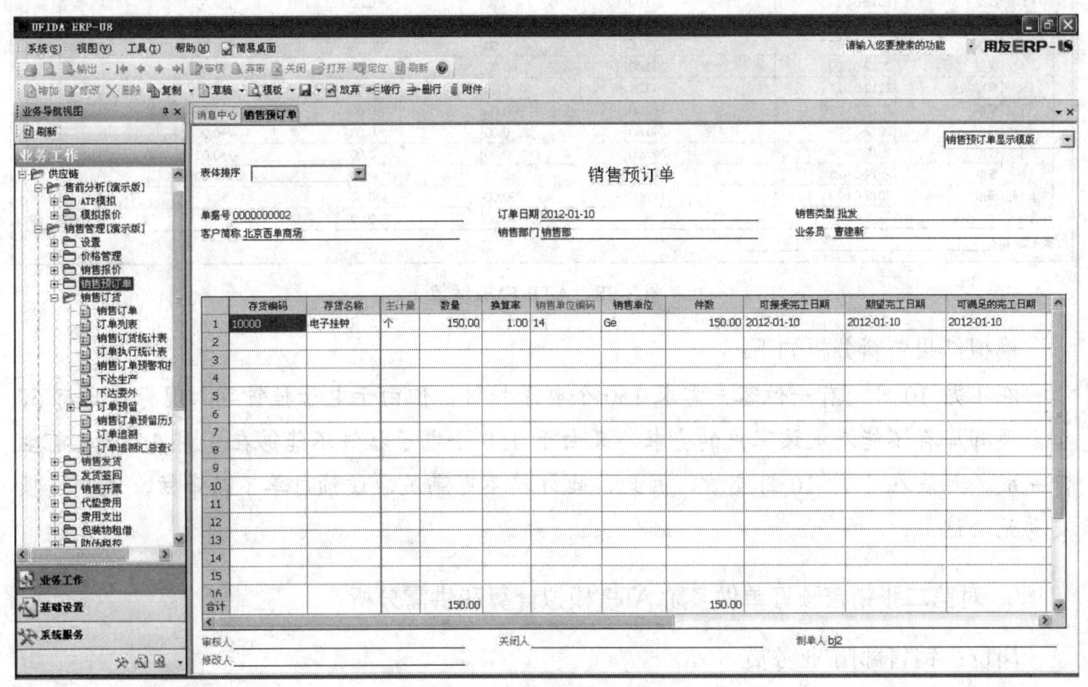

图 3-37 录入销售预订单

8. 对第二张销售预订单做售前 ATP 模拟运算

岗位：销售部门/业务员

菜单路径：业务工作/供应链/售前分析/ATP 模拟/ ATP 模拟运算

在“ATP 模拟运算”窗口中，单击“增加”按钮，依次输入表头信息。模拟日期为当前系统时间推后一天，展望期输入 20 天。单击“运算”按钮，在表体中显示出模拟运算的结果，提供 20 天内不同的 ATP 可用数量。手工录入 1 月 10 日预计占用量 150 个，观察 ATP 模拟数量的变化，最终确定是否可以满足客户订单，如图 3-38 所示。

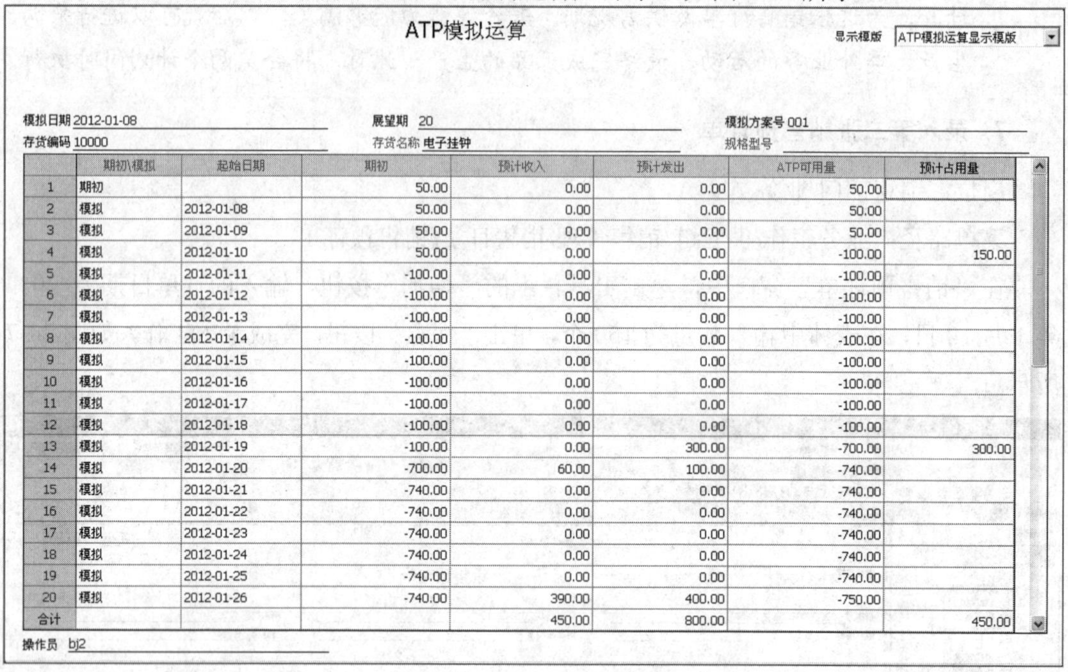

ATP模拟运算

显示模版 ATP模拟运算显示模版

模拟日期 2012-01-08　展望期 20　模拟方案号 001
存货编码 10000　存货名称 电子挂钟　规格型号

	期初\模拟	起始日期	期初	预计收入	预计发出	ATP可用量	预计占用量
1	期初		50.00	0.00	0.00	50.00	
2	模拟	2012-01-08	50.00	0.00	0.00	50.00	
3	模拟	2012-01-09	50.00	0.00	0.00	50.00	
4	模拟	2012-01-10	50.00	0.00	0.00	-100.00	150.00
5	模拟	2012-01-11	-100.00	0.00	0.00	-100.00	
6	模拟	2012-01-12	-100.00	0.00	0.00	-100.00	
7	模拟	2012-01-13	-100.00	0.00	0.00	-100.00	
8	模拟	2012-01-14	-100.00	0.00	0.00	-100.00	
9	模拟	2012-01-15	-100.00	0.00	0.00	-100.00	
10	模拟	2012-01-16	-100.00	0.00	0.00	-100.00	
11	模拟	2012-01-17	-100.00	0.00	0.00	-100.00	
12	模拟	2012-01-18	-100.00	0.00	0.00	-100.00	
13	模拟	2012-01-19	-100.00	0.00	300.00	-700.00	300.00
14	模拟	2012-01-20	-700.00	60.00	100.00	-740.00	
15	模拟	2012-01-21	-740.00	0.00	0.00	-740.00	
16	模拟	2012-01-22	-740.00	0.00	0.00	-740.00	
17	模拟	2012-01-23	-740.00	0.00	0.00	-740.00	
18	模拟	2012-01-24	-740.00	0.00	0.00	-740.00	
19	模拟	2012-01-25	-740.00	0.00	0.00	-740.00	
20	模拟	2012-01-26	-740.00	390.00	400.00	-750.00	
合计				450.00	800.00		450.00

操作员 bj2

图 3-38　ATP 模拟运算

模拟结果资料分析如下：

在 1 月 10 日，有一位客户需求 150 个电子挂钟，但由于电子挂钟期初现存量只有 50 个，现有库存不能满足该客户的要求，又由于 150 个电子挂钟不能够在 1 月 10 日之前生产完成，无法在 1 月 10 日交货，因此，此订单不可满足，该预订单不必审核，说明这项交易无法达成。

9. 对第二张销售预订单做多阶 ATP 模拟计算和供需分析

岗位：销售部门/业务员

菜单路径：业务工作/供应链/销售管理/销售订货/销售预订单

(1) 用鼠标右键单击表体中某行存货，执行菜单中的“多阶 ATP 模拟”命令。

(2) 进入“销售订单可承诺交期推算”对话框，点击“过滤”按钮，进入如图 3-39 所示的对话框，单击“查询”按钮，下方列表中显示预订单列表，选择相应的预订单后，单击“添加”按钮后，回到“销售订单可承诺交期推算”对话框。

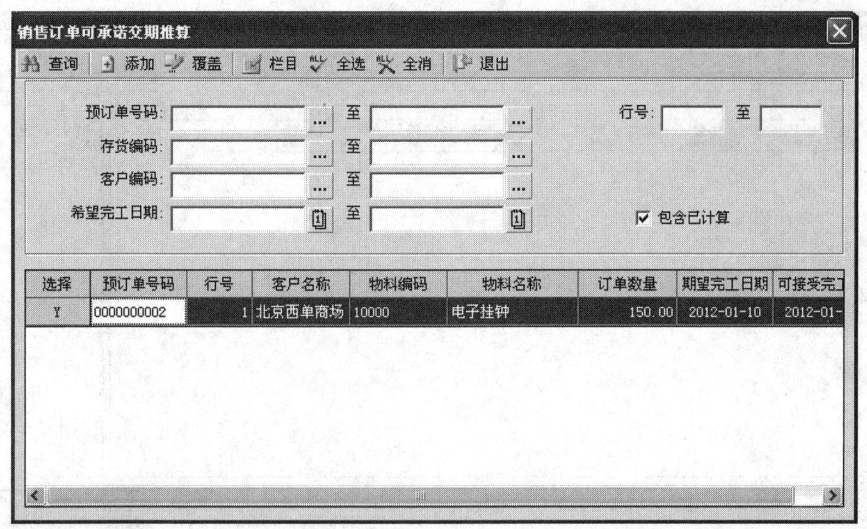

图 3-39 预订单选择

(3) 在“销售订单可承诺交期推算”对话框中的“销售预订单”页签中列示出该预订单的内容，单击“计算”按钮，进入“销售订单可承诺交期推算”的参数设置对话框，如图 3-40 所示。

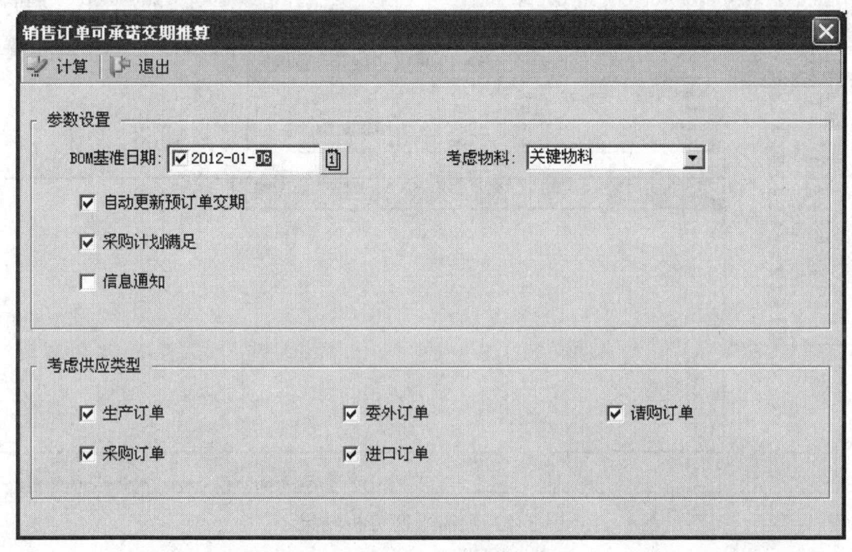

图 3-40 交期推算参数设置

(4) 在“销售订单可承诺交期推算”的参数设置对话框中单击“计算”按钮，完成最晚交货日期、可承诺数量、交货日期、交货数量的推算，并显示交期推算结果，如图 3-41 所示。由结果显示，在 2012 年 1 月 10 日只能交货 50 个，最晚交货期 2012 年 1 月 17 日可承诺数量为 100 个，表明目前企业不能够满足此张预订单的生产。若要修改参数，可单击“计算”按钮重新推算。

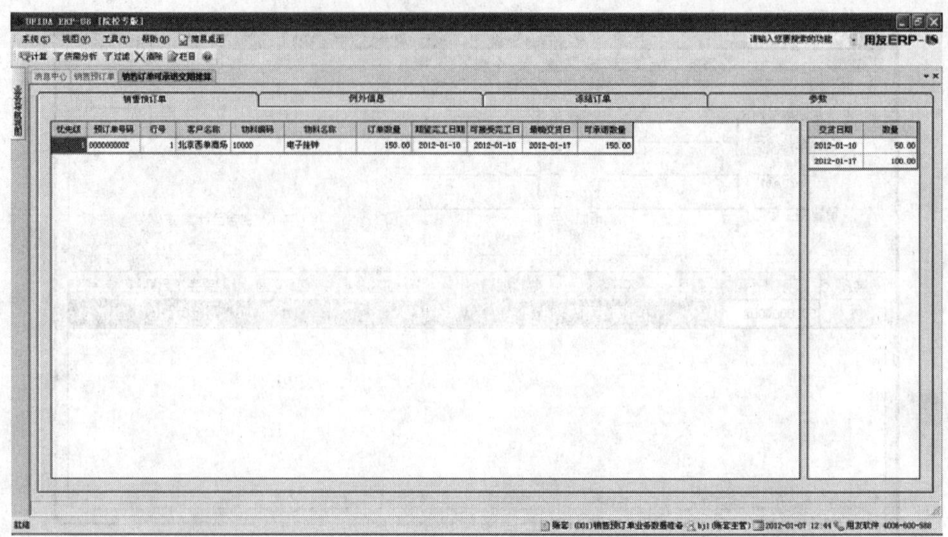

图 3-41　可承诺交期推算结果

(5) 单击“供需分析”按钮，选择窗口的条件过滤后，显示供需平衡分析结果，如图 3-42 所示。

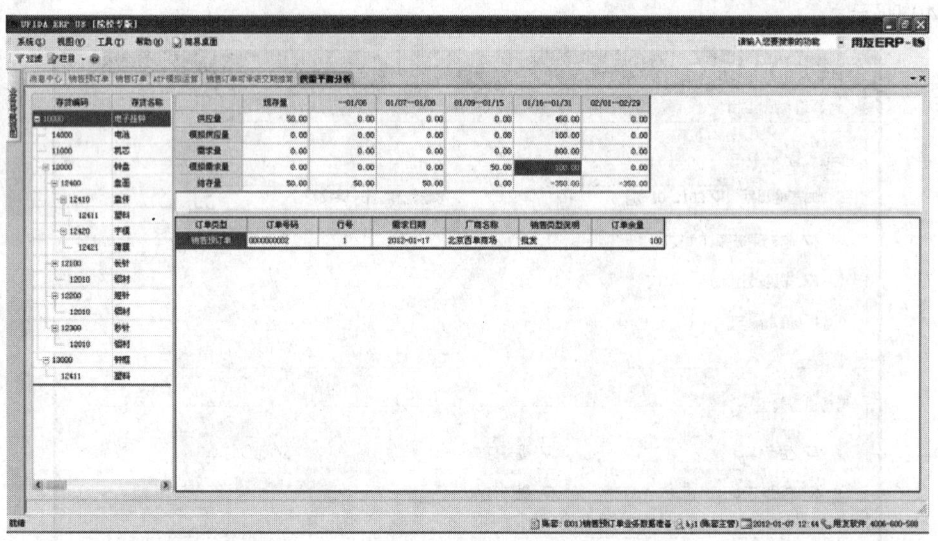

图 3-42 供需平衡分析结果

供需平衡分析结果如下：

- 按所选时格版本，进行供需平衡分析，目的是查看为了满足预订单的交货而产生的模拟计划和模拟计划的子件供需情况。
- 在图 3-42 的窗口左侧树状列表中显示物料的 BOM 结构，单击某一物料，窗口右边显示该物料各时格的供需资料。单击各时格中的数字，则在下方列表中显示该时格的供需明细资料。
- 由图 3-42 可见，在 1 月 9 日至 1 月 15 日有 50 个模拟需求，由于电子挂钟期初现存量为 50 个，它可以满足 1 月 10 日的 50 个数量的需求，此时格的结存量为 0。

在1月16日至1月31日的时格范围内，模拟需求量为100个，期初已经没有结存量，故模拟供应量为100个。然而，此时格内的客户订单计划需求量为800个(原来500个客户订货和300个由第一张预订单形成的销售订单)，原来MPS规划供应的450个供应量将不能满足800个需求量，缺少350个，影响原来的客户订单无法正常生产，因此，在1月16日至1月31日的时格内无法达成这张预订单的交易，不能够签订销售合同，也不必审核这张预订单。

3.5 补充实验二 需求预测订单的处理

在主生产计划和物料需求规划运算过程中所考虑的需求资料，来源于两个方面：一个是客户销售订单的需求数据，另一个是企业自身预测的需求数据。两类数据可能同时存在，也可以只有其中之一。客户销售订单的需求数据由销售管理模块录入，预测需求的数据在“主生产计划”模块和“需求规划”模块中的“需求来源资料维护”模块中进行输入和处理。客户销售订单的需求量数据和预测需求量数据两者之间存在着抵消关系，通过抵消方法的运算即可得到某段时间内的需求量数据，然而，如何取得需求量数据的计算方法要由时栅资料所设定的抵消方法来决定(参见表3-1中时栅设置的内容)。

“需求来源资料维护”模块也是MPS或MRP运算的基础。若要考虑需求预测资料，在执行“MPS计划生成”或“MRP计划生成”之前，需先运行“需求来源资料维护”中的“产品预测订单输入”命令，单击“增加”按钮，即可输入产品预测订单。新增的预测订单，在保存后，系统默认为“审核”状态，“审核”状态的预测需求数据将参与MPS和MRP运算。订单被关闭后状态显示为“关闭”，关闭状态的预测订单将不再参与MPS和MRP计算。

预测版本是用来说明MPS和MRP运算时所使用的产品需求预测资料的来源。在进行“产品预测资料输入”时，会使用此版本。

本实验主要学习销售预测需求的数据录入和均化处理。“均化”是指将预测需求的数据在不同时段进行平均分摊。均化类型分为不均化、日均化、周均化、月均化、时格均化五种，默认为“不均化”。预测订单输入完成保存时，系统即自动按每行的“均化类型”执行分摊处理。

【实验目的】

理解销售预测订单的作用，掌握销售预测订单的录入和均化处理。

【实验要求】

以操作员身份进入系统进行操作。

【实验资料】

1. 实验数据

(1) 修改系统时间为“2012-01-06”。

(2) 引入光盘“实验数据”文件夹中的“需求预测业务数据准备”数据账套。

2. 实验资料

输入一张产品预测订单：料品为电子挂钟，预测需求起始日期为 2012 年 1 月 9 日，结束日期为 2012 年 2 月 15 日，预测需求数量 1 300 个。

【操作指导】

1. 输入产品预测订单

岗位：销售部门/业务员

菜单路径：业务工作/生产制造/主生产计划/需求来源资料维护/产品预测订单输入

在输入产品预测订单之前，先对 MPS 和 MRP 参数进行设置，并且必须选择预测版本代号，将截止日期设为 2 月 29 日，表示可以对 1 月 6 日至 2 月 29 日期间的所有订单做规划处理。

执行“产品预测订单输入”功能，如图 3-43 所示，单击“增加”按钮，在表头中输入“均化取整”方法和所使用的“均化类型”，在表体中输入料品电子挂钟的起始日期和结束日期等资料后，单击“保存”按钮即可生成一张产品预测订单。

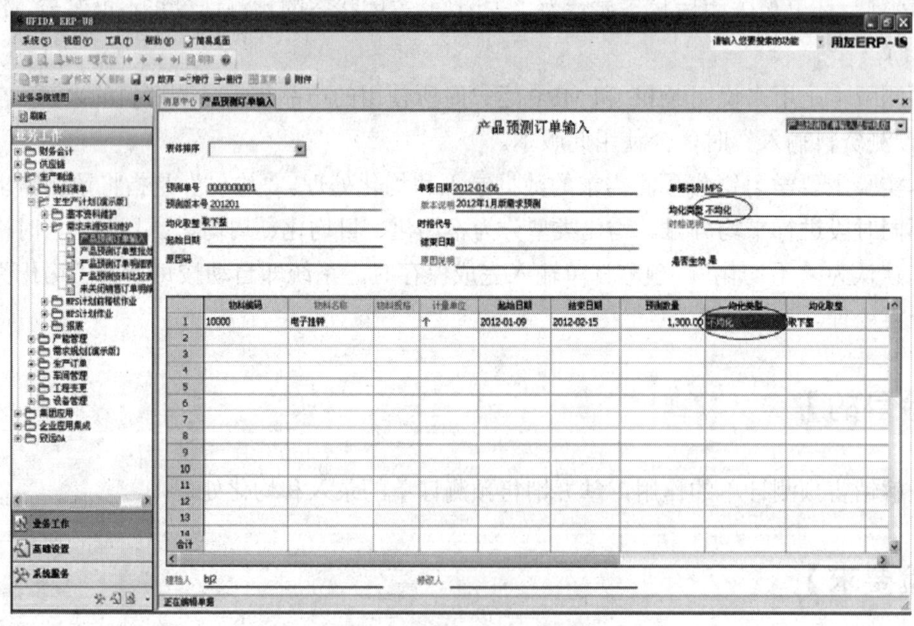

图 3-43　录入产品预测订单

2. 产品预测订单需求量的分摊计算

岗位：销售部门/业务员

菜单路径：业务工作/生产制造/主生产计划/需求来源资料维护/产品预测订单整批处理

执行“产品预测订单整批处理”功能，在“过滤条件选择”窗口中选择单据类别、预测版本代号，并选择生效，单击“过滤”按钮进入“产品预测订单整批处理”界面。在表体中选择某记录行，单击“重展”按钮，则对该预测订单整批重新进行预测数据的分摊计算，操作如图 3-44 所示。

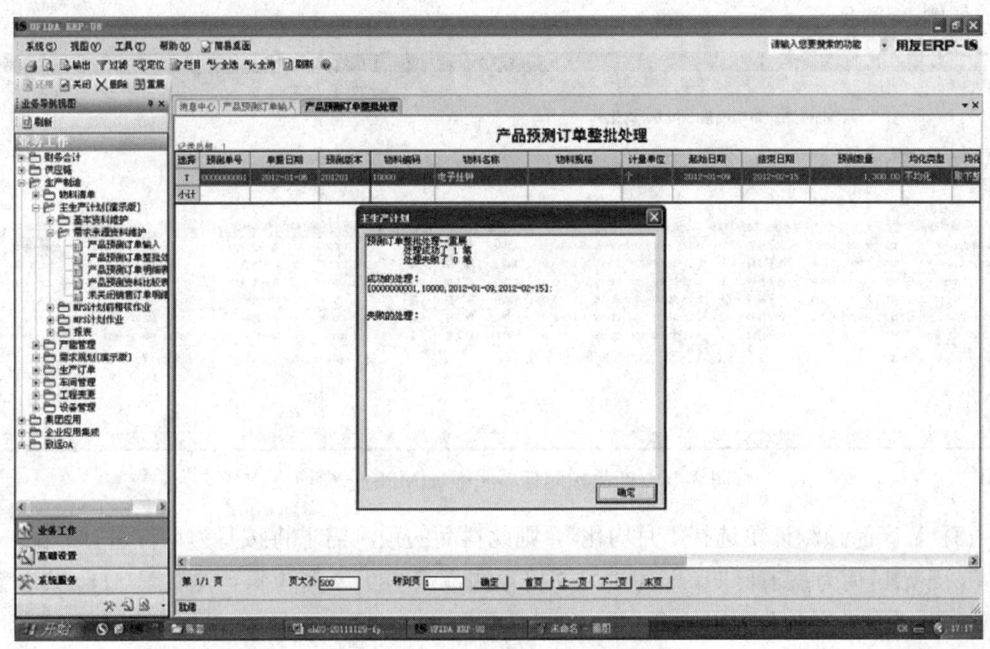

图 3-44　产品预测订单整批处理

3. 产品预测需求数量的均化处理

(1) 若产品预测订单录入时，“均化类型”选择“不均化”，则不进行分摊计算，表示只在 2012 年 1 月 9 日预测数量为 1 300。分摊结果可以通过查询产品预测订单明细表(业务工作/生产制造/主生产计划/需求来源资料维护/产品预测订单明细表)得到，如图 3-45 所示。

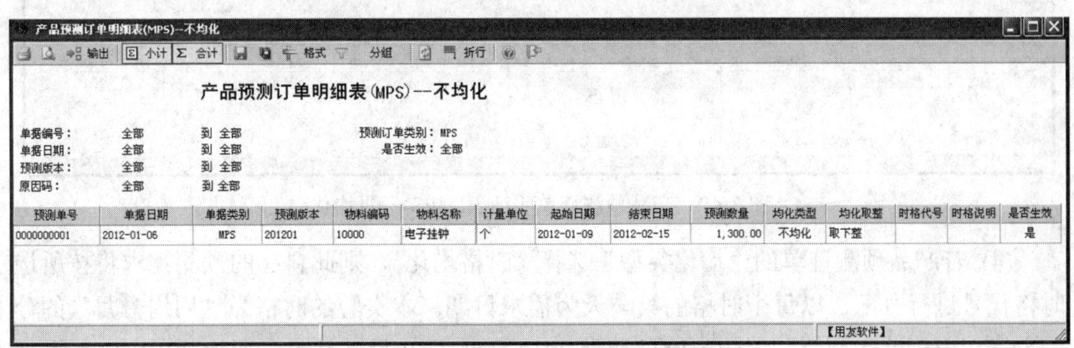

产品预测订单明细表(MPS)--不均化

单据编号：全部 到 全部　预测订单类别：MPS
单据日期：全部 到 全部　是否生效：全部
预测版本：全部 到 全部
原因码：全部 到 全部

预测单号	单据日期	单据类别	预测版本	物料编码	物料名称	计量单位	起始日期	结束日期	预测数量	均化类型	均化取整	时格代号	时格说明	是否生效
0000000001	2012-01-06	MPS	201201	10000	电子挂钟	个	2012-01-09	2012-02-15	1,300.00	不均化	取下整			是

图 3-45　产品预测订单明细表(MPS)—不均化

(2) 若产品预测订单选择“周均化”，则此料品的预测需求将按周为单位平均分配，以每周第一天为需求日期，因为预测需求的时间为 1 月 9 日至 2 月 15 日，此期间包含 6 周，按照平均每日分摊量计算每周的需求数量，因此，1 月 9 日预测数量 232、1 月 16 日预测数量 232、1 月 23 日预测数量 232、1 月 30 日预测数量 232、2 月 6 日预测数量 232、2 月 13 日预测数量 140，共 6 笔。计算方法是依据此期间系统工作日历天数(28 天)去除总需求预测数量(1300)得到每天的需求量，然后乘以周工作天数，取整后得到本周的需求预测数量，剩余天数的量置于最后一周，周均化的分摊结果可以通过查询产品预测订单明细表得到，如图 3-46 所示。

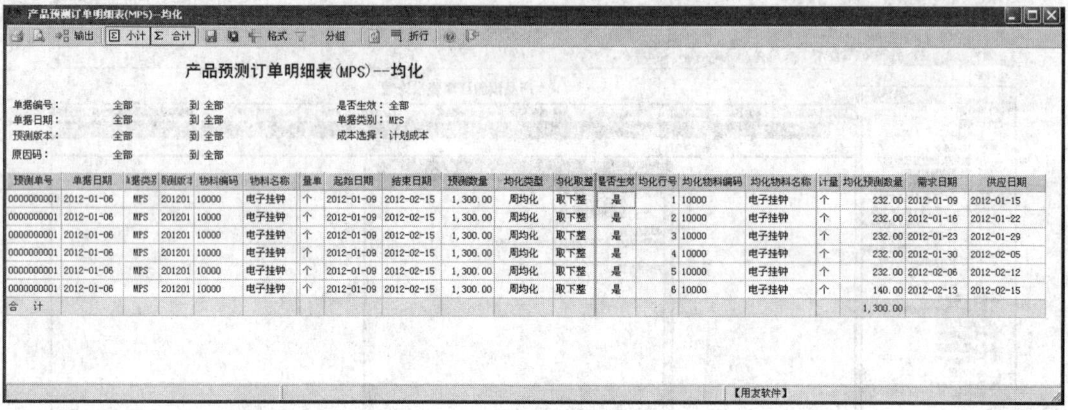

产品预测订单明细表(MPS)--均化

输出 小计 合计 格式 分组 折行

产品预测订单明细表(MPS)--均化

单据编号： 全部 到 全部 是否生效：全部
单据日期： 全部 到 全部 单据类别：MPS
预测版本： 全部 到 全部 成本选择：计划成本
原因码： 全部 到 全部

预测单号	单据日期	据类别	预测版本	物料编码	物料名称	量单	起始日期	结束日期	预测数量	均化类型	均化取整	是否生效	均化行号	均化物料编码	均化物料名称	计量	均化预测数量	需求日期	供应日期
0000000001	2012-01-06	MPS	201201	10000	电子挂钟	个	2012-01-09	2012-02-15	1,300.00	周均化	取下整	是	1	10000	电子挂钟	个	232.00	2012-01-09	2012-01-15
0000000001	2012-01-06	MPS	201201	10000	电子挂钟	个	2012-01-09	2012-02-15	1,300.00	周均化	取下整	是	2	10000	电子挂钟	个	232.00	2012-01-16	2012-01-22
0000000001	2012-01-06	MPS	201201	10000	电子挂钟	个	2012-01-09	2012-02-15	1,300.00	周均化	取下整	是	3	10000	电子挂钟	个	232.00	2012-01-23	2012-01-29
0000000001	2012-01-06	MPS	201201	10000	电子挂钟	个	2012-01-09	2012-02-15	1,300.00	周均化	取下整	是	4	10000	电子挂钟	个	232.00	2012-01-30	2012-02-05
0000000001	2012-01-06	MPS	201201	10000	电子挂钟	个	2012-01-09	2012-02-15	1,300.00	周均化	取下整	是	5	10000	电子挂钟	个	232.00	2012-02-06	2012-02-12
0000000001	2012-01-06	MPS	201201	10000	电子挂钟	个	2012-01-09	2012-02-15	1,300.00	周均化	取下整	是	6	10000	电子挂钟	个	140.00	2012-02-13	2012-02-15
合 计																	1,300.00		

【用友软件】

图 3-46 产品预测订单明细表(MPS)—周均化

(3) 若产品预测订单选择“月均化”，则此料品的预测需求将按月为单位进行分配，以每月的开始日期为需求日期，即为 1 月 9 日预测数量 789、2 月 1 日预测数量 511，共 2 笔。计算方法是按照总需求预测数量 1300 除以预测起止日期内系统工作日历天数 28 天得到每天的需求量，然后乘以月工作天数，取整后得到每月的需求预测数量，剩余天数的量置于最后一月，月均化的分摊结果可以通过查询产品预测订单明细表得到，如图 3-47 所示。

产品预测订单明细表(MPS)--均化

输出 小计 合计 格式 分组 折行

产品预测订单明细表(MPS)--均化

单据编号： 全部 到 全部 是否生效：全部
单据日期： 全部 到 全部 单据类别：MPS
预测版本： 全部 到 全部 成本选择：计划成本
原因码： 全部 到 全部

预测单号	单据日期	单据类别	预测版本	物料编码	物料名称	量单	起始日期	结束日期	预测数量	均化类型	均化取整	否生效	化行号	均化物料编码	均化物料名称	计量	均化预测数量	需求日期	供应日期
0000000001	2012-01-06	MPS	201201	10000	电子挂钟	个	2012-01-09	2012-02-15	1,300.00	月均化	取下整	是	1	10000	电子挂钟	个	789.00	2012-01-09	2012-01-31
0000000001	2012-01-06	MPS	201201	10000	电子挂钟	个	2012-01-09	2012-02-15	1,300.00	月均化	取下整	是	2	10000	电子挂钟	个	511.00	2012-02-01	2012-02-15
合 计																	1,300.00		

【用友软件】

图 3-47 产品预测订单明细表(MPS)—月均化

(4) 若产品预测订单的“均化类型”选择“时格均化”，则此料品的预测需求将按所选时格代号进行分配，以每个时格的第一天为需求日期。本实验的时格为“周周月月”的分段方式，由于这张预测订单的起始日期为 2012 年 1 月 9 日，结束日期为 2012 年 2 月 15

日，因此，要在这个时间范围内进行时格划分。第一段时格为 2012 年 1 月 9 日至 2012 年 1 月 15 日，2012 年 1 月 9 日的预测需求为 232；第二段时格为 2012 年 1 月 16 日至 2012 年 1 月 22 日，2012 年 1 月 16 日的预测需求为 232；第三段时格为 2012 年 1 月 23 日至 2012 年 1 月 31 日，2012 年 1 月 23 日的预测需求为 325；第四段时格为 2012 年 2 月 1 日至 2012 年 2 月 15 日，2012 年 2 月 1 日的预测需求为 511。计算方法是按照总需求预测数量 1300 除以预测起止日期内系统工作日历天数 28 天即得到每天的需求量，然后乘以每段时格内的工作天数，取整后得到每段时格的需求预测数量，剩余天数的量置于最后一段时格，时格均化的分摊结果可以通过查询产品预测订单明细表得到，如图 3-48 所示。

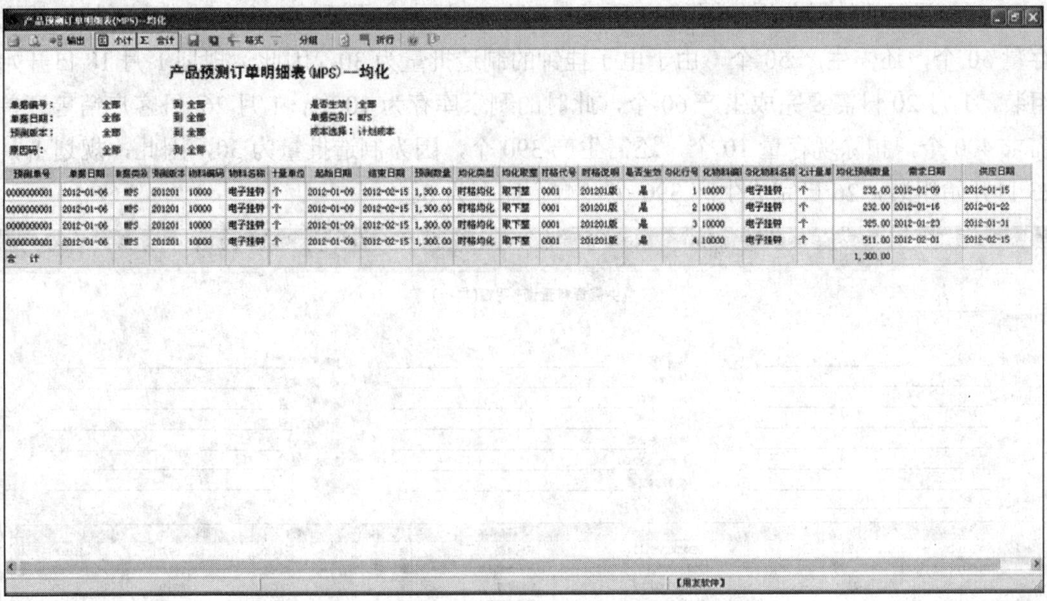

产品预测订单明细表(MPS)—均化

单据编号：全部 到 全部　　是否生效：全部
单据日期：全部 到 全部　　单据类别：MPS
预测版本：全部 到 全部　　成本选择：计划成本
原因码：全部 到 全部

预测单号	单据日期	单据类别	预测版本	物料编码	物料名称	计量单位	起始日期	结束日期	预测数量	均化类型	均化取整	时格代号	时格说明	是否生效	均化行号	均化物料编码	均化物料名称	均化计量单位	均化预测数量	需求日期	供应日期
0000000001	2012-01-06	MPS	201201	10000	电子挂钟	个	2012-01-09	2012-02-15	1,300.00	时格均化	取下整	0001	201201版	是	1	10000	电子挂钟	个	232.00	2012-01-09	2012-01-15
0000000001	2012-01-06	MPS	201201	10000	电子挂钟	个	2012-01-09	2012-02-15	1,300.00	时格均化	取下整	0001	201201版	是	2	10000	电子挂钟	个	232.00	2012-01-16	2012-01-22
0000000001	2012-01-06	MPS	201201	10000	电子挂钟	个	2012-01-09	2012-02-15	1,300.00	时格均化	取下整	0001	201201版	是	3	10000	电子挂钟	个	325.00	2012-01-23	2012-01-31
0000000001	2012-01-06	MPS	201201	10000	电子挂钟	个	2012-01-09	2012-02-15	1,300.00	时格均化	取下整	0001	201201版	是	4	10000	电子挂钟	个	511.00	2012-02-01	2012-02-15
合计																			1,300.00		

【用友软件】

图 3-48　产品预测订单明细表(MPS)—时格均化

注意：

- 均化处理的时间范围由产品预测订单中的起始日期和结束日期的期间决定。
- 每日需求量是指该期间的系统工作日历上的每个工作日的需求量。

4. MPS 规划所提取的需求数据分析

MPS 规划所提取的需求数据包括预测需求数量和客户订单数量，根据时栅资料所设定的抵消方法，最终计算确定不同时段所提取的需求数据。

依据本实验所使用的时栅资料，自系统日期开始，前 10 天内(1.6～1.15)为第一时段，需求来源由客户订单决定；后 20 天内(1.16～2.4)为第二时段，需求来源由客户订单和预测订单共同决定，用“反向抵消”的方法取需求数据；后 10 天内(2.5～2.15，2.15 为预测订单结束时间)为第三时段，需求来源由客户订单和预测订单共同决定，用“先反向再正向抵消”的方法取得需求数据。

MPS 和 MRP 规划的供需数量是由 BOM 结构和物料的净需求决定的(净需求量=毛需

求量－现有库存量+安全库存量)；规划的供需时间是由 BOM 结构和物料的提前期决定的；此外，还要考虑批量、在单量和预约量等因素。

(1) 若产品预测订单选择“不均化”，则只在 2012 年 1 月 9 日预测数量为 1 300，见图 3-45 所示。

MPS 规划所提取的需求数据分析：第一时段没有客户销售订单，只有 1 月 9 日的预测需求 1 300 个，根据时栅资料的要求，该段的预测需求不予考虑，因而，需求数据为 0;第二时段没有预测订单，只有 1 月 20 日和 1 月 26 日需要的客户销售订单，因此，需求数据即是客户销售订单的数量，共 500 个。

MPS 规划的结果分析如图 3-49 所示：1 月 20 日客户需要 100 个，减去电子挂钟的现存量 50 个，还需生产 50 个，由于电子挂钟的制造批量为 30，因此，规划 1 月 18 日开始组装，1 月 20 日需要完成生产 60 个，此时的剩余库存为 10 个；1 月 26 日客户销售订单需求 400 个，扣除现存量 10 个，还需生产 390 个，因为制造批量为 30，因此，规划 1 月 23 日开始组装，26 日完成生产 390 个，剩余库存为 0。

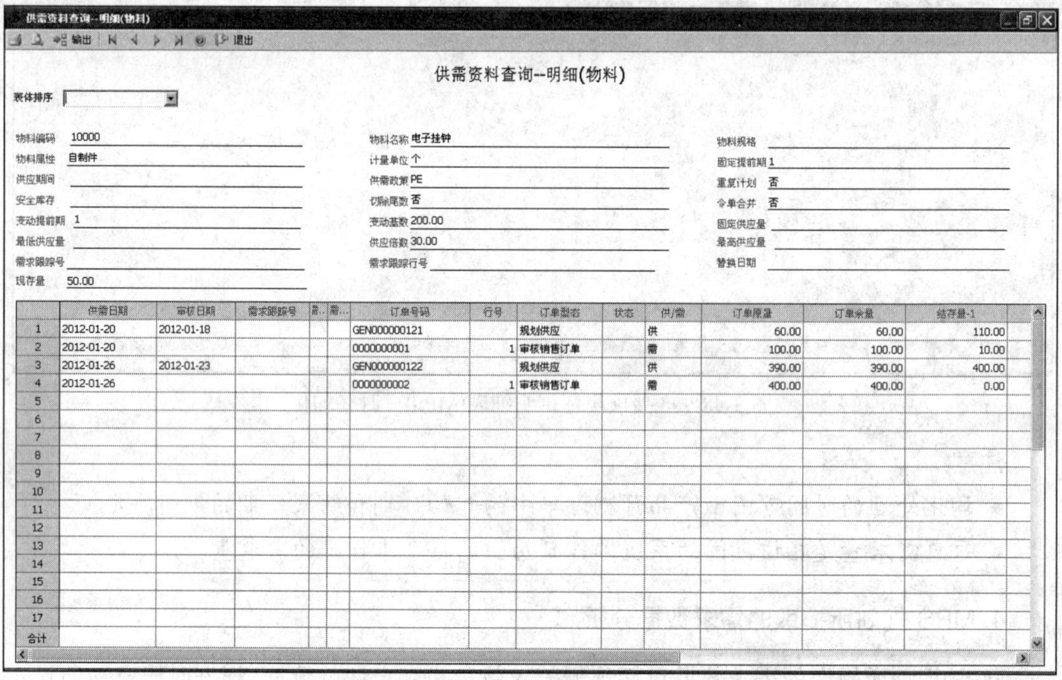

供需资料查询--明细(物料)

输出 退出

供需资料查询--明细(物料)

表体排序

物料编码 10000　　物料名称 电子挂钟　　物料规格
物料属性 自制件　　计量单位 个　　固定提前期 1
供应期间　　供需政策 PE　　重复计划 否
安全库存　　切除尾数 否　　令单合并 否
变动提前期 1　　变动基数 200.00　　固定供应量
最低供应量　　供应倍数 30.00　　最高供应量
需求跟踪号　　需求跟踪行号　　替换日期
现存量 50.00

	供需日期	审核日期	需求跟踪号	需...	需...	订单号码	行号	订单型态	状态	供/需	订单原量	订单余量	结存量-1
1	2012-01-20	2012-01-18				GEN000000121		规划供应		供	60.00	60.00	110.00
2	2012-01-20					0000000001	1	审核销售订单		需	100.00	100.00	10.00
3	2012-01-26	2012-01-23				GEN000000122		规划供应		供	390.00	390.00	400.00
4	2012-01-26					0000000002	1	审核销售订单		需	400.00	400.00	0.00
5													
6													
7													
8													
9													
10													
11													
12													
13													
14													
15													
16													
17													
合计													

图 3-49　MPS 规划的结果—不均化

(2) 若产品预测订单选择“周均化”，则此料品的预测需求将按周平均分配，见图 3-46 所示。

MPS 规划所提取的需求数据分析：第一时段只有 1 月 9 日一笔预测需求数量，根据时栅资料的要求，预测需求不予考虑，因而，需求数据为 0；第二时段有 1 月 20 日和 1 月 26 日两个客户销售订单，有 1 月 16 日、1 月 23 日、1 月 30 日三笔预测需求数量，采用“反向抵消”的方法，1 月 20 日和 1 月 26 日以前的预测需求数量被抵消，1 月 20 日和 1 月 26

日以后的预测需求被保留，所以，1 月 16 日、1 月 23 日的两笔预测数量被抵消掉，1 月 30 日的预测需求数量被保留，合计第二时段的需求数量为 732 个；第三时段有 2 月 6 日、2 月 13 日两笔预测需求数量，没有客户订单，无需抵消，需求数据由预测需求决定，合计需求数量为 372 个。

MPS 规划的结果分析如图 3-50 所示：1 月 20 日客户销售订单需求 100 个，减去电子挂钟的现存量 50 个，还需生产 50 个，电子挂钟的制造批量为 30，因此，规划 1 月 18 日开始组装，20 日完成生产 60 个，此时剩余库存为 10 个；1 月 26 日客户销售订单需求 400 个，减去电子挂钟的现存量 10 个，还需生产 390 个，电子挂钟的制造批量为 30，因此，规划 1 月 23 日开始组装，26 日完成生产 390 个，此时剩余库存为 0 个；1 月 30 日预测需求 232 个，现存量为 0，还需生产 232 个，制造批量为 30，扣除周六周日，因此，规划 1 月 25 日开始组装，30 日完成生产 240 个，此时剩余库存为 8 个；2 月 6 日预测需求 232 个，制造批量为 30，扣除周六周日，规划 2 月 1 日开始组装，6 日完成生产 240 个，剩余库存为 16 个；2 月 13 日预测需求 140 个，制造批量为 30，扣除周六周日，规划 2 月 9 日开始组装，2 月 13 日完成生产 150 个，剩余库存为 26 个。

供需资料查询--明细(物料)

输出 退出

供需资料查询--明细(物料)

表体排序

物料编码 10000　物料名称 电子挂钟　物料规格
物料属性 自制件　计量单位 个　固定提前期 1
供应期间　供需政策 PE　重复计划 否
安全库存　切除尾数 否　令单合并 否
变动提前期 1　变动基数 200.00　固定供应量
最低供应量　供应倍数 30.00　最高供应量
需求跟踪号　需求跟踪行号　替换日期
现存量 50.00

	供需日期	审核日期	需求跟踪号	需求...	需...	订单号码	行号	订单型态	状态	供/需	订单原量	订单余量	结存量-1
1	2012-01-20	2012-01-18				GEN000000046		规划供应		供	60.00	60.00	110.00
2	2012-01-20					0000000001	1	审核销售订单		需	100.00	100.00	10.00
3	2012-01-26	2012-01-23				GEN000000048		规划供应		供	390.00	390.00	400.00
4	2012-01-26					0000000002	1	审核销售订单		需	400.00	400.00	0.00
5	2012-01-30	2012-01-25				GEN000000049		规划供应		供	240.00	240.00	240.00
6	2012-01-30					0000000001	4	审核预测		需	232.00	232.00	8.00
7	2012-02-06	2012-02-01				GEN000000050		规划供应		供	240.00	240.00	248.00
8	2012-02-06					0000000001	5	审核预测		需	232.00	232.00	16.00
9	2012-02-13	2012-02-09				GEN000000051		规划供应		供	150.00	150.00	166.00
10	2012-02-13					0000000001	6	审核预测		需	140.00	140.00	26.00
11													
12													
13													
14													
15													
16													
17													
合计													

图 3-50　MPS 规划的结果—周均化

以钟盘为例分析 MRP 的规划结果如下：

依据物料清单的结构，钟盘(编号 12000)的需求量是由电子挂钟的需求量派生而来的，称为配套量，钟盘的供应量就是配套量减去库存量的值，如图 3-51 所示。

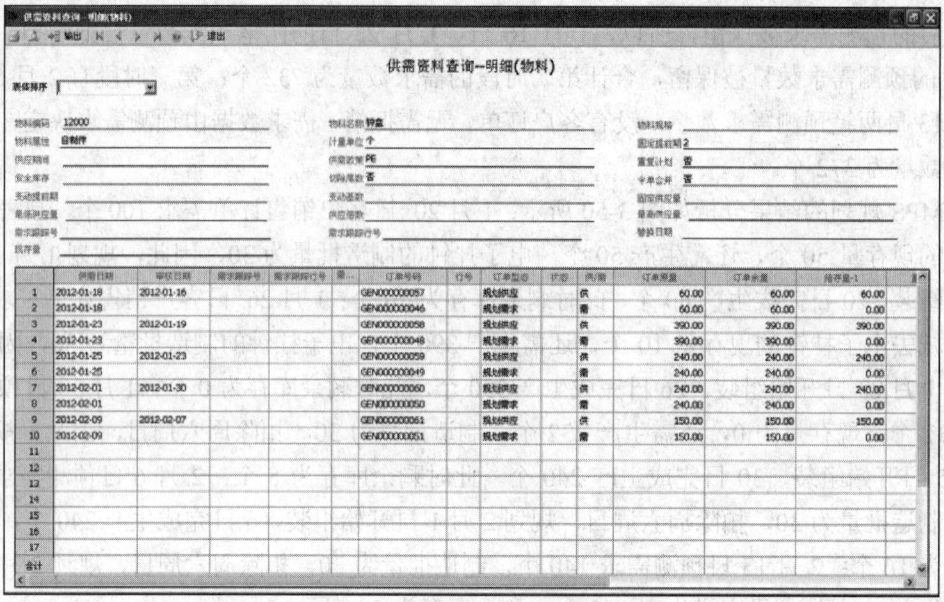

供需资料查询--明细(物料)

物料编码 12000　物料名称 钟盘　计量单位 个　物料属性 自制件　固定提前期 2　供需政策 PE　重复计划 否　切除尾数 否　令单合并 否

	供需日期	审核日期	需求跟踪号	需求跟踪行号	需...	订单号码	行号	订单类型	状态	供/需	订单数量	订单余量	结存量-1
1	2012-01-18	2012-01-16				GEN000000057		规划供应		供	60.00	60.00	60.00
2	2012-01-18					GEN000000046		规划需求		需	60.00	60.00	0.00
3	2012-01-23	2012-01-19				GEN000000058		规划供应		供	390.00	390.00	390.00
4	2012-01-23					GEN000000048		规划需求		需	390.00	390.00	0.00
5	2012-01-25	2012-01-23				GEN000000059		规划供应		供	240.00	240.00	240.00
6	2012-01-25					GEN000000049		规划需求		需	240.00	240.00	0.00
7	2012-02-01	2012-01-30				GEN000000060		规划供应		供	240.00	240.00	240.00
8	2012-02-01					GEN000000050		规划需求		需	240.00	240.00	0.00
9	2012-02-09	2012-02-07				GEN000000061		规划供应		供	150.00	150.00	150.00
10	2012-02-09					GEN000000051		规划需求		需	150.00	150.00	0.00
合计													

图 3-51　钟盘 MRP 规划结果—周均化

根据 MPS 规划结果可知，1 月 18 日、1 月 23 日、1 月 25 日、2 月 1 日、2 月 9 日要组装电子挂钟，此时钟盘生产已经完工。因此，钟盘 MRP 规划的结果是：1 月 18 日需要钟盘 60 个，现有库存为 0，因此，需要生产 60 个，提前期 2 天，规划 1 月 16 日开始生产，1 月 18 日完成生产 60 个，剩余库存为 0；1 月 23 日需要钟盘 390 个，因此，需要生产 390 个，提前期 2 天，扣除周六周日，规划 1 月 19 日开始生产，1 月 23 日完成生产 390 个，剩余库存为 0；1 月 25 日需要钟盘 240 个，因此，需要生产 240 个，提前期 2 天，规划 1 月 23 日开始生产，1 月 25 日完成生产 240 个，剩余库存为 0；2 月 1 日需要钟盘 240 个，因此，需要生产 240 个，提前期 2 天，规划 1 月 30 日开始生产，2 月 1 日完成生产 240 个，剩余库存为 0；2 月 9 日需要钟盘 150 个，因此需要生产 150 个，提前期 2 天，规划 2 月 7 日开始生产，2 月 9 日完成生产 150 个，剩余库存为 0。

其他物料的 MPS 和 MRP 的规划结果分析同理，都是在上一层物料的供需基础上，根据配套量由上而下逐层推算而得。

(3) 若销售预测订单选择“月均化”，则此物料的预测需求将按月平均分配，见图 3-47 所示。

MPS 规划所提取的需求数据分析：第一时段没有客户订单，只有 1 月 9 日一笔预测数量 789 个，根据时栅资料的要求，预测需求不予考虑，因而，需求数量为 0；第二时段有 1 月 20 日和 1 月 26 日有两张客户销售订单合计 500 个，2 月 1 日有一笔预测数量 511 个，按照“反向抵消”的方法，2 月 1 日的预测数量被保留，合计需求数量为 1011 个；第三时段没有客户销售订单，2 月 5 日以后也没有预测数据，此时段需求为 0。

MPS 规划的结果分析(如图 3-52 所示)：1 月 20 日客户销售订单需求 100 个，减去电子挂钟的现存量 50 个，还需生产 50 个，电子挂钟的制造批量为 30，因此，规划 1 月 18 日开始组装，19 日完成生产 60 个，此时剩余库存为 10 个；1 月 26 日客户需求 400 个，扣除现存量 10 个，还需生产 390 个，制造批量为 30，因此，规划 1 月 23 日开始组装，26 日完成生产 390 个，剩余库存为 0；2 月 1 日预测需求 511 个，电子挂钟的制造批量为 30，考虑变动提前期，扣除周六周日，因此规划 1 月 26 日开始组装，2 月 1 日完成生产 540 个，剩余库存为 29 个。

供需资料查询--明细(物料)

表体排序

物料编码 10000 | 物料名称 电子挂钟 | 物料规格
物料属性 自制件 | 计量单位 个 | 固定提前期 1
供应期间 | 供需政策 PE | 重复计划 否
安全库存 | 切除尾数 否 | 令单合并 否
变动提前期 1 | 变动基数 200.00 | 固定供应量
最低供应量 | 供应倍数 30.00 | 最高供应量
需求跟踪号 | 需求跟踪行号 | 替换日期
现存量 50.00

	供需日期	审核日期	需求...	替...	录...	订单号码	行号	订单型态	状态	供/需	订单原量	订单余量	结存量-1	变更日期	建议调整量
1	2012-01-20	2012-01-18				GEN000000002		规划供应		供	60.00	60.00	110.00		
2	2012-01-20					0000000001	1	审核销售订单		需	100.00	100.00	10.00		
3	2012-01-26	2012-01-23				GEN000000003		规划供应		供	390.00	390.00	400.00		
4	2012-01-26					0000000002	1	审核销售订单		需	400.00	400.00	0.00		
5	2012-02-01	2012-01-26				GEN000000004		规划供应		供	540.00	540.00	540.00		
6	2012-02-01					0000000001	2	审核预测		需	511.00	511.00	29.00		
7															
8															
9															
10															
11															
12															
13															
14															
15															
16															
17															
合计															

图 3-52 MPS 规划的结果—月均化

以钟盘为例分析 MRP 的规划结果如下：

依据物料清单的结构，钟盘(编号 12000)的需求量是由电子挂钟的需求量派生而来的，称为配套量，钟盘的供应量就是配套量减去库存量的值，如图 3-53 所示。

供需资料查询--明细(物料)

表体排序

物料编码 12000 | 物料名称 钟盘 | 物料规格
物料属性 自制件 | 计量单位 个 | 固定提前期 2
供应期间 | 供需政策 PE | 重复计划 否
安全库存 | 切除尾数 否 | 令单合并 否
变动提前期 | 变动基数 | 固定供应量
最低供应量 | 供应倍数 | 最高供应量
需求跟踪号 | 需求跟踪行号 | 替换日期
现存量

	供需日期	审核日期	需求跟踪号	替...	录...	订单号码	行号	订单型态	状态	供/需	订单原量	订单余量	结存量-1
1	2012-01-18	2012-01-16				GEN000000008		规划供应		供	60.00	60.00	60.00
2	2012-01-18					GEN000000002		规划需求		需	60.00	60.00	0.00
3	2012-01-23	2012-01-19				GEN000000009		规划供应		供	390.00	390.00	390.00
4	2012-01-23					GEN000000003		规划需求		需	390.00	390.00	0.00
5	2012-01-26	2012-01-24				GEN000000010		规划供应		供	540.00	540.00	540.00
6	2012-01-26					GEN000000004		规划需求		需	540.00	540.00	0.00
7													
8													
9													
10													
11													
12													
13													
14													
15													
16													
17													
合计													

图 3-53 钟盘 MRP 规划结果—月均化

根据 MPS 规划结果可知，1 月 18 日、1 月 23 日、1 月 26 日要组装电子挂钟，此时钟盘生产已经完工。因此，钟盘 MRP 规划的结果是：1 月 18 日需要钟盘 60 个，库存现存量为 0，因此，需要生产 60 个，提前期 2 天，规划 1 月 16 日开始生产，1 月 18 日完成生产 60 个，剩余库存为 0；1 月 23 日需要钟盘 390 个，库存现存量为 0，因此，需要生产 390 个，提前期 2 天，扣除周六周日，规划 1 月 19 日开始生产，1 月 23 日完成生产 390 个，剩余库存为 0；1 月 26 日需要钟盘 540 个，因此需要生产 540 个，提前期 2 天，规划 1 月 24 日开始生产，1 月 26 日完成生产 540 个，剩余库存为 0。

其他物料的 MPS 和 MRP 的规划结果分析同理，都是在上一层物料的供需基础上，根据配套量由上而下逐层推算而得。

【思考题】

(1) 解释各个物料的 MPS 和 MRP 规划建议结果中的供需数量和供需时间是如何决定的。

(2) MPS 和 MRP 规划与采购订单、委外订单、生产订单之间有何关系？

(3) 输入预测需求数据：1 月份预计销售电子挂钟 1 000 个，做周均化处理；2 月份预计销售电子挂钟 1 200 个，做不均化处理。试分析 MPS 与 MRP 运算后的供需资料结果。

(4) 售前 ATP 分析的作用是什么？

(5) 分析 MPS、MRP 与销售订单之间的关系。

第4章 产能管理

4.1 业务概述

4.1.1 功能概述

“产能管理”从资源需求计划、粗能力需求计划和能力需求计划三个方面，对企业的工作中心和资源的产能与负载情况进行计算，以确保有足够的生产能力来满足企业的生产需求。它主要根据生产订单工序资料中各工序经过的工作中心和资源，以及各工序的开工时间和完工时间，计算生产订单所需的产能，然后对比该工作中心中该资源所能提供的产能及负载情况，进行产能检核，以便进行产能调整，保证生产活动顺利进行。

(1) 资源需求计划(Resource Requirements Planning，RRP)是一个针对中长期计划进行资源评估的工具。在建立长期的需求预测之后，运行主生产计划(MPS)之前，可依据长期的需求预测数据，来评估现有资源能否满足一个中长期计划的需要，以便及时调整现有设施、人员配备、设施资金预算等。

(2) 粗能力计划(Rough Cut Capacity Planning，RCCP)是将主生产计划转换为对工作中心关键资源的能力需求计划，用以验证有关工作中心的关键资源是否具有足够的可用产能来满足主生产计划的需求。在生成详细的 MRP 计划之前，最好根据工作中心关键资源使用 RCCP 验证主生产计划，以确保能够使用具有实际意义、切实可行的主生产计划来驱动 MRP 计划。由于 MPS 是企业所有作业计划的根源，制造、委外和采购三种活动的细部日程，均是依据 MPS 的日程加以计算而得到的，同时 MPS 也是产销协调的依据，如果 MPS 日程不够稳定，或可行性不高，则它将迫使所有的供应活动摇摆不定，而减低资源的利用效率。

(3) 能力需求计划(Capacity Requirements Planning，CRP)也称细能力需求计划，它是依据物料的生产订单及其工艺路线，将生产计划的需求与工作中心资源的可用能力相比较，以核实各工作中心是否具有足够的可用产能来满足所有 MRP 中生产计划的需求。

本实验主要应用“生产制造”系统中的“产能管理”模块，计算企业各工作中心及其资源在不同时段内的需求计划，了解各工作中心及其资源所能提供的产能及负载情况。

4.1.2 相关子系统功能模块之间的关系

产能管理与其他子系统之间的关系如图 4-1 所示。

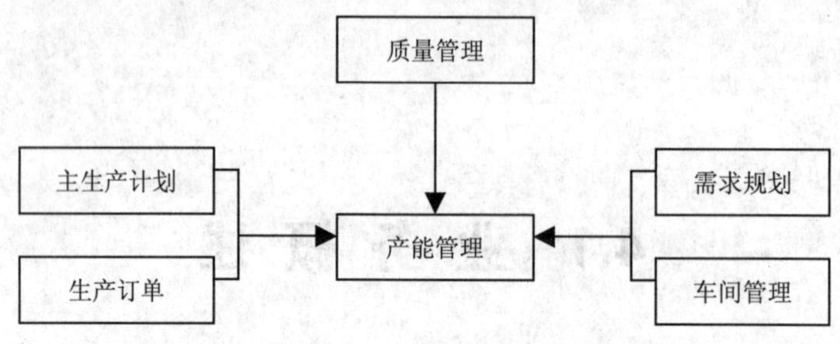

图 4-1 产能管理与其他子系统之间的关系

4.1.3 应用准备

在启用产能管理模块之前，必须已启用生产订单和车间管理模块。需要准备的基础资料包括如下四方面。

(1) 在基础资料设置中建立公司工作日历、工作中心的资料、资源资料、标准工序资料、时格资料等。

(2) 建立产品物料清单。

(3) 生成 MPS 和 MRP 供需规划资料。

(4) 在基础设置中建立物料工艺路线资料。

4.2 系统业务流程

4.2.1 日常业务流程

产能管理日常业务流程图如图 4-2 所示。

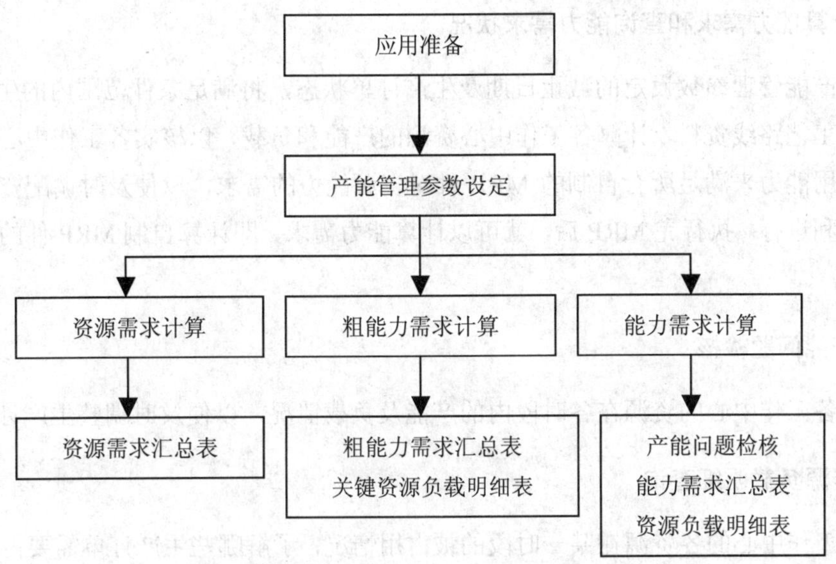

图 4-2　产能管理日常业务流程图

4.2.2　主要业务内容

1. 产能管理基本资料设置及生成资源清单

设置超载、低载等产能管理参数，并根据 MPS 自制件(含 MPS 计划品)物料的工艺路线资料生成资源需求计划及粗能力计划所需的资源清单。根据物料清单结构和当前有效的主工艺路线版本等资料，分别计算母件及其各子件物料的资源用量和使用资源工时。

2. 计算资源需求和查询资源需求状况

以产能管理参数设定的 MPS 物料的预测版本作为需求来源，根据资源清单计算各工作中心的资源需求，并同时计算相关工作中心资源的可用产能，以及计算每一预测订单在各工作中心的资源需求量及需求日期。若无预测需求订单，则此功能不用执行。

3. 计算粗能力需求和查询粗能力需求状况

根据工作中心关键资源的可用产能情况，验证资源是否能满足主生产计划对资源产能的需求，以便调整主生产计划。在执行完 MPS 后，就可以计算粗能力需求，即计算 MPS 件的产能和负载情况。

4. 关键资源负载情况

从工作中心和资源代号两个方面，查询工作中心中各种资源在某一时段的资源产能占用情况，了解哪些 MPS 件占用了资源，以便在关键资源产能不足的情况下，调整主生产计划或资源能力。

5. 计算能力需求和查询能力需求状况

根据产能管理参数设定的截止日期及生产订单状态，将满足条件范围内的生产订单，按照物料工艺路线资料，计算各工作中心资源的产能和负载，以核实各工作中心是否具有足够的可用能力来满足所有自制的 MRP 件对资源能力的需求，以便及时调配资源，使生产活动顺利进行。执行完 MRP 后，就可以计算能力需求，即计算自制 MRP 件的产能和负载情况。

6. 产能问题检核

查询各工作中心的资源在各时段内的产能及负载情况，以便及时调整生产订单资料。

7. 资源负载明细查询

查询工作中心的各资源在某一时段的被占用情况，了解哪些生产订单需要占用某一资源，以便在资源产能不足的情况下，调整生产订单或资源能力。

4.3 实验三 产能管理

【实验目的】

了解产能管理的含义，理解产能管理的作用，掌握产能管理的功能操作。

【实验要求】

以操作员身份进入系统进行操作。

【实验资料】

1. 实验数据

(1) 修改系统时间为“2012-01-06”。

(2) 引入光盘“实验数据”文件夹中的“产能管理数据准备”数据账套。

2. 实验资料

(1) 设定产能管理参数，并根据“电子挂钟”的工艺路线资料生成物料资源清单。需求预测版本号为201201，时格代号为0001，截止日期为2012-05-31，超载百分比为110%，低载百分比为60%，对全部资源进行能力需求计算，并选择所有状态的生产订单。

(2) 计算粗能力需求并查询粗能力需求状况。

(3) 若有预测需求订单，可以计算资源需求和查询资源需求状况。

(4) 查询各工作中心的关键资源粗能力负载情况。

(5) 计算细能力需求和查询细能力需求状况，时格代号为 0001。

(6) 查询各工作中心及资源的产能和负载情况，时格代号为 0001。

(7) 查询各资源细能力负载明细状况，时格代号为 0001。

【操作指导】

1. 设定产能管理参数并生成工艺路线的资源清单

岗位：生产计划人员

菜单路径：业务工作/生产制造/产能管理/基本资料/产能管理参数设定

菜单路径：业务工作/生产制造/产能管理/基本资料/工艺路线转资源清单

菜单路径：业务工作/生产制造/产能管理/基本资料/资源清单维护

(1) 产能管理参数设定操作如图 4-3 所示。

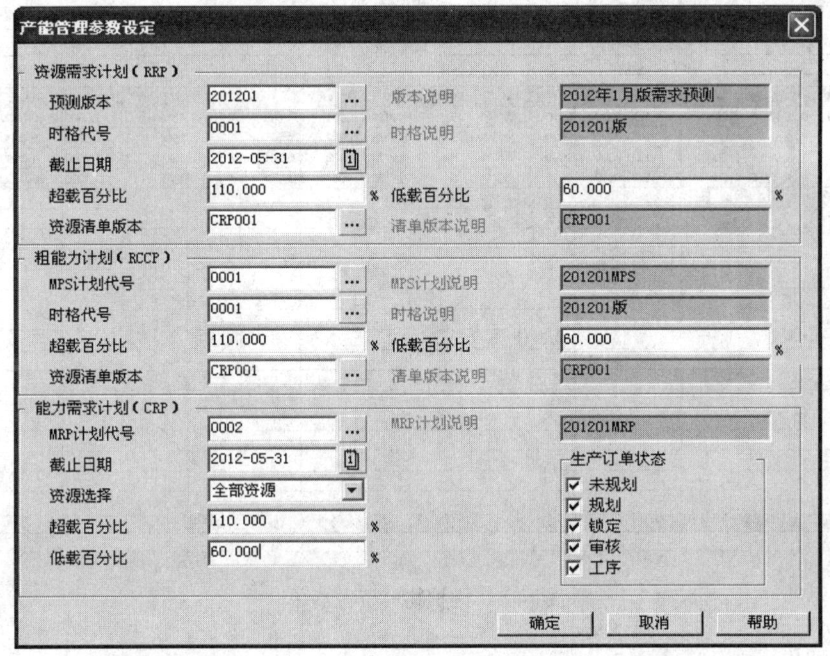

图 4-3　设定产能管理参数

(2) 物料工艺路线转资源清单操作如图 4-4 所示，单击“执行”按钮后，将弹出处理成功的提示窗口。

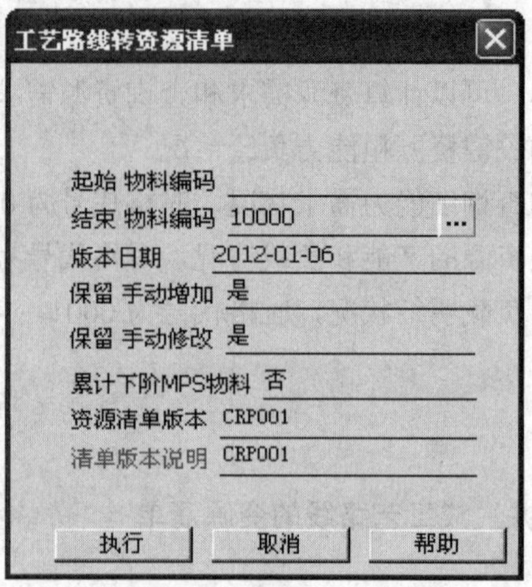

图 4-4　物料工艺路线转资源清单

(3) 物料资源清单的维护操作如图 4-5 所示。根据企业实际情况，可以在物料所用的资源清单中修改标准工时来调整产能和负载，以满足生产计划。

资源清单维护　　资源清单维护打印模版

表体排序

物料编码 10000　物料名称 电子挂钟　物料规格　计量单位 个

版本代号 CRP001　版本说明 CRP001

	来源物料	物料名称	计量…	使用数量	工序…	工作中心	工作中…	部门代号	部门名称	资源代号	资源名称	资源类别	基…	偏…	工时(分子)	工时(分母)	总工时
1	12100	长针	Gen	1.00	0010	0010	线切割…	5	生产部	0001	线切割…	机器设备	物料	3	1.0000	60.0000	0.0167
2	12100	长针	Gen	1.00	0020	0020	冲压中心	5	生产部	0002	精密冲…	模夹具	物料	3	1.0000	60.0000	0.0167
3	12100	长针	Gen	1.00	0030	0030	表面处…	5	生产部	0003	高级技工	人工	物料	3	1.0000	1.0000	1.0000
4	10000	电子挂钟	Ge	1.00	0090	0090	总装中心	5	生产部	0009	技工	人工	物料		30.0000	60.0000	0.5000
5																	
6																	
7																	
8																	
9																	
10																	
11																	
12																	
13																	
14																	
15																	
16																	
17																	
18																	
19																	
合计																	

就绪

图 4-5　维护物料资源清单

注意：

工时(分子)代表生产每一单位物料所需的时间，此时间的计量单位究竟是秒、分钟，还是小时，是由工时(分母)的值决定的。若工时(分母)的值为 1，工时(分子)的值为 2，则代表单位工时为 2 小时；若工时(分母)的值为 60，工时(分子)的值为 5，则代表单位工时为 5 分钟，即 5/60 小时；若工时(分母)的值为 3600，工时(分子)的值为 30，则代表单位工时为 30 秒，即 30/3600 小时。计算产能时是以小时为计量单位的。

2. 计算资源需求和查询资源需求状况

岗位：生产计划人员

菜单路径：业务工作/生产制造/产能管理/资源需求计划/资源需求计算

菜单路径：业务工作/生产制造/产能管理/资源需求计划/资源需求汇总表

(1) 双击“资源需求计划”菜单命令，打开如图 4-6 所示界面，输入条件后，单击“执行”按钮，显示结果提示界面。

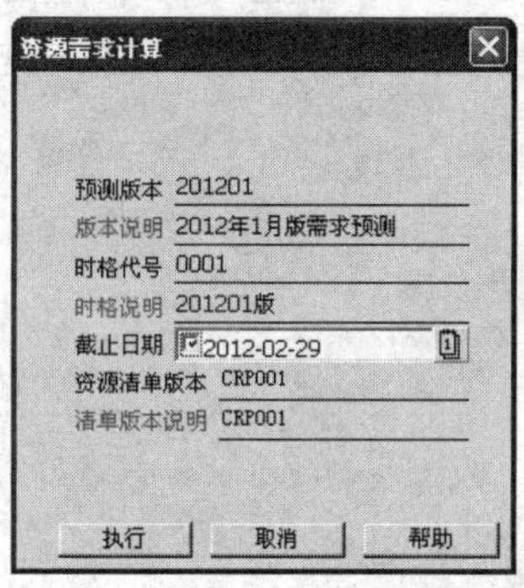

图 4-6 资源需求计算

(2) 可按照“工作中心代号”或“资源代号”查看资源需求情况。按照“工作中心代号”查看资源需求，如图 4-7 所示；按照“资源代号”查看资源需求，如图 4-8 所示。

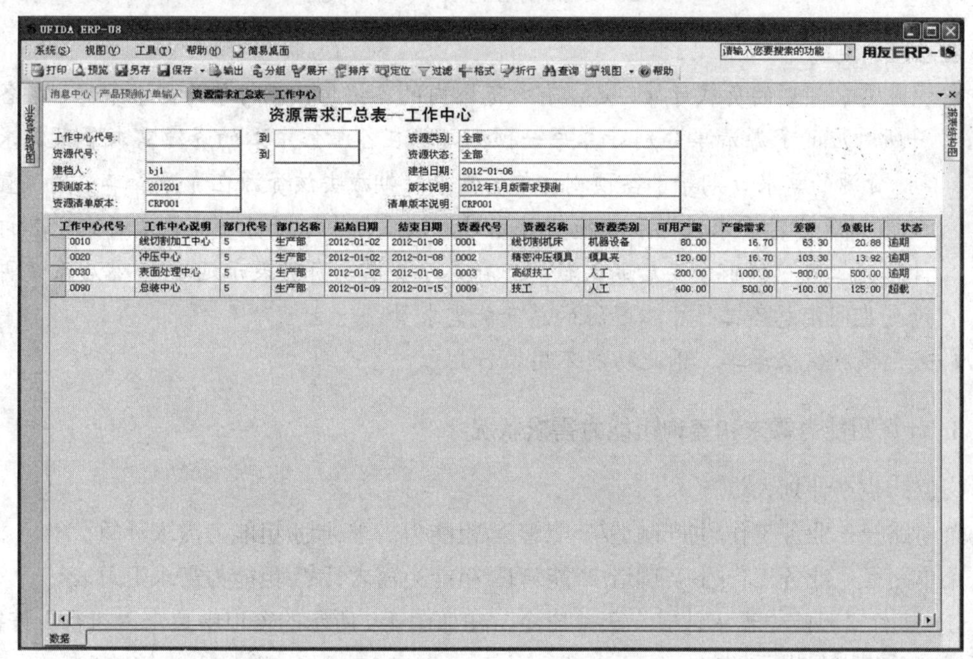

工作中心代号	工作中心说明	部门代号	部门名称	起始日期	结束日期	资源代号	资源名称	资源类别	可用产能	产能需求	差额	负载比	状态
0010	线切割加工中心	5	生产部	2012-01-02	2012-01-08	0001	线切割机床	机器设备	80.00	16.70	63.30	20.88	逾期
0020	冲压中心	5	生产部	2012-01-02	2012-01-08	0002	精密冲压模具	模具夹	120.00	16.70	103.30	13.92	逾期
0030	表面处理中心	5	生产部	2012-01-02	2012-01-08	0003	高级技工	人工	200.00	1000.00	-800.00	500.00	逾期
0090	总装中心	5	生产部	2012-01-09	2012-01-15	0009	技工	人工	400.00	500.00	-100.00	125.00	超载

图 4-7 资源需求汇总表——工作中心

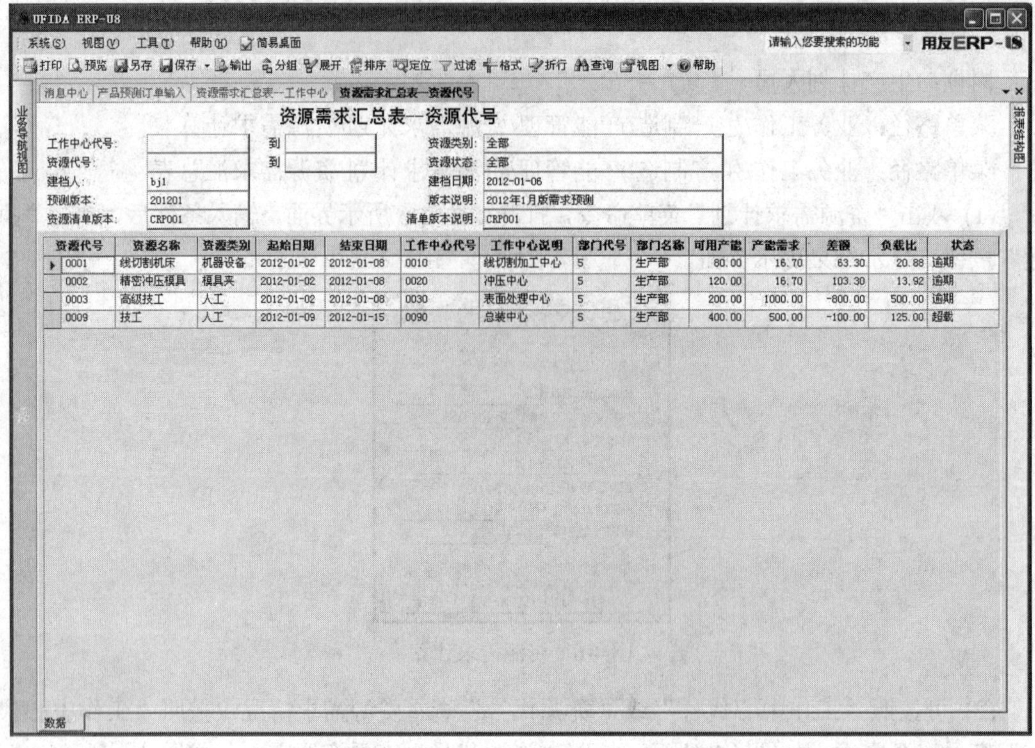

资源代号	资源名称	资源类别	起始日期	结束日期	工作中心代号	工作中心说明	部门代号	部门名称	可用产能	产能需求	差额	负载比	状态
0001	线切割机床	机器设备	2012-01-02	2012-01-08	0010	线切割加工中心	5	生产部	80.00	16.70	63.30	20.88	逾期
0002	精密冲压模具	模具夹	2012-01-02	2012-01-08	0020	冲压中心	5	生产部	120.00	16.70	103.30	13.92	逾期
0003	高级技工	人工	2012-01-02	2012-01-08	0030	表面处理中心	5	生产部	200.00	1000.00	-800.00	500.00	逾期
0009	技工	人工	2012-01-09	2012-01-15	0090	总装中心	5	生产部	400.00	500.00	-100.00	125.00	超载

图 4-8　资源需求汇总表——资源代号

注意：

- 资源需求计划的负载计算，是以有效范围内的各销售预测订单为需求来源，按各物料所对应的资源清单分别计算每一预测订单在各工作中心的资源需求量及需求日期。资源的需求日期等于各预测订单的需求日期减去该资源在资源清单中的偏置天数(在计算资源需求计划和粗能力计划时，该工作中心资源负载需求日期比其订单计划完工日应提前或延后的天数。正数表示提前，负数表示延后)，然后系统再按计划期间汇总各工作中心资源的总产能需求量。
- 若无预测需求订单，则此功能不用执行。

3. 计算粗能力需求和查询粗能力需求状况

岗位：生产计划人员

菜单路径：业务工作/生产制造/产能管理/粗能力需求计划/粗能力需求计算

菜单路径：业务工作/生产制造/产能管理/粗能力需求计划/粗能力需求汇总表

(1) 执行“粗能力需求计算”菜单命令，在如图 4-9 所示的窗口中点击“执行”按钮，执行成功后将出现提示窗口。

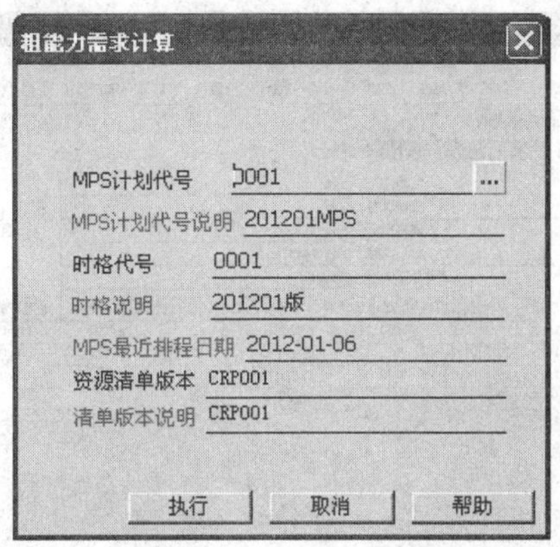

图 4-9 粗能力需求计算

注意：

在 MPS 运算后，可以进行粗能力需求计划计算，但不能进行细能力需求计划计算。

(2) 通过“粗能力需求汇总表”功能，按照“工作中心代号”或“资源代号”分别查看粗能力需求情况和资源负载情况，如图 4-10、图 4-11 所示。

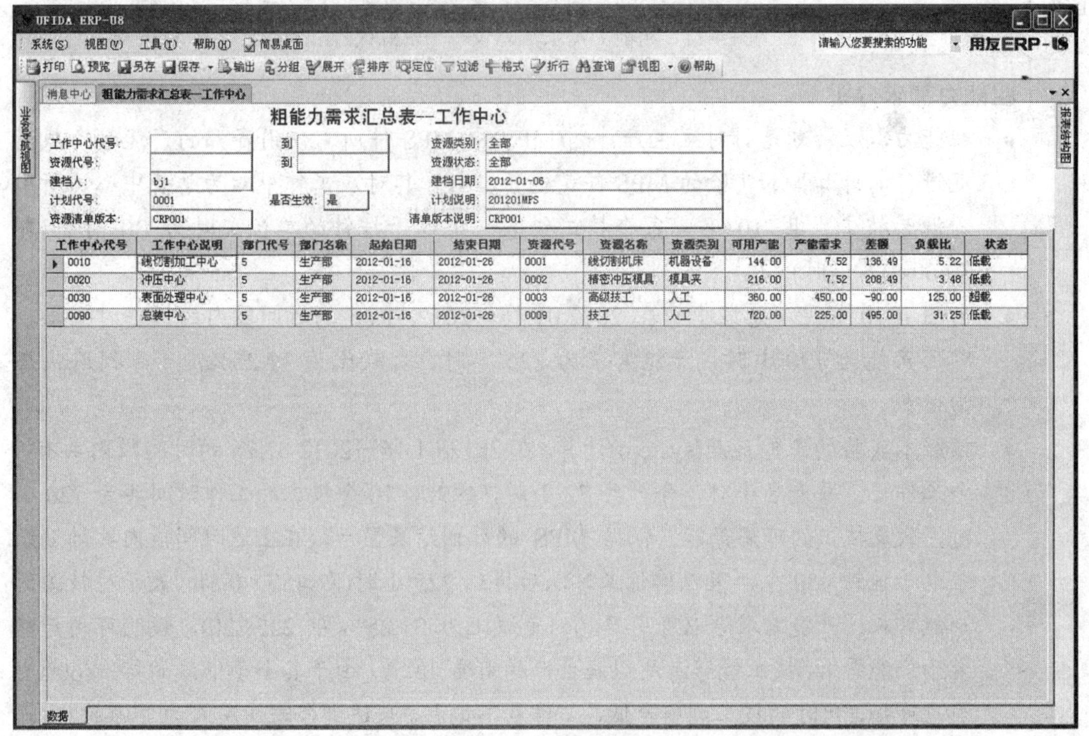

图 4-10 粗能力需求汇总表——工作中心

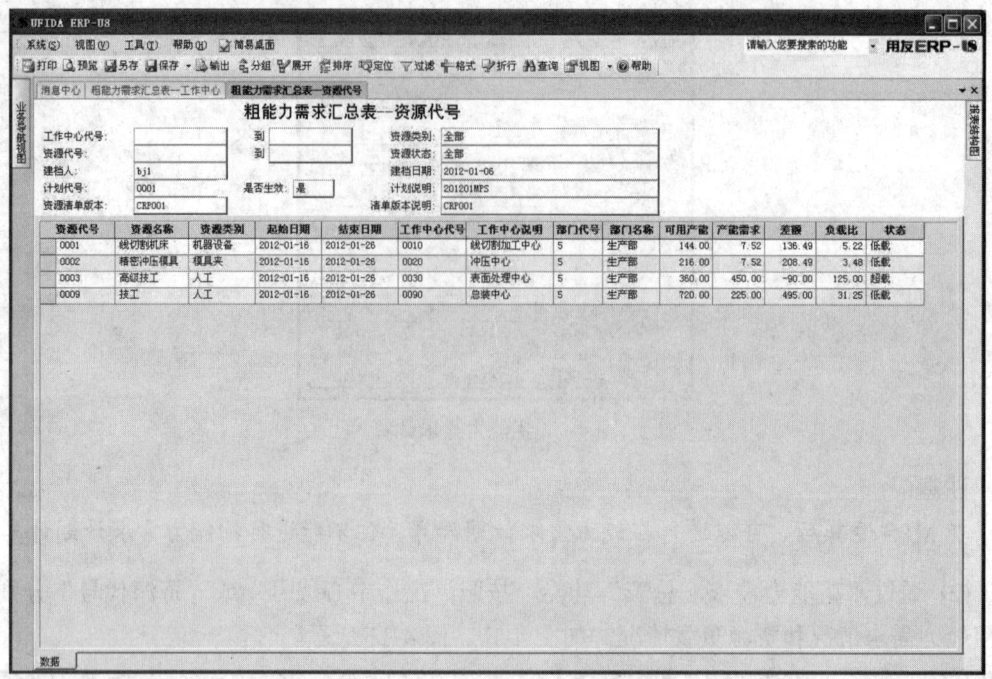

粗能力需求汇总表--资源代号

资源代号	资源名称	资源类别	起始日期	结束日期	工作中心代号	工作中心说明	部门代号	部门名称	可用产能	产能需求	差额	负载比	状态
0001	线切割机床	机器设备	2012-01-16	2012-01-26	0010	线切割加工中心	5	生产部	144.00	7.52	136.49	5.22	低载
0002	精密冲压模具	模具夹	2012-01-16	2012-01-26	0020	冲压中心	5	生产部	216.00	7.52	208.49	3.48	低载
0003	高级技工	人工	2012-01-16	2012-01-26	0030	表面处理中心	5	生产部	360.00	450.00	-90.00	125.00	超载
0009	技工	人工	2012-01-16	2012-01-26	0090	总装中心	5	生产部	720.00	225.00	495.00	31.25	低载

图 4-11　粗能力需求汇总表——资源代号

粗能力需求分析

- 粗能力需求计划是针对主生产计划(MPS)中 MPS 件所需使用资源的产能和负载情况进行的计算。本实验的 MPS 件是电子挂钟，其对应工作中心为总装中心，所用资源为技工，共 10 名，每个技工组装一个电子挂钟的单位工时为 30 分钟(即 30/60=0.5 小时)。
- 由图 4-10 可见，总装中心在 2012.01.16—2012.01.26 的时间段内的工作时间里，可用产能为 720 小时，产能需求为 225 小时，负载比为 31.25%，资源利用状态为低载。
- 按照本实验的工作日历(system)计算，在 2012.01.16—2012.01.26 的时间段内共有 9 个工作日，每天 8 小时，合计共 72 小时，因此，10 个技工的工作时间共为 720 小时，代表技工的可用产能。根据 MPS 的计划结果显示，在上述时间段内共计划组装电子挂钟 450 个，乘以单位工时以后得到 225 小时(即 450 × 0.5)，表示对技工的产能需求。产能需求除以可用产能的负载比为 31.25%(即 225/720)，说明可用产能大于产能需求，技工能够满足组装生产的需要。但是，由于其小于低载的标准(60%)，因此可知，此时的技工利用率低，工作量不饱满，未达到合理使用人力资源的状态。
- 时间段的划分是按照所选定的时格(周、周、月、月)来定的。从当前系统时间 2012.01.06 开始，第一段为第一周，即 2012.01.02—2012.01.08；第二段为第二周，即 2012.01.09—2012.01.15；第三段为本月订单完工日，即 2012.01.16—2012.01.26；第四段为下月的全月时间段。按照 MPS 规划的生产订单时间只发生在第三段，第一、二、四段没有发生生产业务，所以没有显示。

4. 查询关键资源粗能力负载情况

岗位：生产计划人员

菜单路径：业务工作/生产制造/产能管理/粗能力需求计划/关键资源负载明细表

可按“工作中心代号”或“资源代号”查看关键资源负载情况，如图 4-12、图 4-13 所示。

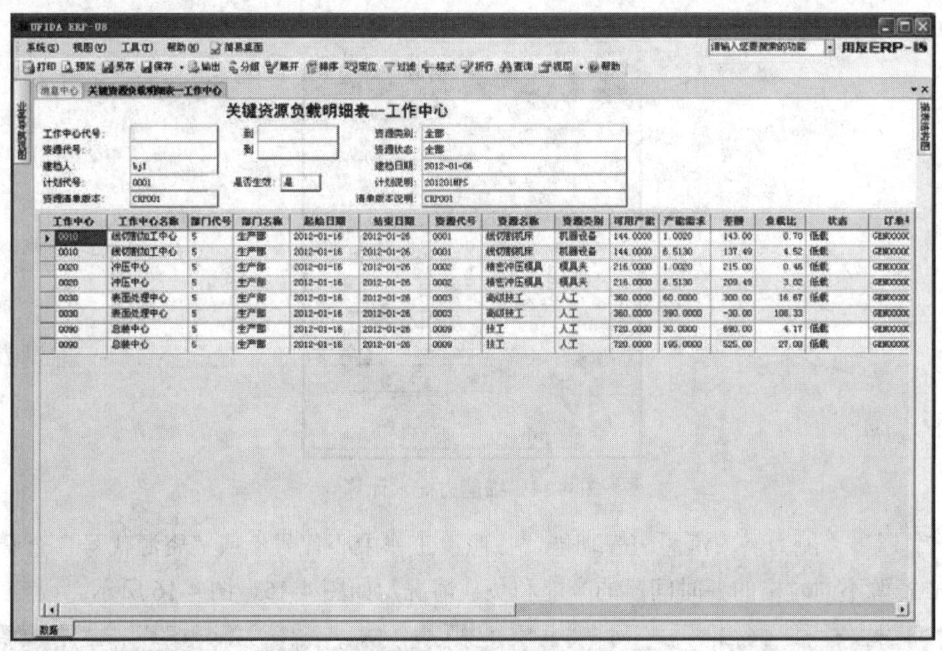

工作中心	工作中心名称	部门代号	部门名称	起始日期	结束日期	资源代号	资源名称	资源类别	可用产能	产能需求	差额	负载比	状态	订单号
0010	铣切割加工中心	5	生产部	2012-01-16	2012-01-26	0001	铣切割机床	机器设备	144.0000	1.0020	143.00	0.70	低载	GEN0000C
0010	铣切割加工中心	5	生产部	2012-01-16	2012-01-26	0001	铣切割机床	机器设备	144.0000	6.5130	137.49	4.52	低载	GEN0000C
0020	冲压中心	5	生产部	2012-01-16	2012-01-26	0002	精密冲压模具	模具类	216.0000	1.0020	215.00	0.46	低载	GEN0000C
0020	冲压中心	5	生产部	2012-01-16	2012-01-26	0002	精密冲压模具	模具类	216.0000	6.5130	209.49	3.02	低载	GEN0000C
0030	表面处理中心	5	生产部	2012-01-16	2012-01-26	0003	高级技工	人工	360.0000	60.0000	300.00	16.67	低载	GEN0000C
0030	表面处理中心	5	生产部	2012-01-16	2012-01-26	0003	高级技工	人工	360.0000	390.0000	-30.00	108.33		GEN0000C
0090	总装中心	5	生产部	2012-01-16	2012-01-26	0009	技工	人工	720.0000	30.0000	690.00	4.17	低载	GEN0000C
0090	总装中心	5	生产部	2012-01-16	2012-01-26	0009	技工	人工	720.0000	195.0000	525.00	27.08	低载	GEN0000C

图 4-12　关键资源负载明细表——工作中心

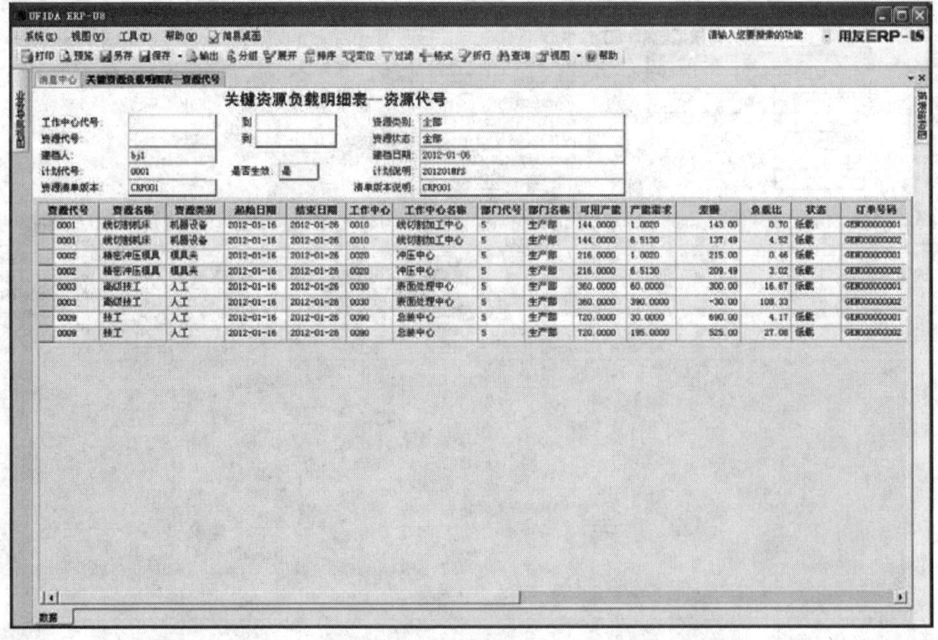

资源代号	资源名称	资源类别	起始日期	结束日期	工作中心	工作中心名称	部门代号	部门名称	可用产能	产能需求	差额	负载比	状态	订单号码
0001	铣切割机床	机器设备	2012-01-16	2012-01-26	0010	铣切割加工中心	5	生产部	144.0000	1.0020	143.00	0.70	低载	GEN0000000001
0001	铣切割机床	机器设备	2012-01-16	2012-01-26	0010	铣切割加工中心	5	生产部	144.0000	6.5130	137.49	4.52	低载	GEN0000000002
0002	精密冲压模具	模具类	2012-01-16	2012-01-26	0020	冲压中心	5	生产部	216.0000	1.0020	215.00	0.46	低载	GEN0000000001
0002	精密冲压模具	模具类	2012-01-16	2012-01-26	0020	冲压中心	5	生产部	216.0000	6.5130	209.49	3.02	低载	GEN0000000002
0003	高级技工	人工	2012-01-16	2012-01-26	0030	表面处理中心	5	生产部	360.0000	60.0000	300.00	16.67	低载	GEN0000000001
0003	高级技工	人工	2012-01-16	2012-01-26	0030	表面处理中心	5	生产部	360.0000	390.0000	-30.00	108.33		GEN0000000002
0009	技工	人工	2012-01-16	2012-01-26	0090	总装中心	5	生产部	720.0000	30.0000	690.00	4.17	低载	GEN0000000001
0009	技工	人工	2012-01-16	2012-01-26	0090	总装中心	5	生产部	720.0000	195.0000	525.00	27.08	低载	GEN0000000002

图 4-13　关键资源负载明细表——资源代号

5. 计算细能力需求和查询细能力需求状况

岗位：生产计划人员

菜单路径：业务工作/生产制造/产能管理/能力需求计划/能力需求计算

菜单路径：业务工作/生产制造/产能管理/能力需求计划/能力需求汇总表

(1) 执行“能力需求计算”菜单命令，在如图 4-14 所示的窗口中单击“执行”按钮，执行成功后将出现提示窗口。

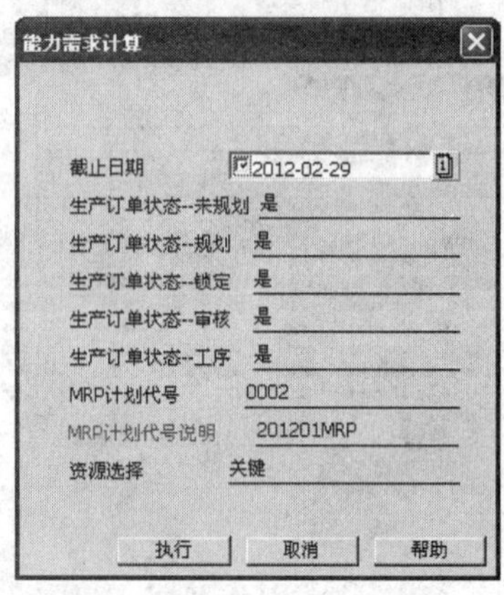

图 4-14　细能力需求计算

(2) 通过“能力需求汇总表”功能，按照“工作中心代号”或“资源代号”查看各工作中心资源不同时格的各时间段的产能和负载情况，如图 4-15、图 4-16 所示。

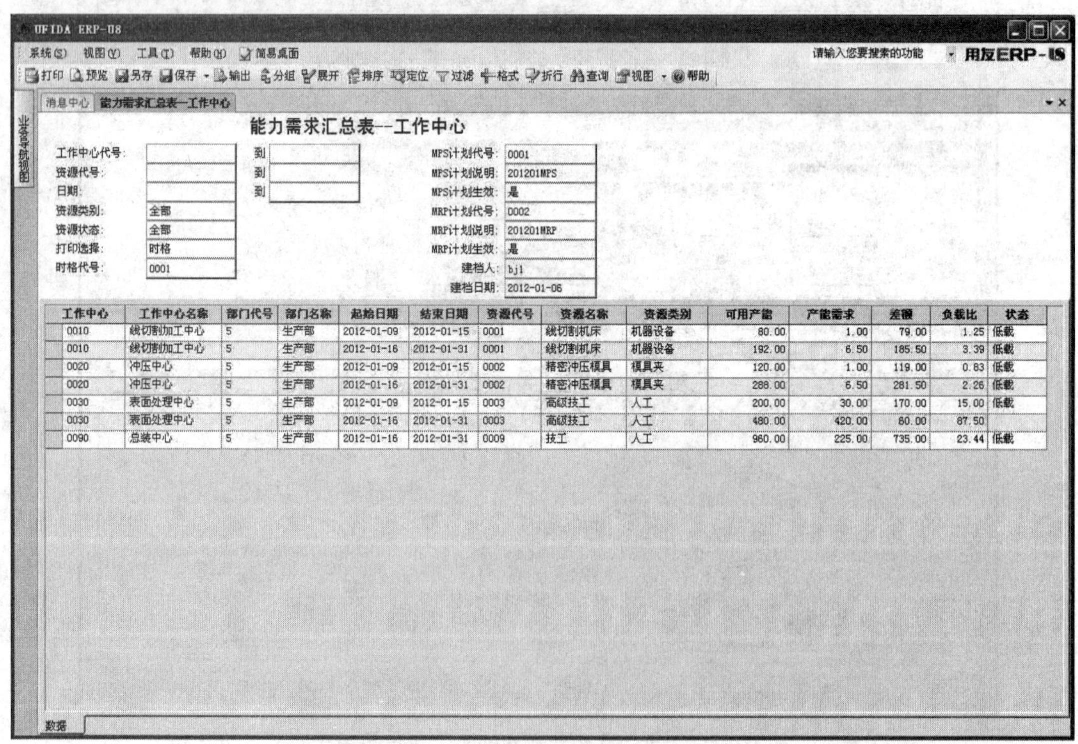

工作中心	工作中心名称	部门代号	部门名称	起始日期	结束日期	资源代号	资源名称	资源类别	可用产能	产能需求	差额	负载比	状态
0010	线切割加工中心	5	生产部	2012-01-09	2012-01-15	0001	线切割机床	机器设备	80.00	1.00	79.00	1.25	低载
0010	线切割加工中心	5	生产部	2012-01-16	2012-01-31	0001	线切割机床	机器设备	192.00	6.50	185.50	3.39	低载
0020	冲压中心	5	生产部	2012-01-09	2012-01-15	0002	精密冲压模具	模具夹	120.00	1.00	119.00	0.83	低载
0020	冲压中心	5	生产部	2012-01-16	2012-01-31	0002	精密冲压模具	模具夹	288.00	6.50	281.50	2.26	低载
0030	表面处理中心	5	生产部	2012-01-09	2012-01-15	0003	高级技工	人工	200.00	30.00	170.00	15.00	低载
0030	表面处理中心	5	生产部	2012-01-16	2012-01-31	0003	高级技工	人工	480.00	420.00	60.00	87.50	
0090	总装中心	5	生产部	2012-01-16	2012-01-31	0009	技工	人工	960.00	225.00	735.00	23.44	低载

图 4-15　能力需求汇总表——工作中心

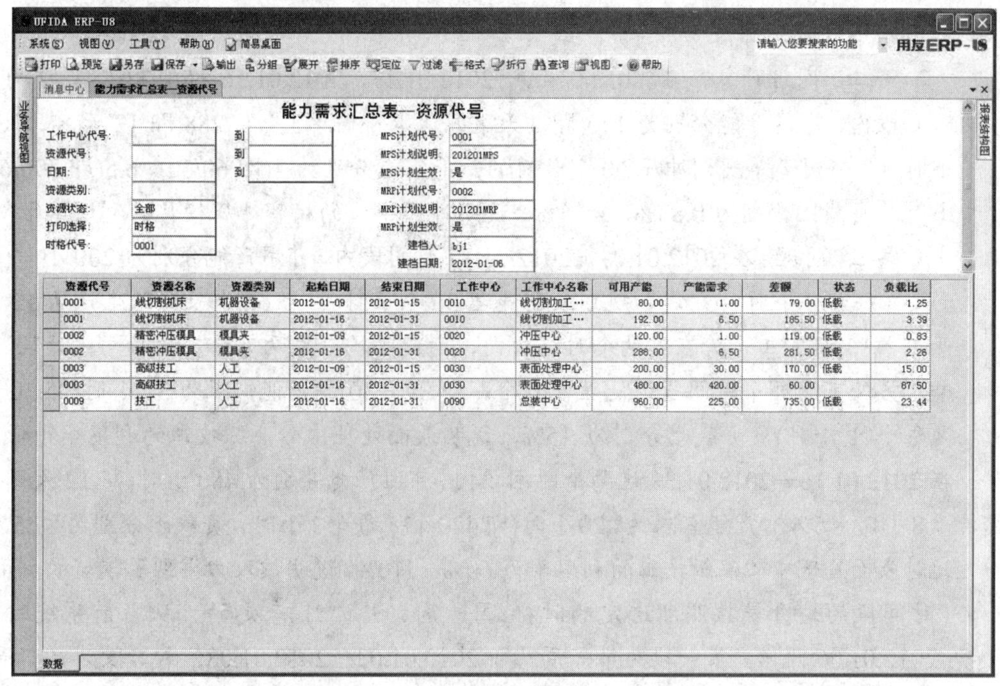

资源代号	资源名称	资源类别	起始日期	结束日期	工作中心	工作中心名称	可用产能	产能需求	差额	状态	负载比
0001	线切割机床	机器设备	2012-01-09	2012-01-15	0010	线切割加工…	80.00	1.00	79.00	低载	1.25
0001	线切割机床	机器设备	2012-01-16	2012-01-31	0010	线切割加工…	192.00	6.50	185.50	低载	3.39
0002	精密冲压模具	模具夹	2012-01-09	2012-01-15	0020	冲压中心	120.00	1.00	119.00	低载	0.83
0002	精密冲压模具	模具夹	2012-01-16	2012-01-31	0020	冲压中心	288.00	6.50	281.50	低载	2.26
0003	高级技工	人工	2012-01-09	2012-01-15	0030	表面处理中心	200.00	30.00	170.00	低载	15.00
0003	高级技工	人工	2012-01-16	2012-01-31	0030	表面处理中心	480.00	420.00	60.00		87.50
0009	技工	人工	2012-01-16	2012-01-31	0090	总装中心	960.00	225.00	735.00	低载	23.44

图 4-16 能力需求汇总表——资源代号

注意：

- 在执行此功能之前，需要先运算完成 MRP，才可以计算细能力需求，根据产能及负载情况，了解资源是否能满足自制品生产计划的要求，以便调整生产计划或调配资源，使生产计划得以顺利执行。
- 细能力需求计划是针对物料需求计划(MRP)中的自制料品在生产中所需使用资源的产能和负载情况进行计算的。本实验以长针为例，按照长针的物料工艺路线，对生产长针所需要工作中心的资源生产能力进行计算。生产长针对应三个工作中心，即线切割中心、冲压中心和表面处理中心，分别对应的资源有线切割机床(3 台)、精密冲压模具(3 个)和高级技工(5 人)，每个资源分别对应的单位工时为 1 分钟(即 1/60 小时)、1 分钟(即 1/60 小时)和 1 小时。
- 由图 4-15 中可见，对两个销售订单所做的 MRP 的长针生产计划(由 MRP 中可查询)需要在三个工作中心进行加工生产，长针的规划供应时间所处的时格范围为 2012.01.09－2012.01.15(为第一个销售订单生产长针 60 个)、2012.01.16－2012.01.31(为第二个销售订单生产长针 390 个)。

首先，线切割中心的线切割机床在 2012.01.09—2012.0 1.15 时间段内的工作时间里，可用产能共为 80 小时(即 5 天 × 每天 8 小时 × 2 台)，规划切割 60 个长针的产能需求为 1 小时(即 60/60)，负载比为 1.25%，小于低载标准(60%)，表明线切割机床的利用状态很低；在 2012.01.16—2012.01.31 时间段内的工作时间里，可用产能共为 192 小时(即 12 天 × 每天 8 小时 × 2 台)，规划供应 390 个长针的产能需求为 6.5 小时(即 390/60)，负载比为 3.39%，小于低载的标准(60%)，表明线切割机床的利用状态很低，有很多富余产能。

第二，同理计算，在 2012.01.09—2012.01.15、2012.01.16—2012.01.31 这两个时间段内，可用产能分别为 120(即 5 天 × 每天 8 小时 × 3 个)、288(即 12 天 × 每天 8 小时 × 3 个)小时，规划冲压 60 个长针的产能需求分别为 1(即 60/60)、6.5(即 390/60)小时，负载比分别为 0.83%、2.26%，说明冲压中心的精密冲压模具的利用率很低。

第三，同理，在 2012.01.09—2012.01.15 时间段内，可用产能分别为 200 小时(即 5 天 × 每天 8 小时 × 5 人)，规划表面处理 30 个长针(因为 60 个长针的生产从 13 日开工，16 日完工，跨在这两个时格段内，所以平均分成两部分。此时间段处理 30 个，另外下面那个时间段则处理 420 个，即 390+30)的产能需求为 30 小时(即 30 个 × 每个 1 小时)，负载比分别为 15%，说明表面处理中心高级技工的利用率很低。在 2012.01.16—2012.01.31 这两个时间段内，可用产能分别为 480 小时(即 12 天 × 每天 8 小时 × 5 人)，产能需求为 420 小时(即 420 个 × 每个 1 小时)，负载比分别为 87.5%，此时表面处理中心高级技工的利用率为 60% ~ 110%，说明该人力得到了较好的利用。

- 时间段的划分是按照所选定的时格(周、周、月、月)来定的。从当前系统时间 2012.01.06 开始，第一段为第一周，即 2012.01.02—2012.01.08；第二段为第二周，即 2012.01.09—2012.01.15；第三段为本月，即 2012.01.16—2012.01.31；第四段为下月的全月时间段。按照 MRP 规划的长针生产订单加工时间发生在第二、三段，第一、四段没有发生生产业务，所以没有显示。

6. 产能问题检核

岗位：生产计划人员

菜单路径：业务工作/生产制造/产能管理/能力需求计划/产能问题检核

(1) 执行“产能问题检核”菜单命令，输入时格资料后，单击“查询”按钮，显示各工作中心列表，如图 4-17 所示。

产能问题检核

起始工作中心 结束工作中心 起始资源代号 结束资源代号
时格代号 0001 时格说明 201201版 起始日期 2012-01-06 结束日期

序号	工作中心	工作中心名称	资源代号	资源名称	资源类别	可用数量	利用率%	关键资源	负载资料
1	0010	线切割加...	0001	线切割机床	机器设备	2.0000	100.00	是	*
2	0020	冲压中心	0002	精密冲压模具	模夹具	3.0000	100.00	是	*
3	0030	表面处理中心	0003	高级技工	人工	5.0000	100.00	是	*
4	0090	总装中心	0009	技工	人工	10.0000	100.00	是	*

就绪

图 4-17　产能问题检核

(2) 单击某工作中心所在行，单击工具栏“图形”按钮，则可通过“产能——负载图”查看该工作中心不同时间段内的产能和负载情况，如图4-18所示。

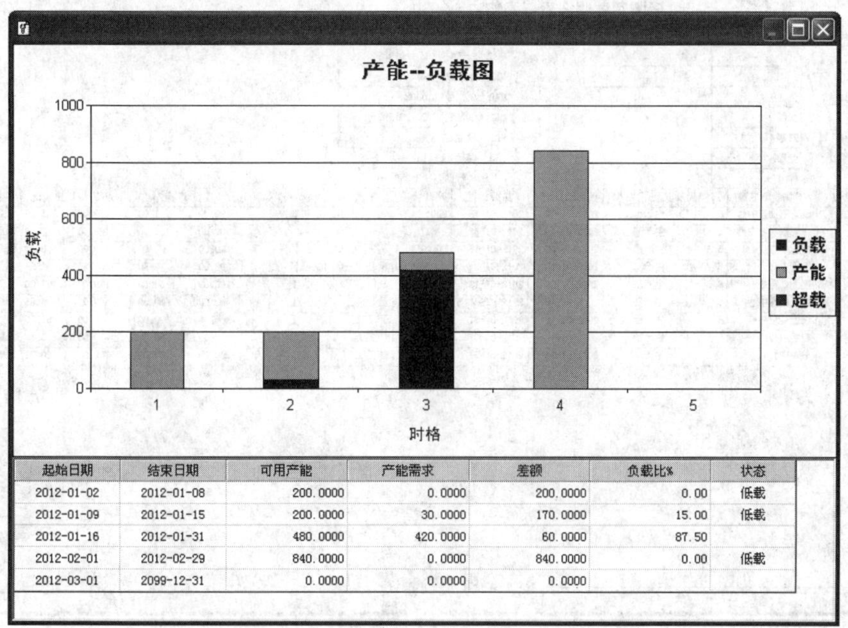

起始日期	结束日期	可用产能	产能需求	差额	负载比%	状态
2012-01-02	2012-01-08	200.0000	0.0000	200.0000	0.00	低载
2012-01-09	2012-01-15	200.0000	30.0000	170.0000	15.00	低载
2012-01-16	2012-01-31	480.0000	420.0000	60.0000	87.50	
2012-02-01	2012-02-29	840.0000	0.0000	840.0000	0.00	低载
2012-03-01	2099-12-31	0.0000	0.0000	0.0000		

图4-18　产能——负载图(表面处理中心)

注意：

- 由图4-18显示，按照时格(周、周、月、月)的分段，对某个工作中心的产能情况进行查询，了解其负载状况，以便调整资源利用计划，指导资源利用决策。
- 可用产能、产能需求、负载比的计算与前面所述同理。
- 图中蓝色部分代表负载率，绿色代表可以达到的产能，红色代表超载。
- 当出现超载状况时，表明资源不能满足生产所需。可以通过以下途径来解决。
    - ♦ 增加资源的数量。
    - ♦ 增加工作日历中的工作天数和每日工作小时数。
    - ♦ 减低资源的单位加工工时，提高工作效率。
    - ♦ 调整生产计划的时间。

7. 资源负载明细查询

岗位：生产计划人员

菜单路径：业务工作/生产制造/产能管理/能力需求计划/资源负载明细表

可按“工作中心”或“资源代号”查看各工作中心资源不同时段的产能和负载情况。如图4-19、图4-20所示。

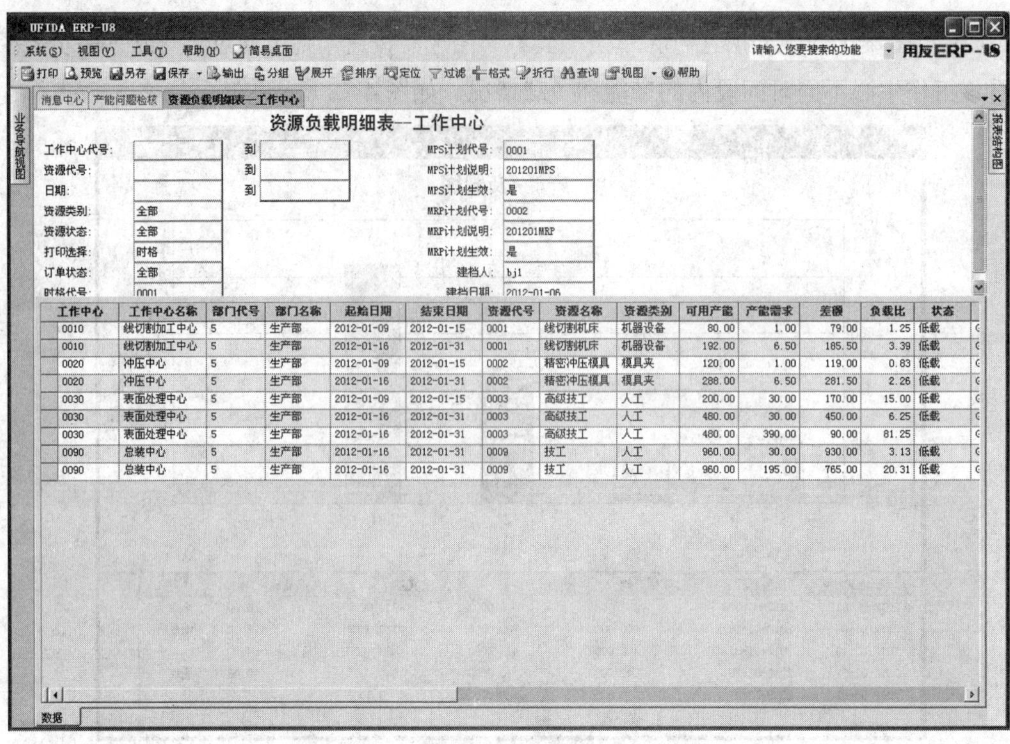

工作中心	工作中心名称	部门代号	部门名称	起始日期	结束日期	资源代号	资源名称	资源类别	可用产能	产能需求	差额	负载比	状态
0010	线切割加工中心	5	生产部	2012-01-09	2012-01-15	0001	线切割机床	机器设备	80.00	1.00	79.00	1.25	低载
0010	线切割加工中心	5	生产部	2012-01-16	2012-01-31	0001	线切割机床	机器设备	192.00	6.50	185.50	3.39	低载
0020	冲压中心	5	生产部	2012-01-09	2012-01-15	0002	精密冲压模具	模具夹	120.00	1.00	119.00	0.83	低载
0020	冲压中心	5	生产部	2012-01-16	2012-01-31	0002	精密冲压模具	模具夹	288.00	6.50	281.50	2.26	低载
0030	表面处理中心	5	生产部	2012-01-09	2012-01-15	0003	高级技工	人工	200.00	30.00	170.00	15.00	低载
0030	表面处理中心	5	生产部	2012-01-16	2012-01-31	0003	高级技工	人工	480.00	30.00	450.00	6.25	低载
0030	表面处理中心	5	生产部	2012-01-16	2012-01-31	0003	高级技工	人工	480.00	390.00	90.00	81.25	
0090	总装中心	5	生产部	2012-01-16	2012-01-31	0009	技工	人工	960.00	30.00	930.00	3.13	低载
0090	总装中心	5	生产部	2012-01-16	2012-01-31	0009	技工	人工	960.00	195.00	765.00	20.31	低载

图 4-19　资源负载明细表——工作中心

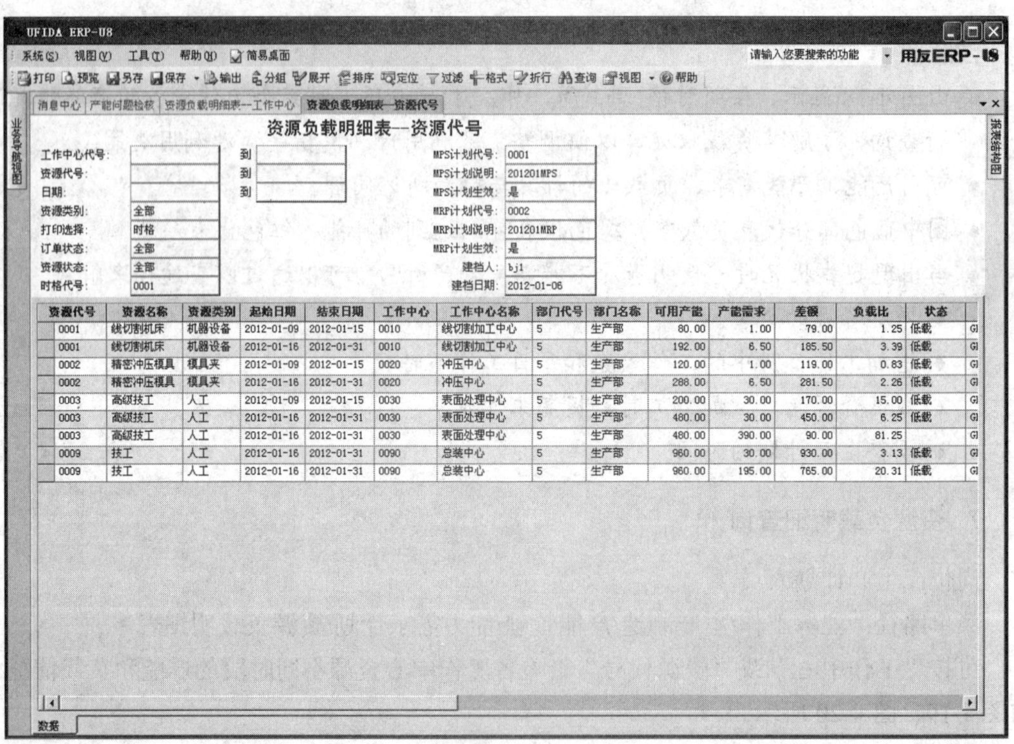

资源代号	资源名称	资源类别	起始日期	结束日期	工作中心	工作中心名称	部门代号	部门名称	可用产能	产能需求	差额	负载比	状态
0001	线切割机床	机器设备	2012-01-09	2012-01-15	0010	线切割加工中心	5	生产部	80.00	1.00	79.00	1.25	低载
0001	线切割机床	机器设备	2012-01-16	2012-01-31	0010	线切割加工中心	5	生产部	192.00	6.50	185.50	3.39	低载
0002	精密冲压模具	模具夹	2012-01-09	2012-01-15	0020	冲压中心	5	生产部	120.00	1.00	119.00	0.83	低载
0002	精密冲压模具	模具夹	2012-01-16	2012-01-31	0020	冲压中心	5	生产部	288.00	6.50	281.50	2.26	低载
0003	高级技工	人工	2012-01-09	2012-01-15	0030	表面处理中心	5	生产部	200.00	30.00	170.00	15.00	低载
0003	高级技工	人工	2012-01-16	2012-01-31	0030	表面处理中心	5	生产部	480.00	30.00	450.00	6.25	低载
0003	高级技工	人工	2012-01-16	2012-01-31	0030	表面处理中心	5	生产部	480.00	390.00	90.00	81.25	
0009	技工	人工	2012-01-16	2012-01-31	0090	总装中心	5	生产部	960.00	30.00	930.00	3.13	低载
0009	技工	人工	2012-01-16	2012-01-31	0090	总装中心	5	生产部	960.00	195.00	765.00	20.31	低载

图 4-20　资源负载明细表——资源代号

【系统功能说明】

(1) 资源需求计划(RRP)：在建立长期的需求预测之后和运算主生产计划之前，依据长期的需求预测数据，来估算完成生产计划所需的资源。它有助于企业解决长期的计划问题，如扩充现有设施、增加新设施、人员配备、设施资金预算等。它主要用于评估现有资源能否满足一个中长期计划的需要，以便及时安排人力、设备等资源配备。

(2) 粗能力需求计划(RCCP)：将主生产计划转换为对工作中心关键资源的能力需求计划，用于验证是否具有足够的可用产能满足主生产计划的产能需求。在生成详细的物料需求计划(MRP)之前，最好根据工作中心关键资源，使用该功能来验证主生产计划是否切实可行，以便更好地驱动物料需求计划。它只限于对工作中心的关键资源。

(3) 能力需求计划(CRP)：依据物料的生产订单及其工艺路线，将生产计划的产能需求与可用产能相比较，以核实各工作中心是否具有足够的可用产能来满足所有自制 MRP 件的生产计划的产能需求。采用这种方法，可以识别产能需求和可用产能之间的短期差异。

(4) 资源“状态”分为“全部、逾期、低载、超载”四种状态。系统默认为“全部”。

- 若“起始日期”小于系统日期，显示“逾期”。
- 若负载比小于产能管理参数中的“低载百分比”，显示“低载”。说明资源利用率偏低，资源没有得到很好的利用，存在闲置状况。
- 若负载比大于“超载百分比”，则显示“超载”。说明资源利用率过度，资源处于超负荷利用状态，无法满足生产的需要。

(5) 某时间段内的可用产能=该时间段内的工作天数×每天工作小时数×资源数量。

(6) 某时间段内的产能需求=每单位物料耗用的工时数×该时间段内的生产数量。

(7) 差额=可用产能－产能需求。

(8) 负载比=产能需求÷可用产能。

【思考题】

(1) 产能管理的作用是什么？能力需求计划与粗能力需求有何区别？

(2) 产能管理与 MPS 及 MRP 是关系什么？

(3) 以长针为例，进一步做粗能力需求计划和能力需求计划对生产规划进行检验，分析每个工作中心的可用产能和产能需求的数据，并解释出现超载的原因；同时，分析解决的办法，将 MPS 和 MRP 调整正确。

第 5 章 采购业务

5.1 业务概述

5.1.1 功能概述

采购管理系统是对企业采购业务的全部流程进行的管理，它提供请购、订货、到货、入库、开票、采购结算等完整的采购流程，还可以根据企业的实际情况进行采购流程的定制。

本实验主要针对依据 MPS 和 MRP 规划的结果生成采购订单，以及由其他部门请购生成的采购订单进行采购业务的处理。采购业务流程选用最长的业务流程，包括请购、采购订货、采购到货、采购入库、登记发票、采购结算的采购管理过程。

5.1.2 相关子系统功能模块之间的关系

采购管理与其他子系统之间的关系如图 5-1 所示。

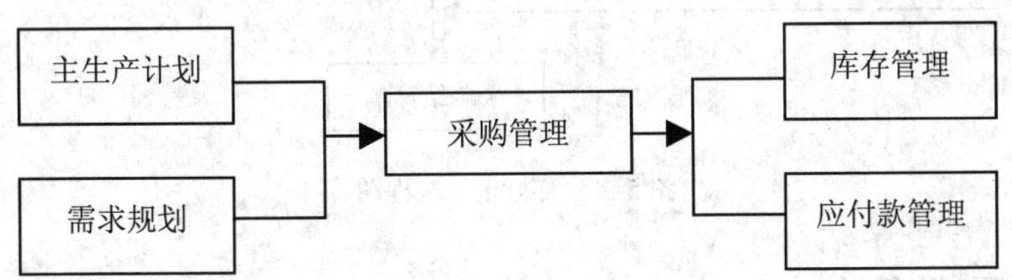

图 5-1 采购管理与其他子系统之间的关系

5.1.3 应用准备

(1) 建立账套、启用采购管理系统。
(2) 设置供应商档案、存货档案等共用资料。
(3) 设定采购管理的业务模式、企业类型、采购类型、采购流程等基础信息。
(4) 设置供应商存货对照表、供应商存货价格表等基础信息。
(5) 设置采购管理参数及期初数据。

5.2 系统业务流程

5.2.1 日常业务流程

针对根据 MPS 和 MRP 的建议规划结果生成采购订单，以及从其他部门请购生成的采购订单进行采购业务处理。采购部门根据采购订单进行采购订货、采购到货、采购物料入库、采购发票填制、审核以及采购结算等业务处理工作。采购日常业务流程图如图 5-2 所示。

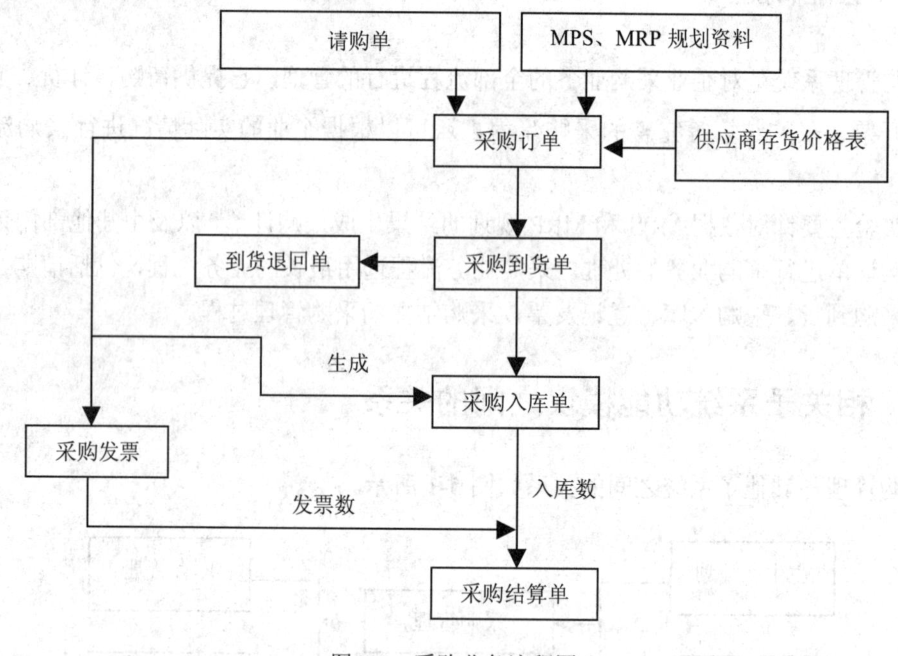

图 5-2 采购业务流程图

5.2.2 主要业务内容

1. 期初记账

初次使用“采购管理”模块时，要将采购业务期初数据记入有关采购账簿中，以保证数据的连贯性。如果系统中已有上年数据，则可通过“结转上年”功能，将上年度期末采购数据自动结转到本年期初。期初记账后，期初数据不能增加、修改，除非取消期初记账。期初记账后输入的入库单、发票都是启用月份及其以后月份的单据，在“月末结账”功能中记入有关采购账。期初数据包括以下四方面。

(1) 期初暂估入库：将启用“采购管理”模块时，货已到但没有取得供货单位采购发票，而不能进行采购结算的入库单输入系统，以便取得发票后进行采购结算。

(2) 期初在途存货：将启用“采购管理”模块时，已取得供货单位的采购发票，但货物尚未到货而没有入库，不能进行采购结算的发票输入系统，以便货物到货入库填制入库单后进行采购结算。

(3) 期初受托代销商品：将启用“采购管理”模块时，将没有与供货单位结算完的受托代销商品入库记录输入系统，以便在受托代销商品销售后，再进行受托代销结算。

(4) 期初代管挂账确认单：将启用“采购管理”模块时，已与代管的供应商物料进行了耗用挂账，但还没有取得供应商的采购发票，而不能进行采购结算的代管挂账确认单输入系统，以便取得发票后再与之进行结算。

2. 供应商存货价格表

用于供应商和存货价格的录入与维护，可以事先设置不同的价格。供填制采购单据(订单、到货单、发票)时使用。

3. 请购单输入

请购指企业内部的各部门向采购部门提出采购申请，或采购部门汇总企业内部采购需求提出采购清单并由采购员输入请购单。请购是采购业务处理的起点，也是MPS和MRP计划与采购订单的中间过渡环节，用于描述和生成采购的需求(如采购什么货物、采购多少、何时使用、谁使用等内容)；同时，也可为采购订单提供建议(建议供应商、建议订货日期等)。

4. 请购单审核

采购员将请购单打印出来交由经理审批，经理可以授权采购员进行审核处理。

5. 请购转采购处理并审核采购订单

采购员将已审核且已经确定供应商的请购单转为锁定状态的采购订单(重新运行MPS、MRP计算时不会对锁定的采购订单产生影响)，并对这些采购订单进行审核。

6. 由MRP的规划采购自动生成采购订单

根据MRP中对采购料品的建议规划资料，生成可执行的采购订单。

7. 填制到货单

采购业务员在与供应商签订了采购合同或协议后，向供应商发出采购订单，货物送达企业后，采购业务员根据供方通知或送货单，确认货物的数量、价格等信息，填制采购到货单，然后，以入库通知单的形式传递到仓库作为仓管员收货入库的依据。

8. 将所采购的货物入库

仓库根据采购业务员的到货通知，仓管员验收货物的数量、质量、规格型号等，确认验收无误后登记入库，记入库存账。

9. 登记采购发票

采购业务员根据供应商开出的销售货物的发票单据，登记采购发票，确认采购成本，以备登记应付账款之用。可手工填制，也可参照采购订单或入库单据生成。采购发票分为增值税专用发票、普通发票、运费发票三种。

10. 采购结算

采购结算是指根据采购发票与采购入库单进行的结算，以便核算采购入库成本。以“采购结算单”的形式记载采购入库单记录与采购发票记录的对应关系。

采购结算分为自动结算、手工结算两种方式，另外运费发票可以单独进行费用折扣结算。

5.3 实验四 采购业务

【实验目的】

理解采购管理的作用，掌握对由 MRP 规划资料制作采购订单进行业务处理的操作。

【实验要求】

以操作员身份进入系统进行操作。

【实验资料】

1. 实验数据准备

(1) 修改系统时间为“2012-01-07”。

(2) 引入光盘“实验数据”文件夹中的“采购业务数据准备”数据账套。

2. 实验资料

(1) 对采购物料进行期初记账。

(2) 输入供应商存货价格(含税单价)：北京铝材厂的铝材 20 元/千克；江苏塑料二厂的塑料 19 元/千克；上海昊恒工贸有限公司的机芯 30 元/个、电池 10 元/节、薄膜 8 元/米。

(3) 仓库部李丽申请购买机芯(11000)100 个，1 月 20 日要货，建议向上海昊恒工贸有限公司购买。

(4) 对请购单进行审核。

(5) 由上述的请购单生成采购订单，并进行审核处理。

(6) 根据 MRP 的规划建议编制采购订单，并进行审核。铝材供应商为北京铝材厂，塑料供应商为江苏塑料二厂，其他物料供应商为上海昊恒工贸有限公司。

(7) 进行采购到货处理，填制到货单。

(8) 对采购的物料进行验收入库。

(9) 登记普通采购发票。

【操作指导】

1. 采购期初记账

岗位：采购部门/业务员

菜单路径：业务工作/供应链/采购管理/设置/采购期初记账

在“期初记账”窗口中单击“记账”按钮，记账完毕后出现“期初记账完毕”提示信息，单击“确定”按钮，即完成记账，如图 5-3 所示。

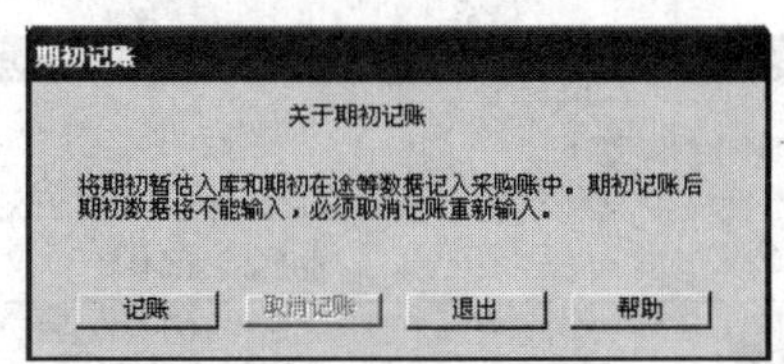

图 5-3　采购期初记账

注意：

- 期初记账是将采购期初数据记入有关采购账，以保证数据的连贯性。期初记账后，期初数据不能增加、修改，除非取消期初记账。
- 启用“采购管理”模块时，如果期初没有数据，则直接运行“采购期初记账”即可。

2. 输入供应商存货价格

岗位：采购部门/业务员

菜单路径：业务工作/供应链/采购管理/供应商管理/供应商供货信息/供应商存货调价单

(1) 单击工具栏上的“增加”按钮，填写各个栏目信息，然后单击工具栏上的“增行”按钮，输入其相应的含税单价，单击“保存”按钮，即完成对该供应商存货的价格设置，如图 5-4 所示。

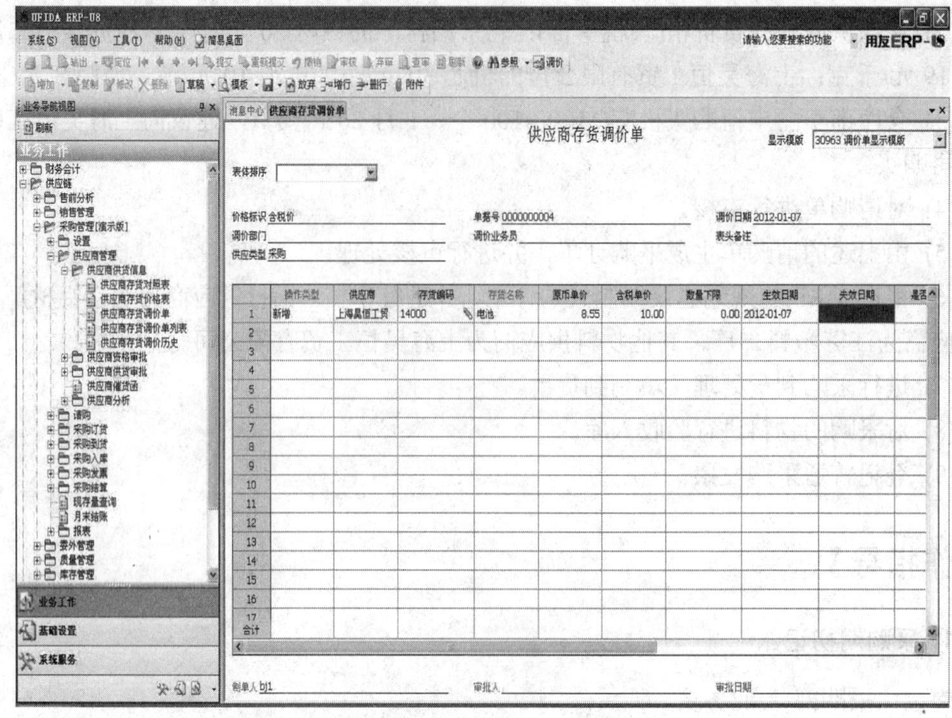

图 5-4　录入供应商存货调价单

(2) 同理操作，输入其他供应商存货的价格。

通过“供应商存货价格表”功能，查看供应商存货价格，如图 5-5 所示。

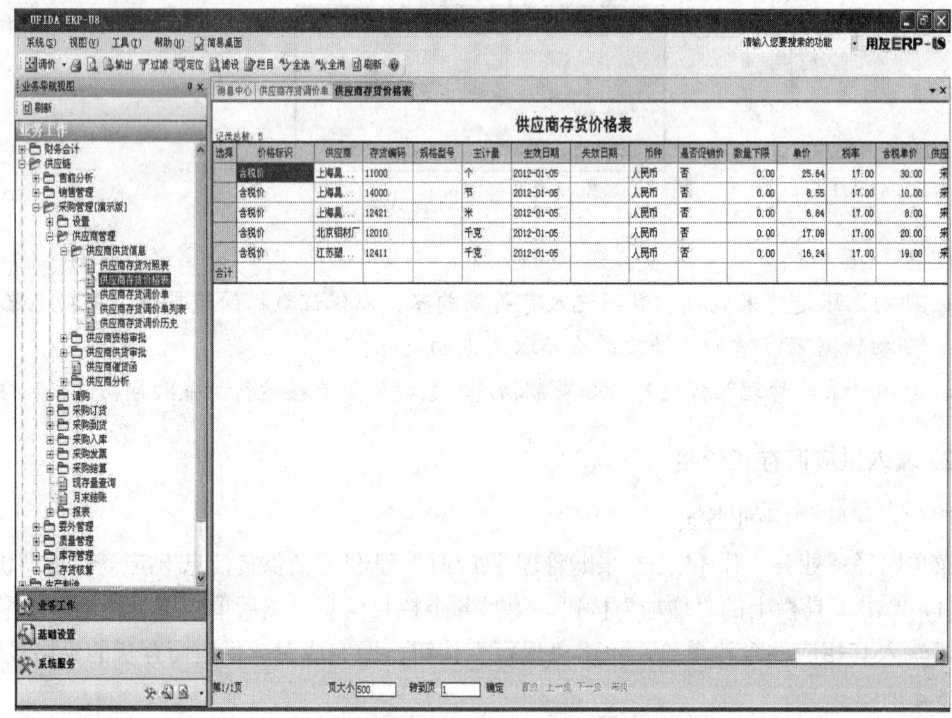

图 5-5　供应商存货价格列表

注意：

执行“采购管理/设置/采购选项”功能，将“订单/到货单/发票单价录入方式”设为“取自供应商存货价格表价格”方式，则当录入采购订单时，就可以从“供应商存货价格表”中自动取价，如图5-6所示。

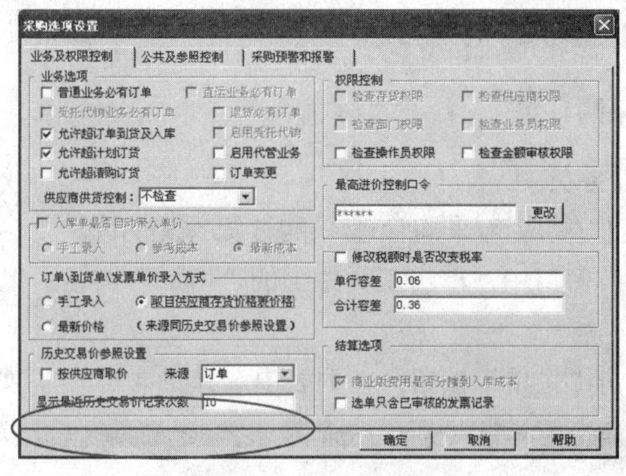

图5-6 设置采购选项

3. 填制请购单

岗位：申购部门/申购员

菜单路径：业务工作/供应链/采购管理/请购/请购单

(1) 在“采购请购单”窗口中，单击工具栏上的“增加”按钮，生成一个新的请购单据号。

(2) 输入表头业务员资料后，在表体中输入请购物料的数量和需求时间等信息，单击“保存”按钮完成操作，在表尾显示出“制单人”的签名。操作结果如图5-7所示。

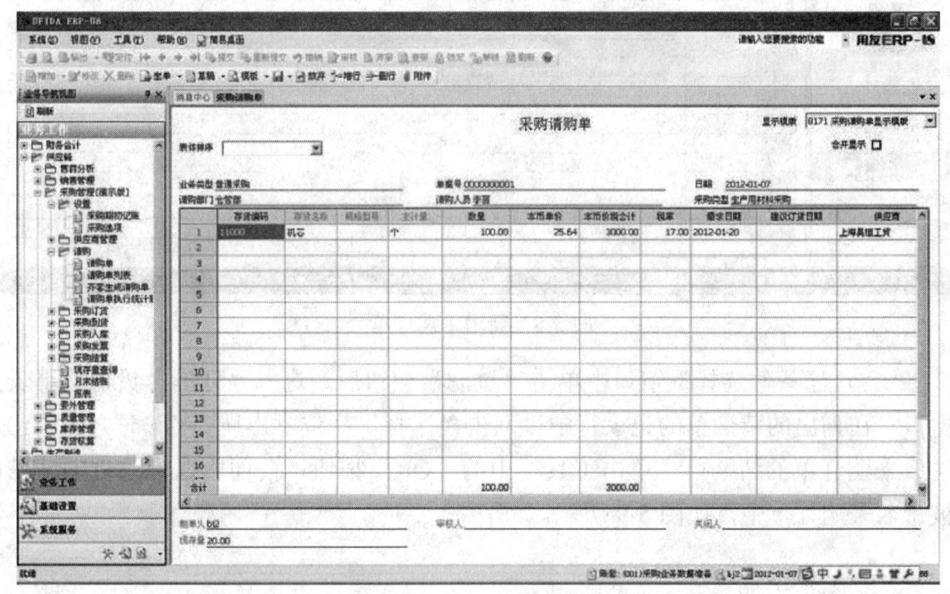

图5-7 输入采购请购单

4. 审核请购单

岗位：申购部门的主管

菜单路径：业务工作/供应链/采购管理/请购/请购单

如图 5-7 所示，对已经保存的请购单，单击工具栏上的“审核”按钮，即可完成审核工作，在表尾显示出“审核人”的签名。

5. 由请购单生成采购订单

岗位：采购部门/业务员

菜单路径：业务工作/供应链/采购管理/采购订货/采购订单

(1) 在“采购订单”窗口中，单击工具栏上的“增加”按钮，生成一个新的采购订单单据号。

(2) 在工具栏中单击“生单”按钮，在列表中选择“请购单”，如图 5-8 所示。

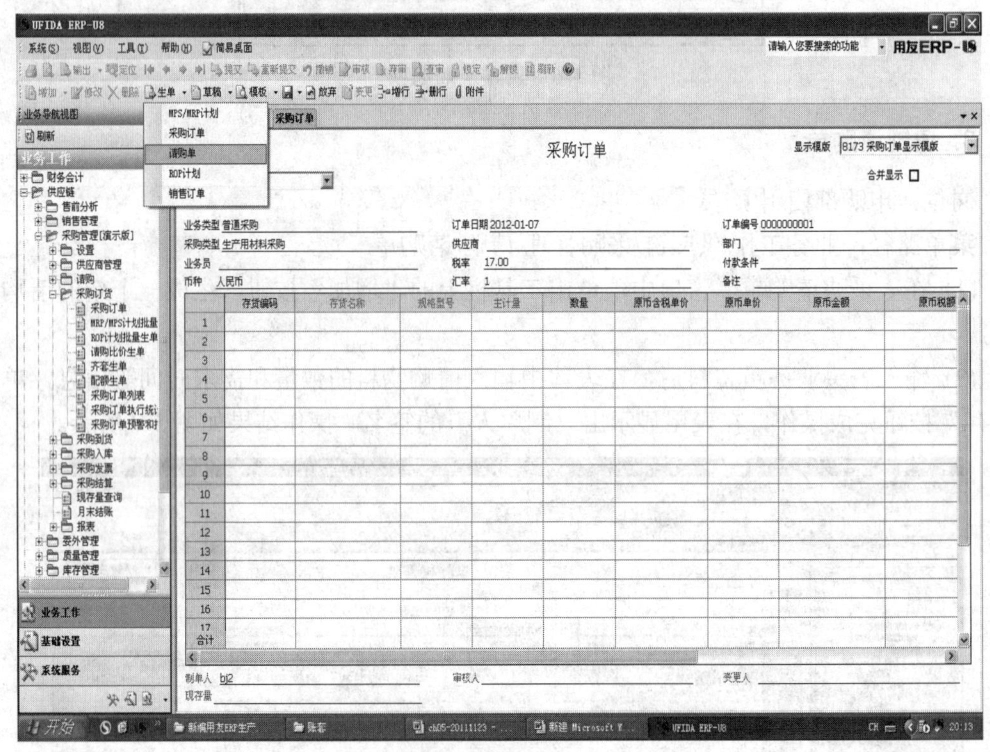

图 5-8 新增采购订单

(3) 在“过滤条件选择”窗口中单击“过滤”按钮后，进入“订单拷贝请购单表头列表”窗口，在列出的请购单的记录行中，双击“选择”栏位，出现“Y”时，表示已选中需要生成采购订单的请购单，单击工具栏中的“OK”按钮，前面所选记录行的请购单信息即被带入采购订单中，如图 5-9 所示。

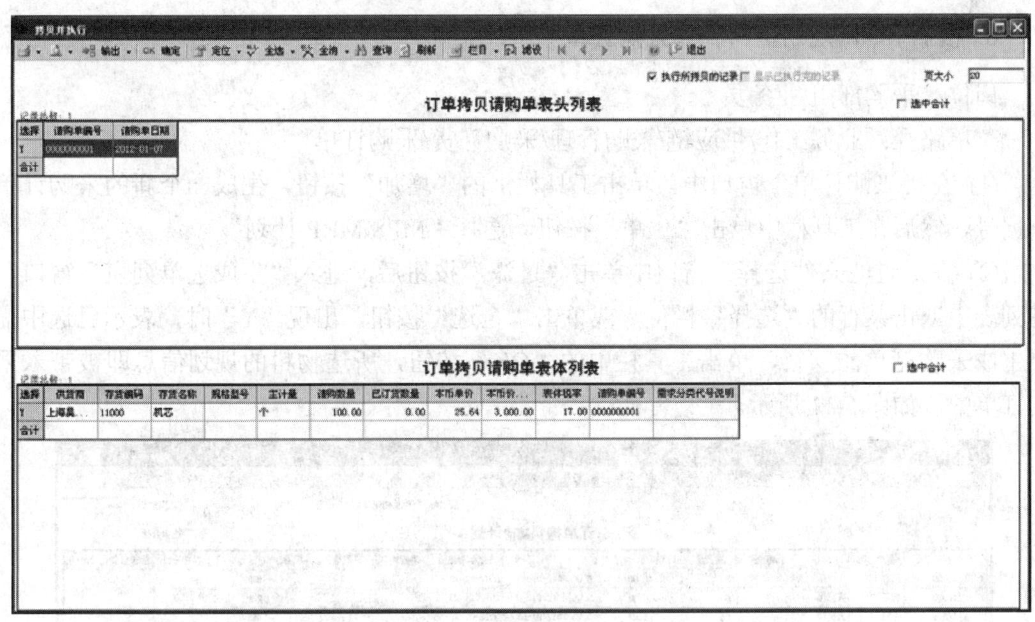

图 5-9 选择请购单

(4) 在图 5-10 所示中，补充输入单价信息，单击“保存”按钮，即完成请购单生成采购订单的工作。

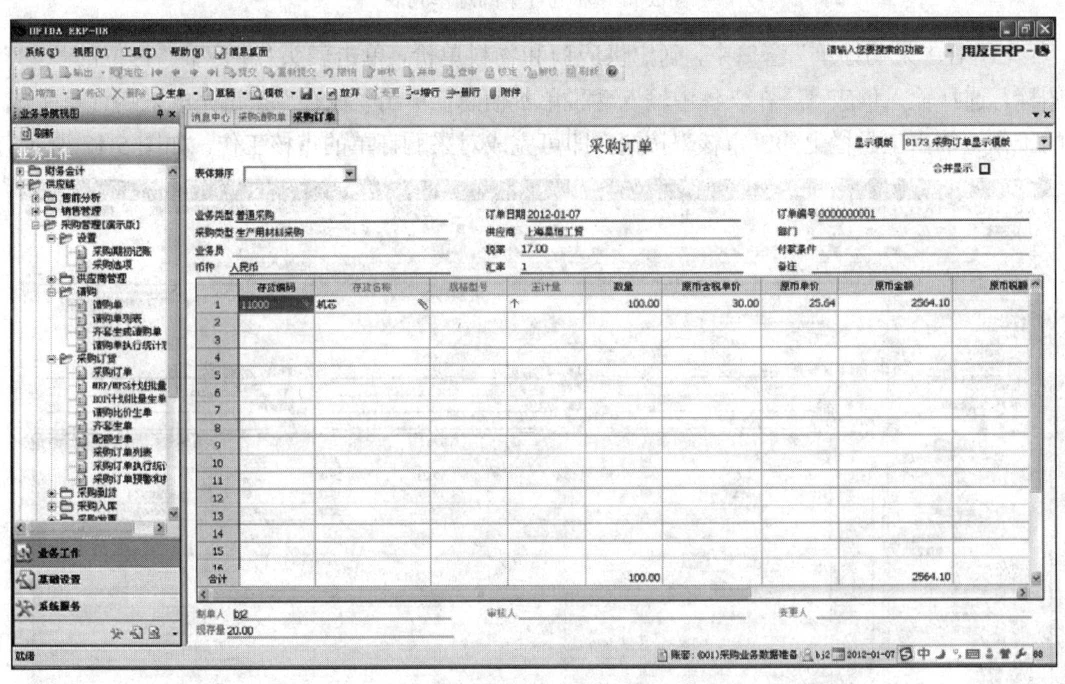

图 5-10 由请购单生成采购订单

(5) 单击工具栏上的“审核”按钮，可完成对采购订单的审核工作。

6. 根据 MRP 规划资料制作采购订单

岗位：采购部门/业务员

菜单路径：业务工作/供应链/采购管理/采购订货/采购订单

(1) 在“采购订单”窗口中，单击工具栏上的“增加”按钮，生成一个新的采购订单单据号，然后在工具栏中单击“生单”按钮，选择“MPS/MRP 计划”。

(2) 在“过滤条件选择”窗口中单击“过滤”按钮后，进入“生成选单列表”窗口，在列表中双击某行的“选择”栏位，或单击“全选”按钮，出现“Y”时，表示已选中需要生成采购订单的物料，单击工具栏中的“OK”按钮，所选物料的规划信息即被带入采购订单中，如图 5-11 所示。

拷贝并执行

订单拷贝MRP计划

选择	存货编码	存货名称	币种	规格型号	主计量	计划数量	已下达量	订货日期	计划到货日期	供应商	计划员	采购员	计划来源	存货分类	需求分类代号说明
Y	11000	机芯	人民币		个	40.00	0.00	2012-01-15	2012-01-18				MRP	02	
Y	11000	机芯	人民币		个	390.00	0.00	2012-01-20	2012-01-23				MRP	02	
	12010	铝材	人民币		千克	1.20	0.00	2012-01-09	2012-01-13				MRP	03	
	12010	铝材	人民币		千克	7.80	0.00	2012-01-14	2012-01-18				MRP	03	
Y	14000	电池	人民币		节	120.00	0.00	2012-01-17	2012-01-18				MRP	02	
Y	14000	电池	人民币		节	780.00	0.00	2012-01-22	2012-01-23				MRP	02	
合计															

图 5-11　规划订单的选单列表

(3) 在“采购订单”窗口中，确定供应商和物料单价，单击表头“供应商”栏位的“...”图标，选择输入供应商，在表体中输入含税单价信息，单击“保存”按钮完成采购订单生成的工作。单击工具栏上的“审核”按钮，即可完成对采购订单的审核工作，如图 5-12 所示。

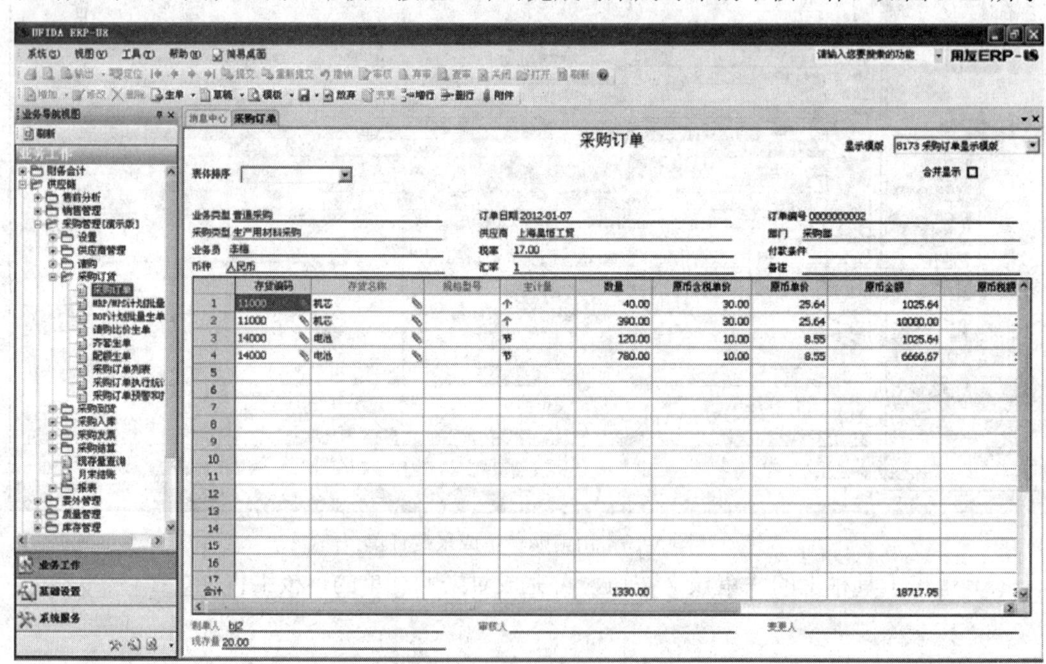

图 5-12　由规划订单生成采购订单

(4) 同理操作，可由其他物料 MRP 规划资料生成采购订单并进行审核。

通过“采购订单列表”功能，可以查询到所有生成的采购订单，如图 5-13 所示。

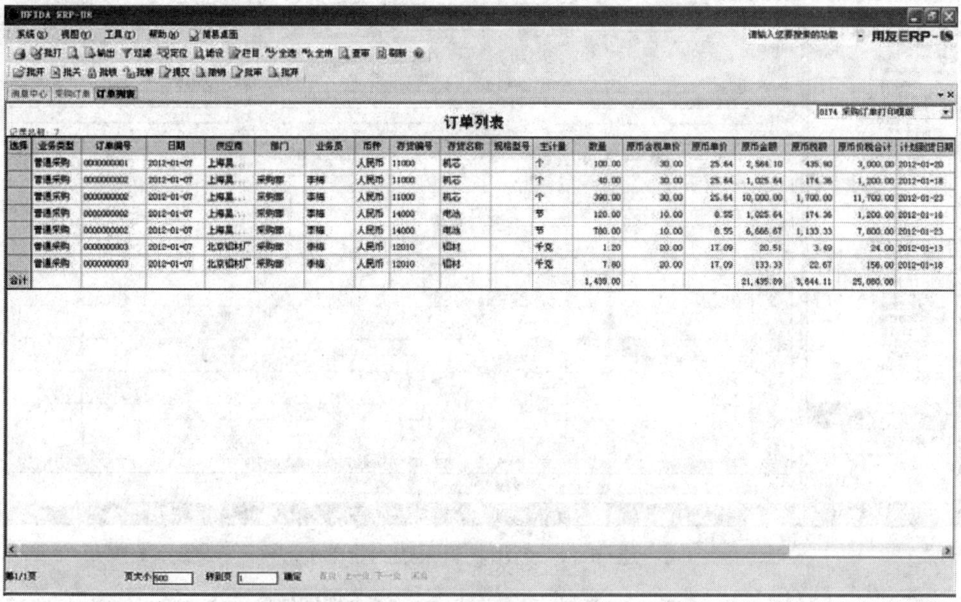

订单列表

选择	业务类型	订单编号	日期	供应商	部门	业务员	币种	存货编号	存货名称	规格型号	主计量	数量	原币含税单价	原币单价	原币金额	原币税额	原币价税合计	计划到货日期
	普通采购	0000000001	2012-01-07	上海量…			人民币	11000	机芯		个	100.00	30.00	25.64	2,564.10	435.90	3,000.00	2012-01-20
	普通采购	0000000002	2012-01-07	上海量…	采购部	李梅	人民币	11000	机芯		个	40.00	30.00	25.64	1,025.64	174.36	1,200.00	2012-01-18
	普通采购	0000000002	2012-01-07	上海量…	采购部	李梅	人民币	11000	机芯		个	390.00	30.00	25.64	10,000.00	1,700.00	11,700.00	2012-01-23
	普通采购	0000000002	2012-01-07	上海量…	采购部	李梅	人民币	14000	电池		节	120.00	10.00	8.55	1,025.64	174.36	1,200.00	2012-01-18
	普通采购	0000000002	2012-01-07	上海量…	采购部	李梅	人民币	14000	电池		节	780.00	10.00	8.55	6,666.67	1,133.33	7,800.00	2012-01-23
	普通采购	0000000003	2012-01-07	北京铝材厂	采购部	李梅	人民币	12010	铝材		千克	1.20	20.00	17.09	20.51	3.49	24.00	2012-01-13
	普通采购	0000000003	2012-01-07	北京铝材厂	采购部	李梅	人民币	12010	铝材		千克	7.80	20.00	17.09	133.33	22.67	156.00	2012-01-18
合计												1,439.00			21,435.89	3,644.11	25,080.00	

图 5-13 采购订单列表

注意：

- 各采购物料的含税单价，是指物料的含税采购成本。本实验采购成本数据：机芯为 30 元/个，电池为 10 元/节，薄膜为 8 元/米，铝材为 20 元/千克，塑料为 19 元/千克。
- 采购订单可以手工录入，也可以参照请购单、销售订单、采购规划(MPS、MRP、ROP)、采购合同、出口订单生成。
- 采购订单可以修改、删除、审核、弃审、变更、关闭、打开、锁定和解锁。
- 已审核未关闭的采购订单可以参照生成采购到货单、采购入库单和采购发票。
- 审核前的订单可以修改，审核后的订单需要进行弃审后方可修改。
- 满足下列条件之一者，即可对采购订单进行审核。
  - ♦ 采购订单输入计算机后，交由供货单位确认后的订单。
  - ♦ 如果订单由专职录入员输入，由业务员进行数据检查，确定正确的订单。
  - ♦ 经过采购主管批准的订单。

7. 填制到货单

岗位：采购部门/业务员

菜单路径：业务工作/供应链/采购管理/采购到货/到货单

(1) 在“到货单”窗口中，单击工具栏上的“增加”按钮，生成一个新的到货单单据号。

(2) 在工具栏“生单”中选择“采购订单”，如图 5-14 所示。

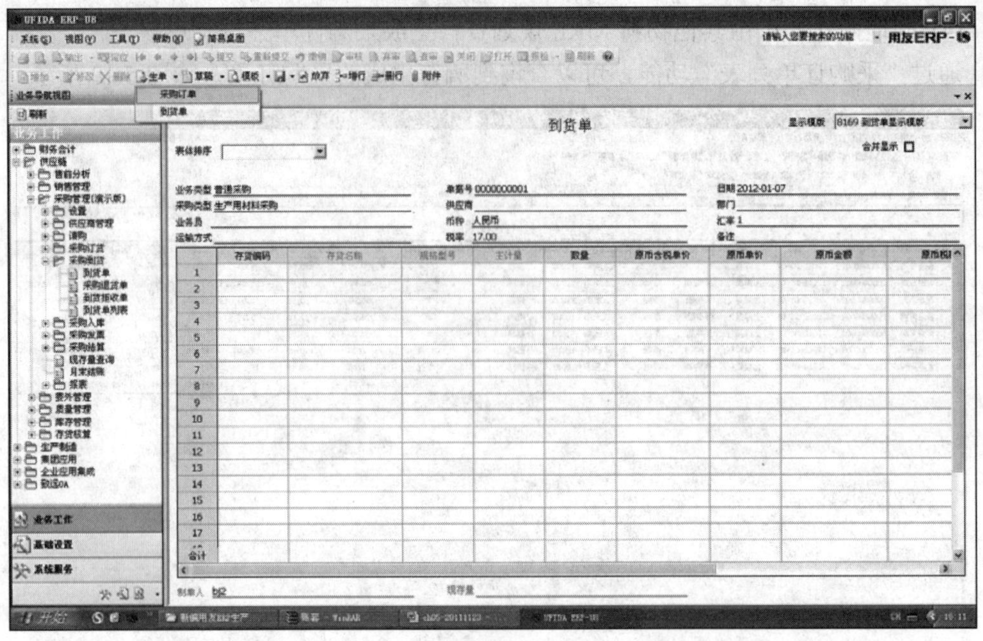

图 5-14　新增物料采购到货单

(3) 单击其中的“拷贝采购订单”命令，出现“过滤条件选择”窗口，单击“过滤”按钮后，进入“到货选单列表”窗口，如图 5-15 所示。在列出的采购订单记录行中，双击“选择”栏位，或单击“全选”按钮，出现“Y”时，表示已选中要生成到货单的采购订单，单击工具栏中的“OK”按钮，所选采购订单的信息即被带入到货单中。

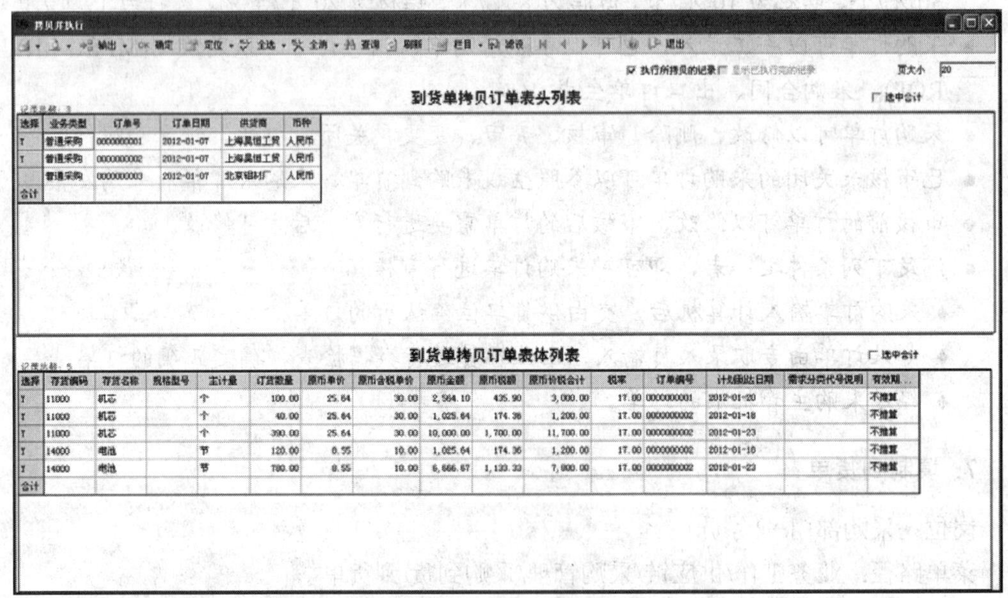

到货单拷贝订单表头列表

选择	业务类型	订单号	订单日期	供货商	币种
Y	普通采购	0000000001	2012-01-07	上海昊恒工贸	人民币
Y	普通采购	0000000002	2012-01-07	上海昊恒工贸	人民币
	普通采购	0000000003	2012-01-07	北京铝材厂	人民币
合计					

到货单拷贝订单表体列表

选择	存货编码	存货名称	规格型号	主计量	订货数量	原币单价	原币含税单价	原币金额	原币税额	原币价税合计	税率	订单编号	计划到达日期	需求分类代号说明	有效期...
Y	11000	机芯		个	100.00	25.64	30.00	2,564.10	435.90	3,000.00	17.00	0000000001	2012-01-20		不推算
Y	11000	机芯		个	40.00	25.64	30.00	1,025.64	174.36	1,200.00	17.00	0000000002	2012-01-18		不推算
Y	11000	机芯		个	390.00	25.64	30.00	10,000.00	1,700.00	11,700.00	17.00	0000000002	2012-01-23		不推算
Y	14000	电池		节	120.00	8.55	10.00	1,025.64	174.36	1,200.00	17.00	0000000002	2012-01-18		不推算
Y	14000	电池		节	780.00	8.55	10.00	6,666.67	1,133.33	7,800.00	17.00	0000000002	2012-01-23		不推算
合计															

图 5-15　到货选单列表

(4) 如图 5-16 所示，在到货单中补充输入相关信息后，单击“保存”按钮，即可完成到货单的生成工作。

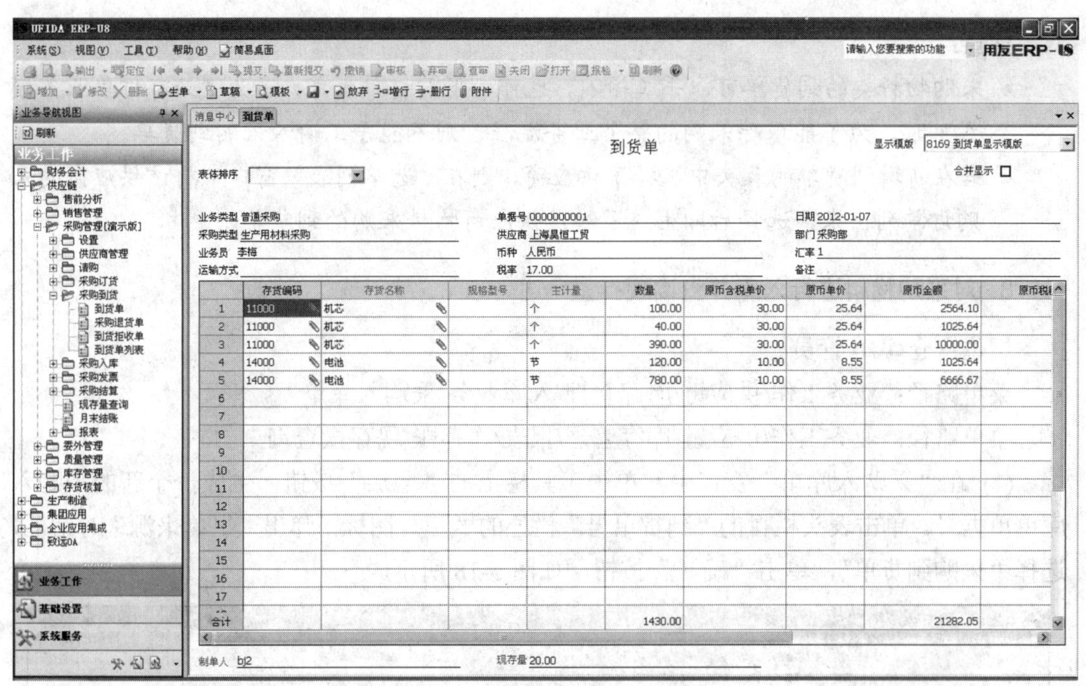

图 5-16 生成物料采购到货单

(5) 同理操作，可对其他采购订单进行操作，生成相应物料的到货单。

(6) 通过“到货单列表”可以查询所有物料采购的到货单资料，如图 5-17 所示。

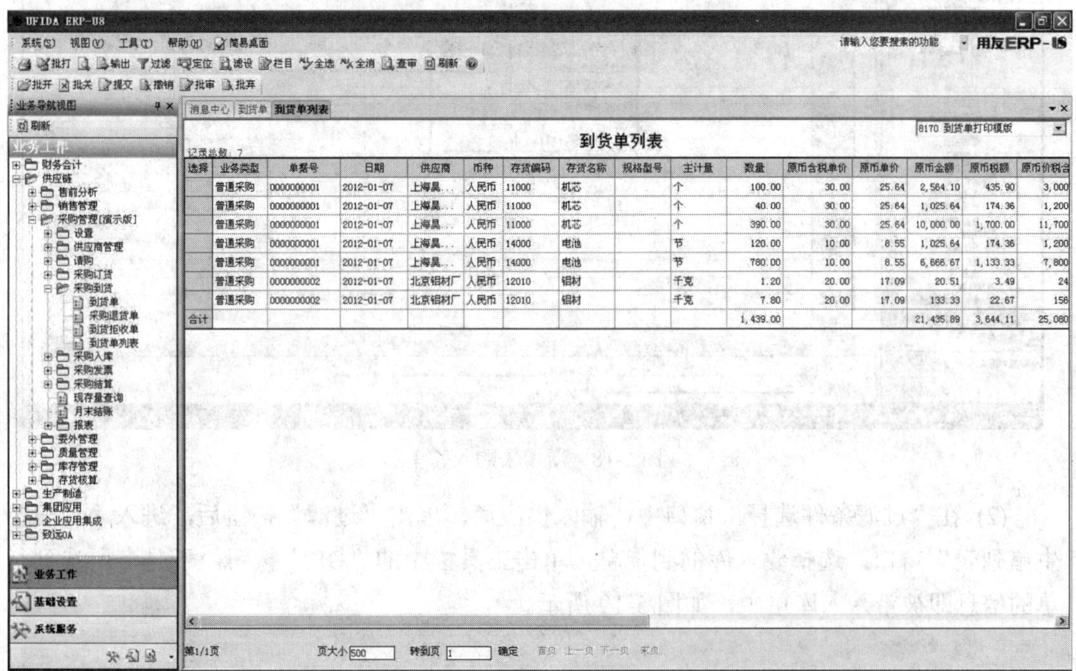

图 5-17 物料到货单列表

注意：

- 采购物料类的到货单可以手工输入，也可由采购订单生成。若为“必有订单业务模式”时，为了能跟踪采购的整个业务流程，则不能手工输入采购到货单。
- 若在新增到货单的表头中选择了供应商，则在“选单列表”窗口中将该供应商的采购订单列出来，选择后即生成了对该供应商物料采购的到货单。

8. 对采购物料进行入库并查询现存量

岗位：仓库/仓管员

菜单路径：业务工作/供应链/库存管理/入库业务/采购入库单

菜单路径：业务工作/供应链/库存管理/报表/库存账/现存量查询

(1) 在“采购入库单”窗口中，单击工具栏上的“增加”按钮，生成一个新的采购入库单单据号。单击表头栏目的“到货单号”栏位的“...”图标，弹出“生单来源”对话框，选择“采购到货单”，单击“确认”按钮，如图 5-18 所示。

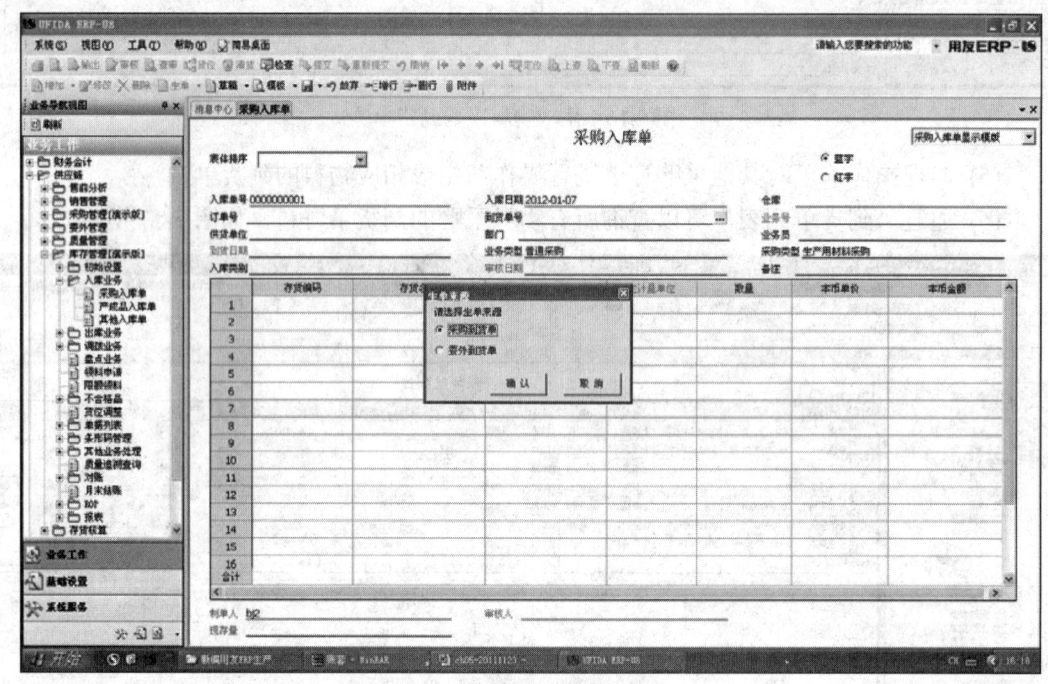

图 5-18　新增采购入库单

(2) 在“过滤条件选择”窗口中，输入供应商，单击“过滤”按钮后，进入“到货单生单列表”窗口，选择要入库的到货单，单击工具栏中的“OK”按钮，于是，所选到货单的信息即被带入入库单中，如图 5-19 所示。

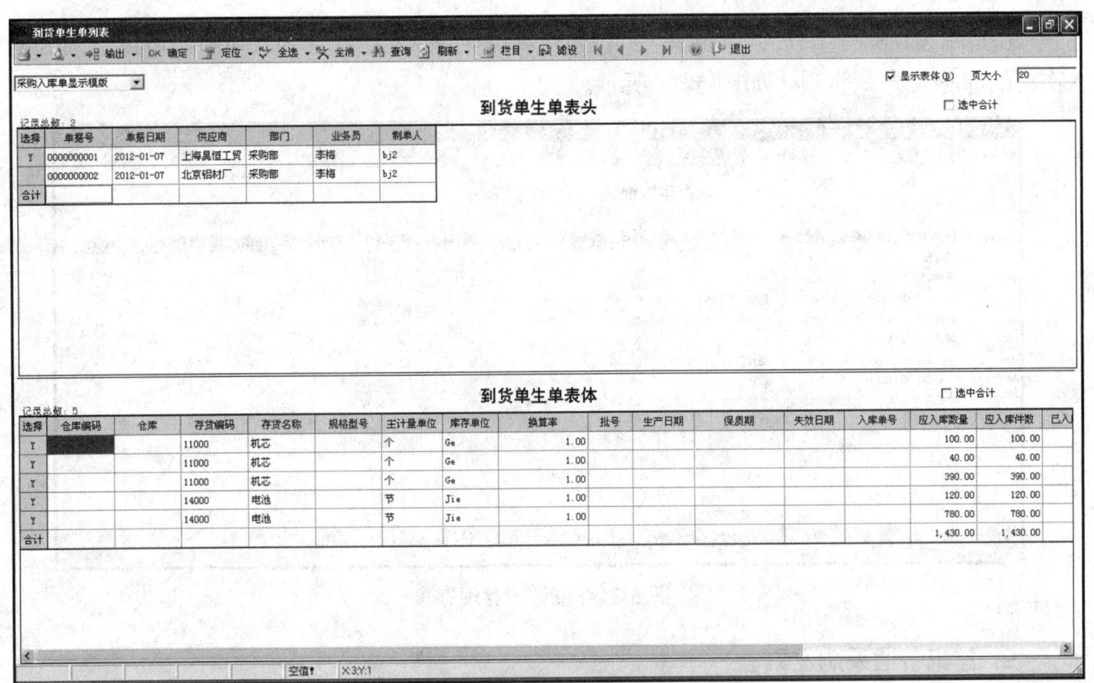

图 5-19 到货单生单列表

(3) 选择入库仓库后，单击“保存”按钮即完成入库单的生成工作。单击工具栏上的“审核”按钮，对入库单进行审核，如图 5-20 所示。

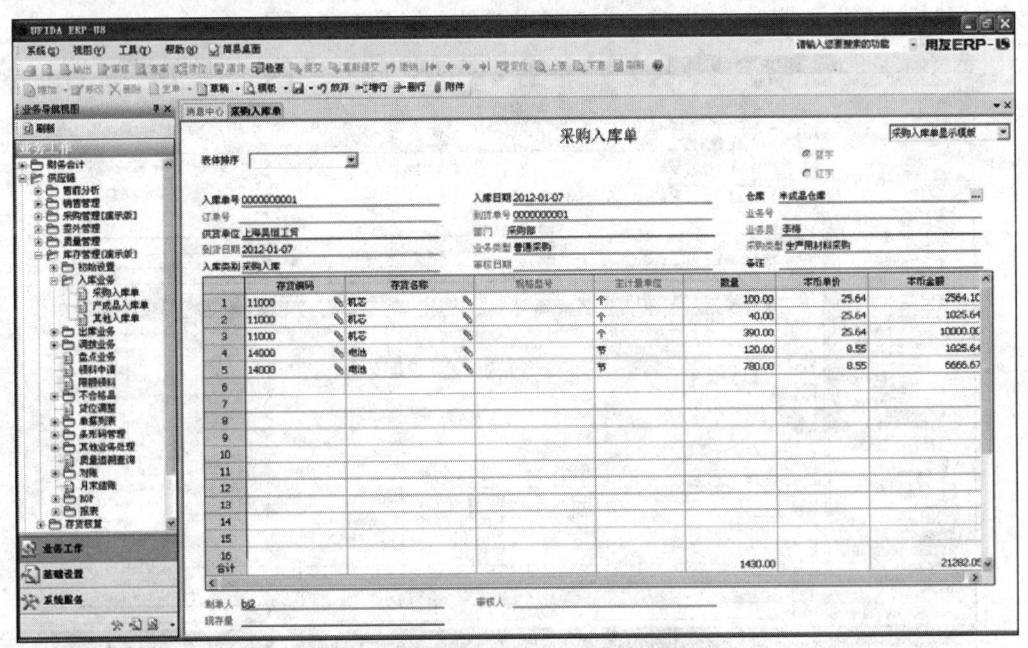

图 5-20 生成采购入库单

(4) 以此类推，完成其他物料的采购入库单的生成工作。

(5) 可以由“入库单列表”查询所有采购入库单的情况。

(6) 通过“业务工作/供应链/库存管理/报表/库存账/现存量查询”功能，可以查询采购物料的库存现存量资料，如图 5-21 所示。

现存量查询

仓库编码	仓库名称	存货编码	存货代码	存货名称	规格型号	存货分类代码	存货分类名称	主计量单位	现存数量	其中冻结数量	到货/在检数量	调拨在途数量	预计入
0010	原辅料仓库	12010	12010	铝材		03	材料	千克	9.00				
0010	原辅料仓库	12411	12411	塑料		03	材料	千克	1,000.00				
0010	原辅料仓库	12421	12421	薄膜		03	材料	米	1,000.00				
0020	成品仓库	10000	10000	电子挂钟		01	成品	个	50.00				
0030	半成品仓库	11000	11000	机芯		02	半成品	个	550.00				
0030	半成品仓库	12200	12200	短针		02	半成品	根	1,000.00				
0030	半成品仓库	12300	12300	秒针		02	半成品	根	1,000.00				
0030	半成品仓库	12420	12420	字模		02	半成品	个	300.00				
0030	半成品仓库	14000	14000	电池		02	半成品	节	900.00				
合　计									5,809.00				

图 5-21　查询库存现存量

9. 登记普通采购发票

岗位：采购部门/业务员

菜单路径：业务工作/供应链/采购管理/采购发票/普通采购发票

(1) 单击“普通采购发票”功能，进入“普通发票”窗口，单击工具栏上的“生单”按钮，然后选择“入库单”，生成一个新的发票号，如图 5-22 所示。

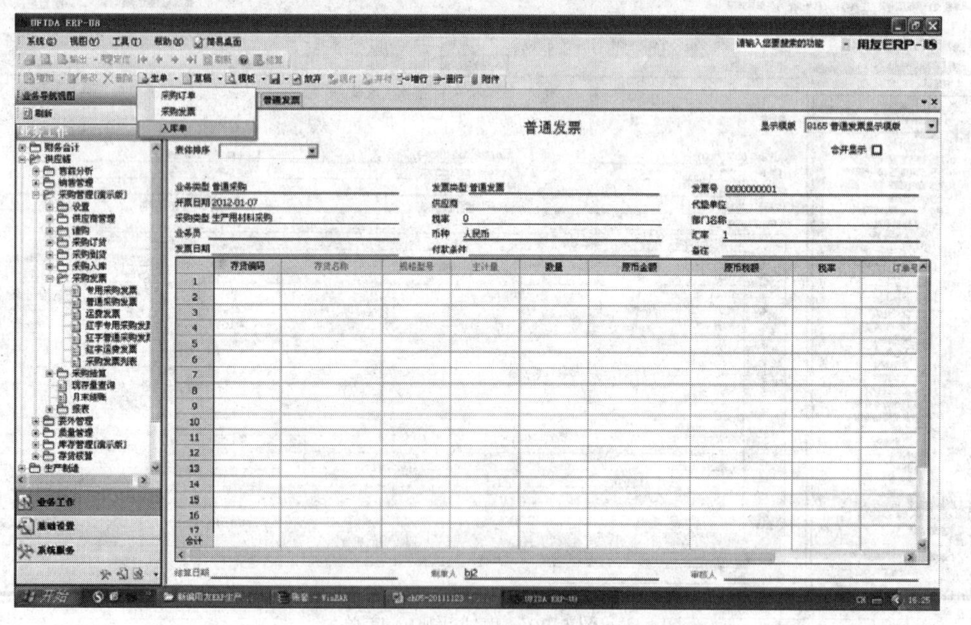

图 5-22　新增发票

(2) 在“过滤条件选择”窗口中单击“过滤”按钮，进入“发票拷贝入库单表头列表”窗口，选择列出的采购入库单，单击工具栏中的“OK”按钮，所选采购入库单的信息即被带入采购发票中，如图 5-23 所示。

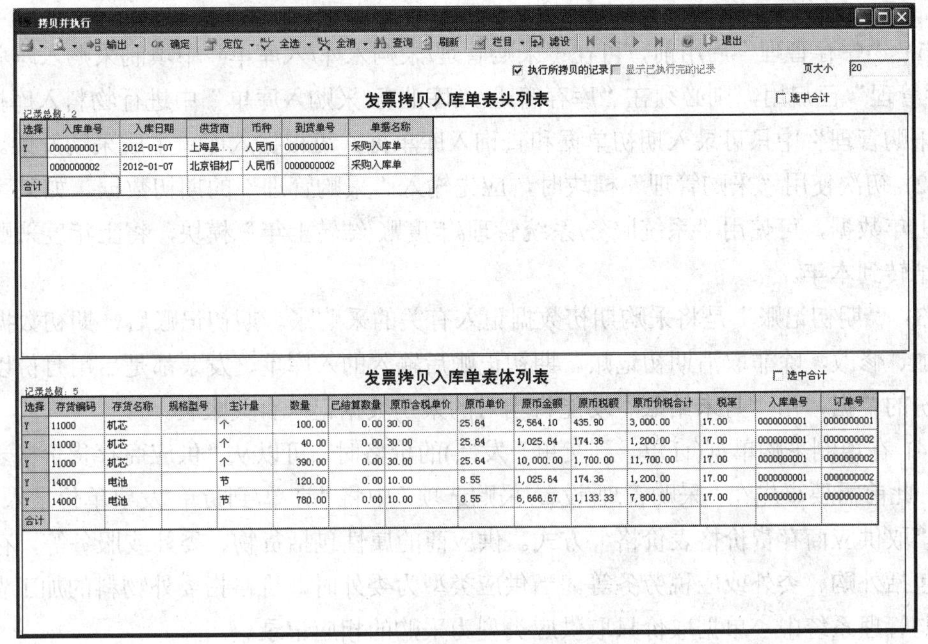

图 5-23　发票拷贝入库单表头列表

(3) 如图 5-24 所示，检查各项数据无误后，单击“保存”按钮完成发票填制工作。同理操作，可对其他采购入库单生成相应的发票。

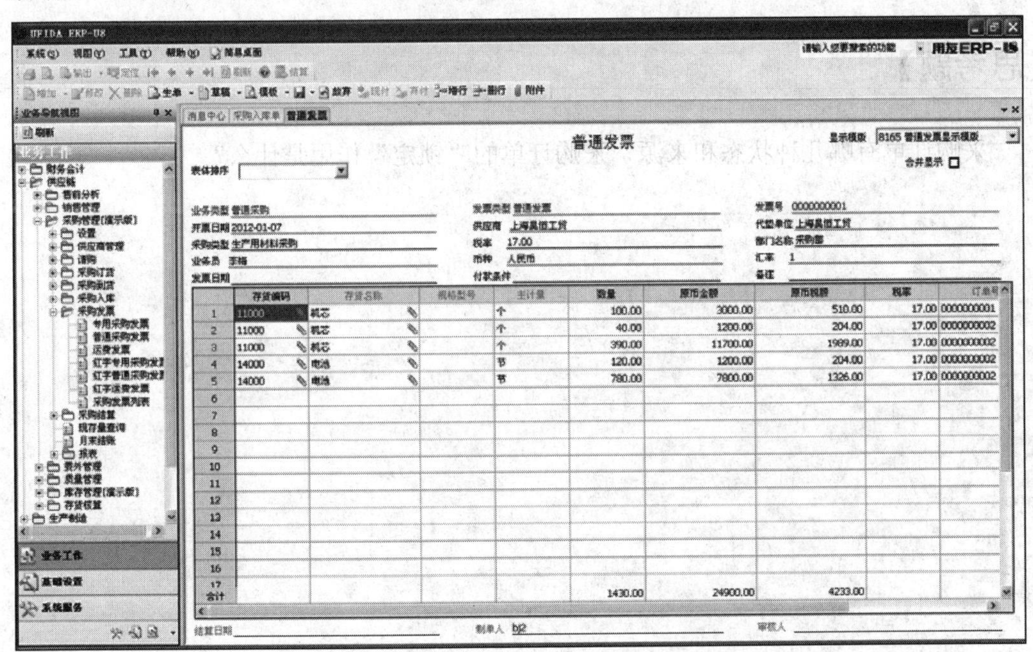

图 5-24　生成普通发票

【系统功能说明】

(1) “库存管理”启用前，可在“采购管理/采购入库/入库单”中填制采购入库单；若“库存管理”已启用，则必须在“库存管理/入库业务/采购入库单”中进行物料入库操作。在“采购管理”中只可录入期初单据和查询入库单据，可根据入库单生成采购发票。

(2) 初次使用“采购管理”模块时，应先输入“采购管理”的期初数据。如果系统中已有上年数据，可使用“系统服务/系统管理/年度账/结转上年”模块，将上年度采购数据自动结转到本年。

(3) “期初记账”是将采购期初数据记入有关的采购账。期初记账后，期初数据不能再增加、修改，除非取消期初记账。期初记账后输入的入库单、发票都是启用月份以及以后月份的单据，由“月末结账”功能将当月的采购数据记入有关账表。

(4) 在填制采购单据(订单、到货单、发票)的价格时，可以从“供应商存货价格表”中取价，此前需要事先在“采购管理/设置/采购选项”中将“订单/到货单/发票单价录入方式”设为“取供应商存货价格表价格”方式。供应商的属性包括货物、委外或服务等，存货的属性包括外购、委外或应税劳务等。当供应类型为委外时，价格指委外物料的加工费用。在采购管理系统中，单据取价只取供应类型为采购的相应记录。

(5) 采购请购单是可选单据，用户可以根据业务实际需要选用。

(6) 采购订单可以手工录入，也可以参照请购单、销售订单、采购计划(MRP、MPS、ROP)、采购合同及出口订单等生成。

【思考题】

采购订单有哪几种状态和来源？采购订单的“锁定”作用是什么？

第 6 章

委 外 业 务

6.1 业 务 概 述

6.1.1 功能概述

委外加工是一种代工不代料的外包委外商进行产品外协加工的加工方式。由于本企业生产能力不足，或有特殊工艺要求，或自制成本高于委外成本，或因其他原因，需要由企业提供加工委外件的材料，由委外供应商领料后负责完成委外件的生产，之后结算相应加工费用的一种加工运作模式。

委外管理系统是对委外业务的全部流程进行管理，提供委外订单下达、委外材料出库、委外到货、委外入库、委外材料核销、委外开票、委外结算等完整委外业务流程的管理。其中委外材料出库、委外入库业务在“库存管理”系统中进行。委外管理系统适用于离散型工业行业的委外加工业务管理。委外业务以委外订单为核心，支持严格按照委外订单进行收发料、开具委外加工费发票的业务处理。

本实验主要针对由 MPS 和 MRP 的供需规划资料生成委外订单，并进行委外加工业务的处理。委外业务包括从委外询价开始，到委外单的输入与审核、委外料品的领料加工、完工验收入库，直至财务制单的全部业务处理程序。委外业务兼有采购管理和生产订单的特点，既有询价和验收入库的环节，又有领料和发料等业务的内容。

6.1.2 相关子系统功能模块之间的关系

委外管理与其他子系统之间的关系如图 6-1 所示。

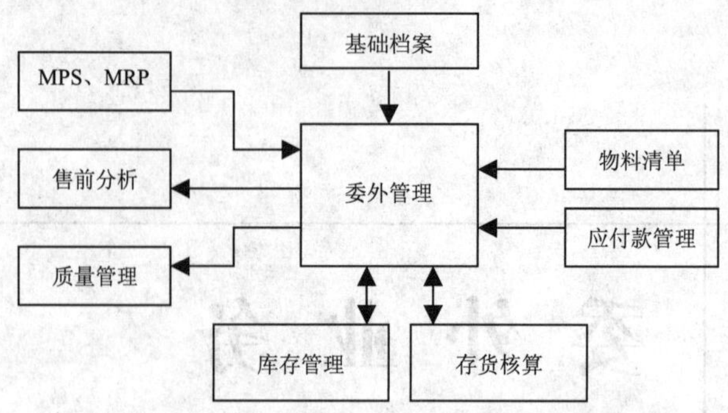

图 6-1　委外管理与其他子系统之间的关系

6.1.3　应用准备

在启用委外管理模块之前，需要准备的基础资料如下：

(1) 建立账套，启用委外管理系统。

(2) 设置存货档案等共用资料。

(3) 设置委外供应商存货对照表、存货价格表等基础信息。

(4) 对委外管理参数及期初数据进行维护。

6.2　系统业务流程

6.2.1　日常业务流程

委外管理日常业务处理流程图如图 6-2 所示。

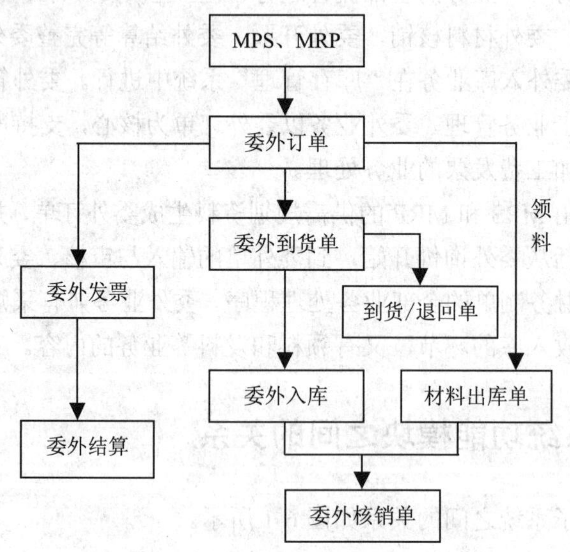

图 6-2　委外管理日常业务流程图

6.2.2 主要业务内容

1. 制作委外订单

委外订单的生成有两种方式：一是生产计划人员向委外商询价，签订委托加工合同后，生产计划人员手动录入委外单；二是经过 MPS 和 MRP 自动规划后，规划人员对建议规划量进行查核和确认后生成委外单(未审核)。

委外订单(委外加工单)包括反映在订单中的委外加工母件信息以及反映在订单用料表中的加工用料子件信息。母件信息包括委托供应商加工什么货品、加工多少、什么时间加工完成等收货数据信息，作为仓库收货的依据；子件信息包括需要提供给委外供应商的子件种类、用量、需求日期、批次、发料仓库、供应类型等发料数据信息，作为仓库发料的依据。因此，对委外订单的管理包括对母件的管理和对子件的管理。

企业生产管理部门或物料管理部门通常以委外订单为中心，依据委外订单进行委外后续的发料、到货、入库、开票、核销、结算等业务。

2. 审核委外订单

委外业务员打印出委外订单，由生产部门经理审核签字确认，再由委外商确认后，就形成了正式的委外加工合同，将委外订单打印出来后送达委外商和企业仓库，供领料和备料使用。

3. 根据委外订单领料

委外商接到委外订单的通知后，凭借委外订单来企业进行领料，仓库填制材料出库单。

4. 委外料品完工到货

委外商将加工完成的料品送达企业，企业要进行到货业务的处理。委外到货是委外订货和委外入库的中间环节，一般由委外业务员根据供方通知或送货单填写，确认对方所送达的委外加工料品、数量及价格等信息，以到货单的形式传递到仓库作为仓管员收货的依据。

5. 委外料品入库

委外物品加工完成送达企业后，仓管员根据到货单据进行收料入库。

6. 登记委外发票

委外发票是委外供应商开出的记载委外料品加工费的凭证，是企业据以登记应付账款的凭据。委外发票包括专用发票、普通发票及运费发票。

7. 委外业务结算

核算人员根据委外入库单和委外发票进行结算，以核算委外物品的加工成本，以“委外结算单”的形式记载委外入库单记录与发票记录的对应关系。委外结算采用手工结算的方式，另外运费发票可以单独进行费用折扣结算。

6.3 实验五 委外业务

【实验目的】

理解委外管理的作用，掌握委外管理的功能操作。

【实验要求】

以操作员身份进入系统进行操作。

【实验资料】

1. 实验数据

(1) 修改系统时间为“2012-01-07”。

(2) 导入光盘“实验账套”文件夹中的“委外业务数据准备”数据账套。

2. 实验资料

(1) 委外业务期初记账。

(2) 根据 MRP 的规划建议制作委外订单：委外商为北京兴隆注塑厂。各物料的委外含税单价：钟框为 9 元/个，盘体为 10 元/个。

(3) 审核并查询委外订单。

(4) 北京兴隆注塑厂根据企业的委外订单通知，到企业将所需物料全部领走。

(5) 委外加工的物品加工完成，送达企业，填制到货单。

(6) 委外物品入库业务。

(7) 登记普通委外发票。

【操作指导】

1. 委外业务期初记账

岗位：生产计划人员

菜单路径：业务工作/供应链/委外管理/委外期初/期初记账

在“期初记账”窗口中，单击“记账”按钮，记账完毕后出现“期初记账完毕”提示信息，单击“确定”按钮即完成记账，如图6-3所示。

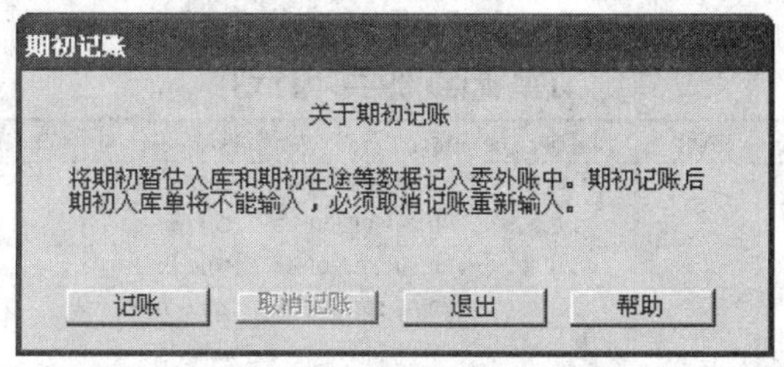

图6-3 采购期初记账

2. 生成委外订单

岗位：生产计划人员

菜单路径：业务工作/供应链/委外管理/委外订货/委外订单

(1) 在“委外订单”窗口中，单击工具栏上的“增加”按钮，生成一个新的委外订单号。

(2) 单击工具栏中“生单”按钮，选择“委外计划单”命令(如图6-4所示)，出现“过滤条件选择”窗口，单击“过滤”按钮后，进入“生成选单列表”窗口。

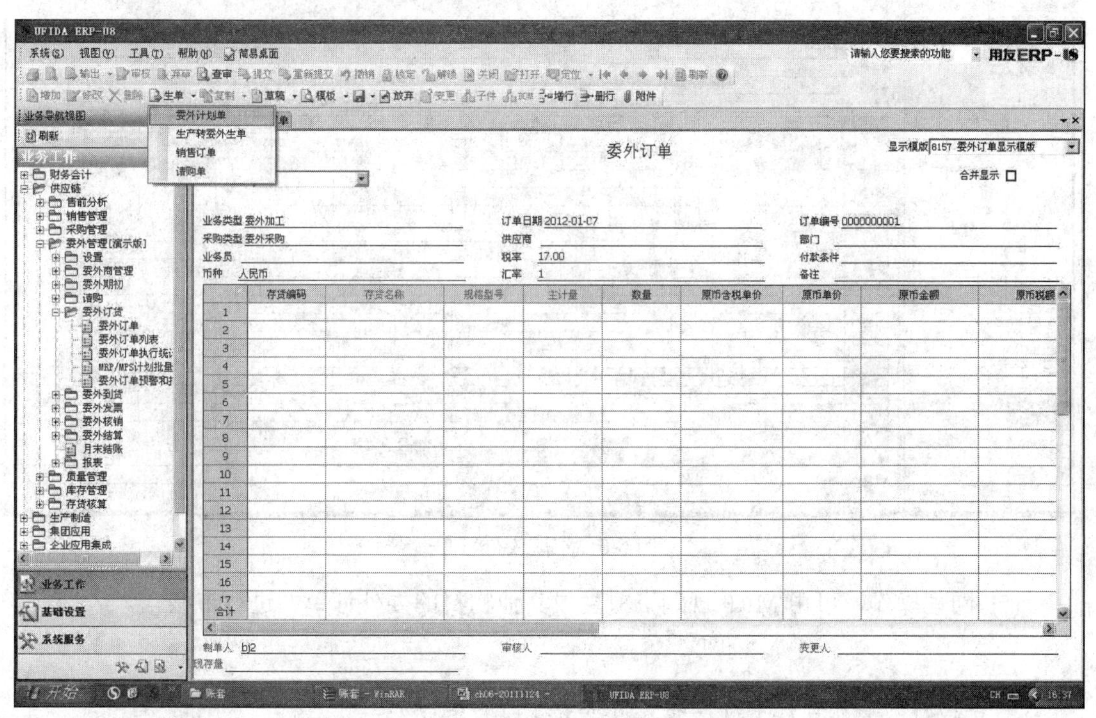

图6-4 新增委外订单

(3) 在列出的记录行中，双击“选择”栏位，出现“Y”时，表示已选中需要生成委外订单的计划单，单击工具栏中的“OK”按钮，所选记录行的信息即被带入委外订单中，如图 6-5 所示。

拷贝并执行

执行所拷贝的记录　显示已执行完的记录　页大小 20

订单参照MRP委外计划

记录总数：4　选中合计

选择	存货编码	存货名称	规格型号	主计量	计划数量	已下达量	计划下达日期	计划到货日期	供应商	计划员	采购员	计划来源
Y	12410	盘体		个	60.00	0.00	2012-01-11	2012-01-13				MRP
Y	12410	盘体		个	390.00	0.00	2012-01-16	2012-01-18				MRP
	13000	钟框		个	60.00	0.00	2012-01-16	2012-01-18				MRP
	13000	钟框		个	390.00	0.00	2012-01-21	2012-01-23				MRP
合计												

图 6-5　生成选单列表窗口

(4) 补充输入委外商及单价等信息后，单击“保存”按钮完成委外订单的录入工作，如图 6-6 所示。

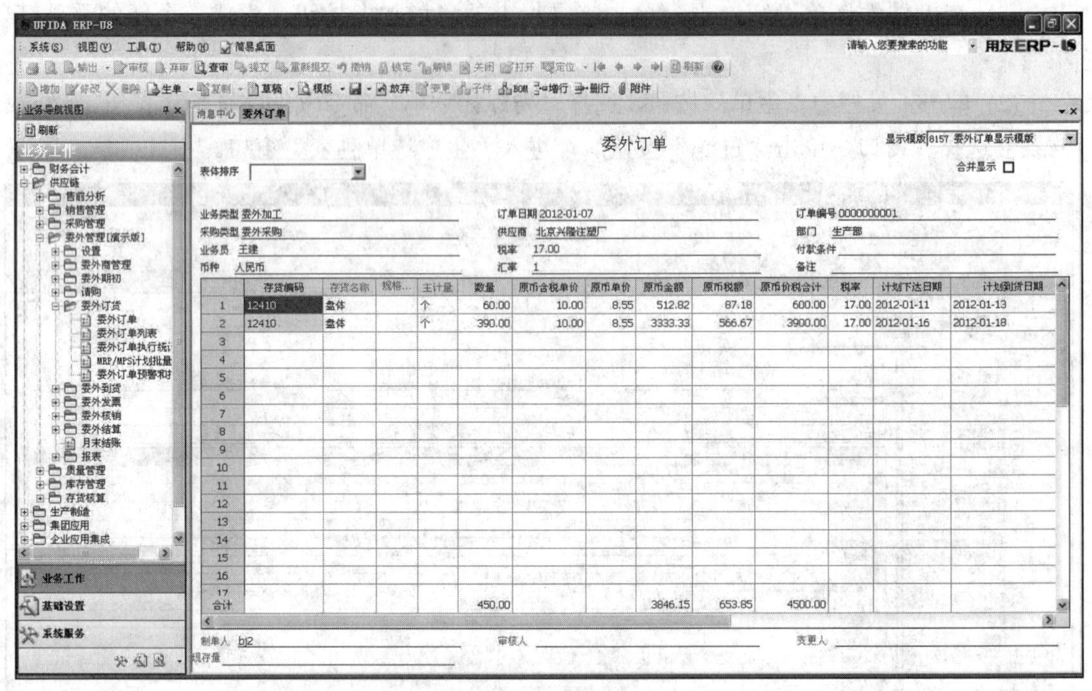

图 6-6　生成委外订单

(5) 同理操作，可由 MRP 规划资料生成其他物料的委外订单并进行审核。

注意：

- 各物料的委外含税单价，即支付给委外商的单件加工费。
- 委外订单可以手工录入，也可以参照 MPS 和 MRP 的委外规划和生产规划自动生成。
- 委外加工料品的价格可以由“委外商管理/供应商存货调价单”事先输入，通过“委外选项设置”中的“订单/费用发票单价录入方式”选择“取自供应商存货价格表价格”，当生成委外订单时，价格将根据委外商自动带出，也可进行修改。

- 委外订单可以修改、删除、审核、弃审、变更、关闭、打开、锁定、解锁。委外订单审核前可以直接修改，审核后的委外订单需弃审后方可修改。
- 已审核未关闭的委外订单可以参照生成委外到货单、委外入库单、委外发票。
- 本版只支持有委外订单的委外业务，即委外后续业务单据必须以委外订单为核心，不可手工无来源地增加后续委外业务单据。

3. 审核及查询委外订单

岗位：生产部门/主管

菜单路径：业务工作/供应链/委外管理/委外订货/委外订单

菜单路径：业务工作/供应链/委外管理/委外订货/委外订单列表

(1) 在“委外订单”窗口中，单击工具栏上的“审核”按钮对委外订单进行审核。

(2) 双击执行“委外订单列表”功能，查看所有委外订单的情况，如图6-7所示。

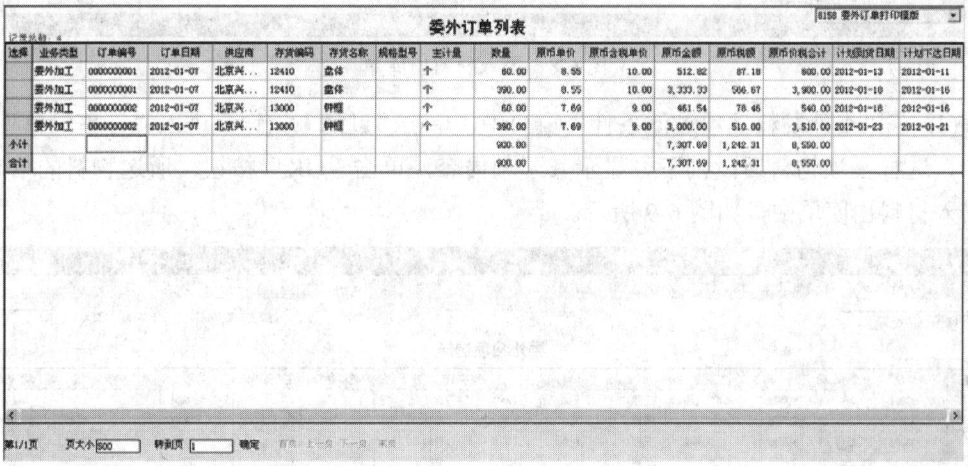

委外订单列表

8158 委外订单打印模版

记录总数：4

选择	业务类型	订单编号	订单日期	供应商	存货编码	存货名称	规格型号	主计量	数量	原币单价	原币含税单价	原币金额	原币税额	原币价税合计	计划到货日期	计划下达日期
	委外加工	0000000001	2012-01-07	北京兴…	12410	盘体		个	60.00	8.55	10.00	512.82	87.18	600.00	2012-01-13	2012-01-11
	委外加工	0000000001	2012-01-07	北京兴…	12410	盘体		个	390.00	8.55	10.00	3,333.33	566.67	3,900.00	2012-01-18	2012-01-16
	委外加工	0000000002	2012-01-07	北京兴…	13000	钟[illegible]		个	60.00	7.69	9.00	461.54	78.46	540.00	2012-01-18	2012-01-16
	委外加工	0000000002	2012-01-07	北京兴…	13000	钟[illegible]		个	390.00	7.69	9.00	3,000.00	510.00	3,510.00	2012-01-23	2012-01-21
小计									900.00			7,307.69	1,242.31	8,550.00		
合计									900.00			7,307.69	1,242.31	8,550.00		

第1/1页　页大小 500　转到页 1　确定　首页 上一页 下一页 末页

图6-7　委外订单列表

4. 根据委外订单进行领料

岗位：仓库/仓管员

菜单路径：业务工作/供应链/库存管理/出库业务/材料出库单

(1) 在“材料出库单”窗口中，单击工具栏中的“增加”按钮，生成一个新的材料出库单号。

(2) 单击表头“仓库”栏位中的“…”图标，选择“原辅料仓库”。

(3) 单击表头“订单号”栏位中的“…”图标，弹出一个“生单来源”对话框，选择“委外订单”，单击“确认”按钮，如图6-8所示。

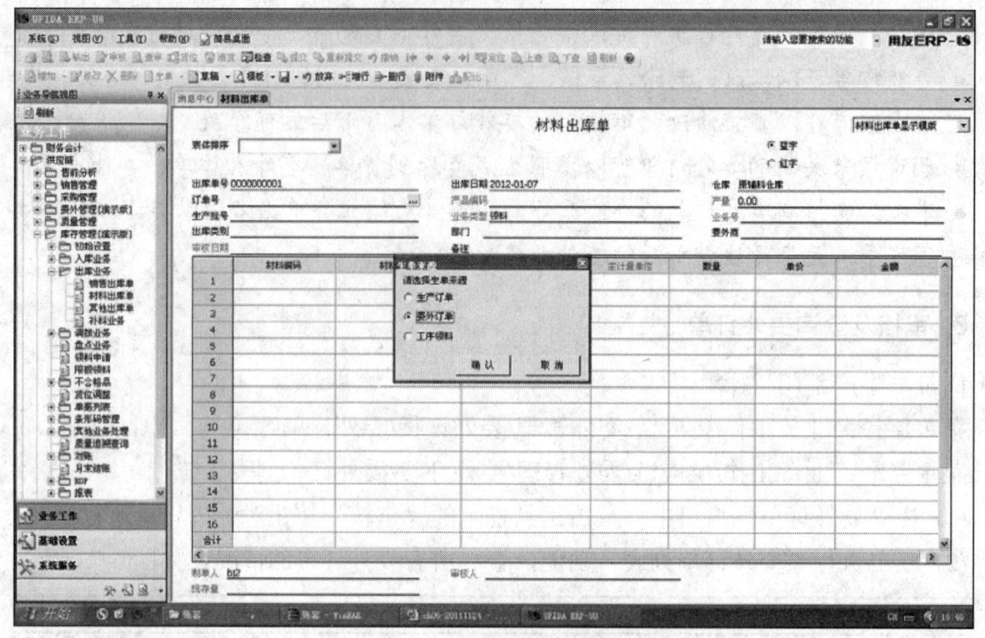

图 6-8 录入材料出库单

(4) 在“委外发料父项过滤条件”窗口中，单击“过滤”按钮，进入“订单生单列表”窗口，选择父项物料后，则下方显示其子项内容，单击“OK”按钮，所选物料的信息将被带入材料出库单中，如图 6-9 所示。

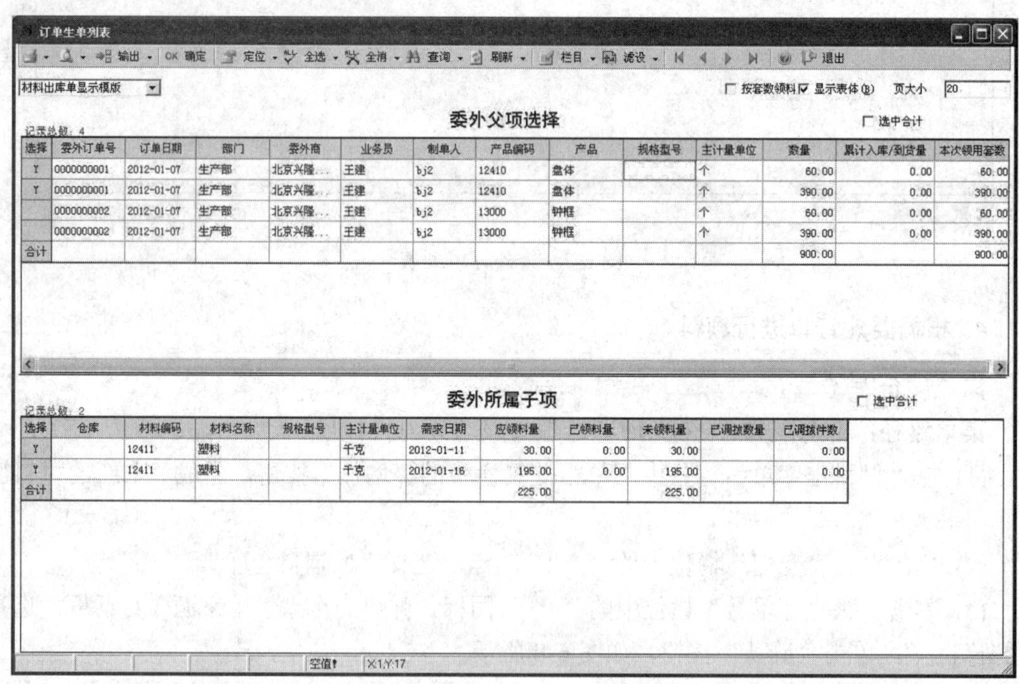

图 6-9 委外订单生单列表

(5) 单击“保存”按钮，完成委外加工物品的领料，如图 6-10 所示。

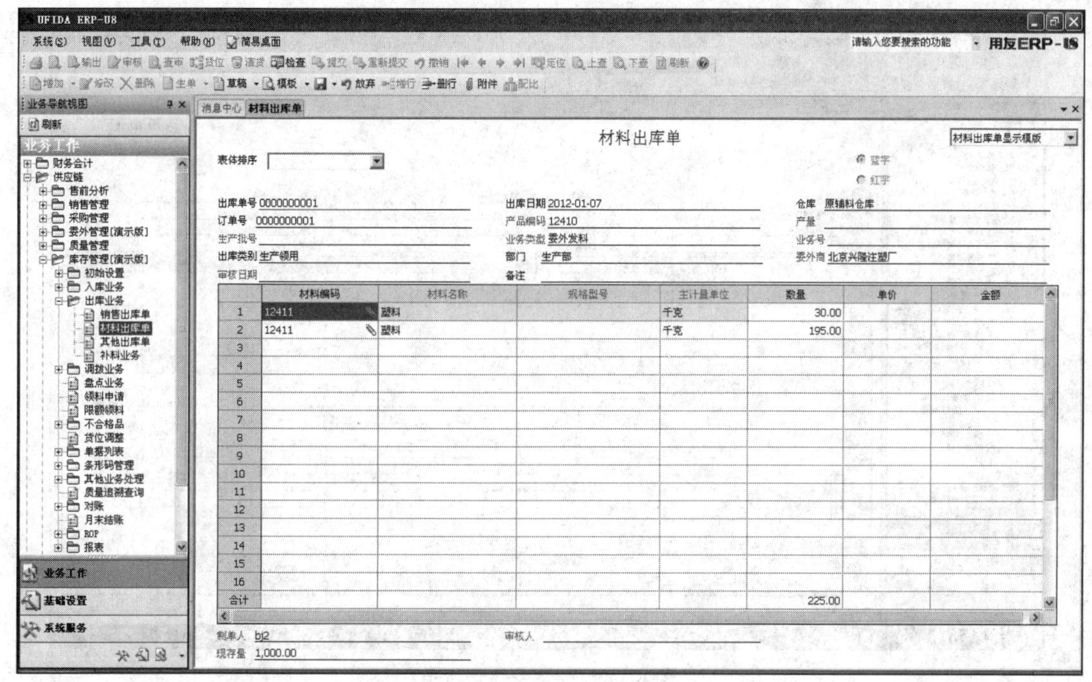

图 6-10 生成材料出库单

(6) 在“材料出库单”窗口中，单击工具栏上的“审核”按钮，完成审核工作。

(7) 同理操作，完成其他物料的委外领料工作。

注意：

- 材料出库单可以手工增加，可以配比出库，可以参照“生产订单”的生产订单用料表生成，参照“委外管理”的委外订单用料表生成，或根据限额领料单生成；材料出库单还可以在产成品入库单、采购入库单、生产订单工序转移单保存后由系统自动生成；倒冲仓库盘点的盘点单审核后可自动生成材料出库单。
- 材料出库单可以修改、删除、审核、弃审，但根据限额领料单生成的材料出库单不可修改、删除；自动倒冲或盘点补差生成的材料出库单不允许删除；自动倒冲或盘点补差生成的材料出库单根据倒冲材料出库单设置自动审核后方可自动审核。

5. 委外加工物品完工到货

岗位：委外业务员

菜单路径：业务工作/供应链/委外管理/委外到货/到货单

(1) 在“到货单”窗口中，单击工具栏上的“增加”按钮，生成一个新的到货单单据号。

(2) 单击工具栏中的“生单”按钮，选择“委外订单”命令，如图 6-11 所示。在“过滤条件选择”窗口，单击“过滤”按钮后，进入“生成选单列表”窗口。

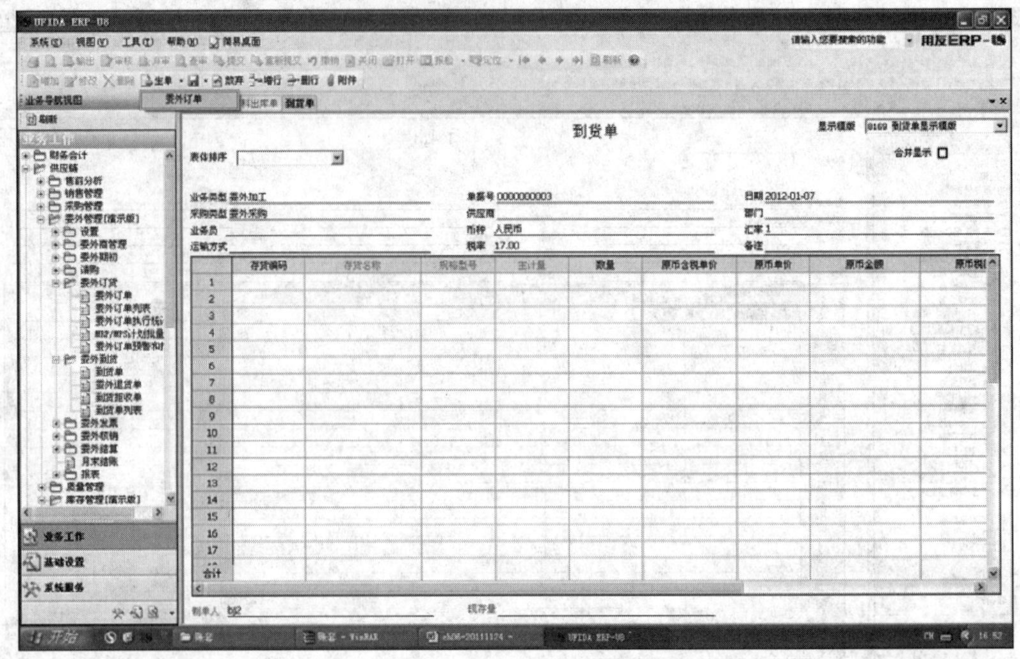

图 6-11 新增委外到货单

(3) 在“生成选单列表”窗口的委外订单记录行中，双击“选择”栏位，或单击“全选”按钮，出现“Y”时，表示已选中要生成到货单的委外订单，窗口下方显示物料的详细资料，单击工具栏中的“OK”按钮，所选委外订单的信息即被带入到货单中，如图 6-12 所示。

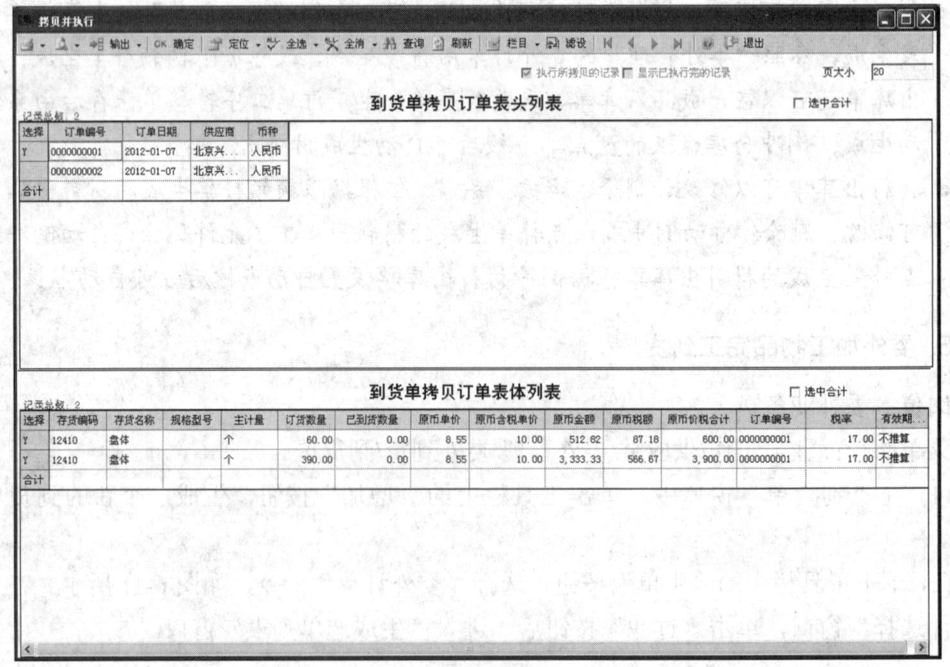

图 6-12 生成选单列表

(4) 如图 6-13 所示，在“到货单”窗口中单击“保存”按钮完成到货单的生成工作。

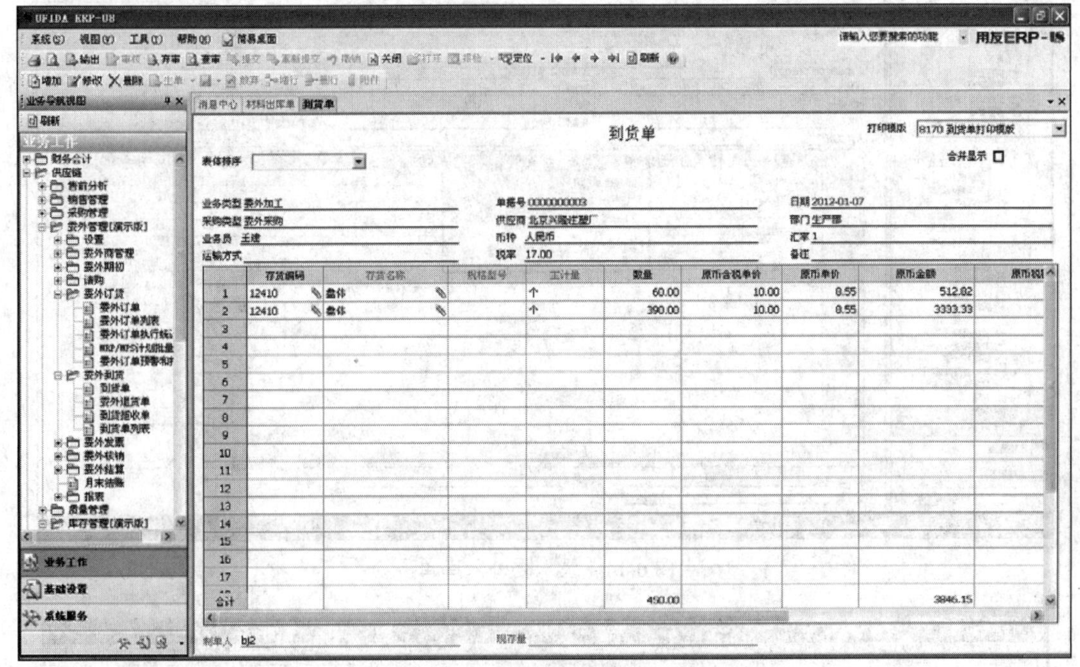

图 6-13 生成委外到货单

(5) 单击工具栏上的“审核”按钮，对“到货单”进行审核。

(6) 同理操作，完成其他委外加工物料的到货单录入和审核工作。

6. 委外料品完工入库

岗位：仓库/仓管员

菜单路径：业务工作/供应链/库存管理/入库业务/采购入库单

菜单路径：业务工作/供应链/库存管理/报表/库存账/现存量查询

(1) 在“采购入库单”对话框中，单击工具栏上的“增加”按钮，生成一个新的入库单号。

(2) 单击表头栏目的“到货单号”栏位的“…”图标，弹出“生单来源”对话框，如图 6-14 所示。选择“委外到货单”，单击“确认”按钮。

(3) 在“过滤条件选择”窗口中单击“过滤”按钮后，进入“到货单生单列表”窗口，选择要入库的到货单，单击工具栏中的“OK”按钮，于是，所选到货单的信息即被带进入库单中，如图 6-15 所示。

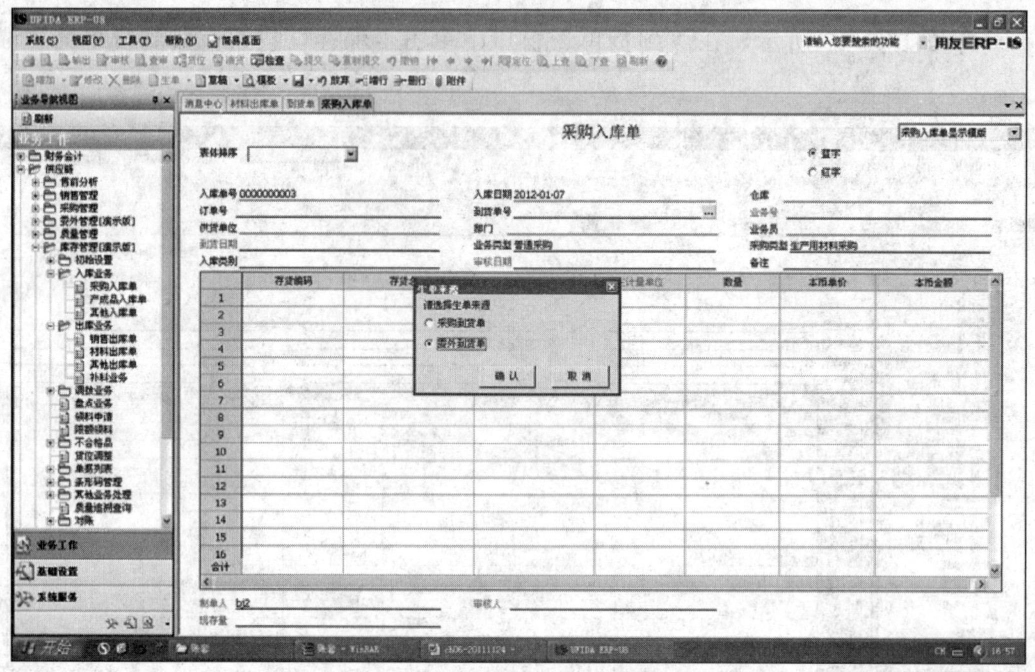

图 6-14　录入委外入库单

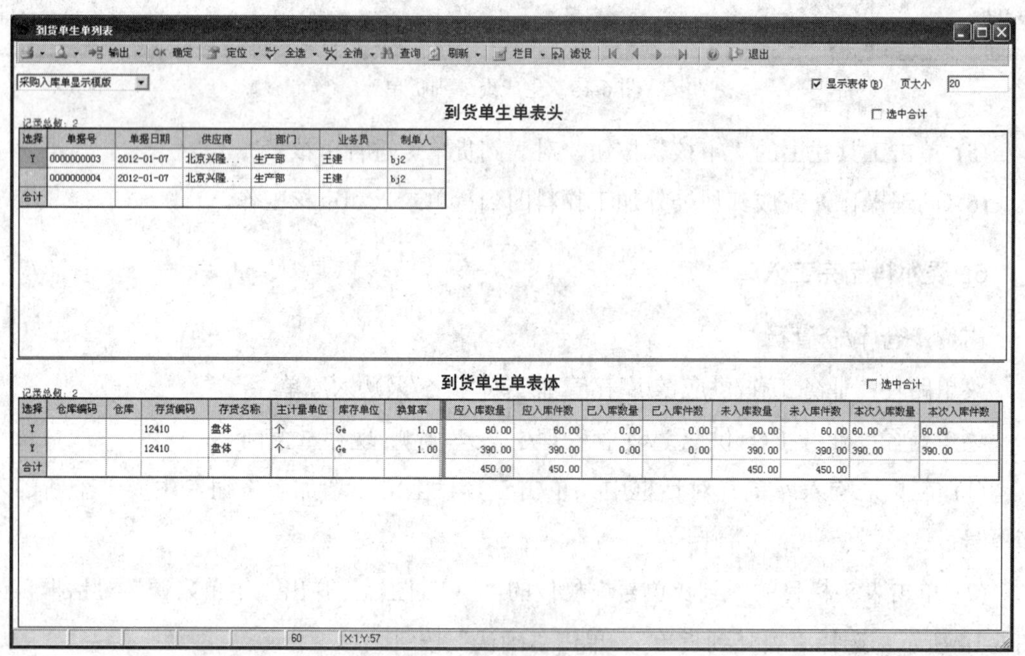

到货单生单列表

到货单生单表头

记录总数：2

选择	单据号	单据日期	供应商	部门	业务员	制单人
Y	0000000003	2012-01-07	北京兴隆...	生产部	王建	bj2
	0000000004	2012-01-07	北京兴隆...	生产部	王建	bj2
合计						

到货单生单表体

记录总数：2

选择	仓库编码	仓库	存货编码	存货名称	主计量单位	库存单位	换算率	应入库数量	应入库件数	已入库数量	已入库件数	未入库数量	未入库件数	本次入库数量	本次入库件数
Y			12410	盘体	个	Ge	1.00	60.00	60.00	0.00	0.00	60.00	60.00	60.00	60.00
Y			12410	盘体	个	Ge	1.00	390.00	390.00	0.00	0.00	390.00	390.00	390.00	390.00
合计								450.00	450.00			450.00	450.00		

图 6-15　到货单生单列表窗口

(4) 补充输入入库仓库等资料后，单击“保存”按钮，即完成委外入库单的生成工作，如图 6-16 所示。

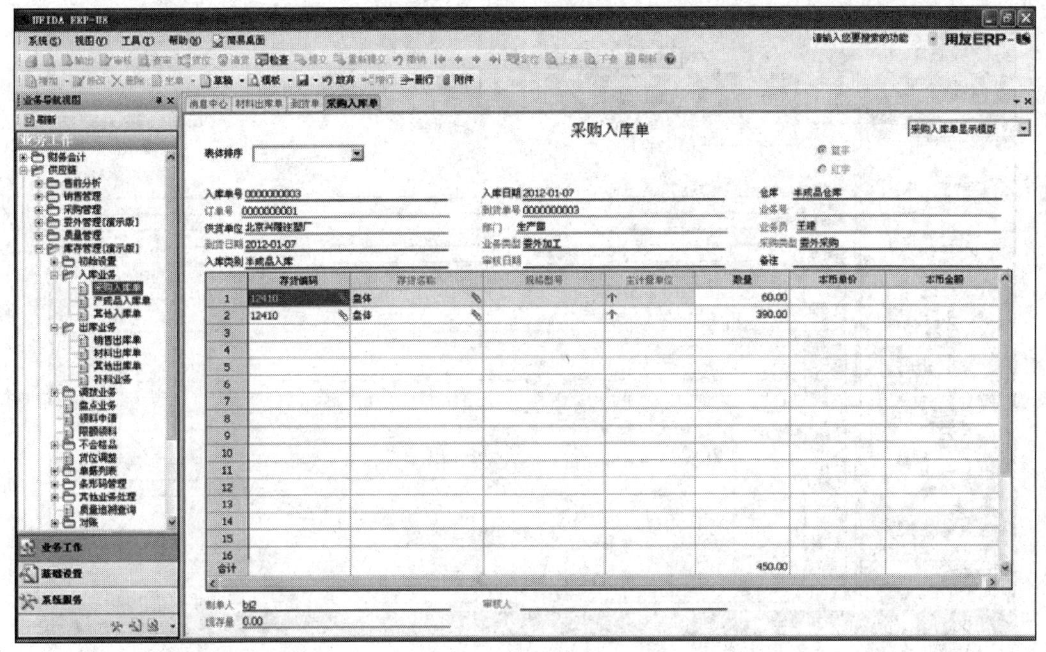

图 6-16 生成委外入库单

(5) 单击工具栏上的“审核”按钮，对该单据进行审核。

(6) 通过“业务工作/供应链/库存管理/报表/库存账/现存量查询”功能，可以查询委外物料的库存现存量，如图 6-17 所示。

现存量查询

仓库编码	仓库名称	存货编码	存货代码	存货名称	规格型号	存货分类代码	存货分类名称	主计量单位	现存数量	在检	调拨待发数量	预计出库数量	不合格品数量	可用数量
0010	原辅料仓库	12010	12010	铝材		03	材料	千克	9.00					9.00
0010	原辅料仓库	12411	12411	塑料		03	材料	千克	550.00					550.00
0010	原辅料仓库	12421	12421	薄膜		03	材料	米	1,000.00					1,000.00
0020	成品仓库	10000	10000	电子挂钟		01	成品	个	50.00					50.00
0030	半成品仓库	11000	11000	机芯		02	半成品	个	550.00					550.00
0030	半成品仓库	12200	12200	短针		02	半成品	根	1,000.00					1,000.00
0030	半成品仓库	12300	12300	秒针		02	半成品	根	1,000.00					1,000.00
0030	半成品仓库	12410	12410	盘体		02	半成品	个	450.00					450.00
0030	半成品仓库	12420	12420	字模		02	半成品	个	300.00					300.00
0030	半成品仓库	13000	13000	钟框		02	半成品	个	450.00					450.00
0030	半成品仓库	14000	14000	电池		02	半成品	节	900.00					900.00
合　计									6,259.00					6,259.00

【用友软件】

图 6-17 查询委外物料库存现存量

7. 登记普通委外发票

岗位：委外业务员

菜单路径：业务工作/供应链/委外管理/委外发票/普通委外发票

(1) 在普通委外发票窗口中，单击工具栏上的“新增”按钮，生成一个新的发票号。

(2) 单击工具栏中“生单”按钮，选择“委外入库单”命令，如图 6-18 所示。

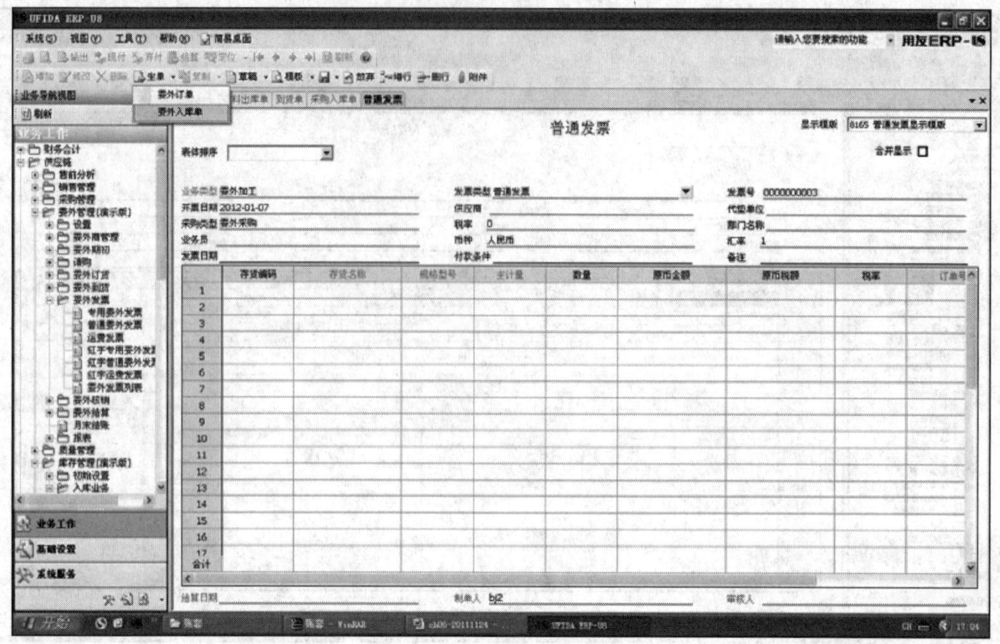

图 6-18　登记普通委外发票

(3) 在“过滤条件选择”窗口中单击“过滤”按钮后，进入“生成选单列表”窗口。选择列出的委外入库单，单击工具栏中的“OK”按钮，所选委外入库单的信息即被带入“委外发票”中，如图 6-19 所示。

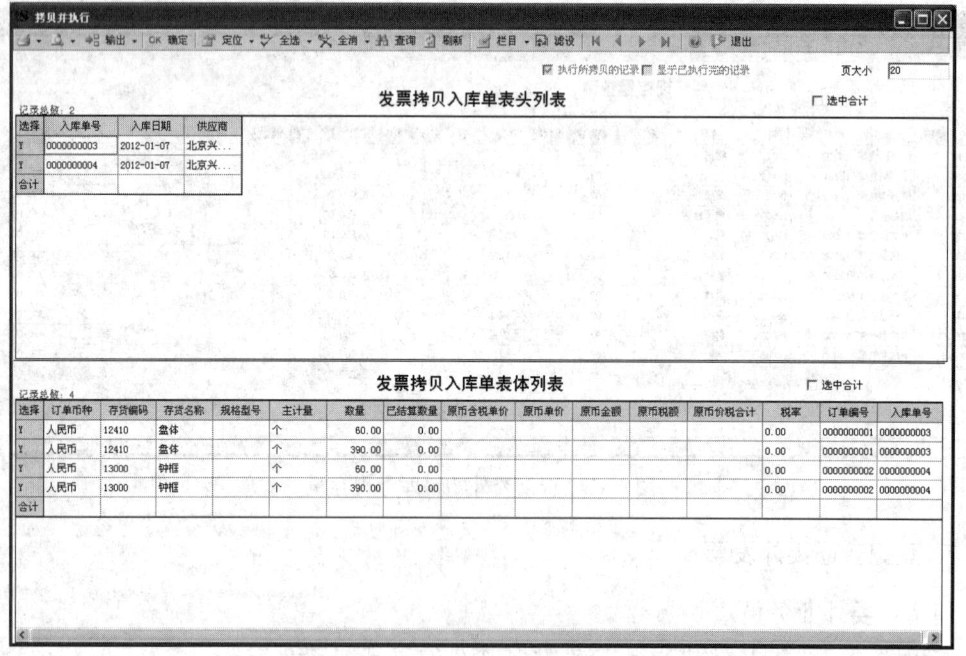

发票拷贝入库单表头列表

记录总数：2

选择	入库单号	入库日期	供应商
Y	0000000003	2012-01-07	北京兴...
Y	0000000004	2012-01-07	北京兴...
合计			

发票拷贝入库单表体列表

记录总数：4

选择	订单币种	存货编码	存货名称	规格型号	主计量	数量	已结算数量	原币含税单价	原币单价	原币金额	原币税额	原币价税合计	税率	订单编号	入库单号
Y	人民币	12410	盘体		个	60.00	0.00						0.00	0000000001	0000000003
Y	人民币	12410	盘体		个	390.00	0.00						0.00	0000000001	0000000003
Y	人民币	13000	钟框		个	60.00	0.00						0.00	0000000002	0000000004
Y	人民币	13000	钟框		个	390.00	0.00						0.00	0000000002	0000000004
合计															

图 6-19　生成选单列表窗口

(4) 在委外发票窗口中，单击“保存”按钮完成委外发票的填制工作，如图 6-20 所示。

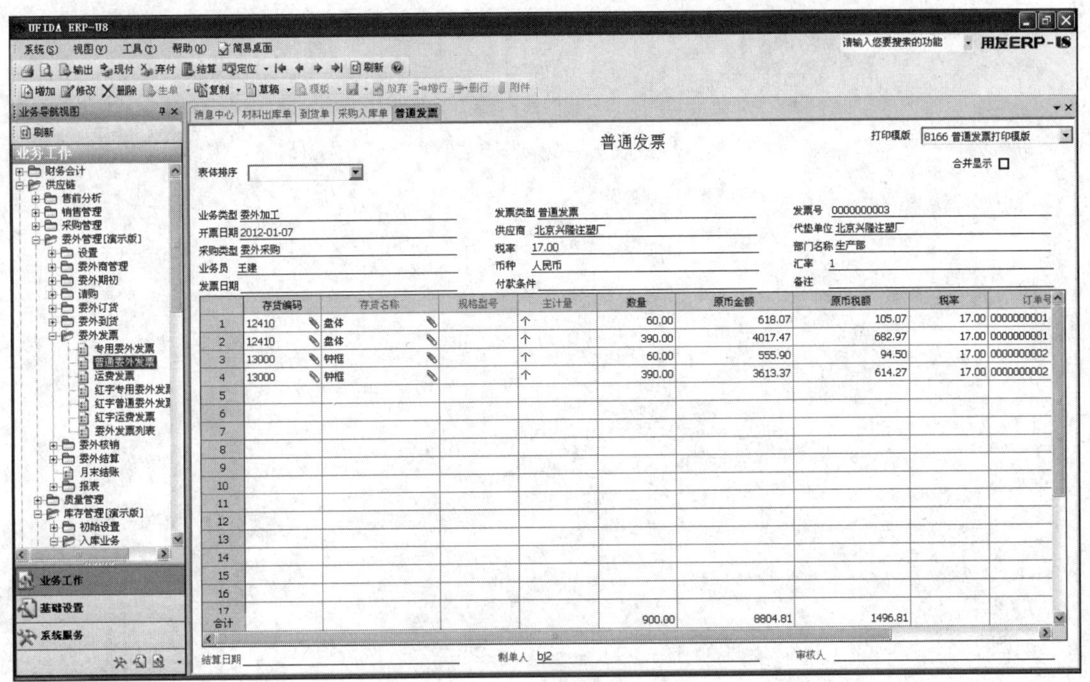

图 6-20 填制普通委外发票

【思考题】

查询委外订单的收发情况以及委外料品的结存明细资料，并做委外业务分析。

第7章 生产业务

7.1 业务概述

7.1.1 功能概述

生产管理系统是针对自制料品的加工生产而进行管理的，自制料品的生产管理包括制订生产计划并核发可执行的生产订单，然后根据生产订单进行领料、加工生产、完工入库等作业。因此，本系统将针对与制造活动有关的生产订单进行计划、锁定、审核、备料、关闭等作业的管理，协助企业有效掌握各项制造活动的信息，以达到如下目的。

(1) 针对主生产计划及物料需求规划生成的建议生产量，提供分批计划功能，或手动建立生产订单资料，使生产计划作业更具弹性。

(2) 提供生产订单的锁定和审核功能，有效控制计划执行过程。

(3) 提供各种角度的跟催资料，有效掌握生产进度。

(4) 提供生产订单缺料模拟分析，作为调整生产进度的参考。

(5) 提供按生产订单设定特殊用料功能，供替代料及特殊用料使用。

(6) 提供生产订单用料分析，以有效掌握各生产订单的用料及成本差异资料。

本实验主要应用“生产制造”子系统中的“生产订单”模块以及“库存管理”子系统的出入库功能模块，对生产订单业务进行处理，完成生产订单的生成、生产领料、生产完工入库的工作。

7.1.2 相关子系统功能模块之间的关系

生产订单与其他子系统之间的关系如图 7-1 所示。

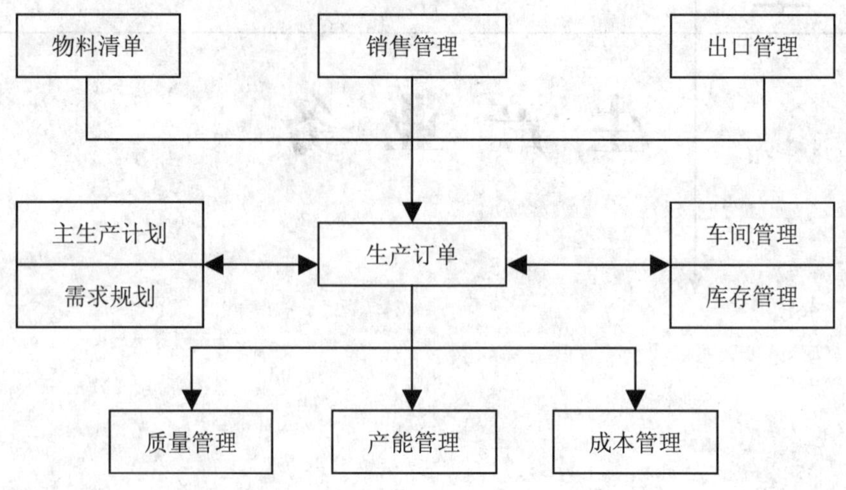

图 7-1　生产订单与其他子系统之间的关系

7.1.3 应用准备

(1) 建立账套：在新建账套时选择工业版，并设置单位信息、分类编码方案、数据精度等。

(2) 系统启用：在新建账套后，设置启用“生产订单”系统。

(3) 用户及其权限管理：在完成用户管理的基础上，对操作员权限进行设置。

(4) 基础档案设置：包括设置部门档案、职员档案、存货分类、计量单位、存货档案、仓库档案、自定义项、生产制造参数、工作日历、工作中心等系统公用资料。

(5) 单据设置：用户可以对“生产订单”系统所有单据进行格式设置、编号设置。

(6) 基本资料维护：使用“生产订单”系统处理生产订单之前，对“生产订单类别资料、物料生产线关系资料”等基础资料进行设置。

7.2 系统业务流程

7.2.1 日常业务流程

生产业务流程图如图 7-2 所示。

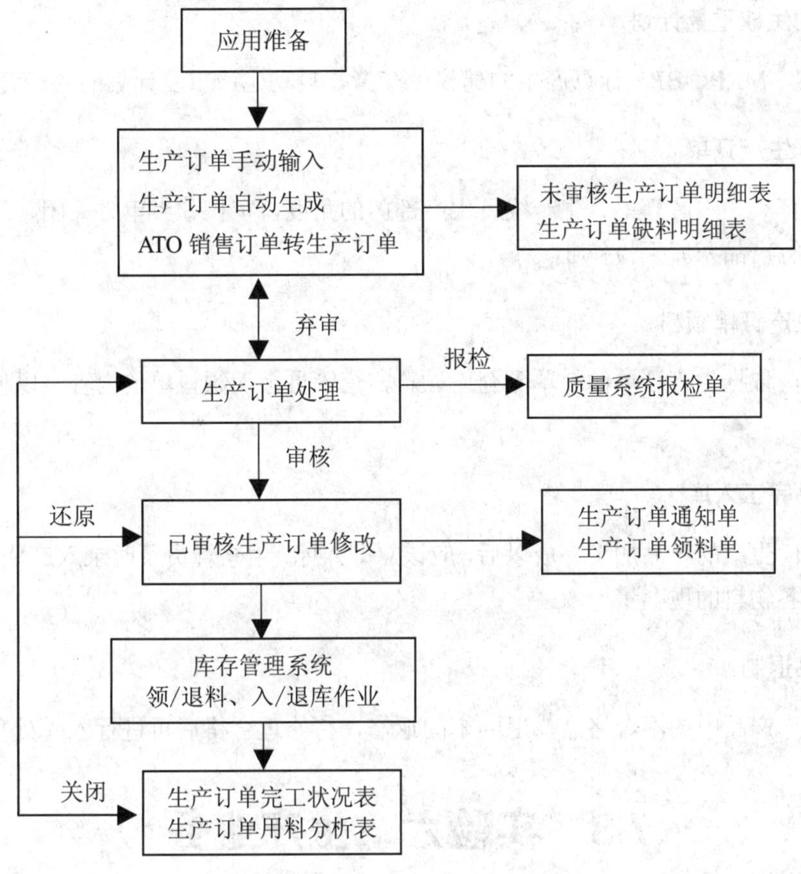

图 7-2 生产业务流程图

7.2.2 主要业务内容

1. 手动输入生产订单

手工输入标准与非标准生产订单资料，并可修改、删除和查询按 MPS、MRP、BRP 规划自动生成的锁定状态的生产订单及其子件供需资料。

2. 手动输入重复计划

对需要重复制造的物料进行供需计划安排，是按照日产量来计划的一种生产订单。事先要在“存货档案”的“MPS/MRP”页签中对物料设置为“重复计划”。

3. 自动生成生产订单

核查并确认 MPS、MRP、BRP 所产生的建议自制(或委外)量，并由此自动生成生产订单，以便进一步执行加工处理活动。

4. 自动生成重复计划

从 MPS、MRP、BRP 计算产生的建议生产量，自动生成重复计划的生产订单。

5. 处理生产订单

从销售订单、生产订单、生产线、生产部门的角度，审核、弃审、关闭、还原生产订单，并可执行产品入库报检作业。

6. 按生产订单领料

制造部门依据生产订单领料单到仓库领料，仓管员录入领料单的内容，以便准确计算物料库存。

7. 产品完工入库

制造部门生产的料品加工完成以后，应该立即入库，由仓管员及时录入产成品入库单，并及时更新各物料的现存量。

8. 产品退制

对已入库产品中的不合格品，退回车间返修，待修理合格后再进行入库处理。

7.3 实验六 生产业务

【实验目的】

了解企业生产业务的流程，理解生产订单的作用，掌握生产订单管理的操作。

【实验要求】

以操作员身份进入系统进行操作。

【实验资料】

1. 实验数据准备

(1) 修改系统时间为“2012-01-07”。
(2) 引入光盘“实验数据”文件夹中的“生产订单数据准备”数据账套。

2. 实验资料

(1) 根据 MPS 和 MRP 规划的结果，生成生产订单。

(2) 对生成的生产订单进行审核。

(3) 打印生产订单通知单。

(4) 打印生产订单领料单。

(5) 按生产订单进行领料。

(6) 制品加工完成以后进行完工入库。

(7) “电子挂钟”入库后有5个不合格，需要退制，返回车间返修。

(8) 退制5个“电子挂钟”。

(9) 经过生产车间修理后，5个“电子挂钟”全部合格，再次办理入库手续。

【操作指导】

1. 自动生成生产订单

岗位：生产计划人员

菜单路径：业务工作/生产制造/生产订单/生产订单生成/生产订单自动生成

(1) 选择“生产订单自动生成”菜单命令，弹出“过滤条件”窗口，单击“过滤”按钮，系统自动列示符合要求的订单资料，即生产订单明细资料列表，如图7-3所示。

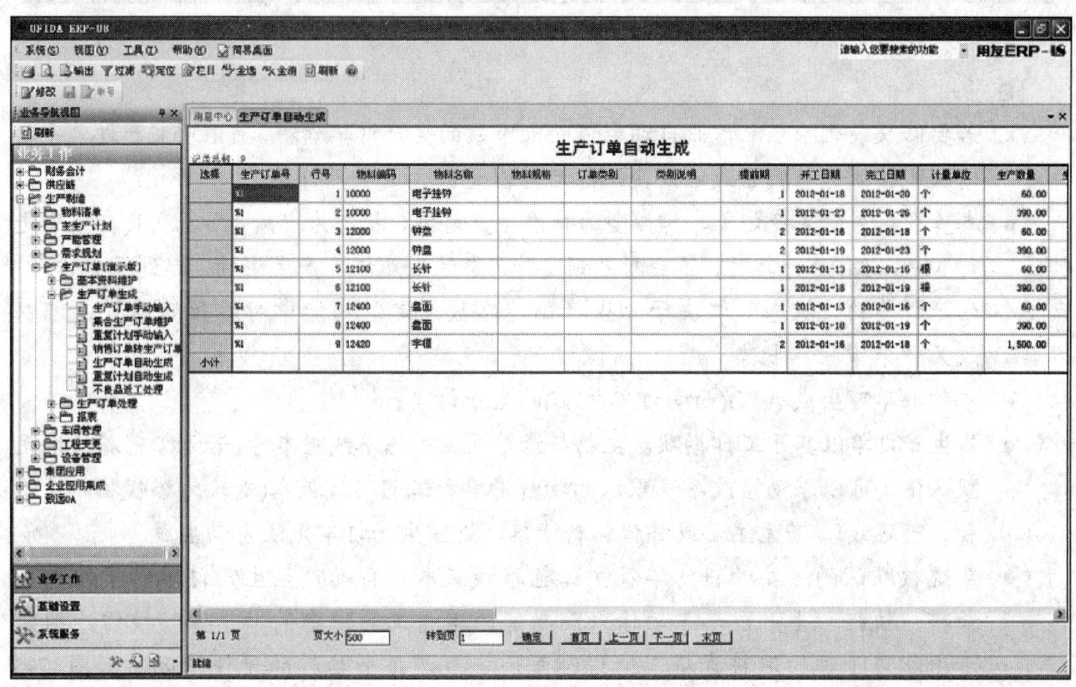

图7-3 生产订单列表

(2) 双击表体行的“选择”栏位，即选中所要生成的生产订单，或单击“全选”按钮选中所有订单，单击“修改”按钮，最后单击“保存”按钮，即可完成生产订单的自动生成操作，如图7-4所示。

(3) 同理，完成所有生产订单的自动生成，完成后表体中的记录为空。

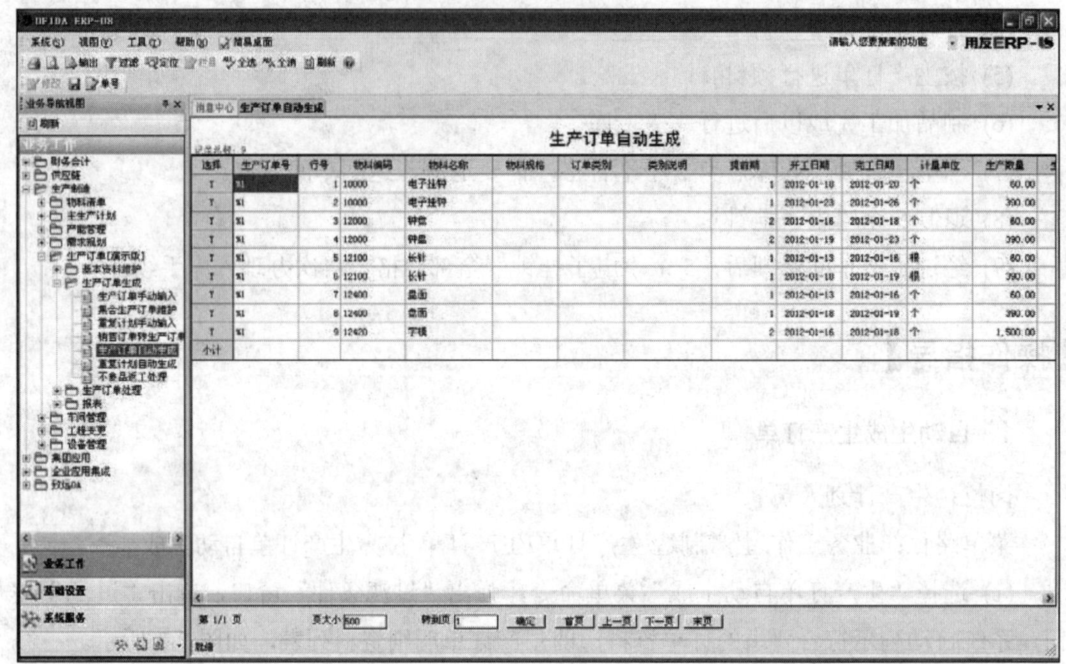

图7-4 自动生成的生产订单

注意：

- 若要修改或删除经本作业自动生成而未审核的生产订单资料，可在“生产订单手动输入”作业进行删除或修改，删除后可以重新生成生产订单。
- 本作业生成的生产订单，其类型为标准生产订单，状态为“锁定”，表明在重新进行MPS、MRP计算时，不会对“锁定”状态的生产订单产生影响，起到保护作用。生产订单的“状态”取决于“生产制造参数设定”功能中对参数的设置，可以改为“未审核”状态。
- 本作业不可生成ATO(面向订单装配)的生产订单。
- 各生产订单以其开工日期默认主物料清单及主工艺路线版本号，若无工艺路线则无默认值。可以手动修改系统默认的物料清单和工艺路线版本(或改为替代物料清单和工艺路线)，若无主要或替代物料清单，则该生产订单无法自动生成。
- 系统按默认的主要物料清单及主工艺路线版本，自动产生生产订单的子件需求资料。执行“生产订单手动输入”功能，单击工具栏中的“子件”按钮，则列示出相应子件的用料资料，通过翻页逐一查看每个物料的子件情况，如图7-5所示。

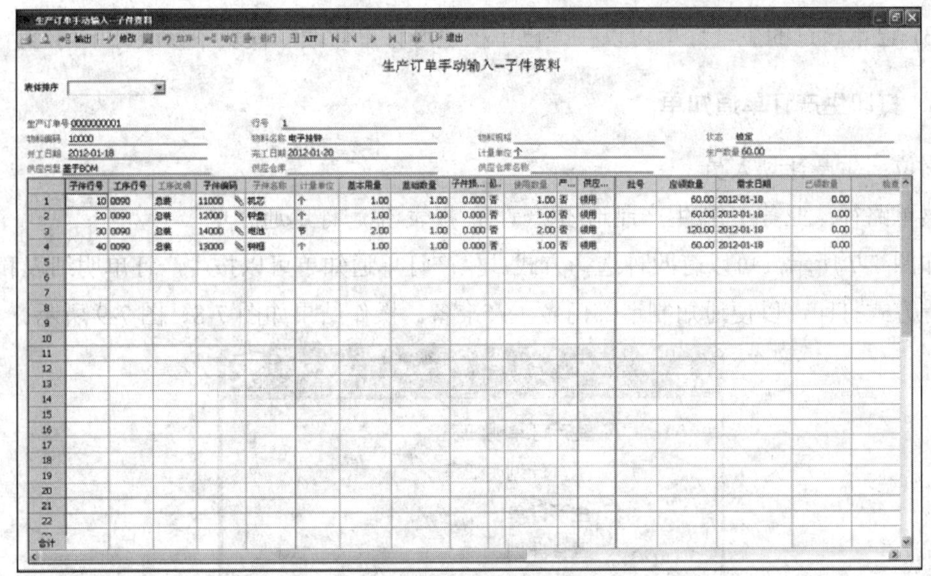

图 7-5 查询子件资料

2. 审核生成的生产订单

岗位：生产部门主管

菜单路径：业务工作/生产制造/生产订单/生产订单处理/生产订单整批处理

(1) 双击“生产订单整批处理”菜单命令，弹出“过滤条件”窗口，单击“过滤”按钮，系统自动生成将要处理的生产订单明细列表。

(2) 双击“选择”栏位，选中需要处理的生产订单，然后单击工具栏中的“修改”按钮，即可单击“审核”按钮进行审核，审核完成后显示审核结果报告，单击“确定”按钮后，“生产订单整批处理”窗口的记录行中将不再显示该物料的记录，表明该生产订单已审核完成，如图 7-6 所示。同理完成所有生产订单的审核工作。

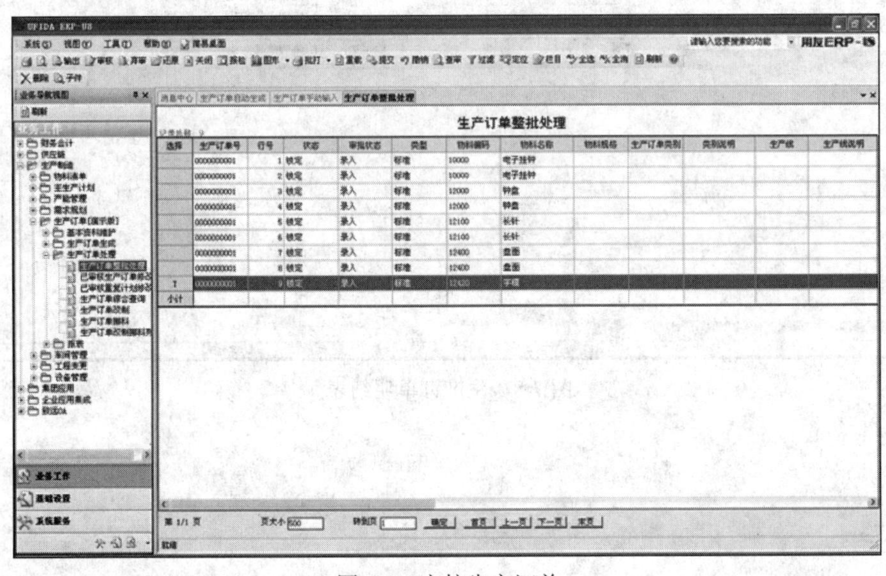

图 7-6 审核生产订单

(3) 已审核过的生产订单可以在“已审核生产订单修改”模块中修改订单内容。

3．打印生产订单通知单

岗位：生产计划人员

菜单路径：业务工作/生产制造/生产订单/报表/生产订单通知单

如图 7-7 所示，可以有四种选择方式。生产订单通知单可以按生产订单明细表和生产订单等方式打印，以便通知制造部门做生产准备。操作结果如图 7-8、图 7-9 所示。

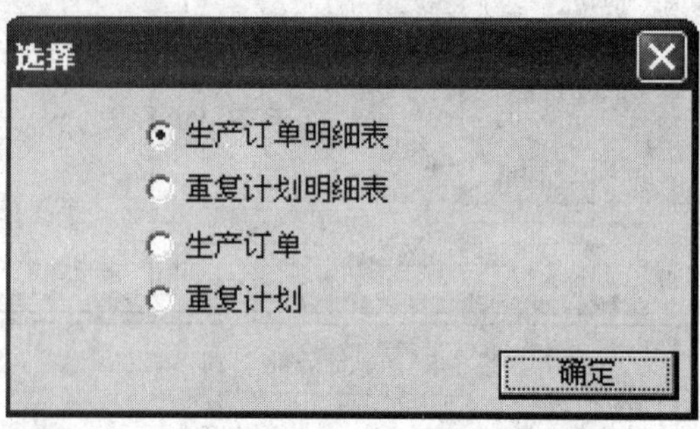

图 7-7　生产订单通知单打印选择

生产订单明细表

输出　小计　合计　格式　分组　折行

生产订单明细表

生产部门　：　全部　到 全部　开工日期　：　全部　到 全部　订单类别：　全部　到 全部
生产订单　：　全部　到 全部　生产订单行号：　全部　到 全部　原因码　：　全部　到 全部
销售订单类别：　全部　销售订单　：　全部　到 全部　出口订单：　全部　到 全部
物料编码　：　全部　到 全部

生产部门	部门名称	生产订单号码	行号	物料编码	物料名称	物料规格	计量单位	生产订单数量	MRP净算量	开工日期	完工日期	生产批号	预入仓库	仓库名称
		0000000001	1	10000	电子挂钟		个	60.00	60.00	2012-01-18	2012-01-20			
		0000000001	2	10000	电子挂钟		个	390.00	390.00	2012-01-23	2012-01-26			
		0000000001	3	12000	钟盘		个	60.00	60.00	2012-01-16	2012-01-18			
		0000000001	4	12000	钟盘		个	390.00	390.00	2012-01-19	2012-01-23			
		0000000001	5	12100	长针		根	60.00	60.00	2012-01-13	2012-01-16			
		0000000001	6	12100	长针		根	390.00	390.00	2012-01-18	2012-01-19			
		0000000001	7	12400	盘面		个	60.00	60.00	2012-01-13	2012-01-16			
		0000000001	8	12400	盘面		个	390.00	390.00	2012-01-18	2012-01-19			
		0000000001	9	12420	字模		个	1,500.00	1,500.00	2012-01-16	2012-01-18			
合　计								3,300.00	3,300.00					

【用友软件】

图 7-8　生产订单明细表

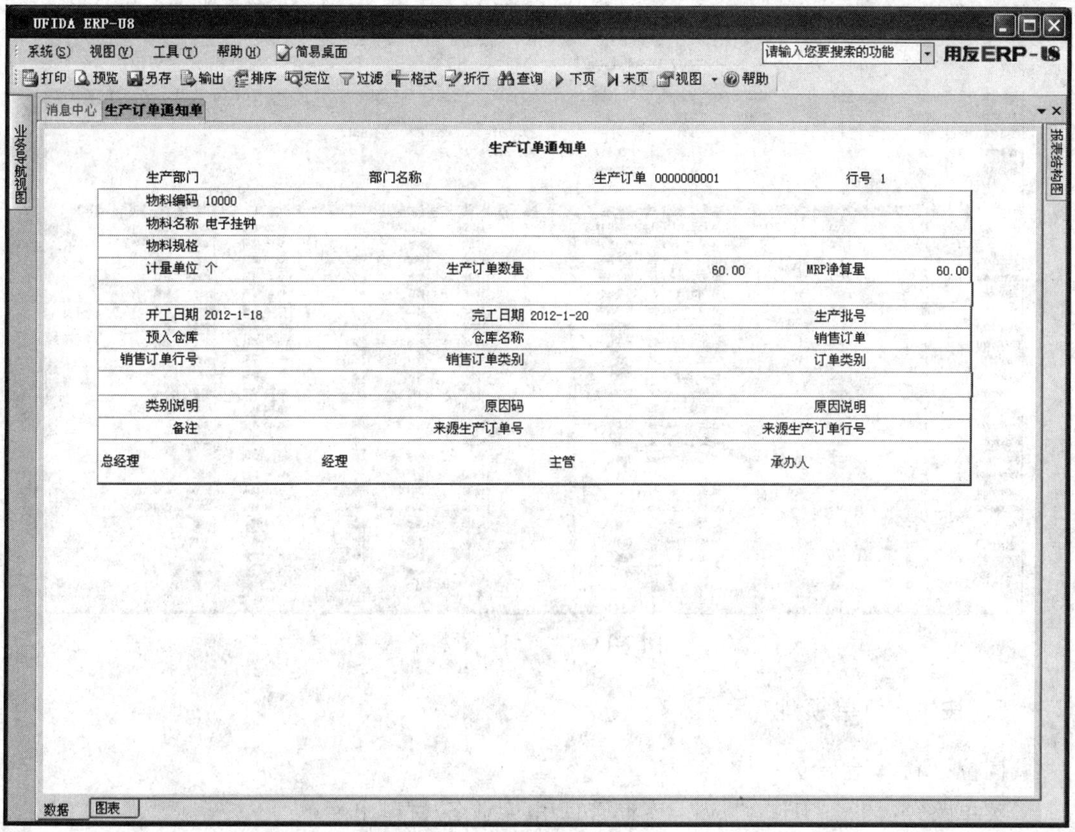
UFIDA ERP-U8
系统(S) 视图(V) 工具(T) 帮助(H) 简易桌面
请输入您要搜索的功能
用友ERP-U8
打印 预览 另存 输出 排序 定位 过滤 格式 折行 查询 下页 末页 视图 帮助
消息中心 生产订单通知单
业务导航视图
报表结构图
生产订单通知单
生产部门
部门名称
生产订单 0000000001
行号 1
物料编码 10000
物料名称 电子挂钟
物料规格
计量单位 个
生产订单数量
60.00
MRP净算量
60.00
开工日期 2012-1-18
完工日期 2012-1-20
生产批号
预入仓库
仓库名称
销售订单
销售订单行号
销售订单类别
订单类别
类别说明
原因码
原因说明
备注
来源生产订单号
来源生产订单行号
总经理
经理
主管
承办人
数据
图表

图 7-9 生产订单通知单

4．打印生产订单领料单

岗位：生产计划人员

菜单路径：业务工作/生产制造/生产订单/报表/生产订单领料单

若按照生产订单分别领料，则在过滤条件中输入生产订单编号，即可形成该生产订单的领料单。若对全部生产订单进行领料，则不必输入过滤条件。

操作结果如图 7-10、图 7-11 所示。

选择
生产订单
重复计划
确定

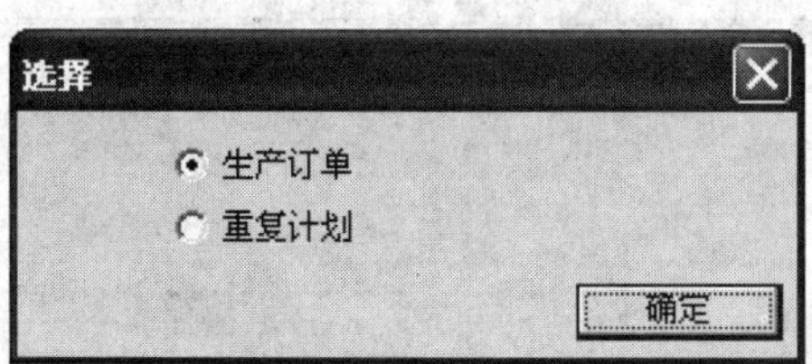

图 7-10 生产订单领料单打印选择

生产订单领料单—生产订单

生产订单	：	全部	到 全部	生产订单行号：	全部	到 全部	开工日期：	全部	到 全部
供应类型	：	全部		供应仓库 ：	全部	到 全部	生产部门：	全部	到 全部
销售订单类别：		全部		销售订单 ：	全部	到 全部	出口订单：	全部	到 全部
订单类别	：	全部	到 全部	原因码 ：	全部	到 全部	客户代号：	全部	到 全部
物料编码	：	全部	到 全部	工序行号 ：	全部	到 全部			

生产订单号码	行号	生产部门	部门名称	物料编码	计量单位	生产订单数量	开工日期	物料名称	备注	应领物料编码	应领物料名称	应领计量单位	应领数量	供应类型	工序行号	工序说明	应领备注
0000000001	1			10000	个	60.00	2012-01-18	电子挂钟		11000	机芯	个	60.00	领用	0090	总装	
0000000001	1			10000	个	60.00	2012-01-18	电子挂钟		12000	钟盘	个	60.00	领用	0090	总装	
0000000001	1			10000	个	60.00	2012-01-18	电子挂钟		13000	钟框	个	60.00	领用	0090	总装	
0000000001	1			10000	个	60.00	2012-01-18	电子挂钟		14000	电池	节	120.00	领用	0090	总装	
0000000001	2			10000	个	390.00	2012-01-23	电子挂钟		11000	机芯	个	390.00	领用	0090	总装	
0000000001	2			10000	个	390.00	2012-01-23	电子挂钟		12000	钟盘	个	390.00	领用	0090	总装	
0000000001	2			10000	个	390.00	2012-01-23	电子挂钟		13000	钟框	个	390.00	领用	0090	总装	
0000000001	2			10000	个	390.00	2012-01-23	电子挂钟		14000	电池	节	780.00	领用	0090	总装	
0000000001	3			12000	个	60.00	2012-01-16	钟盘		12100	长针	根	60.00	领用	0000		
0000000001	3			12000	个	60.00	2012-01-16	钟盘		12200	短针	根	60.00	领用	0000		
0000000001	3			12000	个	60.00	2012-01-16	钟盘		12300	秒针	根	60.00	领用	0000		
0000000001	3			12000	个	60.00	2012-01-16	钟盘		12400	盘面	个	60.00	领用	0000		
0000000001	4			12000	个	390.00	2012-01-19	钟盘		12100	长针	根	390.00	领用	0000		
0000000001	4			12000	个	390.00	2012-01-19	钟盘		12200	短针	根	390.00	领用	0000		
0000000001	4			12000	个	390.00	2012-01-19	钟盘		12300	秒针	根	390.00	领用	0000		
0000000001	4			12000	个	390.00	2012-01-19	钟盘		12400	盘面	个	390.00	领用	0000		
0000000001	5			12100	根	60.00	2012-01-13	长针		12010	铝材	千克	1.20	领用	0010	铝材切割	
0000000001	6			12100	根	390.00	2012-01-18	长针		12010	铝材	千克	7.80	领用	0010	铝材切割	
0000000001	7			12400	个	60.00	2012-01-13	盘面		12410	盘体	个	60.00	领用	0000		
0000000001	7			12400	个	60.00	2012-01-13	盘面		12420	字模	个	240.00	领用	0000		
0000000001	8			12400	个	390.00	2012-01-18	盘面		12410	盘体	个	390.00	领用	0000		
0000000001	8			12400	个	390.00	2012-01-18	盘面		12420	字模	个	1,560.00	领用	0000		

【用友软件】

图 7-11　生产订单领料单

5. 按生产订单领料

岗位：仓库/仓管员

菜单路径：业务工作/供应链/库存管理/出库业务/材料出库单

(1) 在“材料出库单”窗口中，单击工具栏上的“生单”按钮，选择“生产订单(蓝字)”命令，如图 7-12 所示。

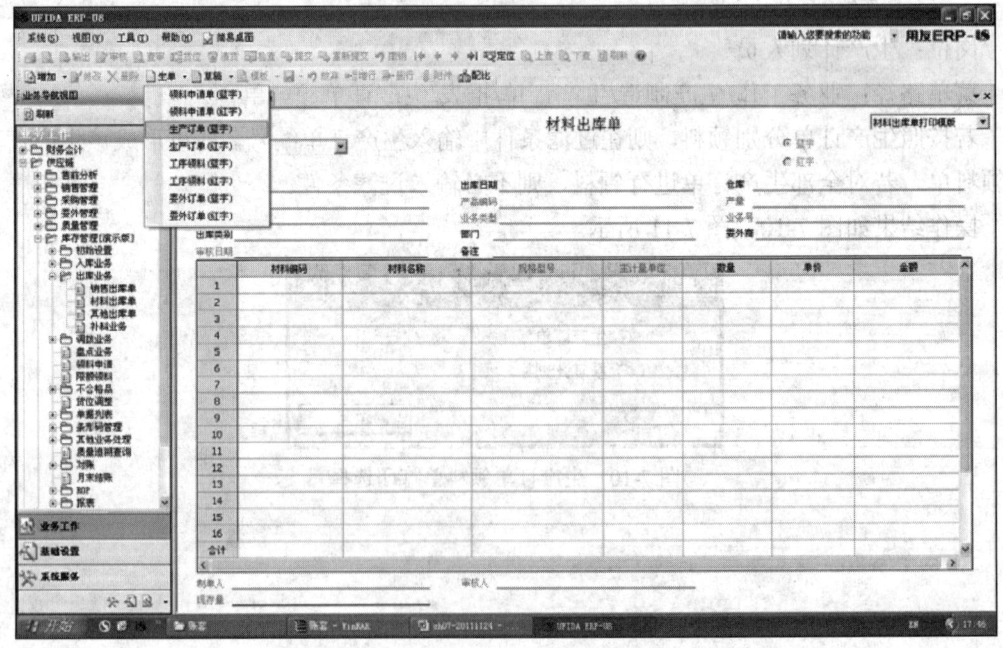

图 7-12　生产订单领料操作

(2) 在“父项过滤条件”窗口中单击“过滤”按钮，进入“订单生单列表”窗口，此时，选择父项的物料后，选中右上角的“显示表体”选项，则在下方显示出其子项内容，单击“确定”按钮，所选物料的信息即被带入材料出库单中，如图 7-13 所示。

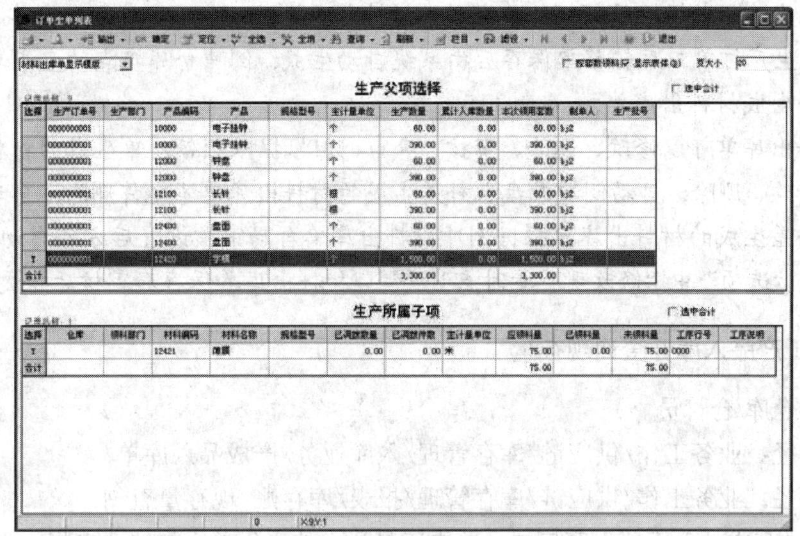

图 7-13　订单生单列表

(3) 如图 7-14 所示，补充输入仓库等信息后，单击“保存”按钮，完成该生产订单的生产领料工作。

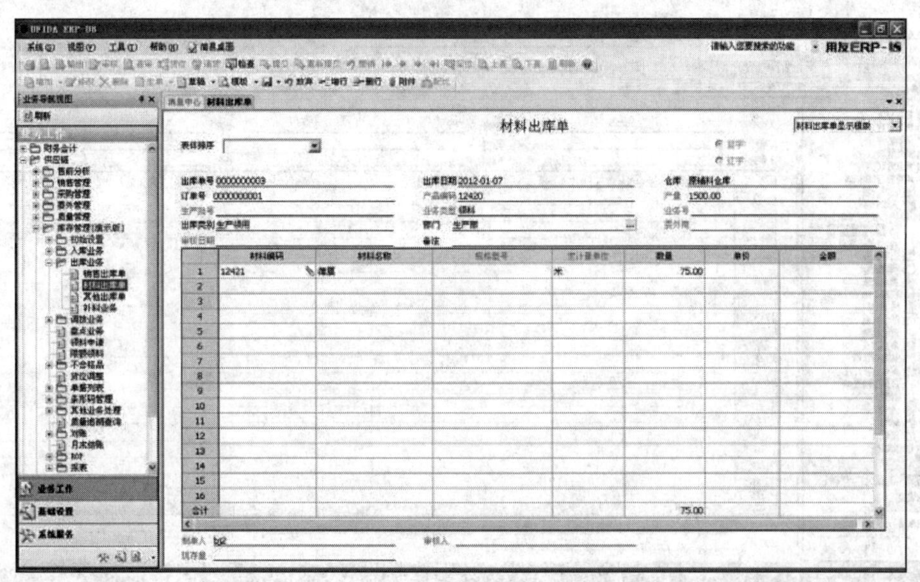

图 7-14　生成材料出库单

(4) 在“材料出库单”窗口中，单击工具栏上的“审核”按钮，完成审核工作。

注意：

- 先完工的物料需要先开工先生产，因而先领料。根据 BOM 结构，必须按照产品的加工生产顺序，经过领料—完工入库，再领料—再完工入库，逐道工序进行加工，直至生产出产成品为止。

- 材料出库单可以手工增加，也可以参照“生产订单”的生产订单用料表生成，可以配比出库，或根据限额领料单生成；材料出库单还可以在产成品入库单、采购入库单、生产订单工序转移单保存后由系统自动生成；倒冲仓库盘点的盘点单审核后可自动生成材料出库单。
- 材料出库单可以修改、删除、审核、弃审，但根据限额领料单生成的材料出库单不可修改、删除；自动倒冲或盘点补差生成的材料出库单不允许删除；自动倒冲或盘点补差生成的材料出库单根据倒冲材料出库单自动审核设置后方可自动审核。
- 根据“选项”中“修改现存量时点”设置，材料出库单保存和审核后将更新现存量。

6. 完工产品入库并查询现存量

岗位：仓库/仓管员

菜单路径：业务工作/供应链/库存管理/入库业务/产成品入库单

菜单路径：业务工作/供应链/库存管理/报表/库存账/现存量查询

(1) 在“产成品入库单”窗口中，单击工具栏上的“生单”按钮，选择“生产订单(蓝字)”命令，如图 7-15 所示。

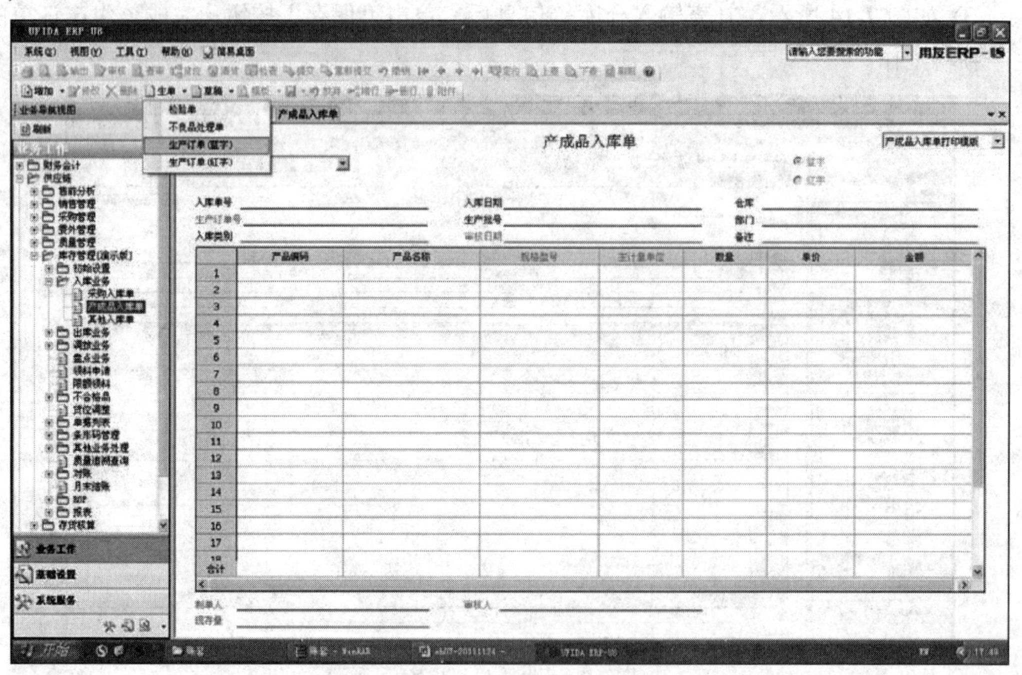

图 7-15　产成品入库操作

(2) 在“过滤条件”窗口中，单击“过滤”按钮，进入“生产订单生单列表”窗口，选中要入库的生产订单和窗口下方的物料，单击“OK”按钮，所选物料的信息即可带入产成品入库单中，如图 7-16 所示。

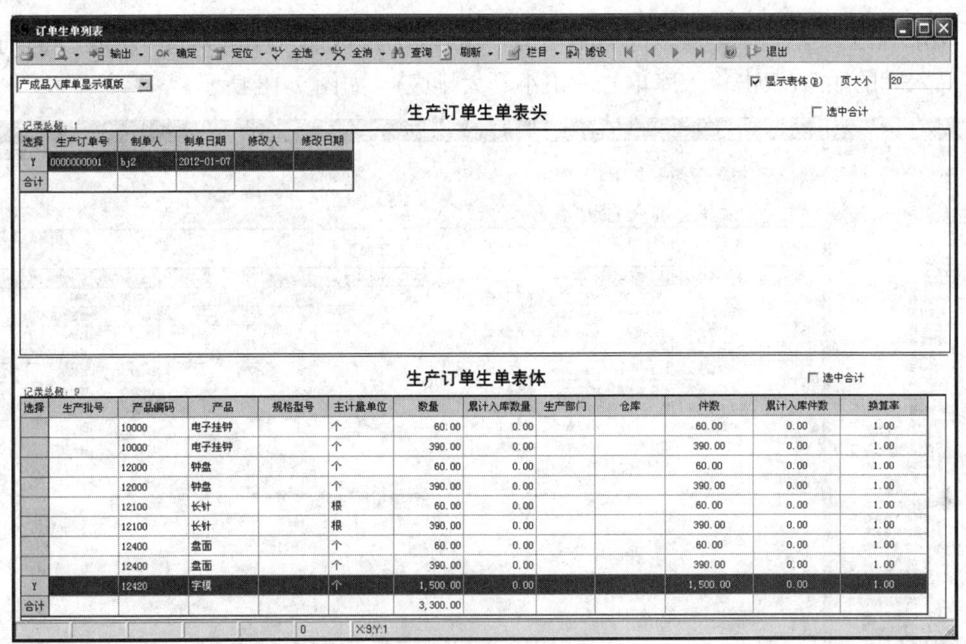

图 7-16 生产订单生单列表

(3) 补充填写其他栏目信息后，单击工具栏上的“保存”按钮，即完成产品入库单的录入工作，如图 7-17 所示。

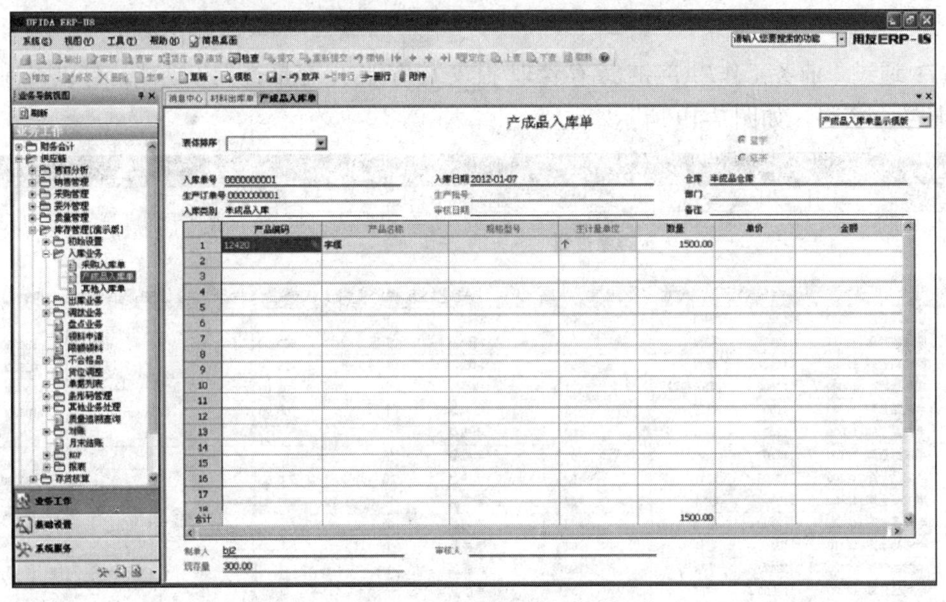

图 7-17 生成产成品入库单

(4) 单击工具栏上的“审核”按钮，完成审核工作，即完成了一个料品的加工生产过程。

(5) 返回“5．按生产订单领料”步骤，对 BOM 的各级自制料品，反复经过领料、加工生产、完工入库的环节进行处理，即可完成所有物料的加工生产工作。

(6) 通过“业务工作/供应链/库存管理/单据列表/产成品入库单列表”功能，可以查询到产品入库的顺序(双击“入库单号”由小到大排序)，如图 7-18 所示。

产成品入库单列表

记录总数：9

选择	记账人	仓库	入库日期	入库单号	入库类别	部门	制单人	审核人	备注	产品编码	产品名称	规格型
		半成品仓库	2012-01-07	0000000001	半成品入库		bj2	bj2		12420	字模	
		半成品仓库	2012-01-07	0000000002	半成品入库		bj2	bj2		12400	盘面	
		半成品仓库	2012-01-07	0000000002	半成品入库		bj2	bj2		12400	盘面	
		半成品仓库	2012-01-07	0000000003	半成品入库		bj2	bj2		12100	长针	
		半成品仓库	2012-01-07	0000000003	半成品入库		bj2	bj2		12100	长针	
		半成品仓库	2012-01-07	0000000004	半成品入库		bj2	bj2		12000	钟盘	
		半成品仓库	2012-01-07	0000000004	半成品入库		bj2	bj2		12000	钟盘	
		成品仓库	2012-01-07	0000000005	成品入库		bj2	bj2		10000	电子挂钟	
		成品仓库	2012-01-07	0000000005	成品入库		bj2	bj2		10000	电子挂钟	
小计												
合计												

图 7-18　查询产成品入库单

(7) 通过“业务工作/供应链/库存管理/报表/库存账/现存量查询”功能，可以查询库存现存量数据资料，如图 7-19 所示。

现存量查询

仓库编码	仓库名称	存货编码	存货代码	存货名称	规格型号	存货分类代码	存货分类名称	主计量单位	现存数量	待发货数量	预计出库数量	可用数量
0010	原辅料仓库	12010	12010	铝材		03	材料	千克				
0010	原辅料仓库	12411	12411	塑料		03	材料	千克	550.00			550.00
0010	原辅料仓库	12421	12421	薄膜		03	材料	米	925.00			925.00
0020	成品仓库	10000	10000	电子挂钟		01	成品	个	500.00			500.00
0030	半成品仓库	11000	11000	机芯		02	半成品	个	100.00			100.00
0030	半成品仓库	12000	12000	钟盘		02	半成品	个				
0030	半成品仓库	12100	12100	长针		02	半成品	根				
0030	半成品仓库	12200	12200	短针		02	半成品	根	550.00			550.00
0030	半成品仓库	12300	12300	秒针		02	半成品	根	550.00			550.00
0030	半成品仓库	12400	12400	盘面		02	半成品	个				
0030	半成品仓库	12410	12410	盘体		02	半成品	个				
0030	半成品仓库	12420	12420	字模		02	半成品	个				
0030	半成品仓库	13000	13000	钟框		02	半成品	个				
0030	半成品仓库	14000	14000	电池		02	半成品	节				
合　计									3,175.00			3,175.00

图 7-19　查询现有库存量

注意：

在操作生产领料和生产完工入库时，领料和完工入库这两项功能需按照工序交替进行，并遵循下列原则。

- 完工日期在先的料品先生产，先领料。领料后，进行加工制作，完成后对完工产品进行入库处理，由“产成品入库单”功能进行入库处理。
- 按照BOM结构的层次顺序或者工序，进行领料，然后加工生产、完工入库。这样，经过各个工序的领料、加工生产、完工入库操作的多次循环，最终生产出产成品。
- 若不按顺序进行领料和产品入库，会导致缺料，以致无法生产出最终产品。

举例：若生产某一种产品，第一步，应领取生产该产品所需要的物料，如生产“字模”先要领取的物料是“薄膜”，即做“薄膜”的材料出库单；第二步，“字模”加工完成后，将“字模”入库，即做“字模”的产成品入库单。以此类推，依据BOM结构图由下而上的顺序将其他物料进行生产领料和产成品入库，直至“电子挂钟”成品完工入库为止。

7. 对入库后的不合格产品进行退回返修

岗位：仓库/仓管员

菜单路径：业务工作/供应链/库存管理/不合格品/不合格品处理单

菜单路径：业务工作/供应链/库存管理/不合格品/不合格品记录单

(1) 双击“不合格品处理单”菜单命令，进入“不合格品处理单”窗口，单击“增加”按钮，输入仓库及不合格品数量等信息，对不合格品进行返修处理，操作如图7-20、图7-21所示。对保存后的单据要进行审核操作。

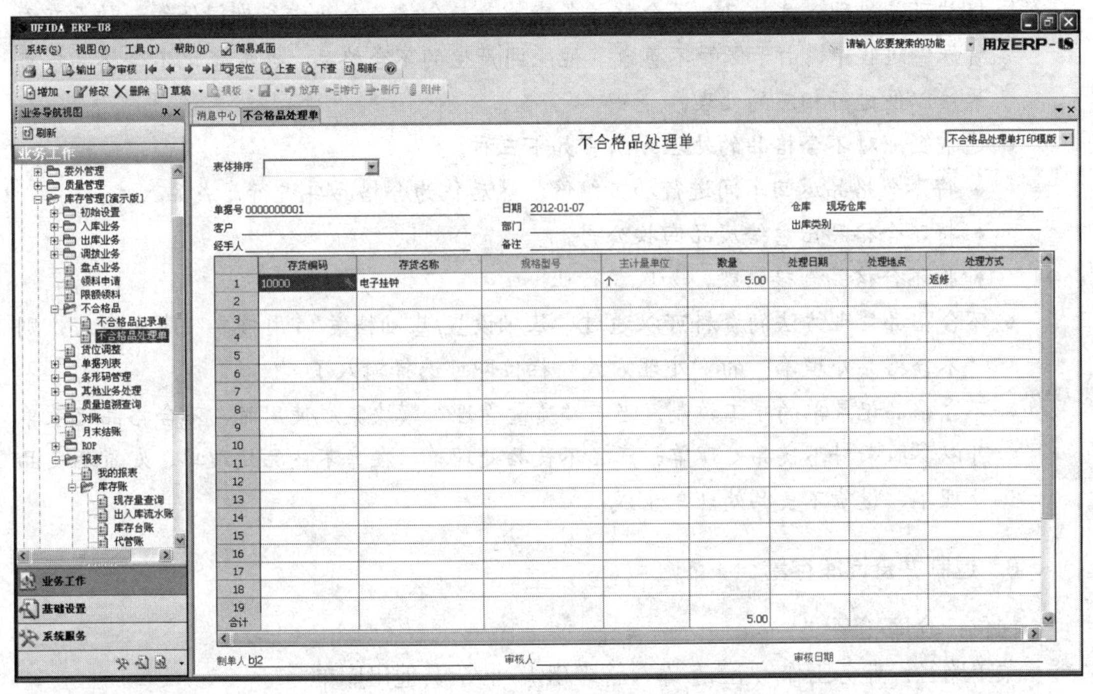

图7-20 不合格品处理单

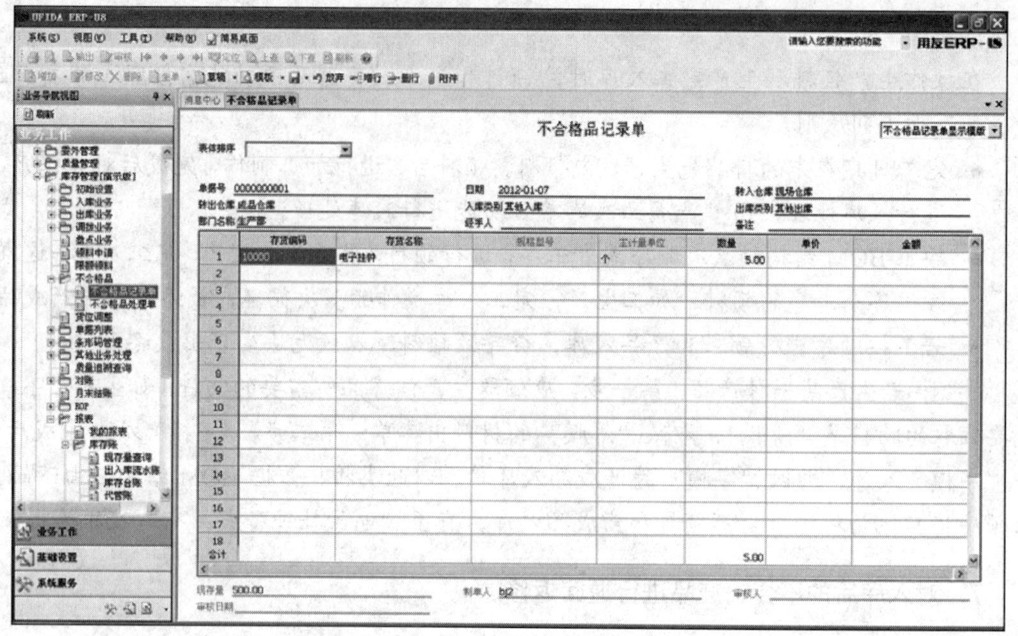

图 7-21　不合格品记录单

(2) “不合格品记录单”可以手工输入，也可以由“不合格品处理单”生成。

注意：

- 企业外购或生产完工对产品进行检验后，如果发现不合格品，对于严重不合格不能再使用的料品可当时销毁；对于可再作为不合格品继续使用或等待以后处理的不合格品可先办理入库，记入不合格品备查簿，与合格品分开进行专门保管。对于在存货保管过程中，由于保管不善或其他原因产生的不合格品，也要登记不合格品备查簿，以便进行相应的处理。
- 通常企业对不合格品的处理方法有如下三种。
  - ♦ 将不合格品返回车间进行加工维修，然后作为合格品再进行产成品入库。
  - ♦ 将不合格品出售给废品回收公司。
  - ♦ 将不合格品直接销毁，如医药行业。
- 不合格品处理方法的资料可以通过“基础设置/基础档案/常用摘要”事先输入，则“不合格品处理单”的“处理方式”栏位即可选择输入了。
- 不合格品记录单的手工填制。当与“质量管理”模块集成使用时，不合格品记录单可以参照来料不良品处理单、产品不良品处理单、在库不良品处理单、发货不良品处理单、退货不良品处理单生成。

8. 退制并查询库存量

岗位：仓库/仓管员

菜单路径：业务工作/供应链/库存管理/出库业务/其他出库单

菜单路径：业务工作/供应链/库存管理/报表/库存账/现存量查询

(1) 对退制的料品填制“其他出库单”，保存后还需对单据进行审核，如图 7-22 所示。

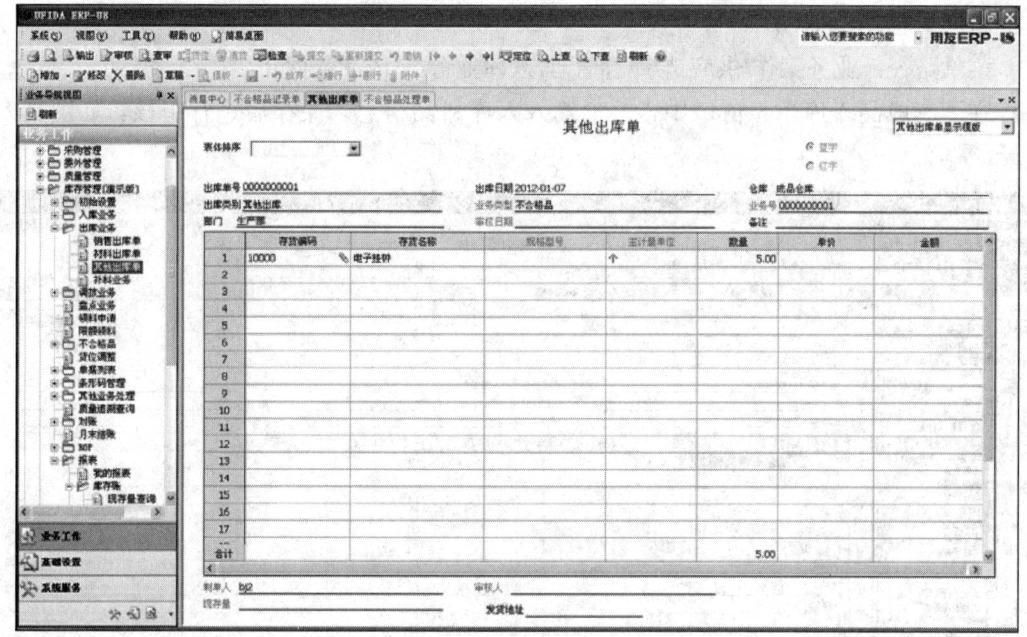

图 7-22 仓库退制

(2) 通过查询库存现存量观察库存量的变化，如图 7-23 所示。

现存量查询

仓库编码	仓库名称	存货编码	存货代码	存货名称	存货分类代码	存货分类名称	主计量单位	现存数量	调拨在途数量	库数	待发货数量	不合格品数量	可用数量
0010	原辅料仓库	12010	12010	铝材	03	材料	千克						
0010	原辅料仓库	12411	12411	塑料	03	材料	千克	550.00					550.00
0010	原辅料仓库	12421	12421	薄膜	03	材料	米	925.00					925.00
0020	成品仓库	10000	10000	电子挂钟	01	成品	个	495.00					495.00
0030	半成品仓库	11000	11000	机芯	02	半成品	个	100.00					100.00
0030	半成品仓库	12000	12000	钟盘	02	半成品	个						
0030	半成品仓库	12100	12100	长针	02	半成品	根						
0030	半成品仓库	12200	12200	短针	02	半成品	根	550.00					550.00
0030	半成品仓库	12300	12300	秒针	02	半成品	根	550.00					550.00
0030	半成品仓库	12400	12400	盘面	02	半成品	个						
0030	半成品仓库	12410	12410	盘体	02	半成品	个						
0030	半成品仓库	12420	12420	字模	02	半成品	个						
0030	半成品仓库	13000	13000	钟框	02	半成品	个						
0030	半成品仓库	14000	14000	电池	02	半成品	节						
0050	现场仓库	10000	10000	电子挂钟	01	成品	个						
合 计								3,170.00					3,170.00

图 7-23 查询仓库现有库存量

9．对返修后合格的料品再次办理入库手续

岗位：仓库/仓管员

菜单路径：业务工作/供应链/库存管理/入库业务/产成品入库单

在“产成品入库单”窗口中，手工输入入库料品信息，保存后进行审核，如图 7-24 所示。

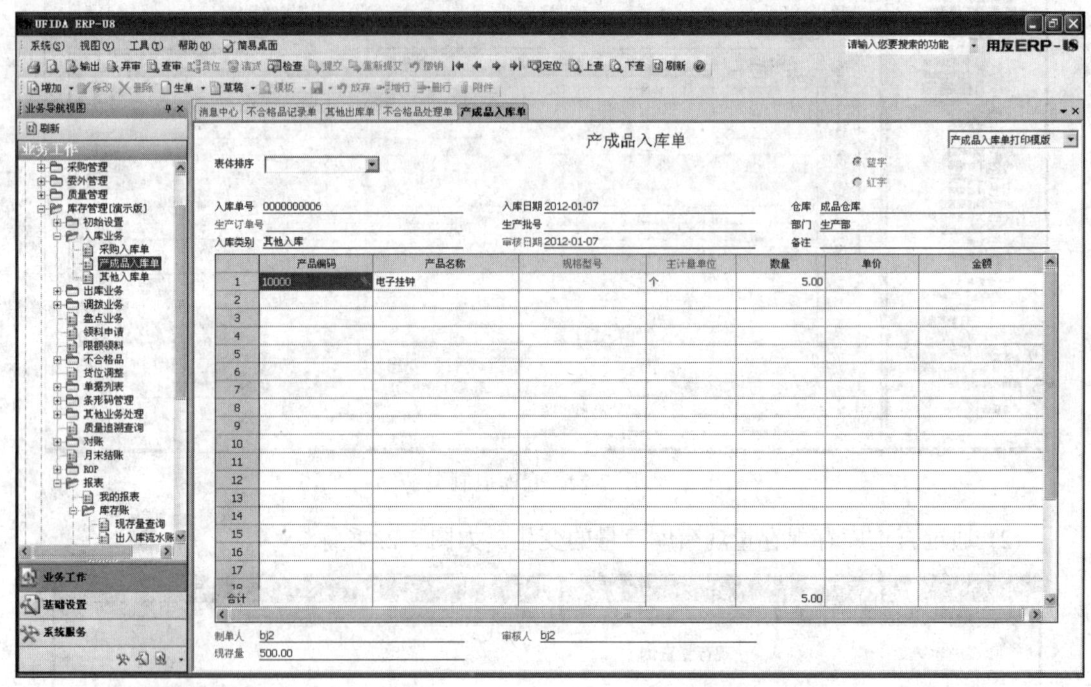

图 7-24　返修产品重新入库

【系统功能说明】

(1) 先完工的料品先生产，因而先领料。要按照产品的生产加工顺序，经过领料、加工、完工入库，再领料、再加工、再完工入库，逐层加工，直至生产出成品。

(2) 若其中某料品需要由车间按工序进行加工生产，则该料品就不能按生产领料的方式进行领料生产了，应该在车间管理中对料品进行工序规划，按第一道工序进行领料、加工直至完工，中间工序没有领料处理，而是以转移单的形式进行加工和工序转移，最后一道工序才制作产成品入库单，表示料品加工完成入库。

(3) 若全部自制品都要使用车间管理的模块进行操作，则先在“生产订单”模块中生成生产订单，然后由“车间管理”模块按照生产订单生成工序计划，再按照加工的顺序进行领料、加工、工序转移、直到最后一道工序，由“库存管理”模块中的“产成品入库单”进行某料品的完工入库。

(4) 若不使用车间管理进行工序生产，则生产中只需按照生产领料的方式，领取物料，然后完工入库即可。

(5) 生产订单又称制造命令或工作订单，它主要表示某一物料的生产数量，以及计划开工和完工日期等信息。它是现场自制派工或领料的依据，企业的生产管理或物料管理通常以生产订单为中心，以控制其产能利用、缺料、效率、进度等情形。

“生产订单”包括标准、非标准(返工、维修、改制、拆解、新品等)生产订单和按生产线建立重复性生产计划的生产订单。MPS 和 MRP 系统不会为非标准生产订单建立计划订单(建议生产量)，必须人工建立非标准生产订单；重复制造生产订单可以手工建立生产订单，也可以从 MPS 或 MRP 或 BRP 计算产生的建议生产量自动生成重复计划的生产订单。

(6) 生产线：在本系统中，一条生产线即可定义为一个工作中心。它是制造部门内部的一个区域，可以由一个或多个人员、设备或供应商组成。在工作中心内可以收集成本以比较能力负荷。可以将工作中心指定到工艺路线中的某道工序，并指定可用于该工作中心的资源。可以通过生产线来管理重复性生产。可以在一条或多条生产线上生产同一个物料，也可以在一条生产线上生产单一物料或多个物料。

(7) 重复计划：在本系统中，重复计划是一种生产订单，但其表示方式和内容不同。重复计划是根据日产量以及起始和结束日期而非某一时点的离散数量对物料需求或供应进行的计划。虽然重复计划与离散计划有许多相似之处，但其中仍有显著的区别。重复性计划是使用日产量进行定义的，它表示重复性计划起始和终止日期之间每个工作日的供应量。而离散计划则是使用离散数量进行定义的，为计划订单定义的离散数量仅表示计划订单计划完工日那一天的供应量。

(8) 生产订单有以下四种状态。

- 未审核：未审核的生产订单不能进行任何库存交易作业(领/退料、入/退库)，不能执行报检、转车间处理。在 MPS 和 MRP 计算时不考虑。
- 锁定：锁定状态的生产订单不能进行任何库存交易作业(领/退料、入/退库)，不能执行报检、转车间处理。但将纳入 MPS 和 MRP 计算之中。
- 审核：审核状态的生产订单为可执行订单，可以进行库存交易作业(领/退料、入/退库)，可以报检、转车间处理。将纳入 MPS 和 MRP 计算之中。
- 关闭：关闭状态的生产订单不可进行任何库存交易作业(领/退料、入/退库)，不可报检、转车间处理。在 MPS 和 MRP 计算时不考虑。

【思考题】

手工输入一张生产订单：“电子挂钟”数量 800 个，要求完工日期为 1 月 22 日。对它进行生产领料、加工制作、完工入库、查询其现存量等操作。

第 8 章

车 间 管 理

8.1 业 务 概 述

8.1.1 功能概述

本实验根据生产订单编制工序计划，按照物料工艺路线进行首道工序领料，通过工序转移完成中间工序的加工生产，直到完成末道工序，最后料品完工入库。

车间管理模块的使用为本教程实验的可选项，若开展该实验，则领料业务需要按照工序领料方式进行；若不开展该实验，则领料按生产领料方式进行。

生产车间是企业进行产品制造加工的单位。车间管理的具体内容包括随时了解与掌握产品的加工进度和完工状况，生产现场的用料和不良品的情况，以及必要的生产调度，以确保能适时完成生产订单的计划要求；统计各生产订单各完工工序的实际加工工时、用料情况、不良品情况，提供给生产管理部门和财务部门计算料品成本和工作中心效率。

本系统根据设置的自制品的加工工艺路线制订车间工序计划，可作为产能管理、产品报价模拟的依据；通过车间事务处理，可随时掌握生产订单各工序在制品的状态和完工状况，支持工序倒冲领料，收集生产订单各工序的实际工时以作为成本计算的依据，自动产生工序报检并随时掌握工序质量状况；可与工程变更系统集成，支持工艺路线的工程变更过程管理。

使用时应注意以下几个方面。

- 若企业不使用车间管理系统的功能，则生产中只需按照生产领料的方式，领取物料，然后完工入库就可以了。

- 若企业使用车间管理系统的功能来管理料品的加工生产，如果全部自制品都需要使用车间管理模块进行加工生产处理，那么，首先在“生产订单”模块中生成某自制品的生产订单，然后由“车间管理”模块针对该生产订单生成物料的工序计划，再按照工序进行领料、加工，一道工序料品加工完成后，将这道工序的料品通过工序转移单转移到下一道工序，直到最后一道工序的料品加工完成为止，最后将该物料在“库存管理”模块中按产成品进行入库。注意要遵照先开工的料品，先领料，先加工，先入库的顺序进行工序生产，逐级生产。
- 若其中一部分物料需要由车间按工序进行加工生产，则这些物料需要按照工序进行领料生产，操作原理同上所述。当这些物料完工入库以后，在库存中即可查询到它们的现存量，则当其他物料加工生产时即可以领用它们。其他物料则仍按生产领料的方式进行领料生产，直到最终产品生产完成。

8.1.2 相关子系统功能模块之间的关系

车间管理与其他子系统之间的关系如图 8-1 所示。

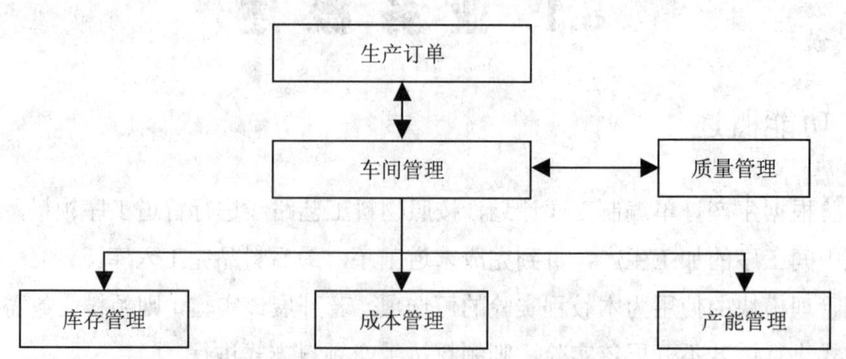

图 8-1 车间管理与其他子系统之间的关系

在“生产订单”的“已审核生产订单修改”模块中维护生产订单的工艺路线时，可选择“车间管理”模块所建立的主要工艺路线版本或替代工艺路线；通过“车间管理”中“生产订单工序计划生成”作业将生产订单转入车间管理系统，以产生生产订单的工序计划资料；修改已审核生产订单后，会立即更新该生产订单的工序资料；“车间管理”中修改生产订单工序资料后，会更新生产订单开工和完工日期及其子件需求日期。

“车间管理”模块中的物料工艺路线中各工序的关键资源资料，可转入“产能管理”模块，产生粗能力需求计划或资源需求计划所需的资源清单，同时“车间管理”模块中的工艺路线及生产订单工序资料，是“产能管理”进行细能力需求计划的依据。

在用“车间管理”模块的工序转移单进行物料移动时，由“库存管理”模块按照生产订单输入产成品入库单时，“车间管理”将传递该生产订单末道工序“合格”状态数量给库存管理系统，作为其入库数量的默认值，当保存该产品入库单时，将减少所对应工序上“合格”状态数量，如果删除产成品入库单或输入产品退库单，则按入、退库的数量来增加所对应工序上“合格”状态的数量。

对于具有倒冲属性的物料，在用“车间管理”模块的工序转移单进行物料移动时，也可自动产生倒冲子件的领、退料单资料，并转入“库存管理”模块。

“质量管理”模块中可以设置“质量检验方案”对工序要求进行质量检验，“车间管理”中若生产订单的某一工序为检验工序，则在物料被移入“检验”工序状态时，该工序转移单可自动产生报检单，或由“质量管理”模块参照有移入“检验”工序状态的工序转移单生成报检单。

“工程变更”模块可以建立各版本的物料工艺路线，传递给“车间管理”系统，也可以对“车间管理”中已建立的工艺路线进行复制或变更修改。

“车间管理”模块中物料的工艺路线，可供“售前分析”模块模拟产品标准成本和报价使用，还可供“成本管理”模块计算产品标准成本使用。“车间管理”模块中生产订单工序的完工工时，可作为“成本管理”模块计算产品实际成本的依据。

8.1.3　应用准备

在启用“车间管理”模块之前，必须先启用“生产订单”模块。需要准备的基础资料包括如下五方面。

(1) 工作中心资料。

(2) 资源资料。

(3) 标准工序资料。

(4) 物料工艺路线资料。

(5) 已完成的生产订单计划。

8.2　系统业务流程

8.2.1　日常业务流程

车间管理日常业务处理流程图如图 8-2 所示。

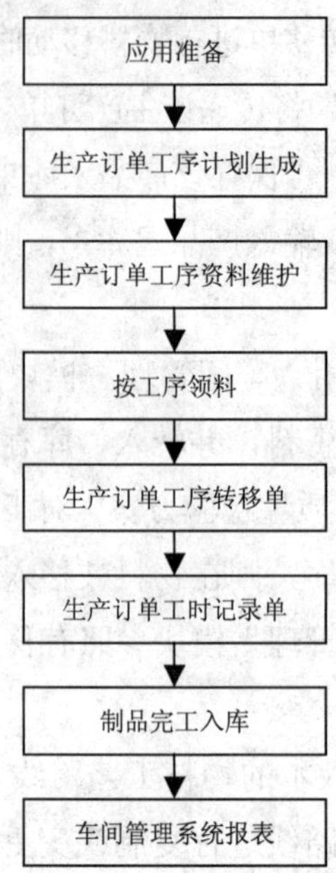

图 8-2　车间管理日常业务处理流程图

8.2.2　主要业务内容

1. 工作中心的资料维护

建立企业的工作中心，确定其工作范围和任务，以便满足收集成本、分析产能负荷、划分工序、分配资源等业务的要求。通常将完成相同或相近任务的工作单元划分为同一工作中心，它由一个或多个人员、设备或供应商组成。

2. 资源资料维护

建立各工作中心主要资源的档案，以便帮助车间管理人员实现对制造要素的控制。

3. 工序资料维护

建立企业所有料品在加工过程中需要进行过程控制的加工工序的资料。

4. 物料工艺路线资料维护

物料工艺路线资料维护用于建立物料与工序及资源之间的关系。

5. 生成生产订单的工序计划资料

根据“生产订单”模块中已审核的生产订单，按照物料的工艺路线资料，安排物料的工序计划，包括工序的开工和完工日期、工序资源需求和工序检验资料等。

6. 工序领退料作业

工序领料，即由某工序的加工人员持生产领料单到仓库领取该道工序加工所需的原材料或配件；可以整批领料，即一次性将所有工序所需的料品一次领出，也可以分多次领料。

启用车间管理模块时，对要填制的材料出库单、配比出库单，提供按生产订单子项所属工序领料的功能，以方便用户操作。

7. 工序转移

工序加工是通过工序转移进行的，工序之间转移是指上一道工序加工完成的料品转入下一道工序。一道工序加工完成后，相应的要制作一张工序转移单，直到最后一道工序完成为止。最后一道工序上的合格品数量即作为料品完工的依据。

8. 工时记录

在按各工序加工过程中，根据工序转移单可以生成工时记录单，以统计生产订单工序各班次、设备或员工的实际完工数量及耗用工时。

9. 工序生产完工和在制情况查询

车间管理模块为生产管理人员提供车间加工数据的查询，以便及时掌握生产订单的加工进度，了解料品的消耗情况，对生产订单的加工过程进行过程控制。

10. 制品完工入库

料品经过各道工序的加工处理后，生产完成，要进行入库处理，即填制产成品入库单。

11. 制品入库/退制

加工完成的料品应做完工入库处理。若料品不合格或其他原因，可以做退制出库处理。

8.3 实验七 车间管理

【实验目的】

了解车间管理的日常业务处理过程，理解车间管理的作用，掌握车间管理的功能操作。

【实验要求】

以操作员身份进入系统进行操作。

【实验资料】

1. 准备实验数据

(1) 修改系统时间为“2012-01-06”。

(2) 引入光盘“实验账套”文件夹中“车间管理数据准备”数据账套。

2. 实验资料

(1) 设置生产长针的工作中心，资料如表 8-1 所示。

表 8-1　长针的工作中心资料

工作中心代号	工作中心名称	隶 属 部 门	是否生产线
0010	线切割加工中心	生产部	是
0020	冲压中心	生产部	否
0030	表面处理中心	生产部	否

(2) 设置资源资料，如表 8-2 所示。

表 8-2　生产长针的资源资料

资源代号	资源名称	资源类别	计费类型	隶属工作中心	工作中心名称	计算产能	可用数量	超载百分比/%	关键资源
0001	线切割机床	机器设备	自动	0010	线切割加工中心	是	2	110	是
0002	精密冲压模具	模夹具	自动	0020	冲压中心	是	3	110	是
0003	高级技工	人工	自动	0030	表面处理中心	是	5	110	是

(3) 设置生产长针的标准工序，资料如表 8-3 所示。

表 8-3　长针的标准工序资料

项　目	内　容		
工序代号	0001	0002	0003
工序说明	铝材切割	冲压成型	表面处理
报告点	是	是	是
工作中心	0010	0020	0030
倒冲工序	否	否	是

(续表)

项　目	内　容		
委外工序	否	否	否
选项相关	否	否	否
计费点	是	是	是
检验方式	免检	免检	免检
行号	10	10	10
资源代号	0001	0002	0003
资源名称	线切割机床	精密冲压模具	高级技工
资源活动	切割	冲压成形	剖光
基准类型	物料	物料	物料
工时(分子)	1	1	1
工时(分母)	60	60	1
是否计划	是	是	是
计费类型	自动	自动	自动

(4) 设置长针的加工工艺路线，资料如表8-4所示。

表8-4　长针的工艺路线及资源资料

工序行号	标准工序	工序说明	报告点	工作中心	资源名称	资源数量	工时(分子)	工时(分母)	计费类型
0010	0001	铝材切割	是	线切割加工中心	线切割机床	2	1	60	自动
0020	0002	冲压成型	是	冲压中心	精密冲压模具	3	1	60	自动
0030	0003	表面处理	是	表面处理中心	高级技工	5	1	1	自动

(5) 根据“长针”的生产订单，制作“长针”的工序计划。

(6) 按照“长针”的工序计划进行领料——领用铝材。

(7) 进行工序转移：将第一道工序加工的“长针”移入下一道工序，直至最后一道工序完工为止。

(8) “长针”加工完成后进行完工入库，并查询库存现存量。

(9) 工序生产完工的资料查询。

(10) 制品退制处理。

【操作指导】

1. 工作中心资料维护

岗位：车间管理人员

菜单路径：基础设置/基础档案/业务/工作中心维护

双击“工作中心维护”菜单命令，进入“工作中心维护”界面，单击“增加”按钮，输入工作中心资料，完成后保存即可，操作结果如图 8-3 所示。

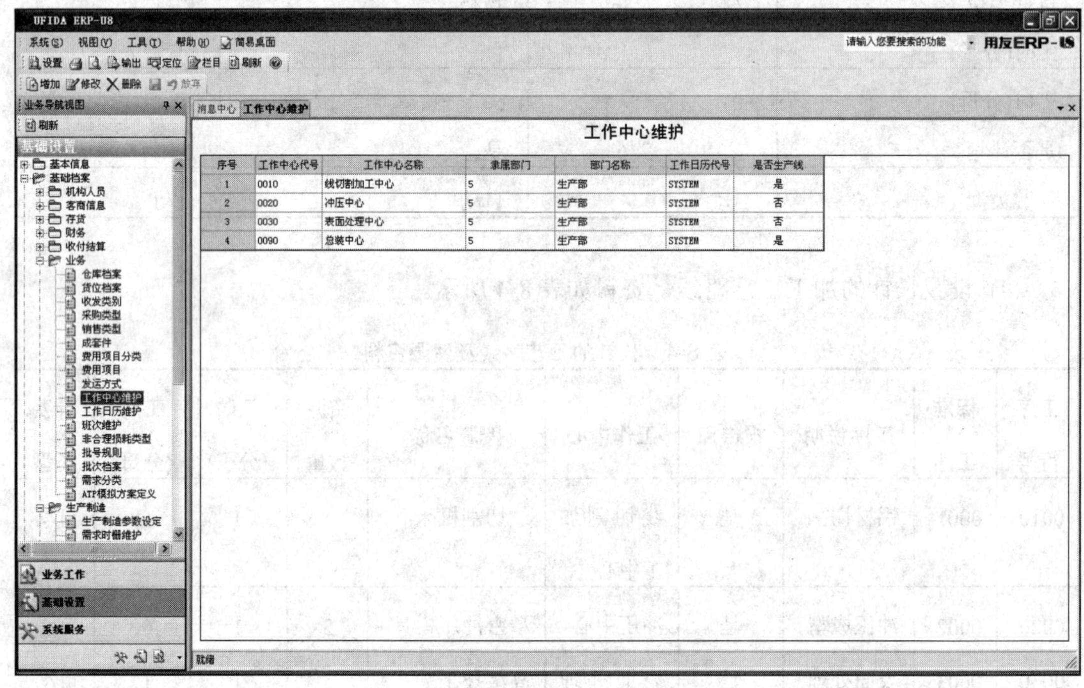

序号	工作中心代号	工作中心名称	隶属部门	部门名称	工作日历代号	是否生产线
1	0010	线切割加工中心	5	生产部	SYSTEM	是
2	0020	冲压中心	5	生产部	SYSTEM	否
3	0030	表面处理中心	5	生产部	SYSTEM	否
4	0090	总装中心	5	生产部	SYSTEM	是

图 8-3 工作中心维护

2. 资源资料维护

岗位：车间管理人员

菜单路径：基础设置/基础档案/生产制造/资源资料维护

双击“资源资料维护”菜单命令，进入“资源资料维护”界面，单击“增加”按钮，输入资源资料，完成后保存即可，操作结果如图 8-4 所示。同理输入所有资源资料。

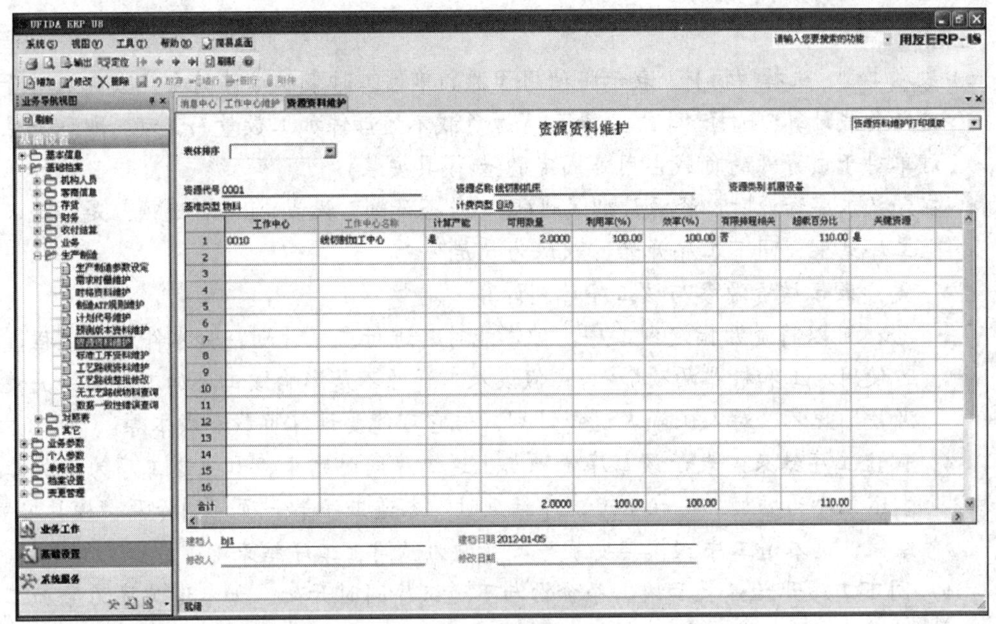

图 8-4　资源资料维护

3. 标准工序资料维护

岗位：车间管理人员

菜单路径：基础设置/基础档案/生产制造/标准工序资料维护

双击“标准工序资料维护”菜单命令，进入“标准工序资料维护”窗口，单击“增加”按钮，输入工序所需资源及标准单位工时等资料，完成后保存即可，操作结果如图 8-5 所示。同理输入其他工序资料。

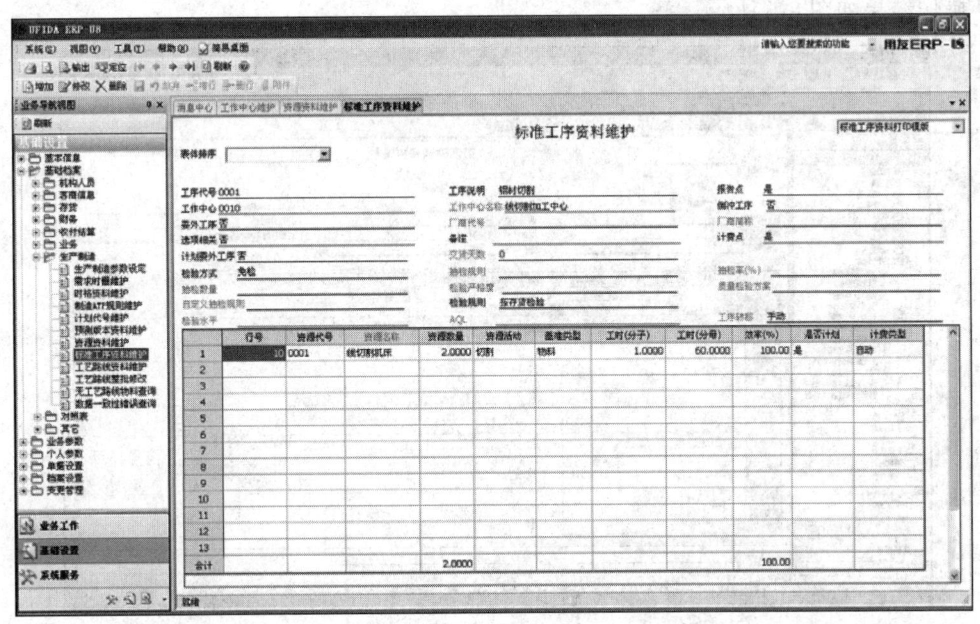

图 8-5　维护标准工序资料

注意：

- 基准类型：选择“物料”表示将使用资源的单位工时乘以母件的生产数量来对资源进行负载计算；选择“批次”表示资源负载不随母件加工数量而变动，即每个生产订单对于该资源的负载占用是固定的(如模具安装)。
- 在定义工序资源时，资源计划属性(即“是否计划”设置)有四种选项：是、否、同上工序结束、同下工序开始。默认为“是”。
    - ♦ 是：表示该资源参与该工序计划计算。
    - ♦ 否：可以将资源指定到工序，但不能对其进行工序计划。如零件加工过程，同时使用人工和机器两项资源，但假设人工资源不是影响该工序加工时间的关键资源，因此不必对人工资源进行计划，但它可能要计算负载和成本等。
    - ♦ 同上工序结束：表示该工序资源与上道工序同时结束。如上道工序为车加工，本道工序为磨加工，在上道工序结束时，本道工序第一项计划资源“模具安装”结束，则本道工序“模具安装”便可设为“同上工序结束”。
    - ♦ 同下工序开始：表示该工序资源与下道工序同时开始。如本道工序为磨加工，下道工序为检验，在本道工序“模具拆卸”开始时，下道工序也同时开始，则本道工序“模具拆卸”资源便可设为“同下工序开始”。
- 计费类型：选择“手动”表示在建立工时记录单时，该工序资源必须手动输入完工工时；“自动”则表示系统可自动按该工序资源的标准工时计算完工工时。

4. 物料工艺路线资料维护

岗位：车间管理人员

菜单路径：基础设置/基础档案/生产制造/工艺路线资料维护

操作结果如图 8-6 所示。

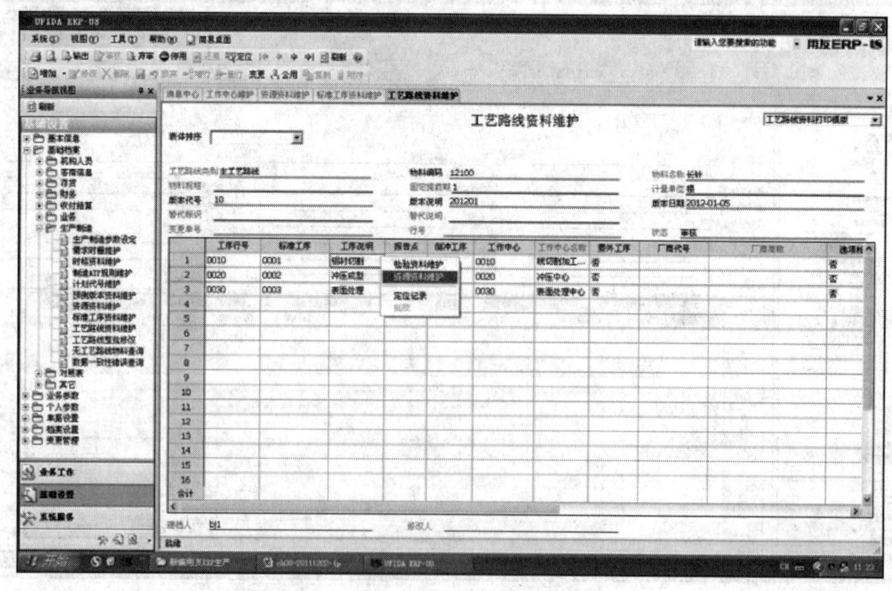

图 8-6　物料工艺路线资料的维护

(1) 在“工艺路线资料维护”窗口中，单击“增加”按钮，输入表头信息，在表体中输入工序资料。

(2) 对料品的加工工序资料输入完成后，选择表体某工序记录行，在该行单击鼠标右键，在弹出的快捷菜单中选择“资源资料维护”命令，进入“工艺路线资源资料维护”窗口，可对该工序所使用的资源情况进行维护，如图 8-7 所示，此处录入的资源数量和工时数据也是产能计算的依据。若选择“检验资料维护”命令，可以设定该工序的检验标准。

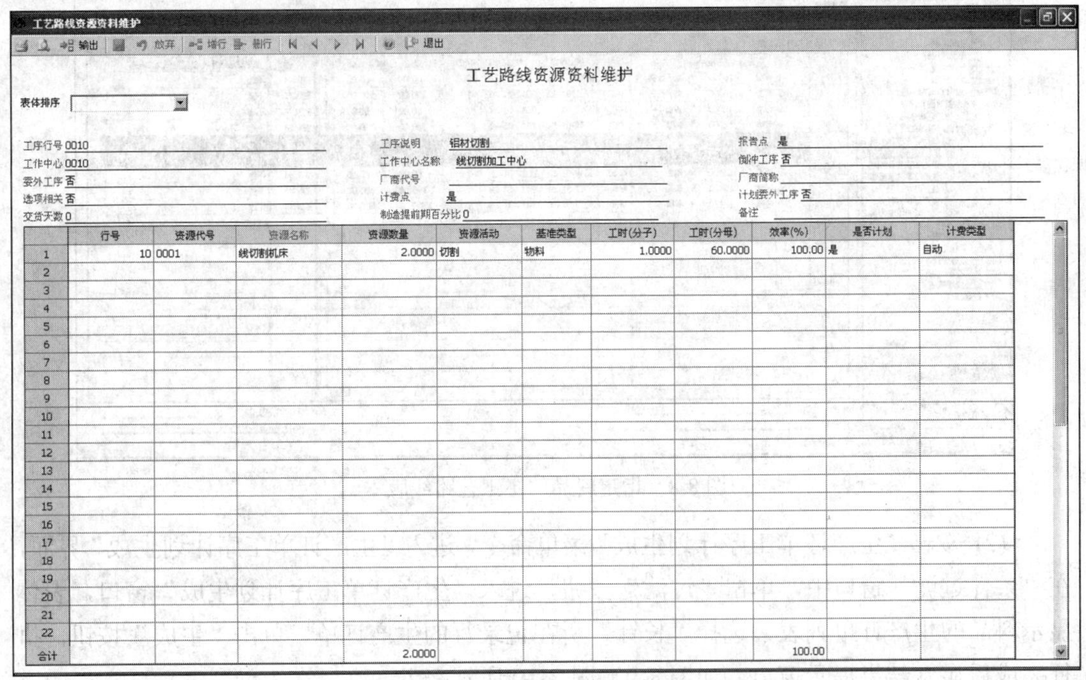

图 8-7　工艺路线资源资料的维护

(3) 输入完成后，单击“保存”按钮，即完成工艺路线资料的维护工作。

注意：

- 基准类型：选择“物料”。
- 计费类型：选择“自动”。
- 在定义工序资源时，“是否计划”设置有四种选项：是、否、同上工序结束、同下工序开始。详见“标准工序资料维护”。

5. 根据“长针”的生产订单制作“长针”的工序计划

岗位：车间管理人员

菜单路径：业务工作/生产制造/生产订单/生产订单处理/已审核生产订单修改

菜单路径：业务工作/生产制造/车间管理/生产订单工序计划/生产订单工序计划生成

菜单路径：业务工作/生产制造/车间管理/生产订单工序计划/生产订单工序资料维护

(1) 在“已审核生产订单修改”界面中，单击“修改”按钮，对表体记录行中“长针”的“工艺路线选择”栏位选择输入其“主工艺路线”，表明长针的生产订单是按照该主工艺路线在车间进行加工生产的，依次选择可以生成长针的工序计划，如图 8-8 所示。

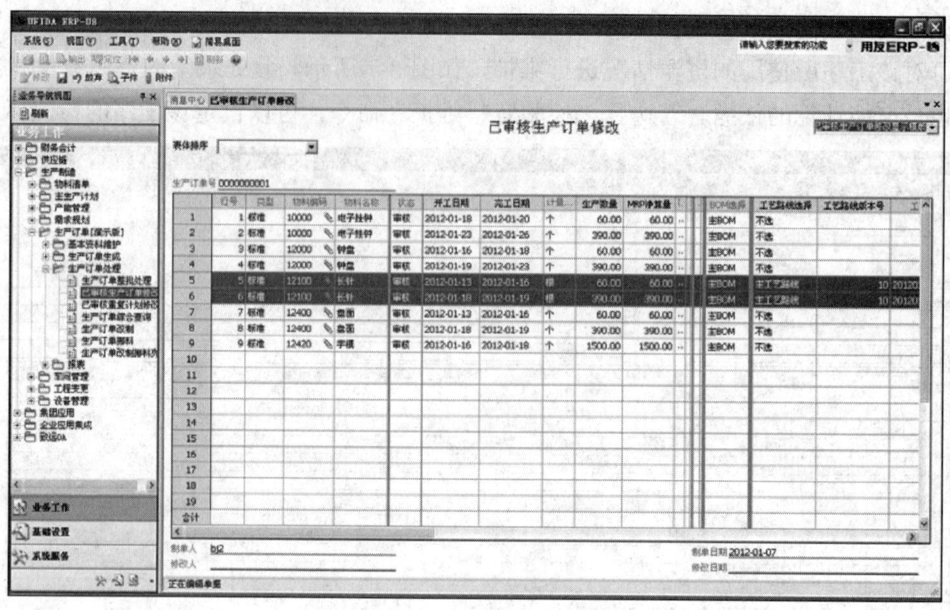

图 8-8　指定料品的主工艺路线版本

(2) 双击“生产订单工序计划生成”菜单命令，进入“生产订单工序计划生成”界面，在“条件过滤”窗口中，单击“过滤”按钮，进入“生产订单工序计划生成”窗口，表体显示料品的生产订单列表，选择“长针”所在记录行的生产订单，单击“生成”按钮，执行完成后显示结果提示窗口，如图 8-9、图 8-10 所示。

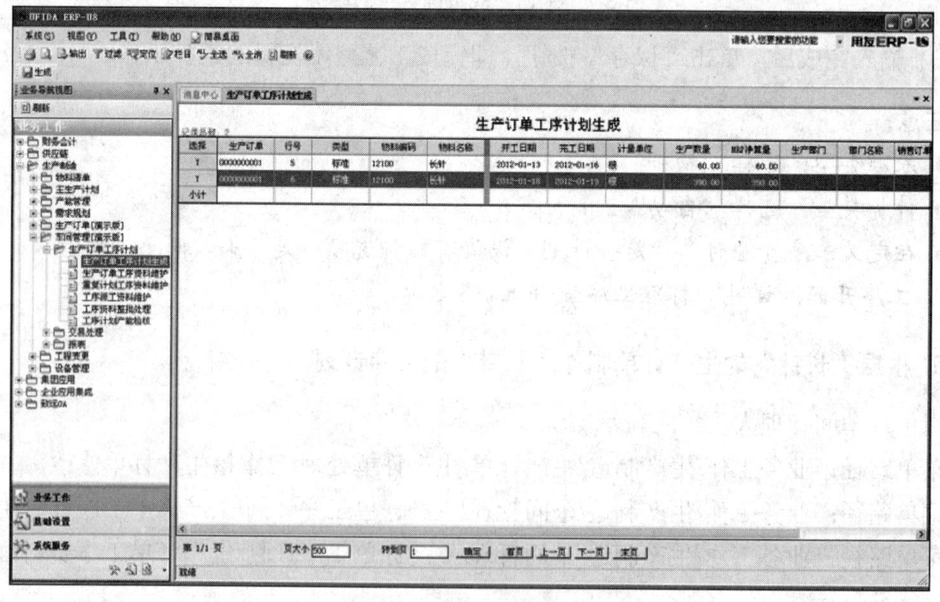

图 8-9　生成工序计划

图 8-10 结果提示窗口

(3) 双击“生产订单工序资料维护”菜单命令，显示生产订单工序资料列表，即为“长针”的工序计划，此处可以进行修改，如图 8-11 所示。在查询状态，单击工具栏中的“重排”按钮，可对该生产订单行(状态为已审核、未关闭)重新生成工序计划。

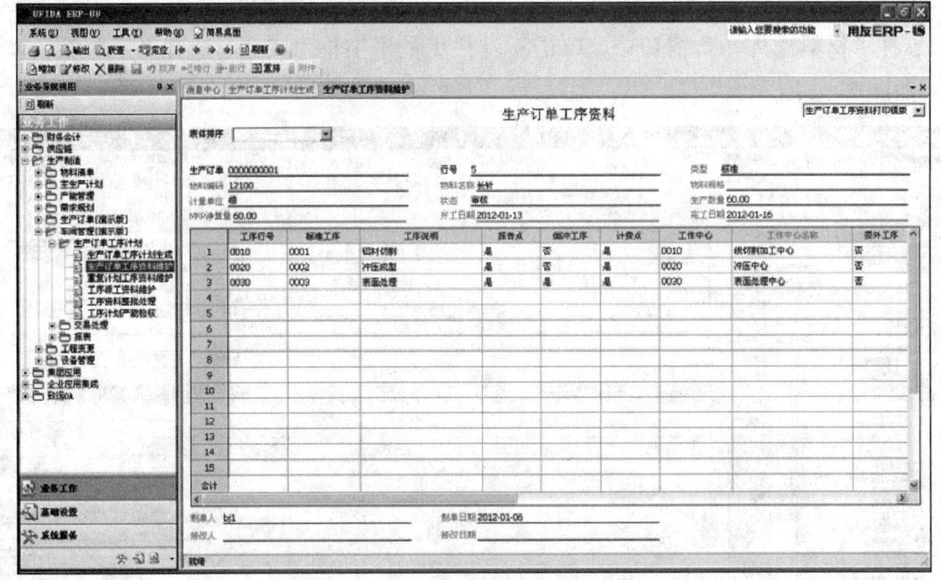

图 8-11 长针的工序计划资料

注意：

- 已审核生产订单必须事先指定主工艺路线版本或替代工艺路线标志，否则无法转入本系统。可以在审核生产订单时，对料品选择好它的主工艺路线和版本号，或者在“已审核生产订单修改”窗口中修改料品“工艺路线选择”栏位内容为“主工艺路线”，并输入其版本号。
- 已转车间管理系统的生产订单不可利用本作业重复转入。
- “基础设置/基础档案/生产制造/生产制造参数设定”中的“生产订单排程类型”选项，可作为建立生产订单时的默认值，表示生产订单转车间管理时工序计划的生成方式。默认为“不排程”，可修改。若选择“顺推”或“逆推”，则按照指定的工艺路线，对标准或非标准生产订单按各工序工作中心资源需求和产能比较，计划生产订单工序的开工和完工日期；若选择为“不排程”，则系统默认各工序日期分别等于生产订单的开工和完工日期。

- ♦ “顺推”是以依生产订单的“开工日期”为第一工序的开工日期，然后按每一工序的资源用量及资源产能比较而推算以后各工序的完工日期。
- ♦ “逆推”是以生产订单的“完工日期”为最后工序的完工日期，然后往前推算每一工序的开工日期与完工日期。

- 在生产订单工序计划生成后，即可打印“生产订单工序派工单”，作为生产派工时交给现场加工单位执行的凭单；还可打印“工序完工异常状况表”，以掌握生产订单工序计划异常情况。

6. 生产订单工序的领料

岗位：仓库/仓管员

菜单路径：业务工作/供应链/库存管理/出库业务/材料出库单

(1) 在“材料出库单”窗口中，单击工具栏上的“生单”按钮，选择“工序领料(蓝字)”命令，如图 8-12 所示。

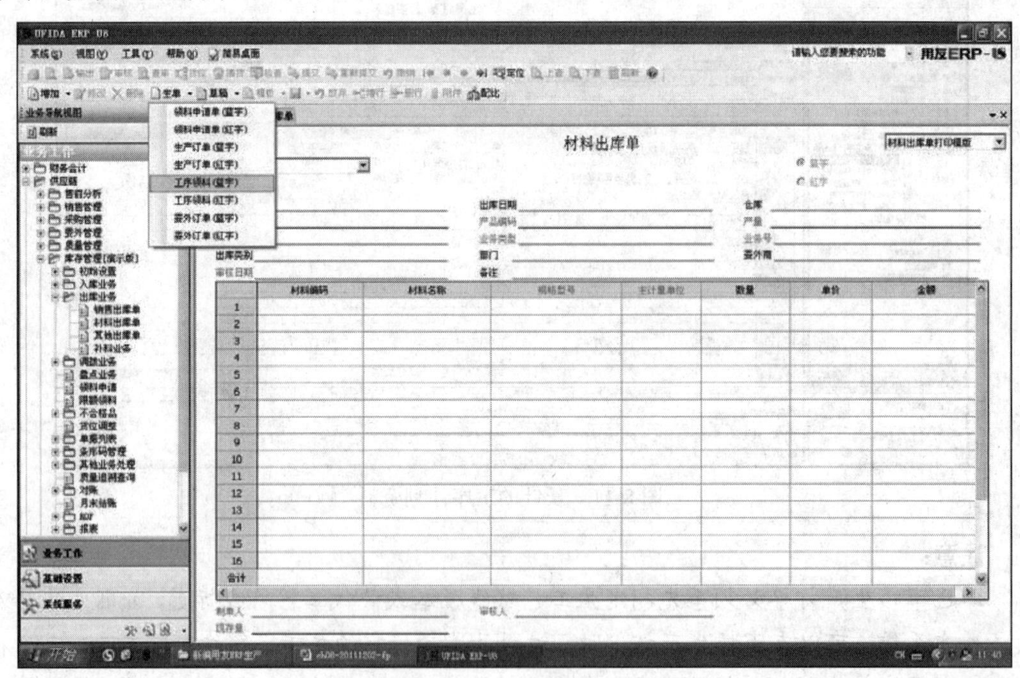

图 8-12 工序领料操作

或者，在“材料出库单”窗口中，单击工具栏上的“增加”按钮，生成一个新的出库单号，单击表头“订单号”栏位“...”图标，将会弹出一个“生单来源”窗口，选择“工序领料”，单击“确定”按钮，如图 8-13 所示。

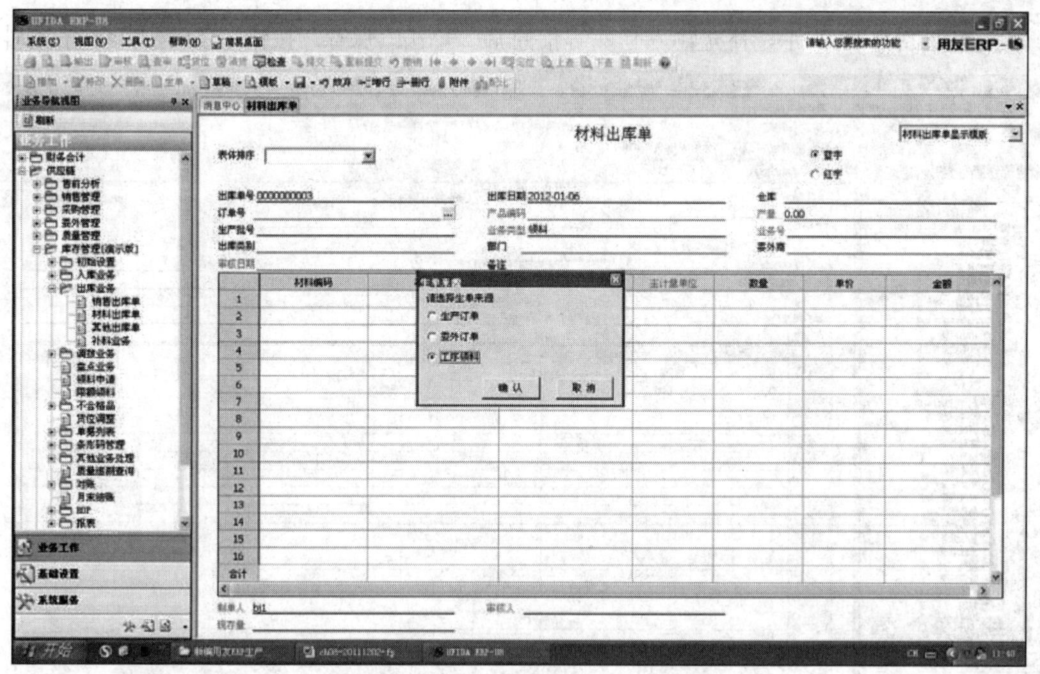

图 8-13 录入材料出库单——工序领料

(2) 在“过滤条件”窗口，输入“材料”栏位的物料名称，单击“过滤”按钮，进入“订单生单列表——工序领料”窗口，选择料品后，单击“OK”按钮，所选料品的信息即被带入“材料出库单”中，如图 8-14 所示。

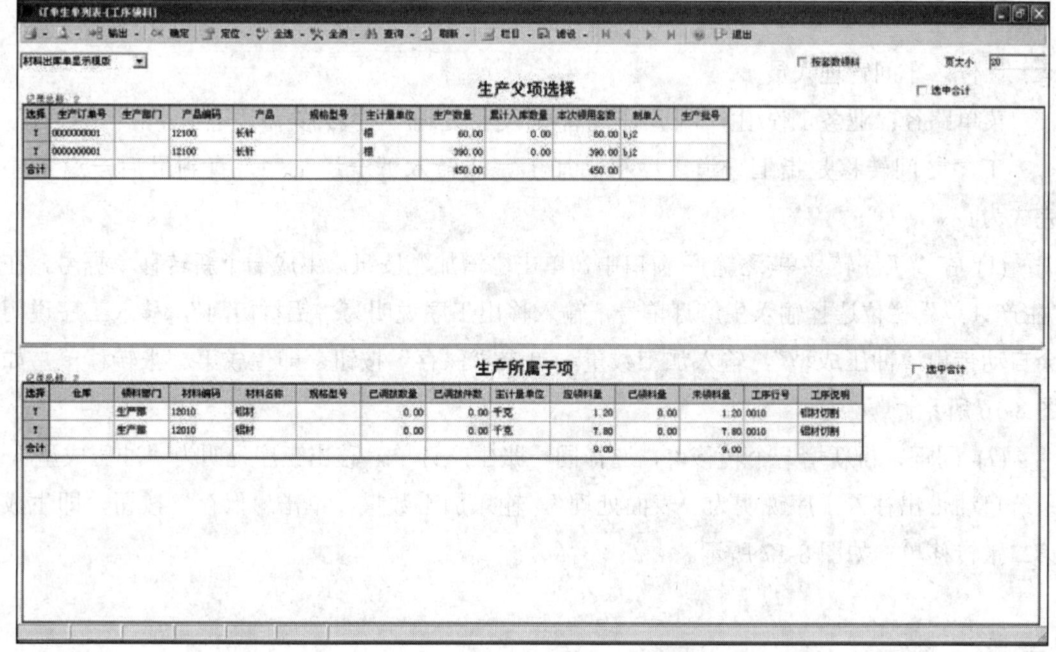

图 8-14 订单生单列表——工序领料

(3) 如图 8-15 所示，补充输入仓库等信息后，单击“保存”按钮，完成生产工序领料。

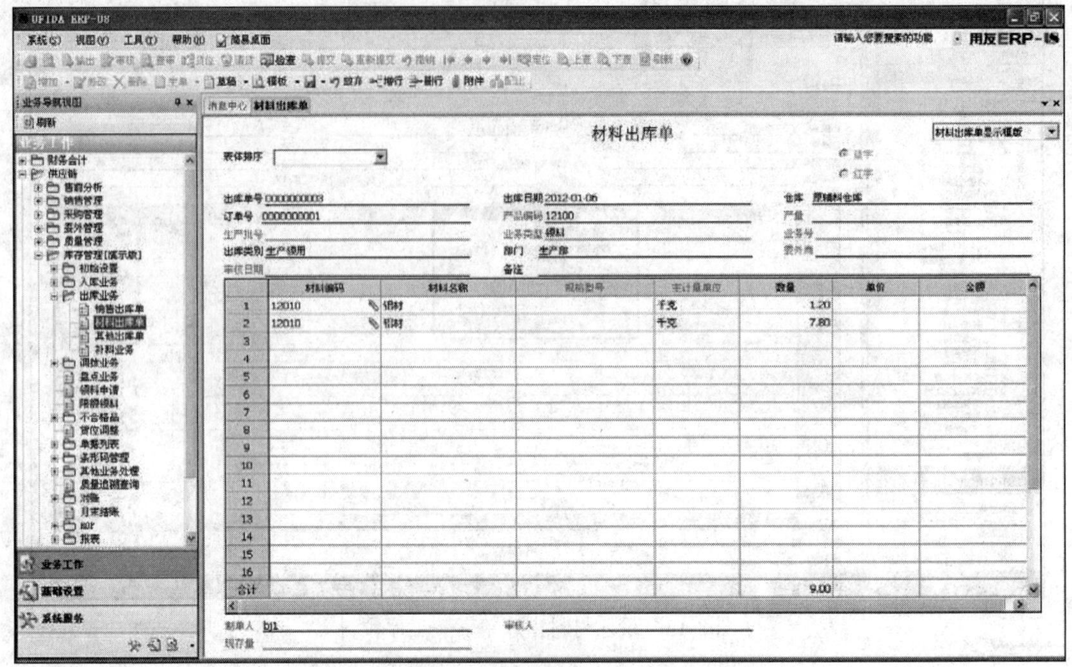

图 8-15 生成材料出库单——工序领料

(4) 单击工具栏上的“审核”按钮，完成审核工作。

7. 转移工序

岗位：车间管理人员

菜单路径：业务工作/生产制造/车间管理/交易处理/工序转移单(逐笔)

工序之间转移是指上一道工序料品加工完成转入下一道工序，直到最后一道工序完成为止。

(1) 在“工序转移单(逐笔)”窗口中，单击“增加”按钮，生成一个新转移单据号，在“生产订单”栏位选择输入生产订单号，输入移出工序说明为“铝材切割”，移入工序说明会自动带出“冲压成型”，输入加工数量，单击“保存”按钮，即生成第一张转移单，如图 8-16 所示。

(2) 同理，再新增一个转移单，选择同一张生产订单，移出工序说明为“冲压成型”，系统自动带出移入工序说明为“表面处理”，输入加工数量，单击“保存”按钮，即生成第二张转移单，如图 8-17 所示。

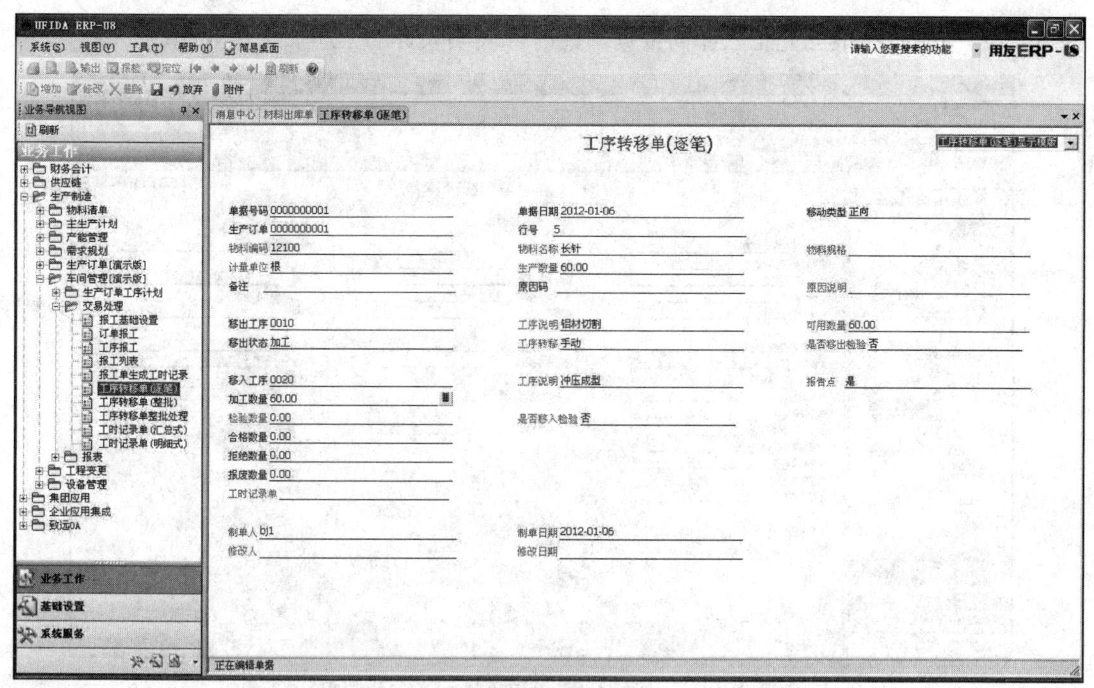

图 8-16　工序转移(第一道转第二道工序输入加工数量)

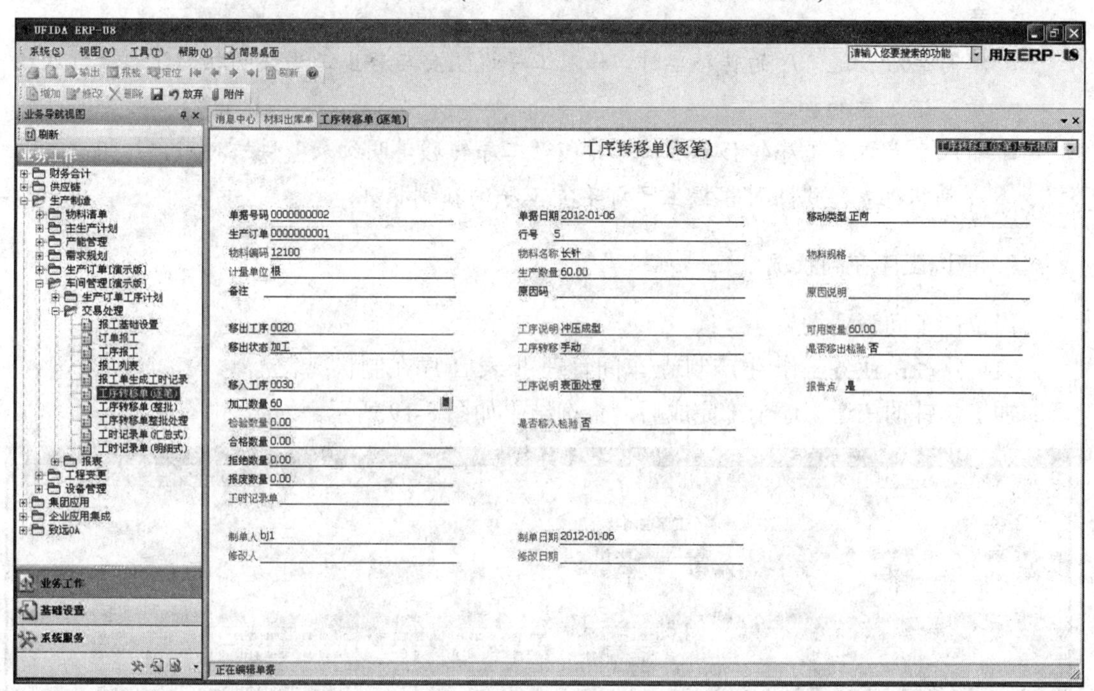

图 8-17　工序转移(第二道转第三道工序输入加工数量)

(3) 同理，再新增一个转移单，选择同一张生产订单，移出工序说明为“表面处理”，移入工序说明仍输入“表面处理”，输入合格数量，单击“保存”按钮，即生成第三张转移单，如图 8-18 所示。这张转移单中的合格数量作为最后一道工序的完工数量，可以作为库存管理中进行产成品完工入库的依据。此时，表明长针的工序加工作业完成。

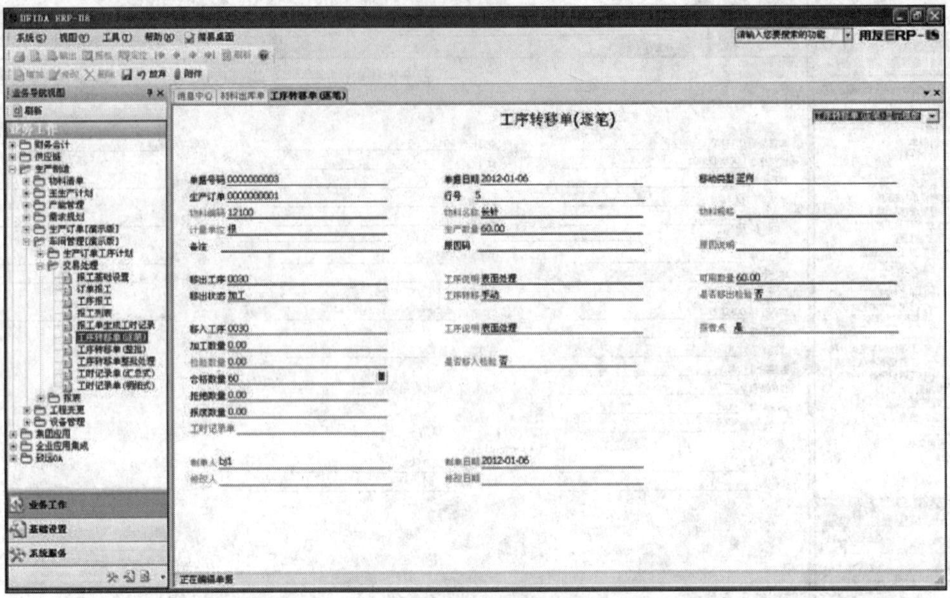

图 8-18　工序转移(第三道工序输入合格数量)

注意：

- 填写最后一道工序的转移单时，移入工序说明要与移出工序说明相同，表示进入最后一道工序的加工。
- 输入生产订单工序转移单后，可打印“工序转移单明细表”供核对用，打印“工序在制状况表”供随时掌握生产订单各工序的在制状况。

8. 查询工序在制状况

岗位：车间管理人员

菜单路径：业务工作/生产制造/车间管理/报表/工序在制状况表

加工长针的三道工序全部完成后，查询结果如图 8-19 所示。

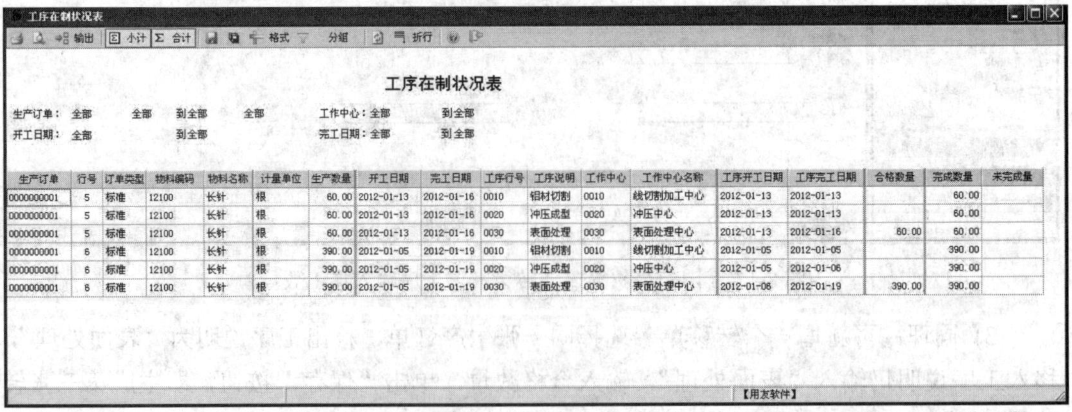

工序在制状况表

生产订单：全部　全部　到全部　全部　工作中心：全部　到全部

开工日期：全部　到全部　完工日期：全部　到全部

生产订单	行号	订单类型	物料编码	物料名称	计量单位	生产数量	开工日期	完工日期	工序行号	工序说明	工作中心	工作中心名称	工序开工日期	工序完工日期	合格数量	完成数量	未完成量
0000000001	5	标准	12100	长针	根	60.00	2012-01-13	2012-01-16	0010	铝材切割	0010	线切割加工中心	2012-01-13	2012-01-13		60.00	
0000000001	5	标准	12100	长针	根	60.00	2012-01-13	2012-01-16	0020	冲压成型	0020	冲压中心	2012-01-13	2012-01-13		60.00	
0000000001	5	标准	12100	长针	根	60.00	2012-01-13	2012-01-16	0030	表面处理	0030	表面处理中心	2012-01-13	2012-01-16	60.00	60.00	
0000000001	6	标准	12100	长针	根	390.00	2012-01-05	2012-01-19	0010	铝材切割	0010	线切割加工中心	2012-01-05	2012-01-05		390.00	
0000000001	6	标准	12100	长针	根	390.00	2012-01-05	2012-01-19	0020	冲压成型	0020	冲压中心	2012-01-05	2012-01-06		390.00	
0000000001	6	标准	12100	长针	根	390.00	2012-01-05	2012-01-19	0030	表面处理	0030	表面处理中心	2012-01-06	2012-01-19	390.00	390.00	

图 8-19　工序在制状况表(三道工序全部完成)

若如图 8-18 所示的第三道工序转移单的数据没有录入，表明料品工序尚未最终加工完成，则可以查询到的工序在制状况如图 8-20 所示。

工序在制状况表

生产订单：全部　全部　到全部　全部　工作中心：全部　到全部

开工日期：全部　到全部　完工日期：全部　到全部

生产订单	行号	订单类型	物料编码	物料名称	量单	生产数量	开工日期	完工日期	工序行号	工序说明	工作中心	工作中心名称	工序开工日期	工序完工日期	加工数量	完成数量	未完成量
0000000001	5	标准	12100	长针	根	60.00	2012-01-13	2012-01-16	0010	铝材切割	0010	线切割加工中心	2012-01-13	2012-01-13		60.00	
0000000001	5	标准	12100	长针	根	60.00	2012-01-13	2012-01-16	0020	冲压成型	0020	冲压中心	2012-01-13	2012-01-13		60.00	
0000000001	5	标准	12100	长针	根	60.00	2012-01-13	2012-01-16	0030	表面处理	0030	表面处理中心	2012-01-13	2012-01-16	60.00		60.00
0000000001	6	标准	12100	长针	根	390.00	2012-01-05	2012-01-19	0010	铝材切割	0010	线切割加工中心	2012-01-05	2012-01-05		390.00	
0000000001	6	标准	12100	长针	根	390.00	2012-01-05	2012-01-19	0020	冲压成型	0020	冲压中心	2012-01-05	2012-01-06		390.00	
0000000001	6	标准	12100	长针	根	390.00	2012-01-05	2012-01-19	0030	表面处理	0030	表面处理中心	2012-01-06	2012-01-19	390.00		390.00

【用友软件】

图 8-20　工序在制状况表(第三道工序转移单未录入)

9. 生成工时记录单

岗位：车间管理人员

菜单路径：业务工作/生产制造/车间管理/交易处理/工时记录单(汇总式)

在生产订单的“工时记录单(汇总式)”窗口中，单击“增加”按钮，在“生产订单”栏位选择单据号码，在“带出工序资料”栏位选择“全部”后，表体即显示出各工序情况。输入合格数量后，单击“保存”按钮，即可计算出完工数量和所耗工时。工时记录单(汇总式)如图 8-21 所示，该表用于记录生产订单工序的实际完工数量及耗用工时。

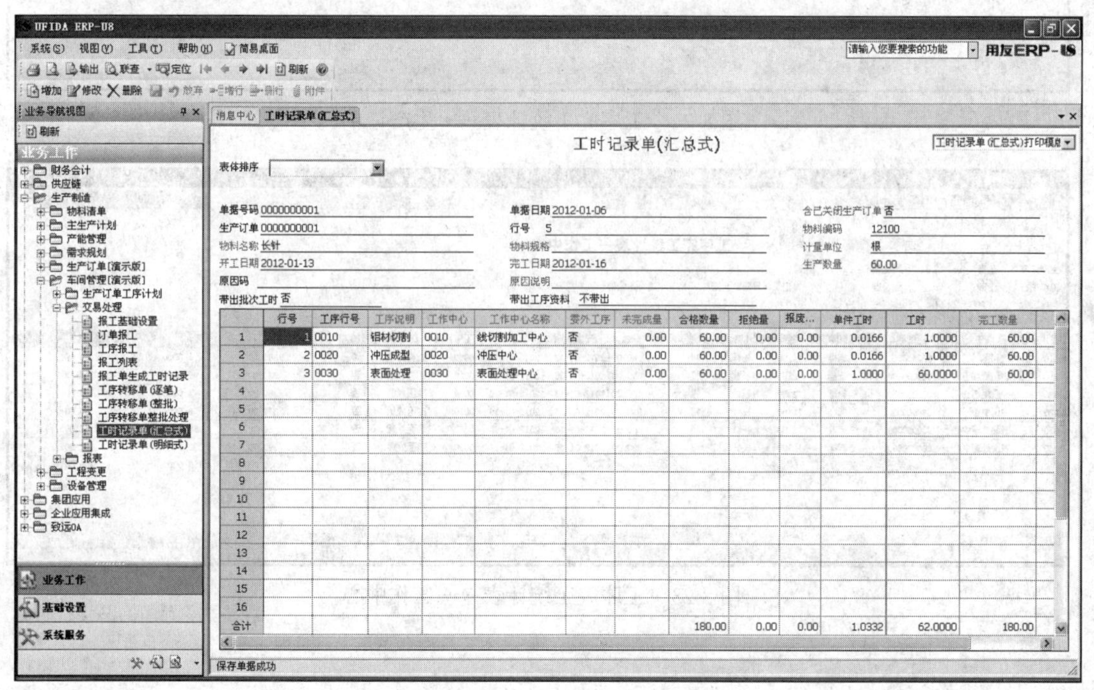

图 8-21　生产订单工时记录(汇总式)

注意：

- 使用“生产订单工时记录单”，可以提供生产订单工序各班次、设备或员工的实际完工数量及耗用工时。工时记录单可手动输入，也可在“工序转移单整批处理”作业中，将生产订单工序转移单整批自动生成生产订单工时记录单，整批报检或删除，节省手动输入时间。
- 可以打印“工时记录单明细表”供核对使用，打印“工序完工统计表”可用于统计生产订单完工数量和工时。

10. 工序生产完工的查询

岗位：车间管理人员

菜单路径：业务工作/生产制造/车间管理/报表/工序完工统计表

查询工序完工统计情况，如图 8-22、图 8-23 所示。可从生产订单和工作中心等方面查看工序完工情况。

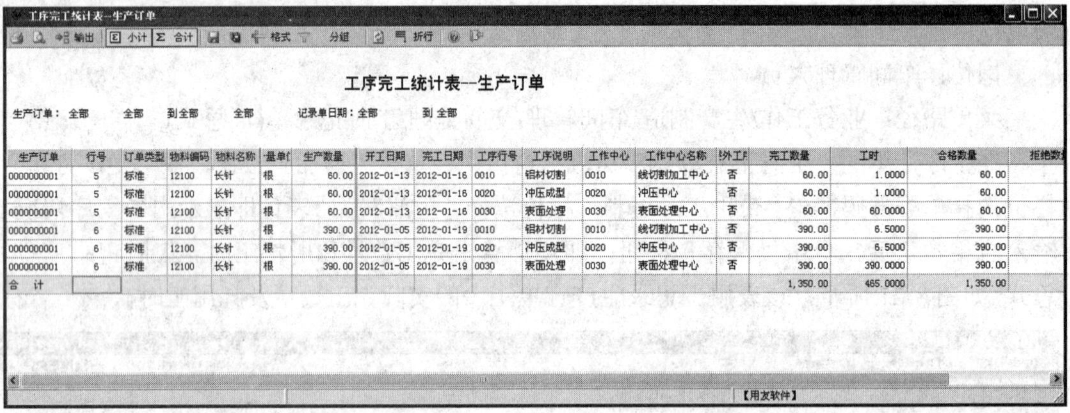

工序完工统计表--生产订单

输出 小计 合计 格式 分组 折行

工序完工统计表--生产订单

生产订单：全部　全部　到全部　全部　记录单日期：全部　到 全部

生产订单	行号	订单类型	物料编码	物料名称	量单	生产数量	开工日期	完工日期	工序行号	工序说明	工作中心	工作中心名称	外工	完工数量	工时	合格数量	拒绝数
0000000001	5	标准	12100	长针	根	60.00	2012-01-13	2012-01-16	0010	铝材切割	0010	线切割加工中心	否	60.00	1.0000	60.00	
0000000001	5	标准	12100	长针	根	60.00	2012-01-13	2012-01-16	0020	冲压成型	0020	冲压中心	否	60.00	1.0000	60.00	
0000000001	5	标准	12100	长针	根	60.00	2012-01-13	2012-01-16	0030	表面处理	0030	表面处理中心	否	60.00	60.0000	60.00	
0000000001	6	标准	12100	长针	根	390.00	2012-01-05	2012-01-19	0010	铝材切割	0010	线切割加工中心	否	390.00	6.5000	390.00	
0000000001	6	标准	12100	长针	根	390.00	2012-01-05	2012-01-19	0020	冲压成型	0020	冲压中心	否	390.00	6.5000	390.00	
0000000001	6	标准	12100	长针	根	390.00	2012-01-05	2012-01-19	0030	表面处理	0030	表面处理中心	否	390.00	390.0000	390.00	
合　计														1,350.00	465.0000	1,350.00	

【用友软件】

图 8-22　工序完工统计表——生产订单

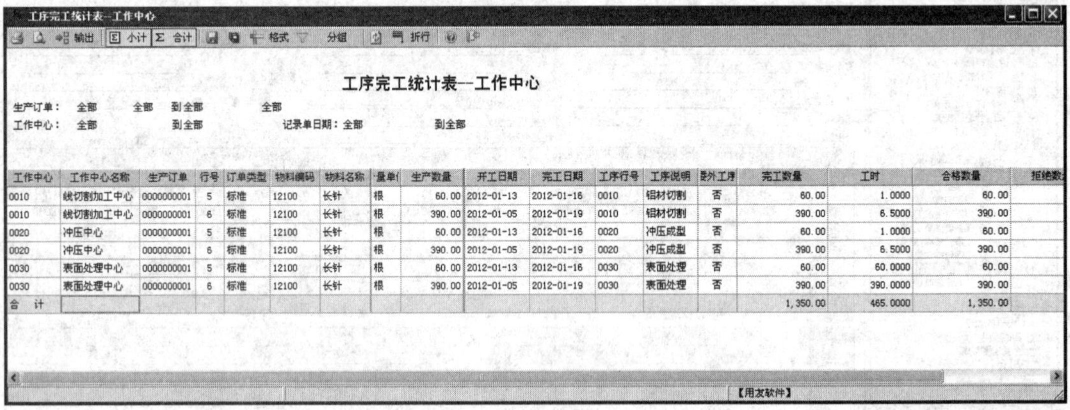

工序完工统计表--工作中心

输出 小计 合计 格式 分组 折行

工序完工统计表--工作中心

生产订单：　全部　全部　到全部　全部

工作中心：　全部　到全部　记录单日期：全部　到全部

工作中心	工作中心名称	生产订单	行号	订单类型	物料编码	物料名称	量单	生产数量	开工日期	完工日期	工序行号	工序说明	委外工序	完工数量	工时	合格数量	拒绝数
0010	线切割加工中心	0000000001	5	标准	12100	长针	根	60.00	2012-01-13	2012-01-16	0010	铝材切割	否	60.00	1.0000	60.00	
0010	线切割加工中心	0000000001	6	标准	12100	长针	根	390.00	2012-01-05	2012-01-19	0010	铝材切割	否	390.00	6.5000	390.00	
0020	冲压中心	0000000001	5	标准	12100	长针	根	60.00	2012-01-13	2012-01-16	0020	冲压成型	否	60.00	1.0000	60.00	
0020	冲压中心	0000000001	6	标准	12100	长针	根	390.00	2012-01-05	2012-01-19	0020	冲压成型	否	390.00	6.5000	390.00	
0030	表面处理中心	0000000001	5	标准	12100	长针	根	60.00	2012-01-13	2012-01-16	0030	表面处理	否	60.00	60.0000	60.00	
0030	表面处理中心	0000000001	6	标准	12100	长针	根	390.00	2012-01-05	2012-01-19	0030	表面处理	否	390.00	390.0000	390.00	
合　计														1,350.00	465.0000	1,350.00	

【用友软件】

图 8-23　工序完工统计表——工作中心

11. 长针完工入库并查询现存量

岗位：车间管理人员

菜单路径：业务工作/供应链/库存管理/入库业务/产成品入库单

菜单路径：业务工作/供应链/库存管理/报表/库存账/现存量查询

(1) 当已经加工到最后一道工序时，即最后一张工序转移单填写完成并保存后，表明料品所有工序的加工已完成，此时就可以进行完工产品的入库工作。在“产成品入库单”窗口中，单击工具栏上的“生单”按钮，选择“生产订单(蓝字)”命令，如图8-24所示。

或者，在“产成品入库单”窗口中，单击工具栏上的“增加”按钮，生成一个新的产成品入库单号，单击表头栏目的“生产订单号”栏位的“…”图标。

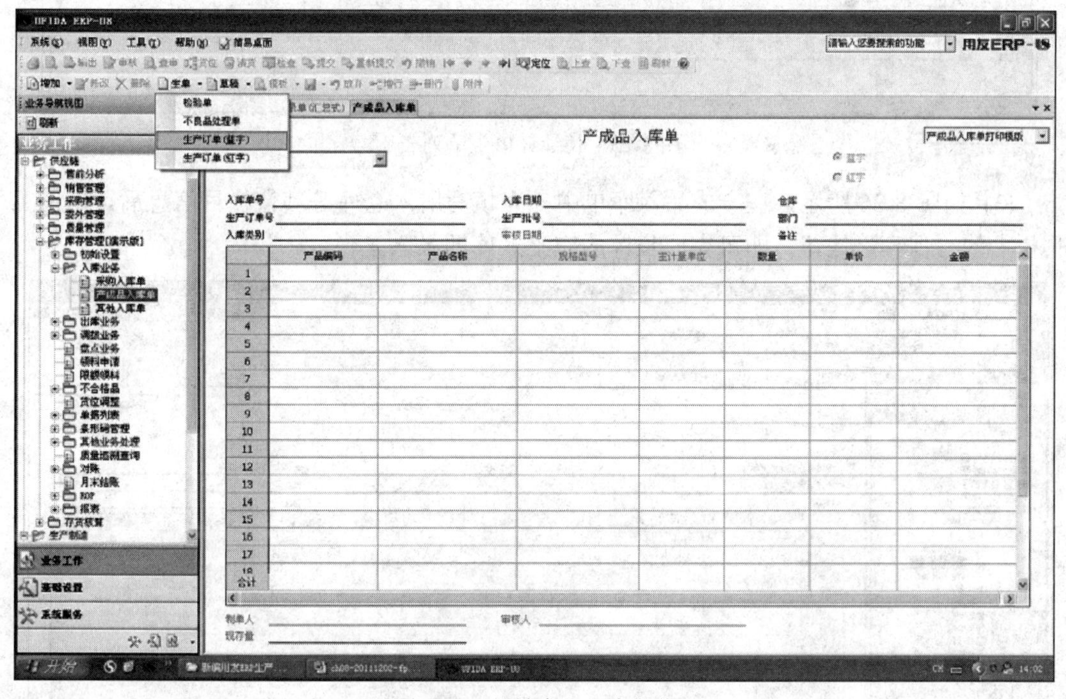

图8-24 长针完工入库操作

(2) 在“过滤条件”窗口中，单击“过滤”按钮，进入“订单生单列表”窗口，如图8-25所示，选择上方的订单，再选择下方的长针，单击“OK”按钮，所选料品的信息即可带入产成品入库单中。

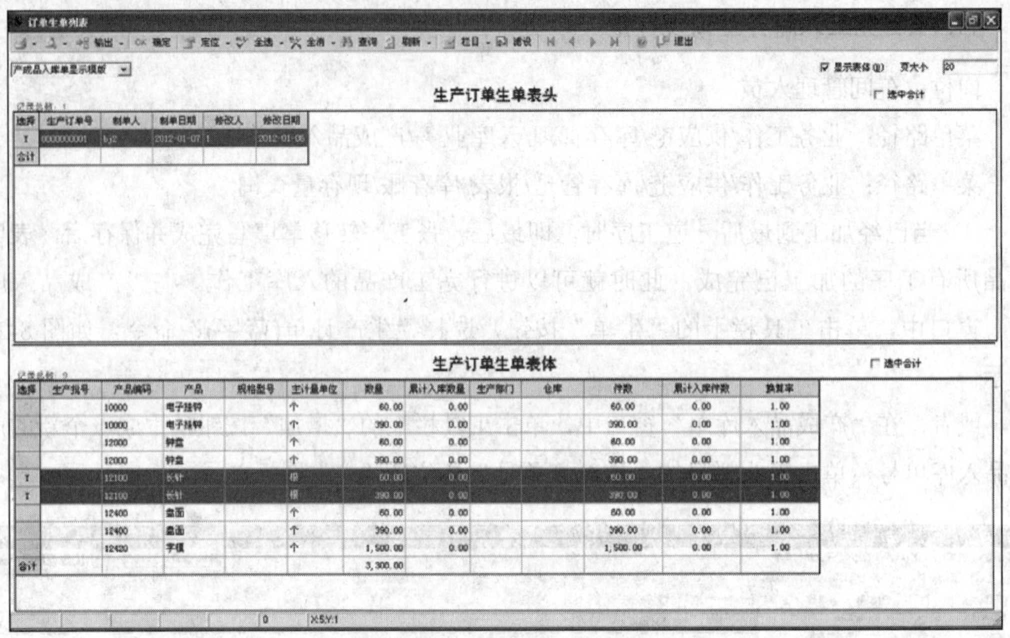

图 8-25　长针订单生单列表

(3) 如图 8-26 所示，在产成品入库单中补充填写所入仓库等其他栏目信息后，单击工具栏上的“保存”按钮，即可完成长针的完工入库的录入工作。

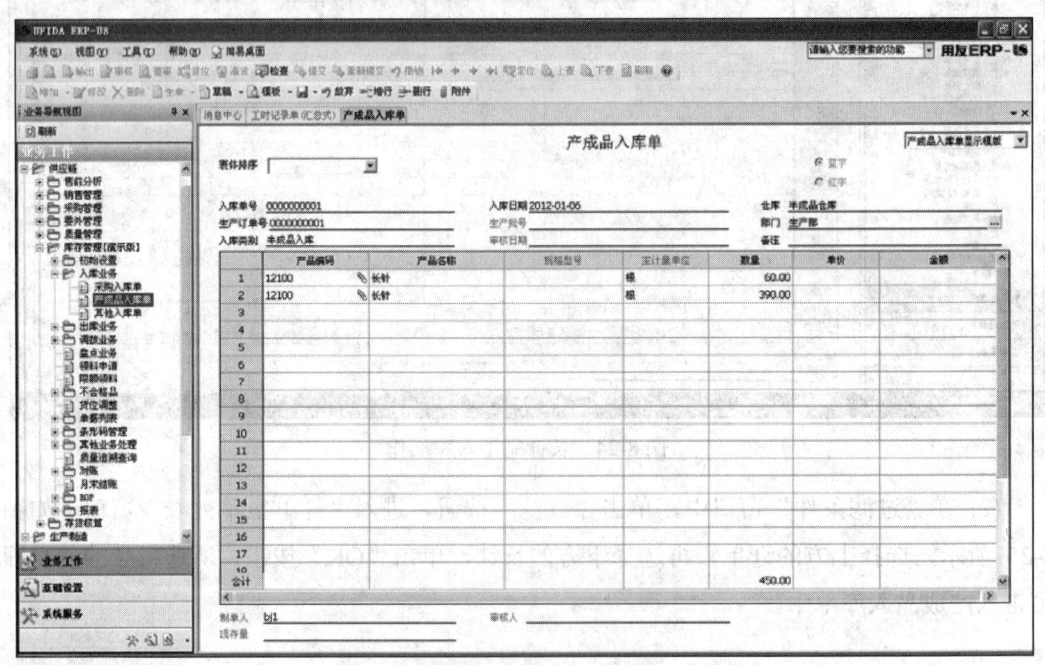

图 8-26　长针完工入库

(4) 单击工具栏上的“审核”按钮，完成审核工作，即完成了长针的全部生产过程。

(5) 通过“业务工作/供应链/库存管理/报表/库存账/现存量查询”功能，可以查询“长针”的库存现存量，库存资料如图 8-27 所示。

现存量查询

仓库编码	仓库名称	存货编码	存货代码	存货名称	规格型号	存货分类代码	存货分类名称	主计量单位	现存数量	其中冻结数量	到货/在检数量	调拨在途数量	预计入
0010	原辅料仓库	12010	12010	铝材		03	材料	Kg					
0010	原辅料仓库	12411	12411	塑料		03	材料	Kg	1,000.00				
0010	原辅料仓库	12421	12421	薄膜		03	材料	米	1,000.00				
0020	成品仓库	10000	10000	电子挂钟		01	成品	个	50.00				
0030	半成品仓库	11000	11000	机芯		02	半成品	个	450.00				
0030	半成品仓库	12100	12100	长针		02	半成品	根	450.00				
0030	半成品仓库	12200	12200	短针		02	半成品	根	1,000.00				
0030	半成品仓库	12300	12300	秒针		02	半成品	根	1,000.00				
0030	半成品仓库	12410	12410	盘体		02	半成品	个	450.00				
0030	半成品仓库	12420	12420	字模		02	半成品	个	300.00				
0030	半成品仓库	13000	13000	钟框		02	半成品	个	450.00				
0030	半成品仓库	14000	14000	电池		02	半成品	节	900.00				
合　计									7,050.00				

图 8-27　查询长针库存现存量

12. 制品退制

岗位：仓库/仓管员

菜单路径：业务工作/生产制造/库存管理/不合格品/不合格品处理单

菜单路径：业务工作/生产制造/库存管理/不合格品库/不合格品记录单

菜单路径：业务工作/生产制造/库存管理/出库业务/其他出库单

当加工完成的料品入库后，被发现不合格，则需要把不合格的制品退回工作中心进行返修处理。先输入不合格品处理单，再输入不合格品记录单，然后通过“其他出库单”进行退制处理。待返修合格后，还可重新入库。此功能与第 7 章“生产业务”中的不合格品退制处理操作同理。

【系统功能说明】

(1) 工作中心是企业制造部门内部的一个区域，它由一个或多个人员、设备或供应商组成。可在工作中心内收集成本以比较能力负荷，可将工作中心指定到工艺路线中的每道工序，并指定可用于该工作中心的资源。企业一般会根据自身的实际情况把自己的制造加工单元，根据加工内容、设备实际摆放的位置、归属的部门等原则划分为不同的工作中心，而把完成相同、相近任务的工作单元划分为同一工作中心。

(2) 资源是指计划、执行或成本计算所要求的任何事物，包括员工、设备、外协处理和物理场所等。可以使用资源来定义物料在加工工序所花费的时间和所引起的成本。

(3) 工序是制造过程的一个步骤，可以在其中执行各项作业和冲减加工物料的工作中心资源。工序状态用于控制工序内部和工序之间的移动和资源处理，并跟踪工序内部的物料(母件)。本系统包含五种工序状态(加工、检验、合格、拒绝、报废)，定义如下。

- 加工：位于“加工”工序状态的物料正在等待加工或加工之中。
- 检验：位于“检验”工序状态的物料已经加工完成，正在检验中。

- 合格：位于“合格”工序状态的物料已经完成，且为合格，正等待移到下一工序。
- 拒绝：位于“拒绝”工序状态的物料遭到拒绝，并且正等待修理(返工)或报废。“拒绝”状态中的物料可能已经作废，但由于这些物料在生产时已经冲减子件和资源，因此对于当前工序，这些物料被视为完成。
- 报废：位于“报废”工序状态的物料被视为作废。由于在物料生产过程中已经冲减子件和资源，因此对于当前工序，这些物料被视为完成。

(4) 工艺路线是产品制造工序的一个序列，可用来生产料品。工艺路线由物料、一系列工序、工序序列和工序有效日期组成。每个工艺路线可以由任意道工序组成。对于每道工序，可以指定一个工作中心，以确定可用于该工序的资源。本系统把工艺路线分为“主要和替代工艺路线”及“公用工艺路线”两类。

- 主要工艺路线是制造产品最常用的一组工序。一般情况下，使用这些工序制造产品，因此可以将制造此产品的一组工序定义为主要工艺路线。
- 替代工艺路线用来描述生产相同产品的与主要工艺路线不同的制造过程。与定义主要工艺路线不同，要通过指定物料和替代标志来定义替代工艺路线。在定义替代工艺路线之前，必须首先定义主要工艺路线。
- 公用工艺路线指任何具有同一物料清单类型的两个物料均可以共享的公用工艺路线。如果两个不同的物料共享同一工艺路线，那么只需定义好一个物料的工艺路线，可供另一物料公用，但这两个物料应该具有相同的 BOM 类型。在定义新的物料的工艺路线时，可以将另一物料作为公用工艺路线来引用，而不需要在工艺路线中输入任何信息，以节省输入时间并方便维护。

(5) 倒冲业务。对于因包装的不可分割或价值较低的材料，通常会存放在生产线或委外商处(将材料从普通仓库调拨到现场仓库或委外仓库)，当产品完工以后，将由系统根据完工或入库产品耗用的材料自动倒扣现场仓或委外仓的材料数量。

- 在物料清单维护中可以将子件“供应类型”设置为“入库倒冲”或“工序倒冲”。
- 在生产订单中可以将“供应类型”设置为“入库倒冲”或“工序倒冲”。
- 在“工艺路线资料维护”中可以设置某工序为“倒冲工序”。在执行工序转移时，若移入或移出该工序，则系统自动倒冲此工序之前的非倒冲工序中的所有供应类型为“工序倒冲”的子件。若依标准工序带出可修改，工艺路线保存时自动将最终工序设置为倒冲工序，以确保装配件完成时倒冲所有工序倒冲子件。
- 倒冲业务包括生产倒冲和委外(入库)倒冲，生产倒冲又分为工序倒冲和入库倒冲。
  - ♦ 工序倒冲：保存工序转移单时，如果加工的产品在生产订单中有工序倒冲子件，则系统按规则自动生成材料出库单，倒扣现场仓材料数量。
  - ♦ 入库倒冲：产成品入库单保存时，如果入库产品在生产订单中有入库倒冲子件，则系统按规则自动生成材料出库单。

- 根据“库存管理/初始设置/选项/通用设置—业务校验”的“倒冲材料出库单自动审核”选项设置，可以提供倒冲生成的材料出库单及盘点补差生成的材料出库单的自动审核功能。

【思考题】

(1) 手工填制一张“长针”的生产订单，对它进行工序计划、工序领料、工序转移、完工入库、库存数量查询等一系列操作。

(2) 如果生产“长针”的工序领用的“铝材”是倒扣件，那么应该如何操作？(提示：在“生产订单手动输入”中将“供应类型”选择为“工序倒冲”，在工序加工完成后，自动生成铝材的材料出库单。)

第 9 章　销售发货

9.1　业务概述

9.1.1　功能概述

本实验主要完成根据销售订单进行发货的业务，由“销售管理”子系统进行业务处理。

销售发货是企业执行与客户签订的销售合同或销售订单，将货物发送给客户，并开出销售发票的行为，是销售业务的执行阶段。发货单是销售方给客户发货的凭据，是“销售管理”的核心单据。

销售发货的工作流程可以按照“开票直接发货”的方式，也可以按照“先发货后开票”的方式处理发货业务。“开票直接发货”方式是通过先开具销售发票，然后由销售发票自动生成发货单的过程；“先发货后开票”方式是通过先填写发货单，然后再依据发货单生成销售发票的过程。本实验采用“开票直接发货”方式的流程组织销售发货工作。

9.1.2　相关子系统功能模块之间的关系

销售发货业务与其他子系统的关系如图 9-1 所示。

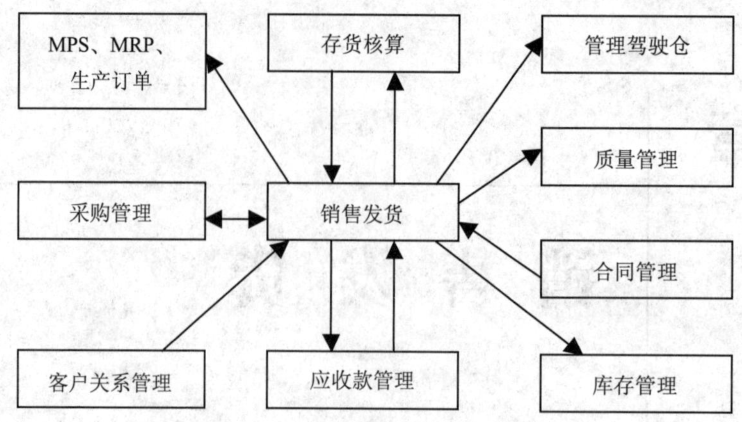

图 9-1　销售发货与其他子系统的关系

9.1.3　应用准备

(1) 建立新账套、启用要使用的产品、设置用户及权限。
(2) 设置基础数据：供应链产品需要的基础档案(分类体系、基础档案)。
(3) 设置单据格式、单据编号。
(4) 设置“销售管理”模块的系统选项。
(5) 录入并审核期初发货单。

9.2　系统业务流程

9.2.1　日常业务流程

销售发货的业务流程图如图 9-2 所示。

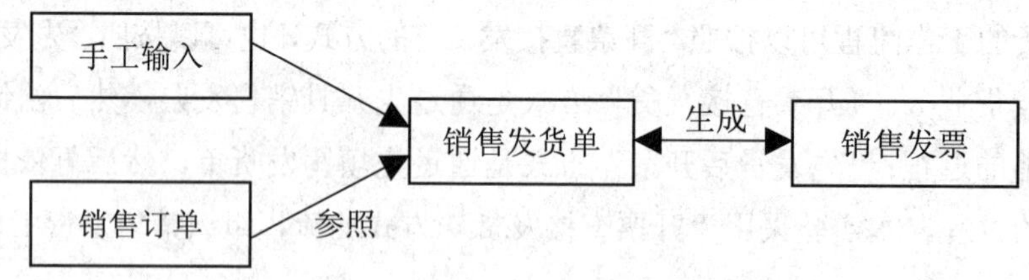

图 9-2　销售发货业务流程图

9.2.2　主要业务内容

1. 填制销售发票

销售开票是在销售过程中企业给客户开具销售发票及其所附清单的过程，它是销售收入确认、销售成本计算、应交销售税金确认和应收账款确认的依据，是销售业务的重要环节。

销售发票是在销售开票过程中用户所开具的原始销售单据，包括增值税专用发票、普通发票及其所附清单。对于未录入税号的客户，可以开具普通发票，不可开具专用发票。

复核后的销售发票在财务部门的“应收款管理”模块中核算应收账款，在“应收款管理”模块中审核登记应收款明细账，并根据销售发票进行制单以生成记账凭证。

2. 销售发货

发货单是销售方给客户发货的凭据，是销售发货业务的执行载体。如果按照“开票直接发货”的方式，则发货单由销售发票直接自动生成；如果按照“先发货后开票”的方式，则发货单可以手工增加，也可以参照销售订单生成，然后由发货单再生成销售发票。

3. 销售出库

销售出库单是销售出库业务的主要凭据，在“库存管理”模块中用于存货出库数量核算，在“存货核算”模块中用于存货出库成本核算。

4. 销售报表查询

查询销售及发货统计表，以及销售增长情况，以便分析销售业绩。

9.3 实验八 销售发货业务

【实验目的】

理解销售发货管理的含义，掌握其功能与操作。

【实验要求】

以操作员身份进入系统进行操作。

【实验资料】

1. 准备实验数据

(1) 修改系统时间为“2012-01-20”。

(2) 引入光盘“实验账套”文件夹中的“销售发货数据准备”数据账套。

2. 实验资料

(1) 按照“开票直接发货”的方式处理发货业务，根据“湖北华联商厦”的销售订单填写销售普通发票。

(2) 查看发货单：根据上述的销售普通发票，自动生成发货单，向湖北华联商厦发货产品电子挂钟(编号为 10000)数量 100 个。

(3) 查看根据上述资料自动生成的销售出库单，并进行审核。

(4) 查询电子挂钟的现存量。

(5) 查询电子挂钟的销售统计表、发货统计表、销售增长情况以及销售综合情况等。

【操作指导】

1. 填写销售发票

岗位：销售部门/业务员

菜单路径：业务工作/供应链/销售管理/销售开票/销售普通发票

(1) 在“销售普通发票”对话框中，单击工具栏上的“增加”按钮，系统生成一个新的销售普通发票号，并弹出一个“过滤条件选择—参照订单”过滤窗口，单击“过滤”按钮，如图 9-3 所示。

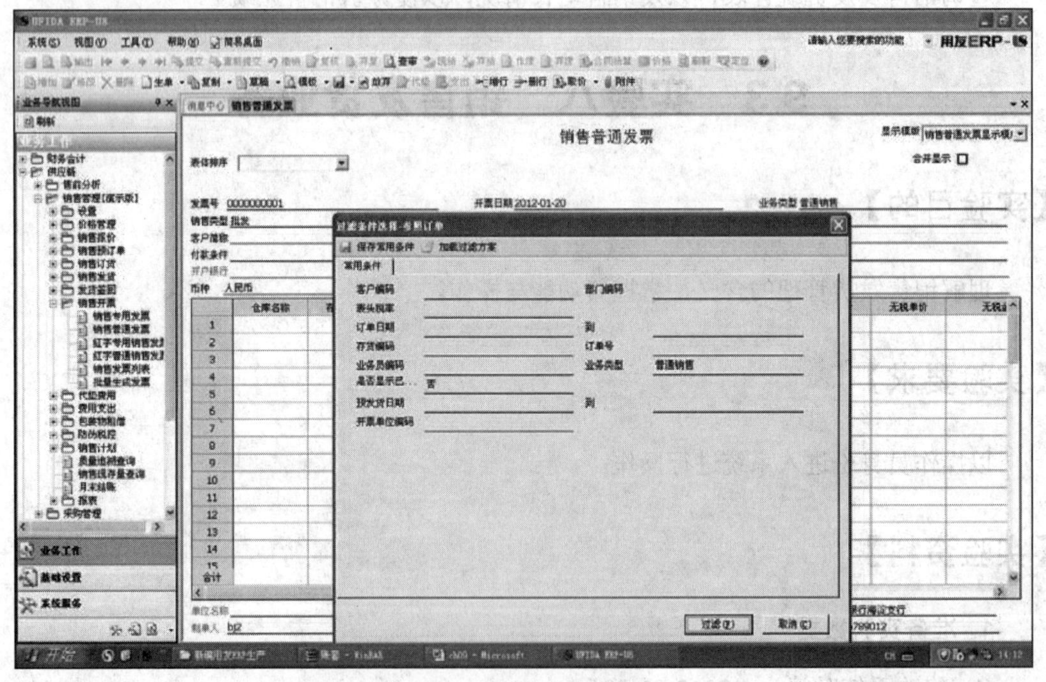

图 9-3　录入销售普通发票

(2) 如图 9-4 所示，先选择窗口上方的客户为“湖北华联商厦”的销售订单，再选择窗口下方有关该订单详细内容的货品记录行。

(3) 单击“OK”按钮，系统自动将所选信息带入“销售普通发票”窗口中，补充输入仓库名称，单击“保存”按钮，完成销售普通发票的录入工作，如图 9-5 所示。

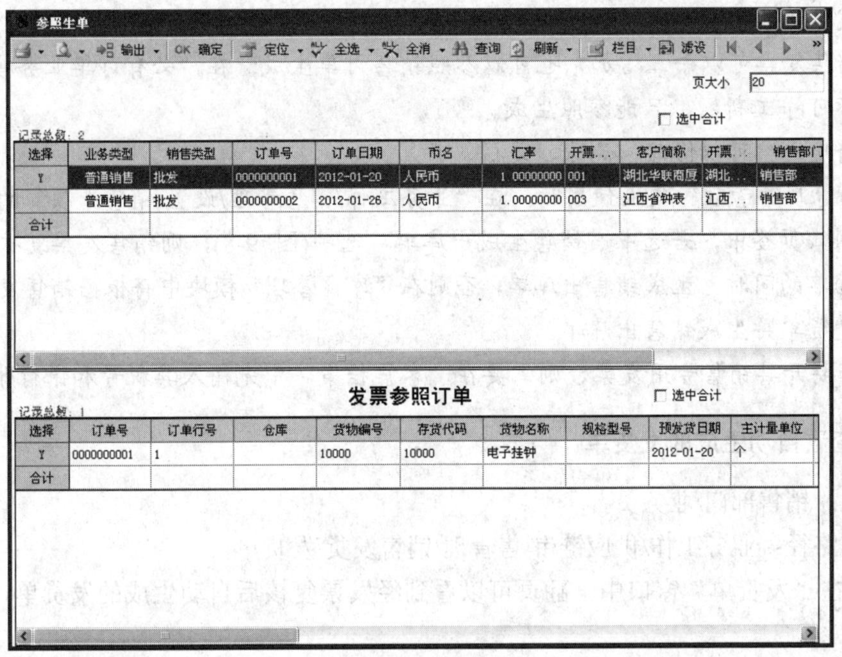

图 9-4 选择订单窗口

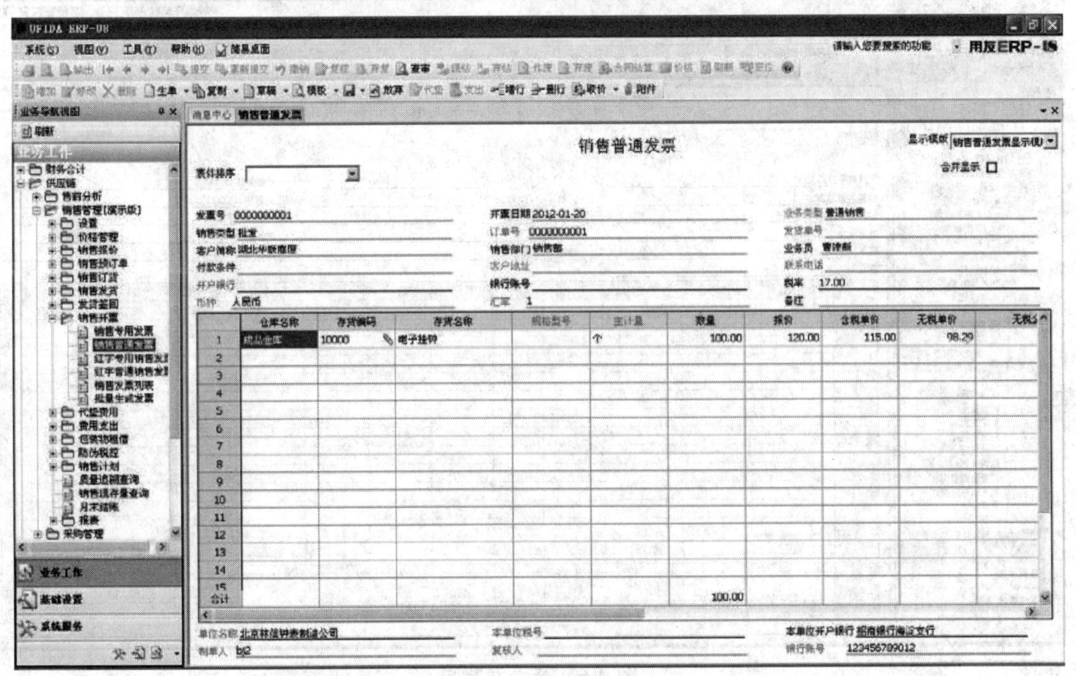

图 9-5 生成销售普通发票

(4) 单击工具栏中的“复核”按钮，完成对销售发票的审核工作。同时，系统自动生成对应的发货单和销售出库单。

注意：

- 本实验采用“开票直接发货”方式。即销售发票复核后自动生成销售发货单，销售发票弃复时将自动删除生成的发货单。
- 销售发票可以手工增加，也可以参照销售订单生成；在“必有订单业务模式”时，不可手工新增，只能参照生成。
- 销售发票可以修改、删除、复核、弃复。
- 与“库存管理”集成使用时，在“业务工作/销售管理/设置/销售选项”的“业务控制”页签中，若选中“销售生成出库单”选项(图 9-8)，则销售发票复核后生成发货单的同时也生成销售出库单，否则在“库存管理”模块中将根据销售发票生成的发货单再生成销售出库单。
- 若要开具销售专用发票，则需要在“客户档案”中先输入其税号和银行账户信息。

2. 查看自动生成的发货单

岗位：销售部门/业务员

菜单路径：业务工作/供应链/销售管理/销售发货/发货单

(1) 在“发货单”窗口中，翻页可以看到经发票复核后自动生成的发货单，如图 9-6 所示。

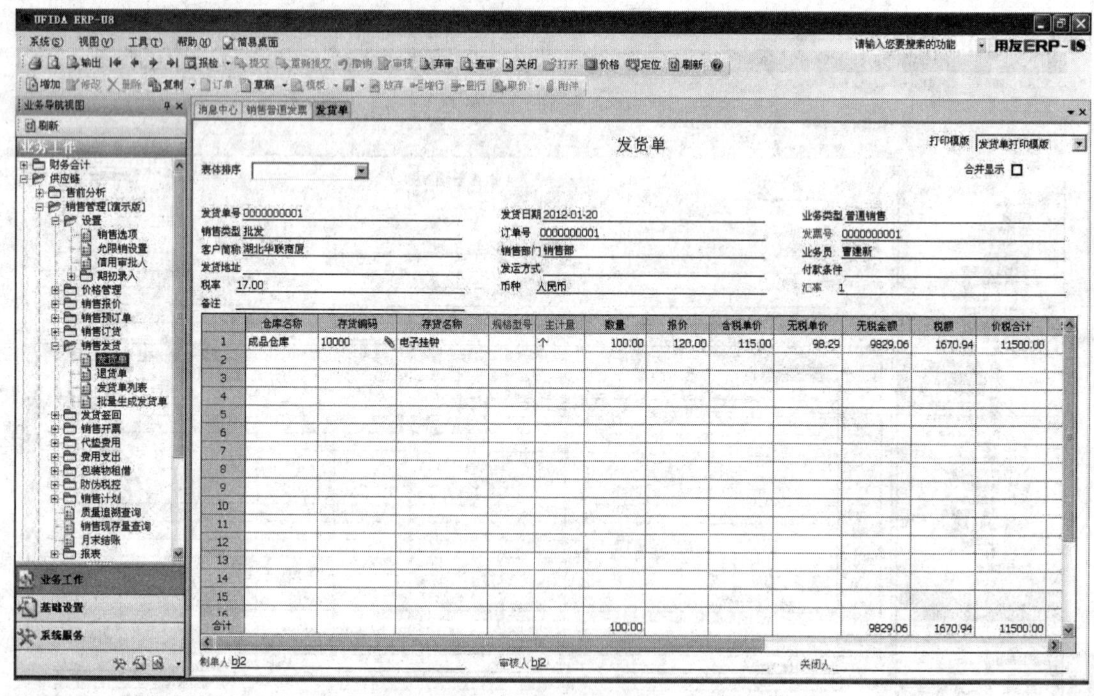

图 9-6　查看发货单

注意：

- “开票直接发货”方式的发货单根据复核后的销售发票自动生成，作为货物发出的依据。在此情况下，发货单只作浏览，不能进行增、删、改和审核等操作。
- 对于直接依据销售发票的某一联提货的企业，可能没有业务单据与系统中的发货单相对应，因而发货单不具有业务单据的作用；当然，发货单也可以作为运输部门的送货单据或类似用途。

3. 查看自动生成的销售出库单

岗位：仓库/仓管员

菜单路径：业务工作/供应链/库存管理/出库业务/销售出库单

执行“销售出库单”菜单命令，可以看到自动生成的待审核的销售出库单，单击工具栏上的“审核”按钮，完成对销售出库单的审核工作，如图9-7所示。

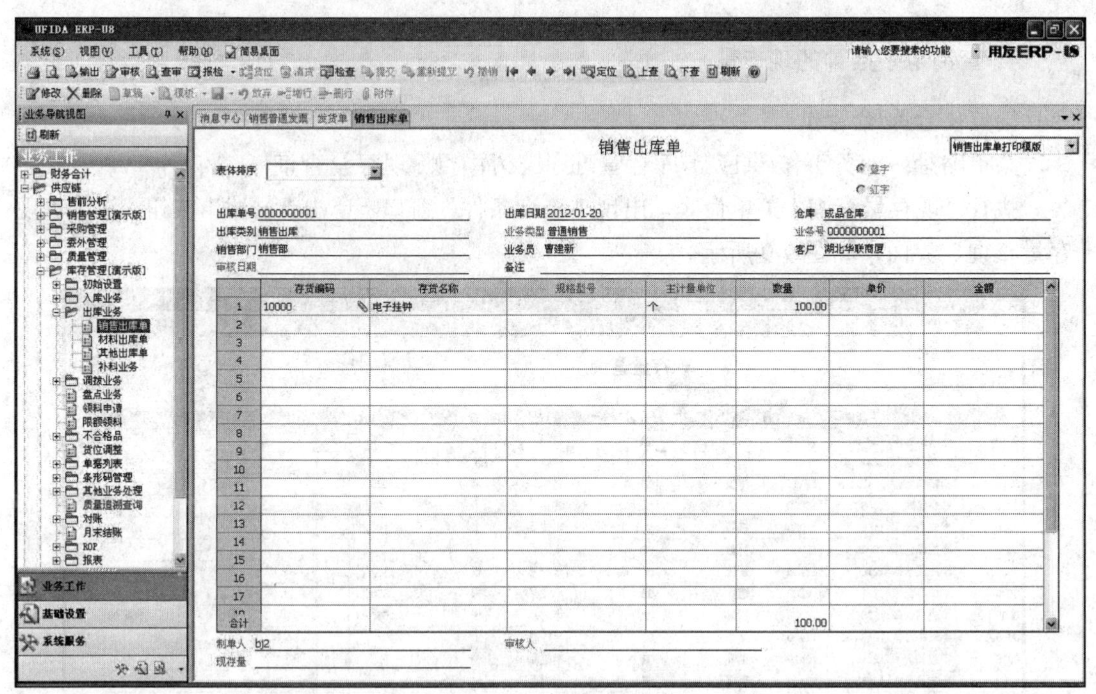

图9-7　查询销售出库单

注意：

在“销售管理/设置/销售选项”的“业务控制”页签中，选中“销售生成出库单”选项，表示“销售出库单”可以由发货单自动生成。本实验即为自动生成，如图9-8所示。

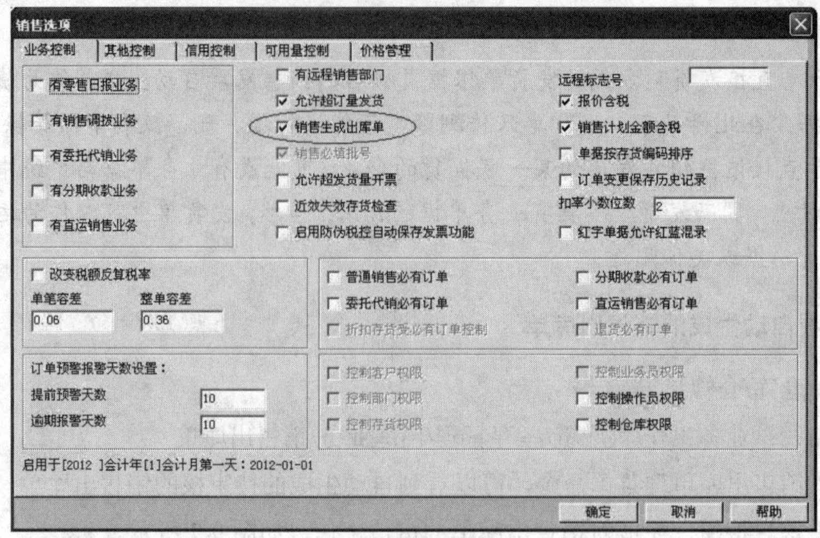

图 9-8　设置销售选项

4. 查询电子挂钟的现存量

岗位：仓库/仓管员

菜单路径：业务工作/供应链/库存管理/报表/库存账/现存量查询

执行“现存量查询”菜单命令，出现“查询条件”窗口，单击“过滤”按钮，进入“现存量查询”界面，如图 9-9 所示。

现存量查询

仓库编码	仓库名称	存货编码	存货代码	存货名称	格型	存货分类代码	存货分类名称	主计量单位	现存数量	'在检	†出库数	不合格品数量	可用数量
0010	原辅料仓库	12010	12010	铝材		03	材料	千克					
0010	原辅料仓库	12411	12411	塑料		03	材料	千克	550.00				550.00
0010	原辅料仓库	12421	12421	薄膜		03	材料	米	925.00				925.00
0020	成品仓库	10000	10000	电子挂钟		01	成品	个	400.00				400.00
0030	半成品仓库	11000	11000	机芯		02	半成品	个	100.00				100.00
0030	半成品仓库	12000	12000	钟盘		02	半成品	个					
0030	半成品仓库	12100	12100	长针		02	半成品	根					
0030	半成品仓库	12200	12200	短针		02	半成品	根	550.00				550.00
0030	半成品仓库	12300	12300	秒针		02	半成品	根	550.00				550.00
0030	半成品仓库	12400	12400	盘面		02	半成品	个					
0030	半成品仓库	12410	12410	盘体		02	半成品	个					
0030	半成品仓库	12420	12420	字模		02	半成品	个					
0030	半成品仓库	13000	13000	钟框		02	半成品	个					
0030	半成品仓库	14000	14000	电池		02	半成品	节					
合　计									3,075.00				3,075.00

图 9-9　查询库存现存量

5. 查询销售报表

岗位：销售部门/业务员

菜单路径：业务工作/供应链/销售管理/报表/统计表/销售统计表

菜单路径：业务工作/供应链/销售管理/报表/统计表/发货统计表

菜单路径：业务工作/供应链/销售管理/报表/销售分析/销售增长分析

菜单路径：业务工作/供应链/销售管理/报表/统计表/销售综合统计表

(1) 执行“销售统计表”功能，在“销售统计表”过滤窗口中，单击“过滤”按钮，进入“销售统计表”窗口，可查看产品的销售情况，如图9-10所示。

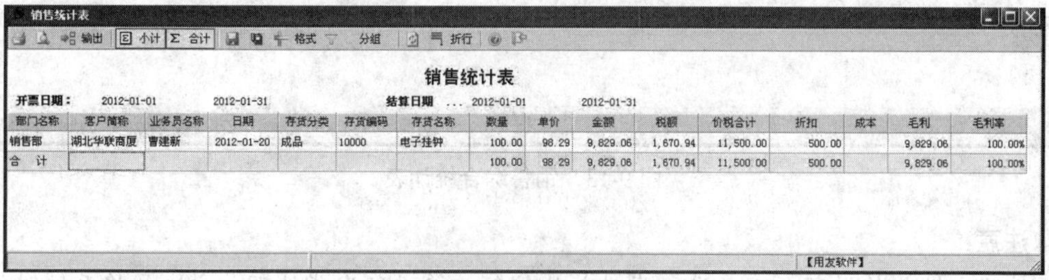

销售统计表

开票日期：2012-01-01　2012-01-31　结算日期 ... 2012-01-01　2012-01-31

部门名称	客户简称	业务员名称	日期	存货分类	存货编码	存货名称	数量	单价	金额	税额	价税合计	折扣	成本	毛利	毛利率
销售部	湖北华联商厦	曹建新	2012-01-20	成品	10000	电子挂钟	100.00	98.29	9,829.06	1,670.94	11,500.00	500.00		9,829.06	100.00%
合　计							100.00	98.29	9,829.06	1,670.94	11,500.00	500.00		9,829.06	100.00%

【用友软件】

图9-10　查询销售统计表

(2) 执行“发货统计表”功能，在“发货统计表”过滤窗口中，单击“过滤”按钮，进入“发货统计表”窗口，可查看产品的发货情况，如图9-11所示。

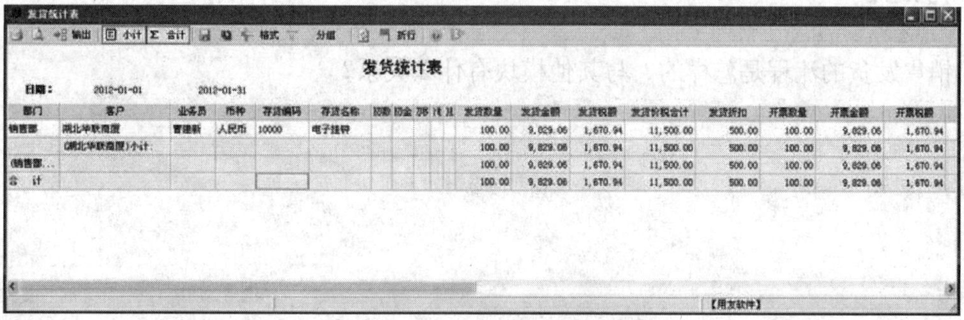

发货统计表

日期：2012-01-01　2012-01-31

部门	客户	业务员	币种	存货编码	存货名称	[illegible]	[illegible]	[illegible]	[illegible]	[illegible]	发货数量	发货金额	发货税额	发货价税合计	发货折扣	开票数量	开票金额	开票税额
销售部	湖北华联商厦	曹建新	人民币	10000	电子挂钟						100.00	9,829.06	1,670.94	11,500.00	500.00	100.00	9,829.06	1,670.94
	(湖北华联商厦)小计:										100.00	9,829.06	1,670.94	11,500.00	500.00	100.00	9,829.06	1,670.94
(销售部...											100.00	9,829.06	1,670.94	11,500.00	500.00	100.00	9,829.06	1,670.94
合　计											100.00	9,829.06	1,670.94	11,500.00	500.00	100.00	9,829.06	1,670.94

【用友软件】

图9-11　查询发货统计表

(3) 执行“销售增长分析”功能，在“发货统计表”过滤窗口中，单击“过滤”按钮，进入“销售增长分析”窗口，可查看产品的销售增长情况，如图9-12所示。

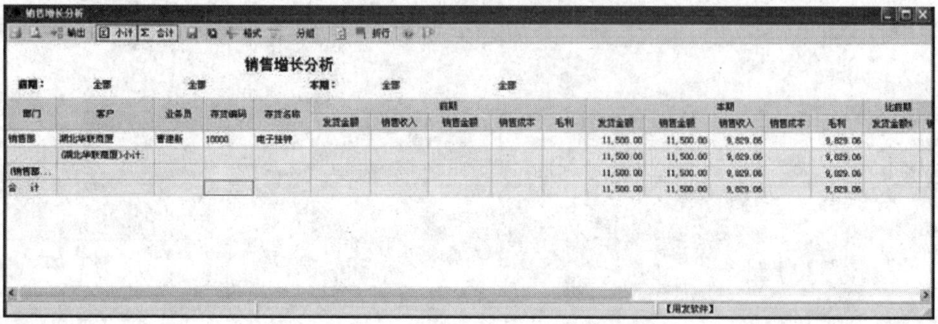

销售增长分析

前期：全部　全部　本期：全部　全部

部门	客户	业务员	存货编码	存货名称	前期					本期					比前期
					发货金额	销售收入	销售金额	销售成本	毛利	发货金额	销售金额	销售收入	销售成本	毛利	发货金额%
销售部	湖北华联商厦	曹建新	10000	电子挂钟						11,500.00	11,500.00	9,829.06		9,829.06	
	(湖北华联商厦)小计:									11,500.00	11,500.00	9,829.06		9,829.06	
(销售部...										11,500.00	11,500.00	9,829.06		9,829.06	
合　计										11,500.00	11,500.00	9,829.06		9,829.06	

【用友软件】

图9-12　查询销售增长情况

(4) 执行“销售综合统计表”功能，在“销售综合统计表”过滤窗口中，单击“过滤”按钮，进入“销售综合统计表”窗口，可查看产品的销售总体情况，如图 9-13 所示。

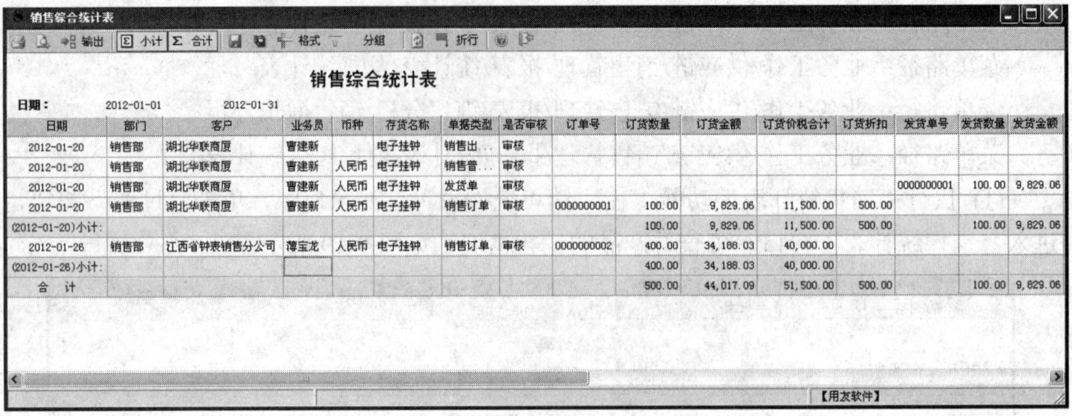

销售综合统计表

输出 小计 合计 格式 分组 折行

销售综合统计表

日期： 2012-01-01 2012-01-31

日期	部门	客户	业务员	币种	存货名称	单据类型	是否审核	订单号	订货数量	订货金额	订货价税合计	订货折扣	发货单号	发货数量	发货金额
2012-01-20	销售部	湖北华联商厦	曹建新		电子挂钟	销售出...	审核								
2012-01-20	销售部	湖北华联商厦	曹建新	人民币	电子挂钟	销售普...	审核								
2012-01-20	销售部	湖北华联商厦	曹建新	人民币	电子挂钟	发货单	审核						0000000001	100.00	9,829.06
2012-01-20	销售部	湖北华联商厦	曹建新	人民币	电子挂钟	销售订单	审核	0000000001	100.00	9,829.06	11,500.00	500.00			
(2012-01-20)小计:									100.00	9,829.06	11,500.00	500.00		100.00	9,829.06
2012-01-26	销售部	江西省钟表销售分公司	薄宝龙	人民币	电子挂钟	销售订单	审核	0000000002	400.00	34,188.03	40,000.00				
(2012-01-26)小计:									400.00	34,188.03	40,000.00				
合 计									500.00	44,017.09	51,500.00	500.00		100.00	9,829.06

【用友软件】

图 9-13　销售综合统计表

注意：

按照上述操作过程，可以进一步对其他销售订单进行发货处理。方法是将系统时间调整为销售订单发货日或以后，重新登录系统，其他步骤同上。

【思考题】

销售发货的流程是怎样的？与其他模块有什么关系？

第 10 章 制单业务

10.1 业务概述

10.1.1 功能概述

制单业务的处理工作主要是指生成财务记账凭证，并将凭证传递至总账系统。系统对不同的单据类型或不同的业务处理提供实时制单的功能，此外，还提供了一个统一制单的平台，可以快速、成批生成记账凭证，并可依据规则进行合并制单等处理。

本实验主要完成销售业务、采购业务和委外业务与财务业务相联系的制单功能操作。根据所发生的销售、采购和委外业务，制作应收款与应付款记账凭证，并传递给总账。

- 由应收款管理系统通过对销售发票、其他应收单、收款单等单据的录入，对企业应收账款业务进行制单处理。应收款管理系统主要对经营业务转入的应收款项进行处理，及时、准确地提供客户的往来账款余额资料，提供账龄分析、周转分析、欠款分析、坏账分析、回款分析、情况分析等分析报表，以便合理调配资金，提高资金的利用率。
- 由应付款管理系统通过对发票、其他应付单、付款单等单据的录入，对企业应付账款业务进行制单处理。应付款管理系统主要对采购模块转入、委外模块转入、应付账款模块录入的应付账款进行处理，及时、准确地提供供应商的往来账款余额资料，提供各种分析报表，以便合理地进行资金的调配，提高资金的利用效率。

10.1.2　相关子系统功能模块之间的关系

1. 应收款管理系统与其他子系统之间的关系

应收款管理系统与其他子系统之间的关系如图 10-1 所示。

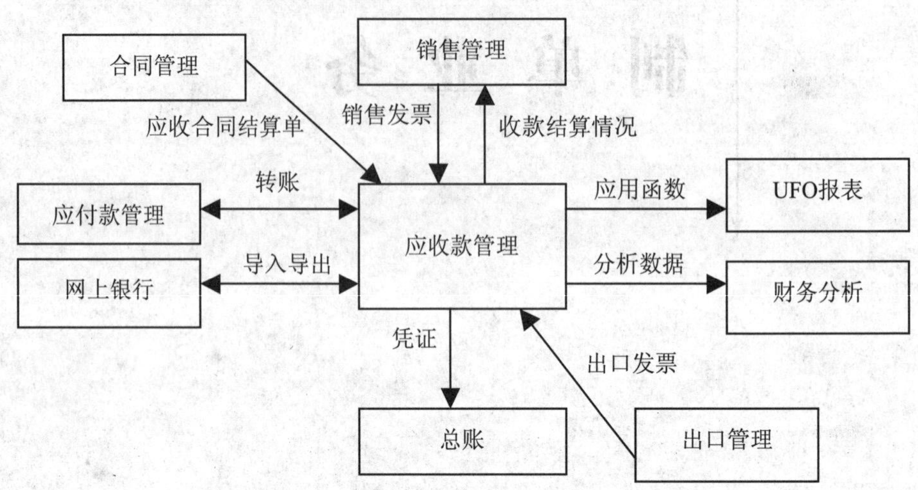

图 10-1　应收款管理系统与其他子系统之间的关系

2. 应付款管理系统与其他子系统之间的关系

应付款管理系统与其他子系统之间的关系如图 10-2 所示。

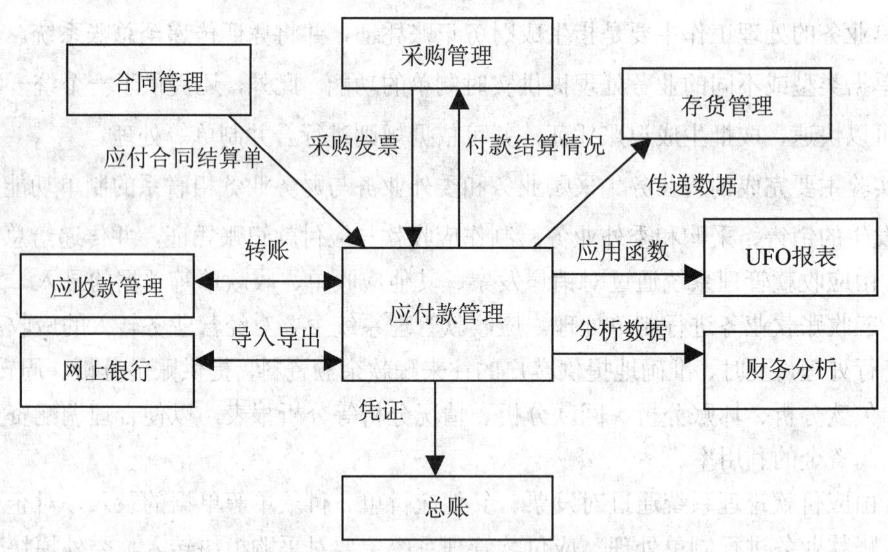

图 10-2　应付款管理系统与其他子系统之间的关系

10.1.3　应用准备

(1) 初次使用应收款及应付款管理系统时，把应收账款及应付账款核算模型设置为简单核算模式。

(2) 要启用总账系统，事先在总账系统中对应收账款、应付账款、应交增值税等相关会计科目进行设置，并录入期初余额。

(3) 客户和供应商资料、存货资料、上月期末数据等资料已在系统初始时公用资料中准备就绪。

10.2　根据销售和采购业务进行制单的业务流程

10.2.1　日常业务流程

对销售和采购的业务进行制单处理，并传递给总账系统。应收款管理系统的制单流程图如图 10-3 所示，应付款管理系统的制单流程图如图 10-4 所示。

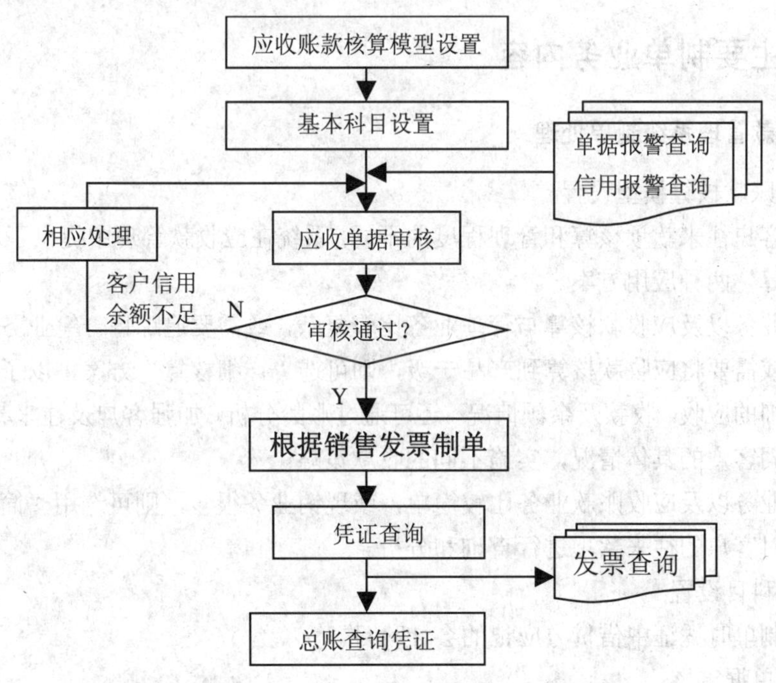

图 10-3　应收款管理系统的制单流程图

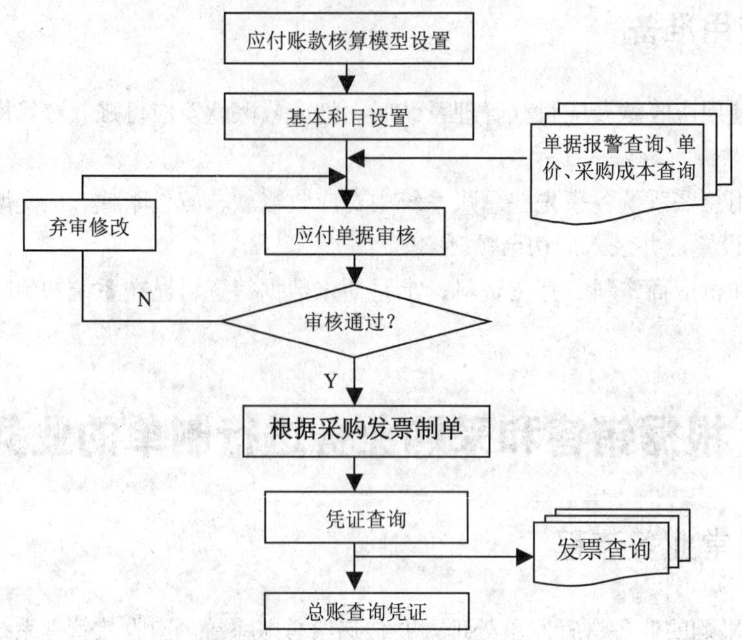

图 10-4　应付款管理系统的制单流程图

10.2.2　主要制单业务内容

1. 应收款管理系统制单处理

1) 应收账款核算模型设置

根据对客户往来款项核算和管理程度的不同，系统在应收款管理中提供了“详细核算”和“简单核算”两种应用方案。

若销售业务以及应收款核算与管理业务比较复杂，或需要追踪每一笔业务的应收款和收款情况，或需要将应收款核算到产品一级，则可选“详细核算”方案，以了解每个客户每笔业务详细的应收、收款及余额情况，还可通过账龄分析，加强客户及往来款项的管理，以便针对不同客户的具体情况，实施不同的收款策略。

若销售业务以及应收账款业务比较简单，或现销业务很多，则可选用“简单核算”方案，着重于对客户的往来款项进行查询和分析。

2) 基本科目设置

设置在制单时凭证中借贷方应记的会计科目。

3) 应收单据审核

对应收单据的项目内容进行审核，主要审核销售价格和客户信用额度，已通过审核的单据可以进行制单处理，否则，可以弃审改正应收单据的项目内容，或对客户信用情况进行处理，审核通过后，再进行制单。

4) 根据销售发票制单

根据通过审核后的销售发票制作记账凭证。

5) 凭证查询

查询已生成的凭证内容，了解应收款账目情况。

6) 总账查询凭证

制成的凭证已经传递到总账系统中，可以打开总账系统查看。若凭证有错误，则要在应收款管理系统中进行修改或删除。

2. 应付款管理系统制单处理

1) 应付账款核算模型设置

根据对供应商往来款项核算和管理的程度不同，系统在应付款管理中提供了“详细核算”和“简单核算”两种应用方案。

若采购业务及应付账款业务繁多，或需要追踪每一笔业务的应付款、付款等情况，或需要将应付款核算到产品一级，则可选“详细核算”方案，以了解每笔业务的详细应付、付款及余额情况，并进行账龄分析。

若采购业务及应付款核算业务不复杂，或现结业务较多，可选用“简单核算”方案。

2) 基本科目设置

设置在制单时凭证中借贷方应记的会计科目。

3) 应付单据审核

对应付单据的项目内容进行审核，主要审核采购价格和采购成本，已通过审核的单据可以进行制单处理，否则，可以弃审改正应付单据的项目内容，审核通过后，再进行凭证制作。

4) 根据采购发票制单

对通过审核的采购发票制作应付款的记账凭证。

5) 凭证查询

查询已生成的凭证内容，了解应付款账目情况。

6) 总账查询凭证

制成的凭证已经传递到总账系统中，可以打开总账系统查看。若凭证有错误，则要在应付款管理系统中进行修改或删除。

10.3 实验九 应收款和应付款管理系统的制单业务

【实验目的】

(1) 理解应收款、应付款管理模块的作用，掌握应收、应付账款管理系统的制单操作。

(2) 理解销售业务、采购业务和委外业务与应收款、应付款之间的账务关系。

【实验要求】

以操作员身份进入系统进行操作。

【实验资料】

1. 实验数据准备

(1) 修改系统时间为“2012-01-30”。

(2) 引入光盘“实验账套”文件夹中的“制单业务数据准备”数据账套。

2. 实验资料

1) 应收账款制单业务实验资料

(1) 账套参数设置：应收账款核算模型为“简单核算”模式；不启用客户权限，按信用方式根据单据提前 7 天自动报警，根据信用额度自动报警，提前比率为 20%。

(2) 初始设置如表 10-1~表 10-3 所示。事先在总账系统的会计科目设置中，将应收账款科目的受控系统设置为应收系统。

表 10-1　应收款凭证科目设置

科 目 类 别	设 置 方 式
基本科目设置	应收科目(本币)：应收账款
	销售收入科目(本币)：主营业务收入
	税金科目：应交税费——应交增值税——销项税额
控制科目设置	所有客户的控制科目： 应收科目：应收账款
结算方式科目设置	结算方式为现金；币种为人民币；科目为现金
	结算方式为支票；币种为人民币；科目为银行存款

表 10-2　账期内账龄和逾期账龄区间的设置

序　号	起 止 天 数	总 天 数
01	1～30	30
02	31～60	60
03	61～90	90
04	91～120	120
05	121 以上	

表 10-3 报警级别的设置

级 别	A	B	C	D	E	F
总比率 (客户欠款余额占其信用额度的比例)	10%	20%	30%	40%	50%	
起止比率	0～10%	10%～20%	20%～30%	30%～40%	40%～50%	50%以上

(3) 对湖北华联商厦的销售订单进行审核。

(4) 根据其销售发票制作记账凭证。

(5) 在应收款系统中查看已制成的应收款凭证。

(6) 从总账系统查询所生成的应收账款凭证。

(7) 账套参数设置：应付账款核算模型为“简单核算”模式。不启用供应商权限，按信用方式根据单据提前 7 天自动报警，根据信用额度自动报警，提前比率为 20%。

2) 应付账款制单业务实验资料

(1) 初始设置如表 10-4~表 10-6 所示。事先在总账系统的会计科目中进行设置，将应付账款科目的受控系统设置为应付系统。

表 10-4 应付款凭证科目的设置

科 目 类 别	设 置 方 式
基本科目设置	应付科目(本币)：应付账款
	采购科目：材料采购
	税金科目：应交税费——应交增值税——进项税额
控制科目设置	所有供应商的控制科目 应付科目：应付账款
结算方式科目设置	结算方式为现金；币种为人民币；科目为现金
	结算方式为支票；币种为人民币；科目为银行存款

表 10-5 账期内账龄和逾期账龄区间的设置

序 号	起止天数/天	总天数/天
01	1～30	30
02	31～60	60
03	61～90	90
04	91～120	120
05	121 以上	

表 10-6　报警级别的设置

级　别	A	B	C	D	E	F
总比率 (按照欠款余额与供应商授信额度的比例)	10%	20%	30%	40%	50%	
起止比率	0～10%	10%～20%	20%～30%	30%～40%	40%～50%	50 %以上

(2) 对向上海昊恒工贸有限公司采购料品的采购订单进行审核。

(3) 根据采购发票制作记账凭证。

(4) 在应付款系统中查看已制成的应付款凭证。

(5) 从总账系统查询所生成的应付账款凭证。

【操作指导】

1. 设置应收账款核算模型

岗位：财务部门/会计

菜单路径：业务工作/财务会计/应收款管理/设置/选项

双击“应收款管理”模块的“设置”中的“选项”功能，在“常规”页中单击“编辑”按钮，选择“简单核算”应收账款核算模型，单击“确定”按钮完成设置。操作结果如图 10-5 所示。

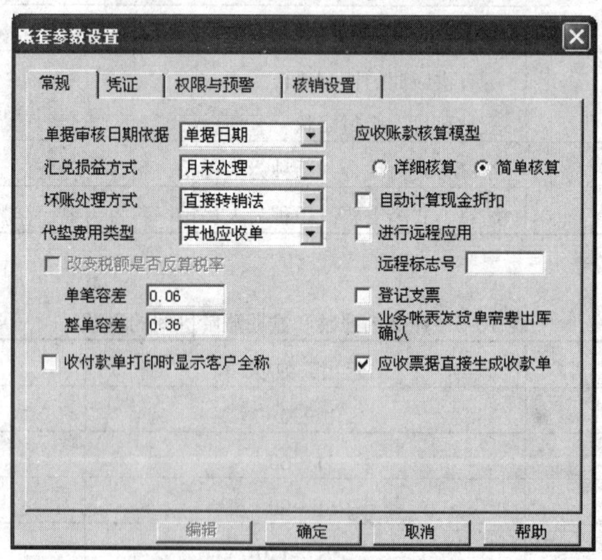

图 10-5　应收账款核算模型设置

2. 设置应收账款凭证的基本科目、控制科目及结算方式科目

岗位：财务部门/会计

菜单路径：业务工作/财务会计/应收款管理/设置/初始设置

(1) 运行“应收款管理”的“设置”模块中的“初始设置”功能，在“基本科目设置”中，应收科目的“本币”栏中输入“应收账款”的会计科目代码，销售收入科目的“本币”栏中输入“主营业务收入”的会计科目代码，税金科目栏中输入“应交税费——应交增值税——销项税额”的会计科目代码。操作结果如图 10-6 所示。

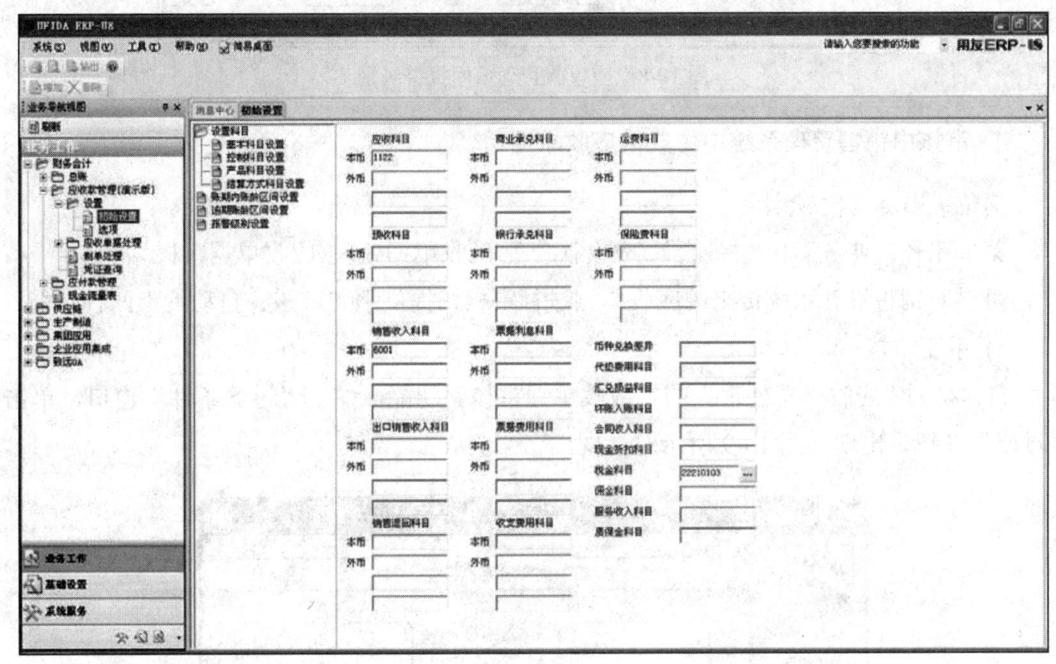

图 10-6　应收账款凭证基本科目的设置

(2) 单击“控制科目设置”和“结算方式科目设置”，完成相应科目的设置。

3. 设置应收款账龄区间及报警级别

岗位：财务部门/会计

菜单路径：业务工作/财务会计/应收款管理/设置/初始设置

(1) 单击“账期内账龄区间设置”，输入资料，如图 10-7 所示。

设置科目
- 基本科目设置
- 控制科目设置
- 产品科目设置
- 结算方式科目设置

账期内账龄区间设置
逾期账龄区间设置
报警级别设置

序号	起止天数	总天数
01	0-30	30
02	31-60	60
03	61-90	90
04	91-120	120
05	121以上	

图 10-7　应收款账期内账龄区间设置

(2) 单击“逾期账龄区间设置”，输入资料，内容与图 10-7 相同。

(3) 单击“报警级别设置”，输入资料，如图 10-8 所示。

设置科目
- 基本科目设置
- 控制科目设置
- 产品科目设置
- 结算方式科目设置

账期内账龄区间设置
逾期账龄区间设置
报警级别设置

序号	起止比率	总比率(%)	级别名称
01	0-10%	10	A
02	10%-20%	20	B
03	20%-30%	30	C
04	30%-40%	40	D
05	40%-50%	50	E
06	50%以上		F

图 10-8　应收款管理信用报警级别

4. 审核由销售管理系统中生成的应收单据

岗位：财务部门/会计

菜单路径：业务工作/财务会计/应收款管理/应收单据处理/应收单据审核

可以对销售管理系统传来的应收单据进行审核，提供手工审核、自动批审两种功能。

1) 手工审核

(1) 双击“应收单据处理”的“应收单据审核”功能，弹出“过滤条件”窗口，单击“过滤”按钮，出现如图 10-9 所示对话框。

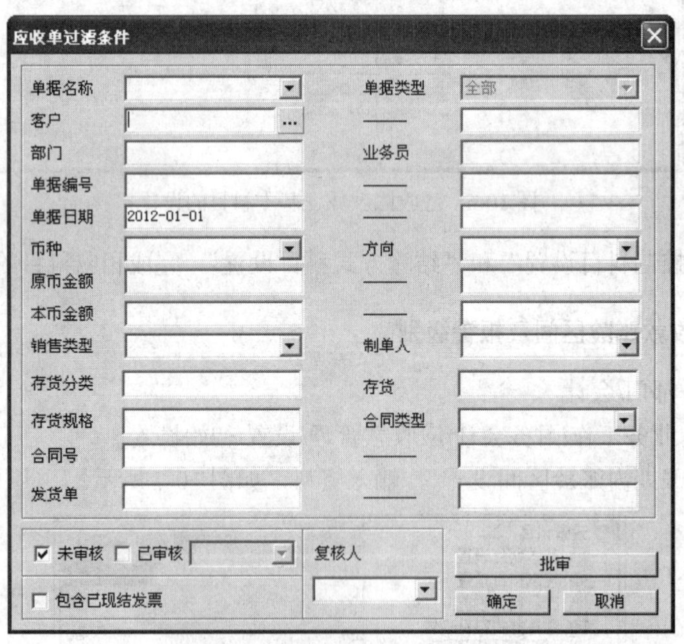

图 10-9　“应收单过滤条件”对话框

(2) 进入“应收单据列表”窗口，双击要处理的应收单据的“选择”栏位或单击“全选”按钮，“选择”栏位处显示为“Y”，单击工具栏中的“审核”按钮。审核成功后，在“审核人”栏位处自动填上审核人名称，如图 10-10、图 10-11 所示。若审核有误，还可以选择某记录或全选，单击“弃审”按钮进行单张单据或全部单据的取消审核工作。

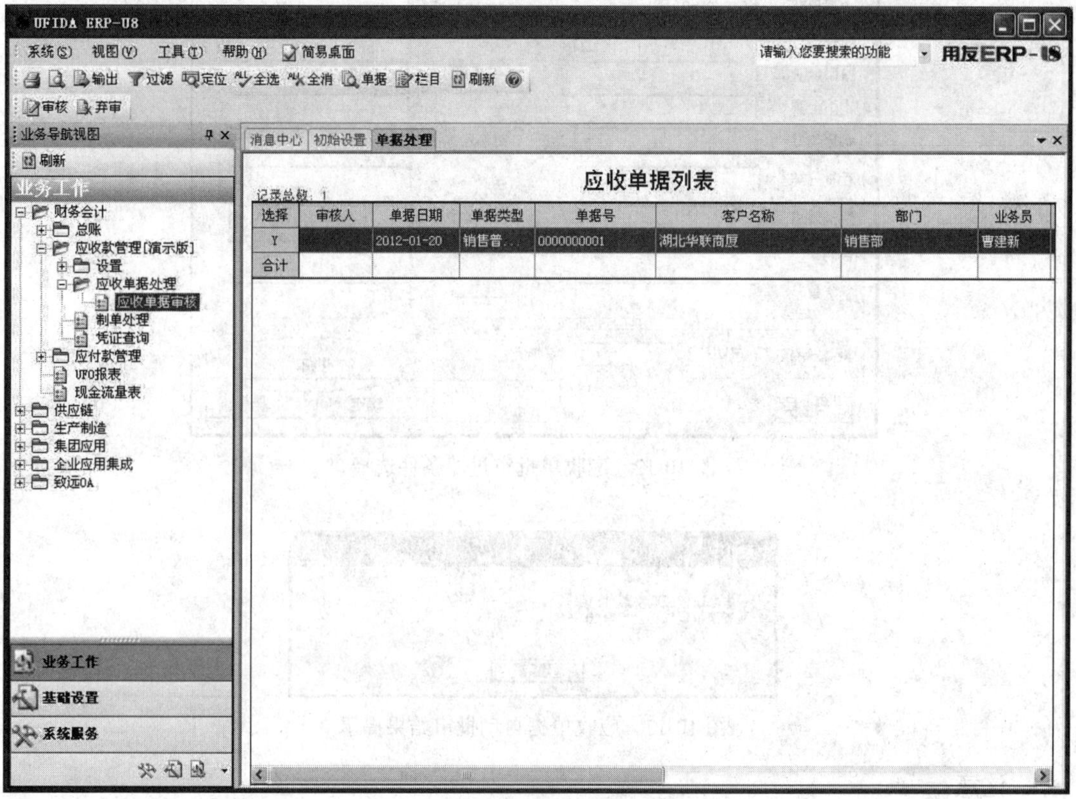

应收单据列表

记录总数：1

选择	审核人	单据日期	单据类型	单据号	客户名称	部门	业务员
Y		2012-01-20	销售普...	0000000001	湖北华联商厦	销售部	曹建新
合计							

图 10-10　应收单据列表

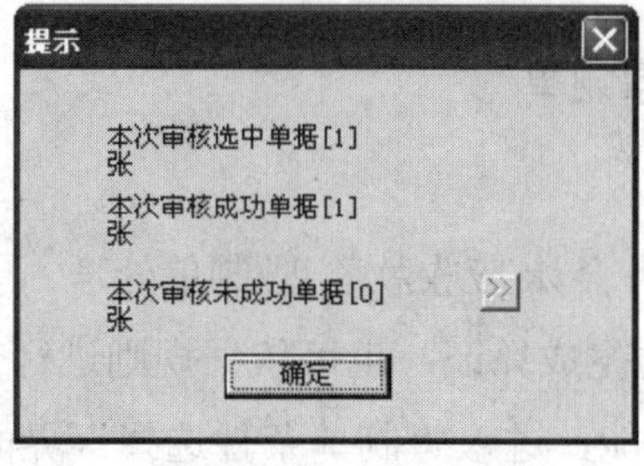

图 10-11　应收单据审核成功提示

2) 自动批审

双击“应收单据处理”的“应收单据审核”功能，系统显示“过滤条件”窗口，单击“批审”按钮，系统会根据当前的过滤条件将符合条件的未审核单据全部进行一次性审核处理。批审完成后，系统提交单据批审报告，显示成功或不成功单据的张数以及明细审核单据。单击“>>”按钮，可查看单据明细资料。操作结果如图 10-12、图 10-13 所示。

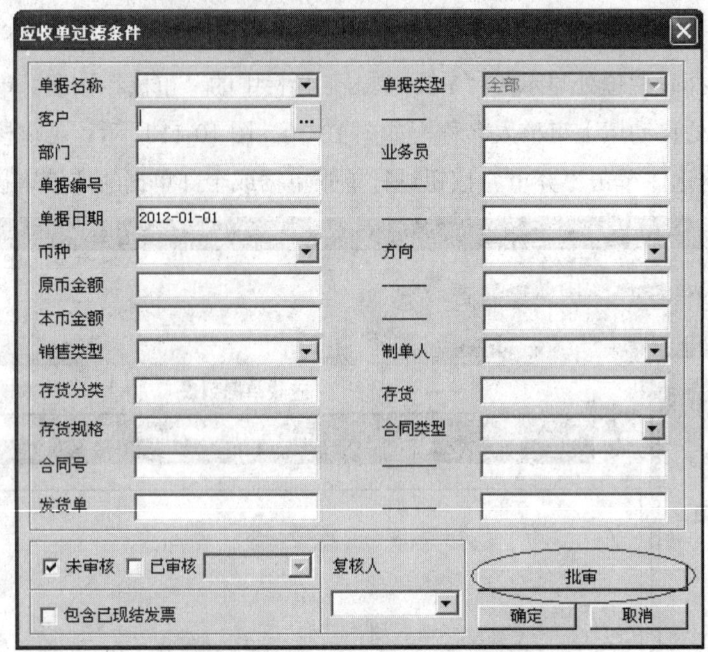

图 10-12　应收单批审过滤条件选择

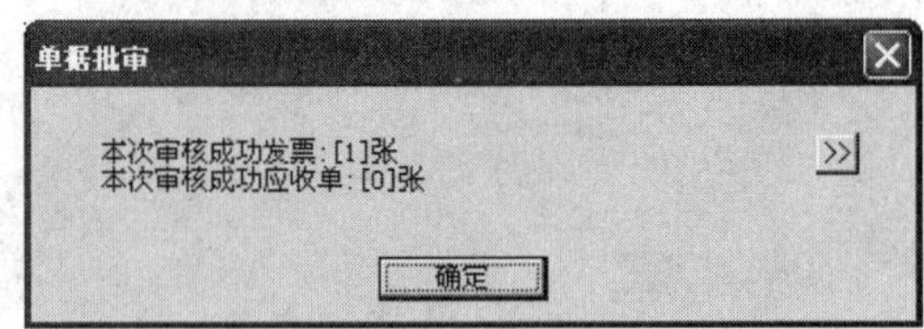

图 10-13　应收单据自动批审结果提示

注意：

审核与填制应收单据不能为同一人。

5. 根据已审核的销售发票制单

岗位：财务部门/会计

菜单路径：业务工作/财务会计/应收款管理/制单处理

该模块可以快速、成批地生成凭证，也可依据规则进行合并制单等处理。

(1) 双击“制单处理”功能，进入“制单条件选择”界面，单击左边复选框选择“制单依据”。若选择显示“隐藏记录”选项，则只显示处于隐藏状态的记录；若选择显示“未隐藏记录”选项，则只显示处于未隐藏状态的记录。如图 10-14 所示，选择完成后，单击“确定”按钮，系统会将符合条件的所有未制单已经审核的销售发票单据全部列出，如图 10-15 所示。

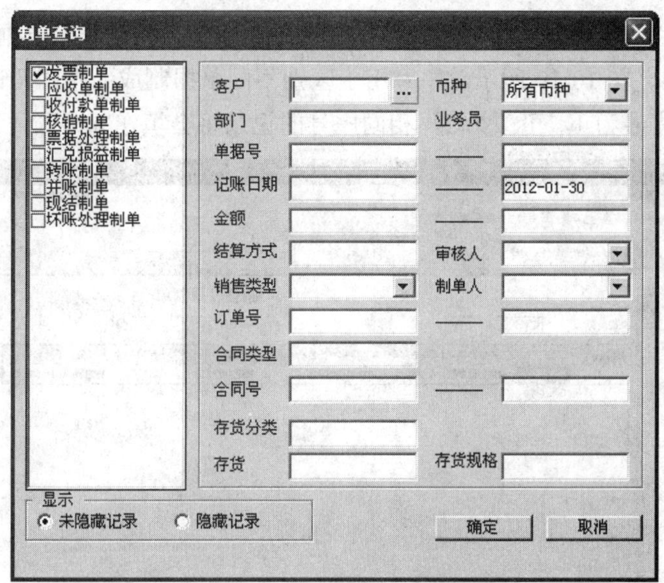

图 10-14 应收款制单条件选择

(2) 如图 10-15 所示，“制单日期”为开销售发票的日期，从“凭证类别”栏的下拉框中选择凭证类别。

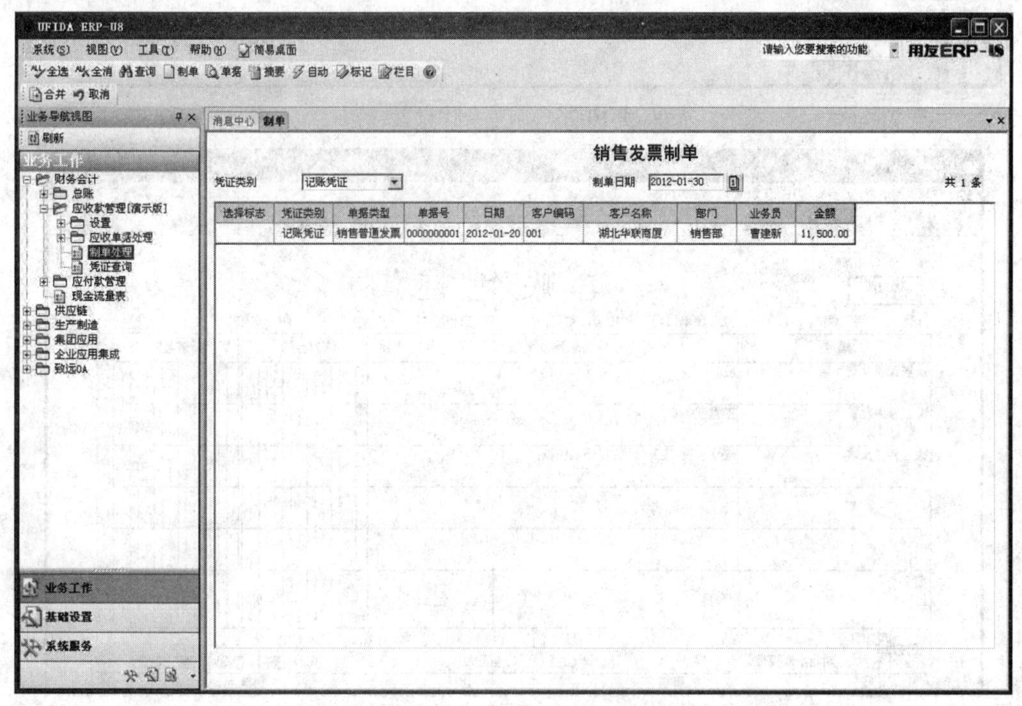

图 10-15 应收款制单发票列表

(3) 双击要制单的单据的“选择标志”栏位，或单击“全选”按钮，此栏位显示出不同的序号，单击工具栏中的“制单”按钮，进入填制凭证界面，逐一保存后即可生成一张或多张记账凭证，如图 10-16、图 10-17 所示。也可单击“合并”按钮，将所有列示单据的“选择标志”栏位变为同一个序号，单击“制单”按钮，将这几张单据合并制作成一张凭证，如图 10-18、图 10-19 所示。序号用于区别不同单据制成的不同凭证，序号可修改，比如系统给出的序号为 1，可改为 2，相同序号的记录将会填在同一张凭证中。

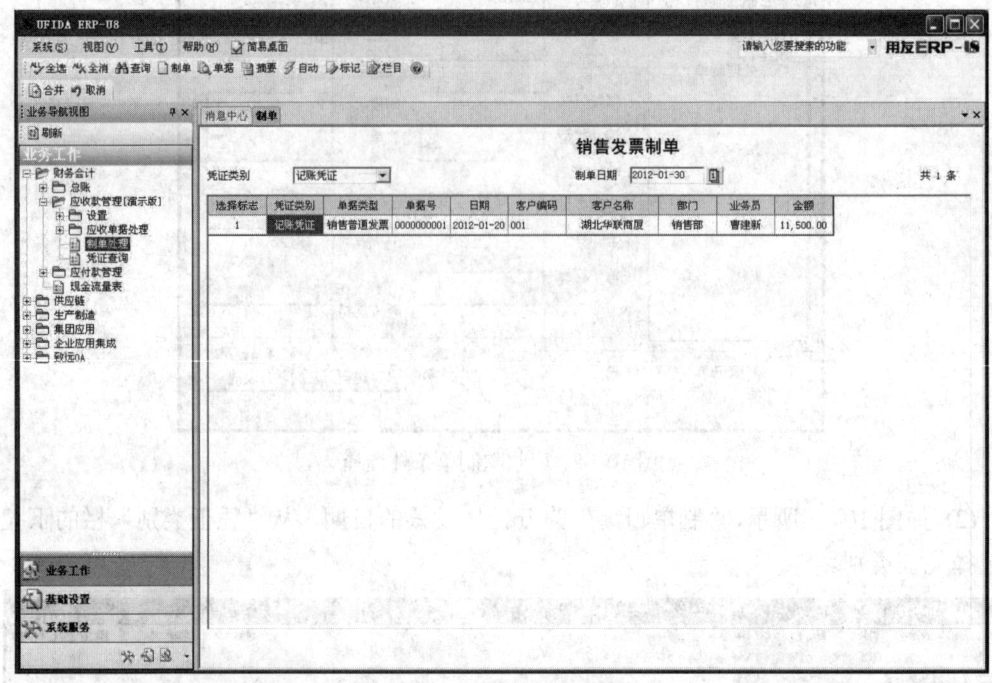

图 10-16　制单条件设置

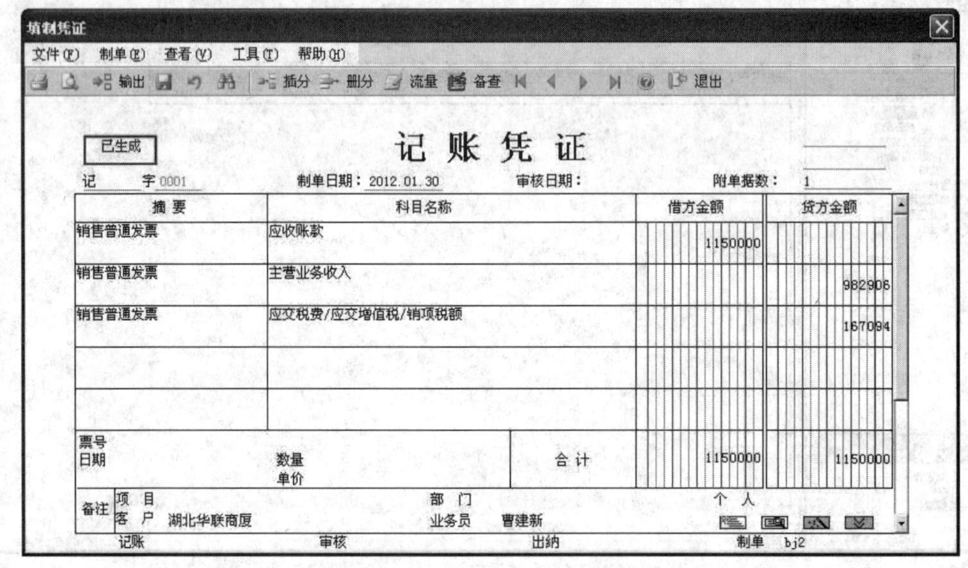

图 10-17　生成应收账款凭证

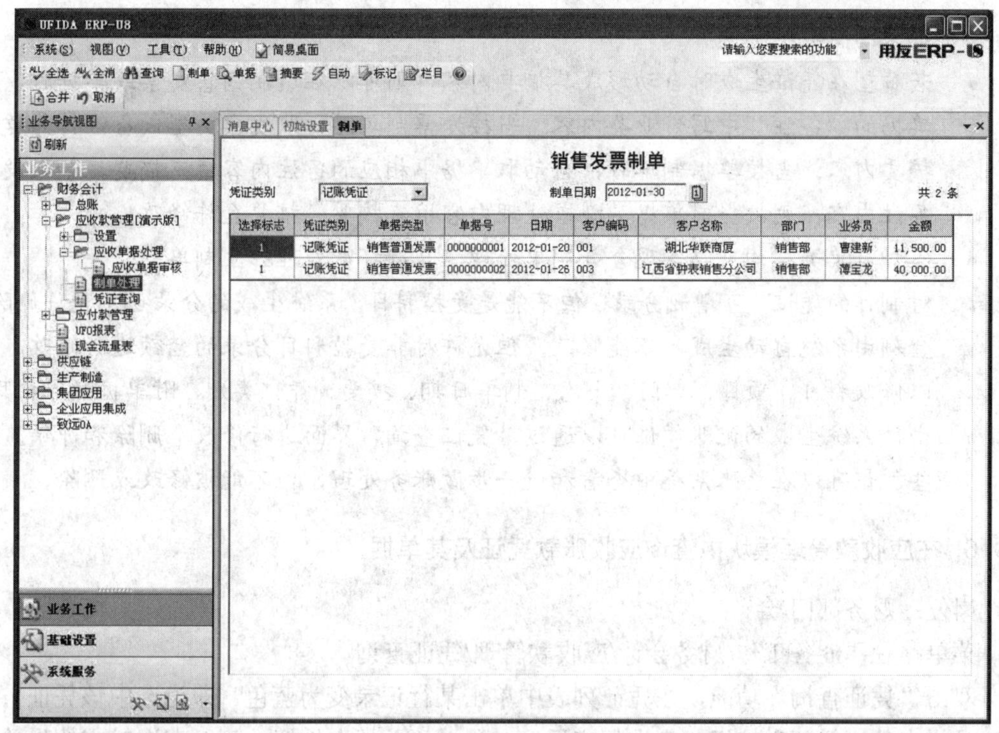

图 10-18　选择合并制单

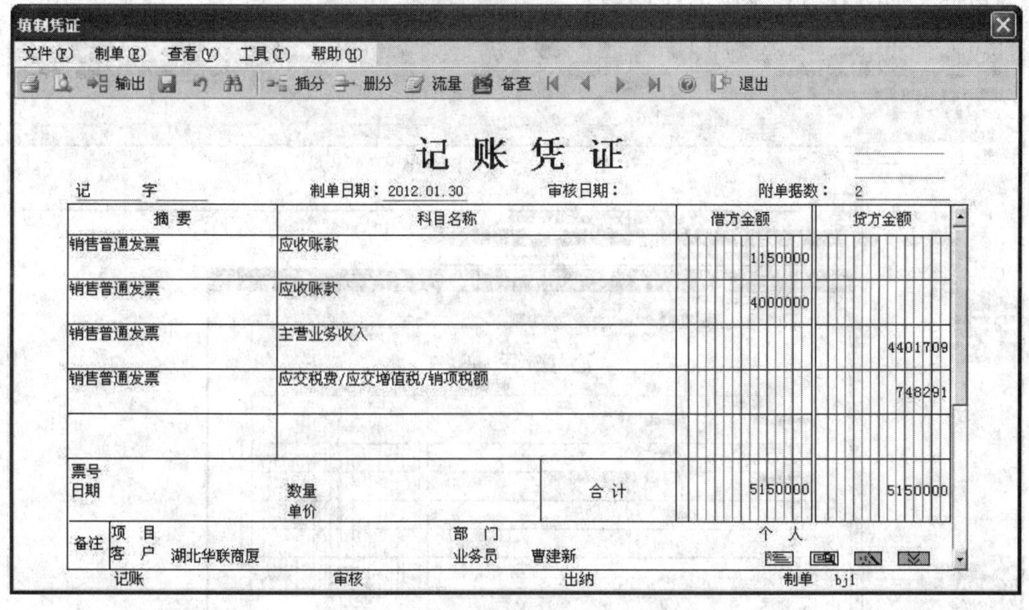

图 10-19　多张单据合并生成一张凭证

注意：

- 若要对某些记录不制单，可以对它们打上隐藏标记，这样选择记录后，单击“标记”按钮，即隐藏该记录而不制单。单击“自动”按钮，则可以将制单过程中合并分录后而导致凭证为空的记录打上隐藏标记。单击“取消”按钮，则取消制单记录的隐藏标志。

- 若希望在凭证生成时自动形成其摘要内容，则可以在填制销售发票或单据时，在单据的“备注”中写好业务内容。当按发票制单时，取发票类型或备注作为凭证摘要内容；当按单据制单时，自动取单据中相应的备注内容填充摘要，如果没有备注内容，则按当前单据类型或处理内容填充摘要。摘要允许修改。
- 各种制单类型均可以实现合并制单处理，只有坏账处理独立制单。
- 对制作的凭证，可增删分录，但不能是受控科目，系统生成的分录也不允许删除。金额由系统自动生成，不能修改。但允许对非受控科目分录的金额进行修改。可以修改科目、项目、部门、个人、制单日期、摘要、凭证类别、附单据数等栏目。
- 由该系统生成的记账凭证可以通过“凭证查询”界面进行修改、删除和冲销。这些凭证可以在总账系统中查看和进一步做账务处理，但不能被修改或删除。

6. 在应收款管理模块中查询应收账款凭证及其单据

岗位：财务部门/会计

菜单路径：业务工作/财务会计/应收款管理/凭证查询

双击“凭证查询”功能，在凭证列表中单击某行记录变为蓝色，即为选中该凭证，通过工具栏中的“凭证”按钮，查询相应凭证；通过“单据”按钮，可以查询对应的生单发票或单据，如图 10-20、图 10-21 所示。

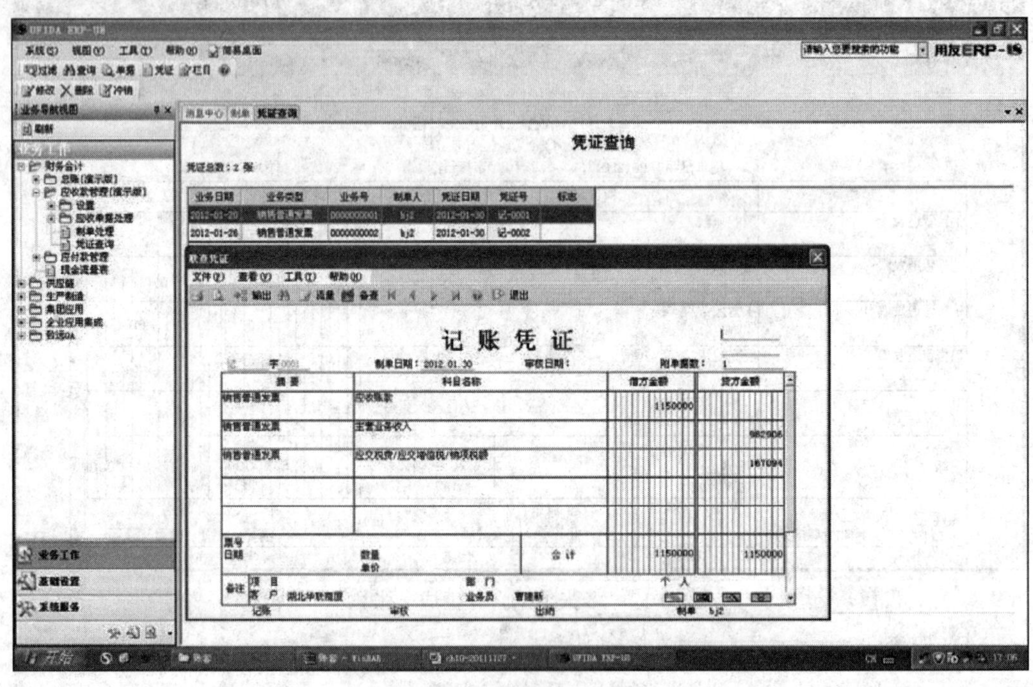

图 10-20　查询应收款凭证

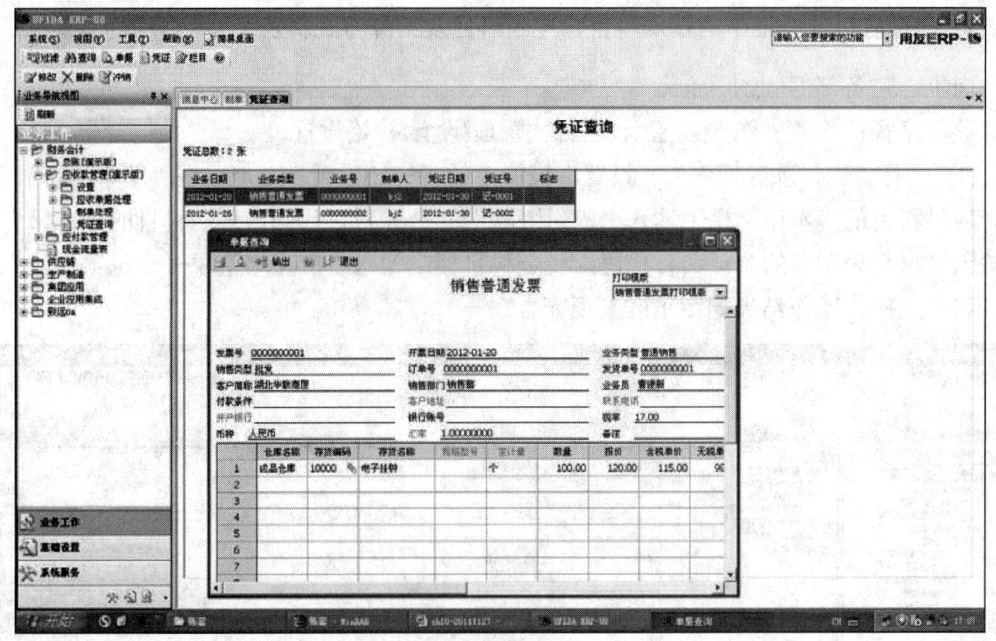

图 10-21 查询应收款单据

7. 在总账系统中查询应收款凭证

岗位：财务部门/会计

菜单路径：业务工作/财务会计/总账/凭证/查询凭证

8. 设置应付账款核算模型

岗位：财务部门/会计

菜单路径：业务工作/财务会计/应付款管理/设置/选项

双击“应付款管理”模块的“设置”中的“选项”功能，在“常规”页中单击“编辑”按钮，选择“简单核算”的应付账款核算模型，单击“确定”按钮完成设置。操作结果如图 10-22 所示。

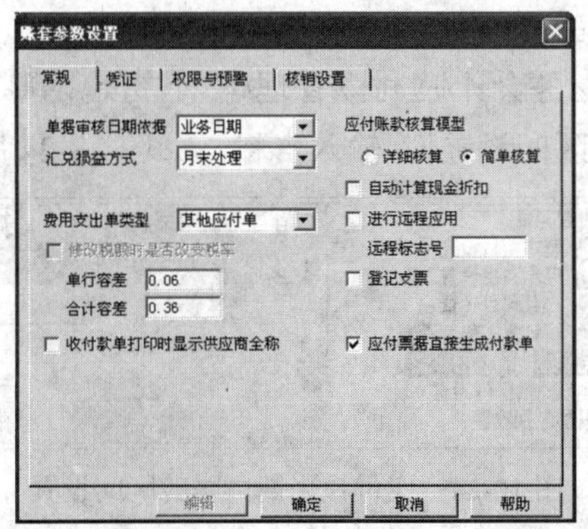

图 10-22 应付账款核算模型设置

9. 设置应付款凭证中的基本科目、控制科目及结算方式科目

岗位：财务部门/会计

菜单路径：业务工作/财务会计/应付款管理/设置/初始设置

(1) 运行“应付款管理”的“设置”模块中的“初始设置”功能，在“基本科目设置”中，应付科目的“本币”栏中输入“应付账款”的会计科目代码，采购科目的“本币”栏中输入“材料采购”的会计科目代码，税金科目栏中输入“应交增值税——进项税额”的会计科目代码。操作结果如图 10-23 所示。

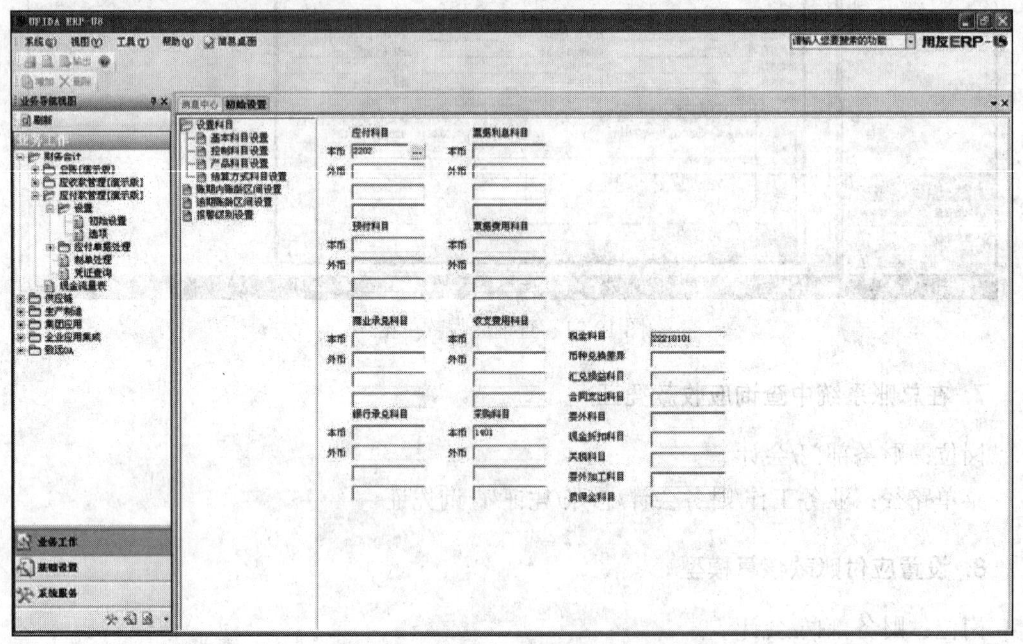

图 10-23　应付账款凭证基本科目设置

(2) 单击“控制科目设置”和“结算方式科目设置”，完成相应科目的设置。

10. 设置应付款账龄区间及报警级别

岗位：财务部门/会计

菜单路径：业务工作/财务会计/应付款管理/设置/初始设置

(1) 单击“账期内账龄区间设置”，输入资料，如图 10-24 所示。

设置科目
- 基本科目设置
- 控制科目设置
- 产品科目设置
- 结算方式科目设置

账期内账龄区间设置
逾期账龄区间设置
报警级别设置

序号	起止天数	总天数
01	0-30	30
02	31-60	60
03	61-90	90
04	91-120	120
05	121以上	

图 10-24　应付款账期内账龄区间设置

(2) 单击“逾期账龄区间设置”，输入资料，内容与图 10-24 相同。

(3) 单击“报警级别设置”，输入资料，如图 10-25 所示。

- 设置科目
  - 基本科目设置
  - 控制科目设置
  - 产品科目设置
  - 结算方式科目设置
- 账期内账龄区间设置
- 逾期账龄区间设置
- 报警级别设置

序号	起止比率	总比率(%)	级别名称
01	0-10%	10	A
02	10%-20%	20	B
03	20%-30%	30	C
04	30%-40%	40	D
05	40%-50%	50	E
06	50%以上		F

图 10-25　应付款管理信用报警级别

11. 审核由采购管理系统中生成的应付单据

岗位：财务部门/会计

菜单路径：业务工作/财务会计/应付款管理/应付单据处理/应付单据审核

可以对采购管理系统传来的应付单据进行审核，提供手工审核和自动批审两种功能。

1) 手工审核

(1) 双击“应付单据处理”的“应付单据审核”功能，弹出“过滤条件”窗口，单击“过滤”按钮后出现如图 10-26 所示的对话框。

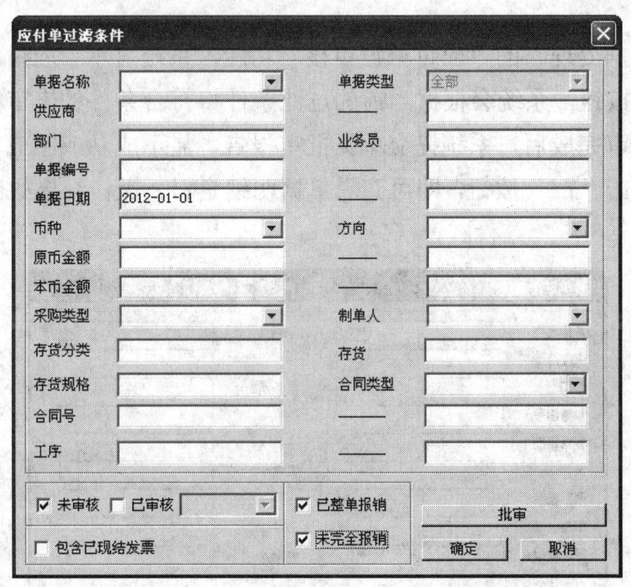

图 10-26　应付单据审核过滤条件输入

(2) 进入“应付单据列表”窗口，双击要处理的应付单据的“选择”栏位或单击“全选”按钮，“选择”栏位处显示为“Y”，单击工具栏中的“审核”按钮。审核成功后，在“审核人”栏位处自动填上审核人名称，如图 10-27 所示。若审核有误，还可以选择某记录或全选，单击“弃审”按钮进行单张单据或全部单据的取消审核工作。

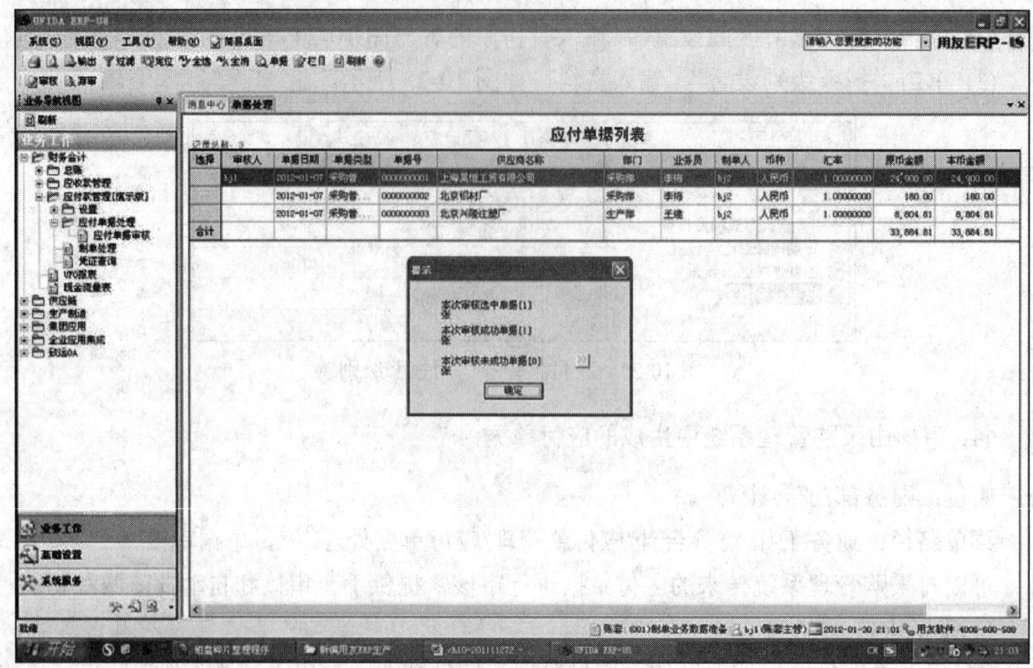

图 10-27　审核应付单据

2) 自动批审

双击“应付单据处理”的“应付单据审核”功能，系统显示“应付单过滤条件”对话框，单击“批审”按钮，系统会根据当前的过滤条件将符合条件的未审核单据全部进行一次性审核处理。批审完成后，系统提交单据批审报告，显示成功或不成功单据的张数以及明细审核单据。单击“>>”按钮，即可查看单据明细资料。操作结果如图 10-28、图 10-29 所示。

应付单过滤条件

单据名称		单据类型	全部
供应商		——	
部门		业务员	
单据编号		——	
单据日期	2012-01-01	——	
币种		方向	
原币金额		——	
本币金额		——	
采购类型		制单人	
存货分类		存货	
存货规格		合同类型	
合同号		——	
工序		——	

☑ 未审核　☐ 已审核　☑ 已整单报销　批审

☐ 包含已现结发票　☑ 未完全报销　确定　取消

图 10-28　应付单据批审过滤条件选择

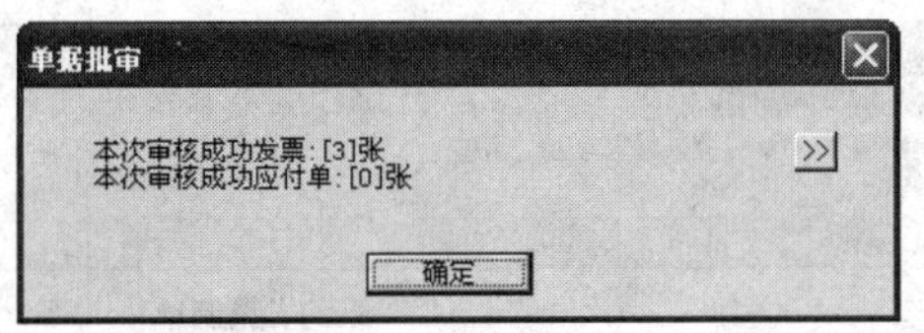

图 10-29　应付单据自动批审结果的提示

注意：

审核与填制应付单据不能为同一人。

12. 根据已审核的采购发票制单

岗位：财务部门/会计

菜单路径：业务工作/财务会计/应付款管理/制单处理

该模块可以快速、成批地生成凭证，也可依据规则进行合并制单等处理。

(1) 双击“制单处理”功能，进入“制单查询”对话框，单击左边复选框选择制单依据。若选择显示“隐藏记录”选项，则只显示处于隐藏状态的记录；若选择显示“未隐藏记录”选项，则只显示处于未隐藏状态的记录。如图 10-30 所示，选择完成后，单击“确定”按钮，系统会将符合条件的所有未制单已经审核的采购发票单据全部列出，如图 10-31 所示。

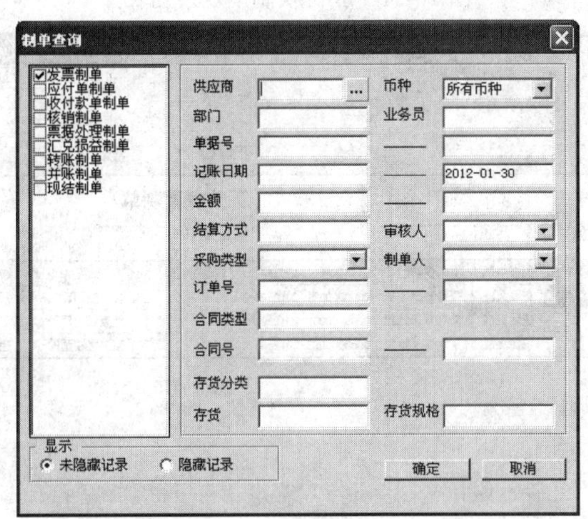

图 10-30　应付款制单条件选择

(2) 由图 10-31 可见，“制单日期”为登记采购发票的日期，从“凭证类别”栏的下拉框中选择凭证类别。

(3) 双击要制单的单据的“选择标志”栏位，或单击“全选”按钮，此栏位显示出不同的序号，单击工具栏中的“制单”按钮，进入填制凭证界面，逐一保存后即可生成一张或多张记账凭证，如图 10-32、图 10-33 所示。也可单击“合并”按钮，将所有列示单据的“选择标志”栏位变为同一个序号，单击“制单”按钮，将这几张单据合并制成一张凭证。序号用于区别不同单据制成的不同凭证，序号可修改，相同序号的记录将会填在同一张凭证中。

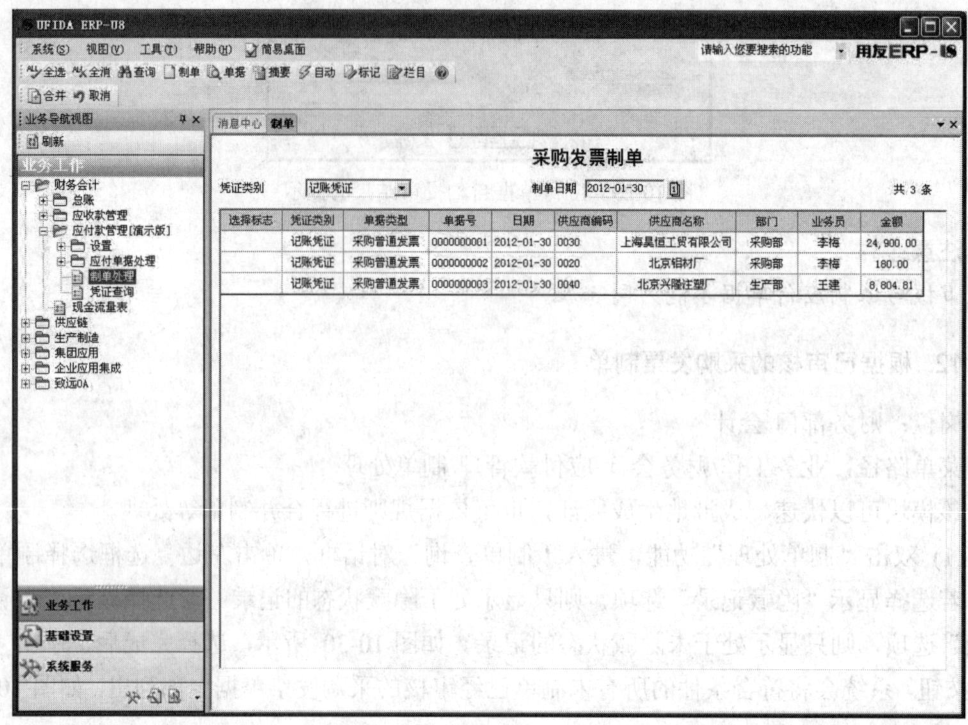

图 10-31　应付款制单发票列表

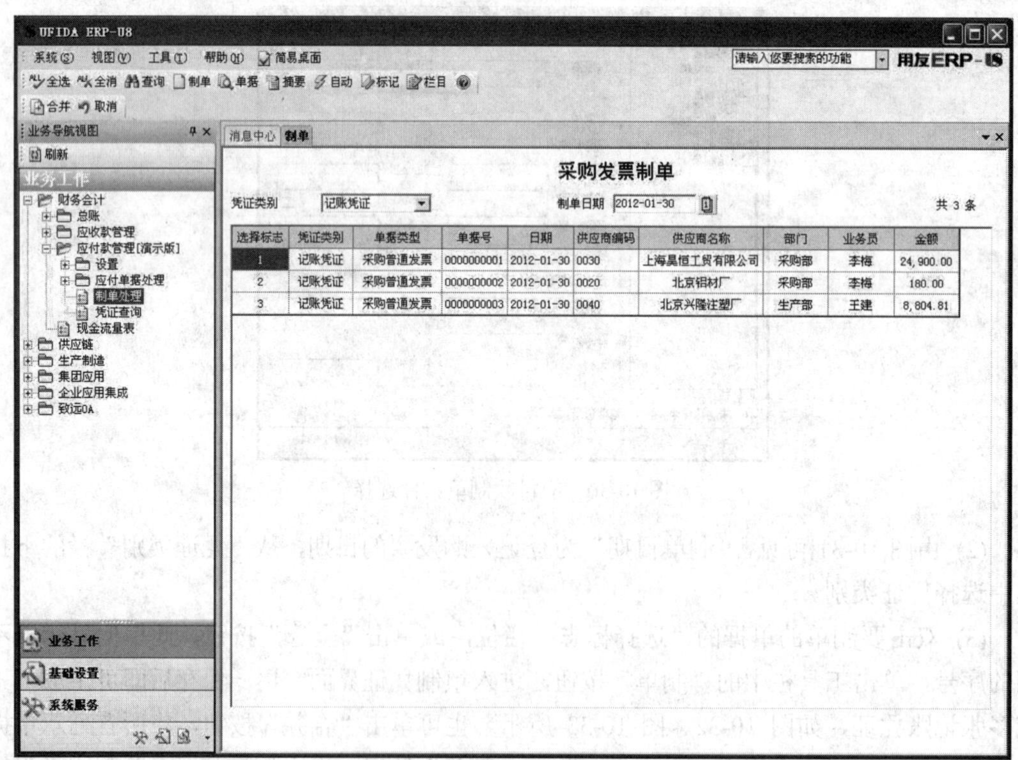

图 10-32　制单发票选择

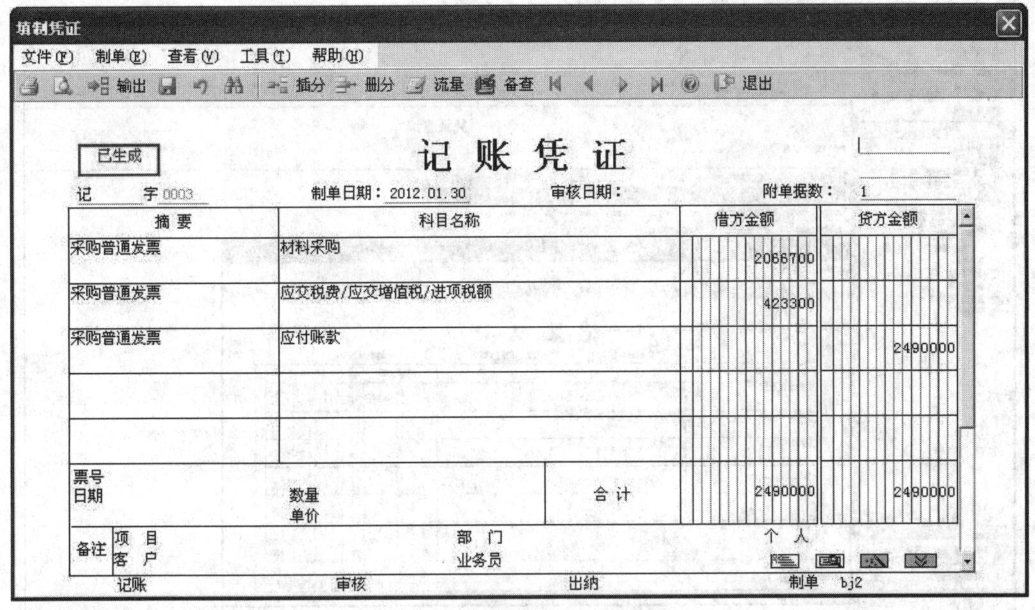

图 10-33 生成应付账款凭证

注意：

- 若要对某些记录不制单，可以对它们打上隐藏标记，则选择记录后，单击“标记”按钮，即隐藏该记录而不制单。单击“自动”按钮，则可以将制单过程中合并分录后而导致凭证为空的记录打上隐藏标记。单击“取消”按钮，则取消制单记录的隐藏标志。
- 若希望在凭证生成时自动形成其摘要内容，则可以在填制采购发票或单据时，在单据的“备注”中写好业务内容。当按发票制单时，取发票类型或备注作为凭证摘要内容；当按单据制单时，自动取单据中相应的备注内容填充摘要，如果没有备注内容，则按当前单据类型或处理内容填充摘要。摘要允许修改。
- 各种制单类型均可以实现合并制单处理，只有坏账处理独立制单。
- 对制作的凭证，可增删分录，但不能是受控科目，系统生成的分录也不允许删除。金额由系统自动生成，不能修改。但允许对非受控科目分录的金额进行修改。可以修改科目、项目、部门、个人、制单日期、摘要、凭证类别、附单据数等栏目。
- 由该系统生成的记账凭证可以通过“凭证查询”界面进行修改、删除和冲销。这些凭证可以在总账系统中查看和进一步做账务处理，但不能被修改或删除。

13. 在应付款管理模块中查询应付账款凭证及其单据

岗位：财务部门/会计

菜单路径：业务工作/财务会计/应付款管理/凭证查询

双击“凭证查询”功能，在凭证列表中单击某行记录使之变为蓝色，即为选中该凭证，通过工具栏中的“凭证”按钮，查询相应凭证；通过“单据”按钮，可以查询对应的生单发票或单据，如图 10-34、图 10-35 所示。

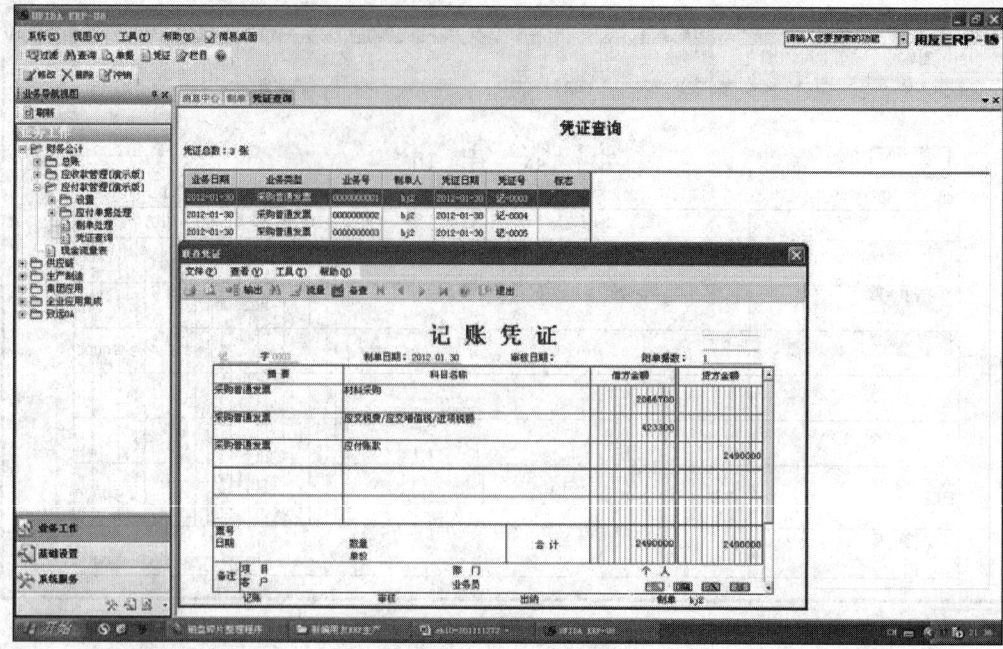

图 10-34 查询应付款凭证

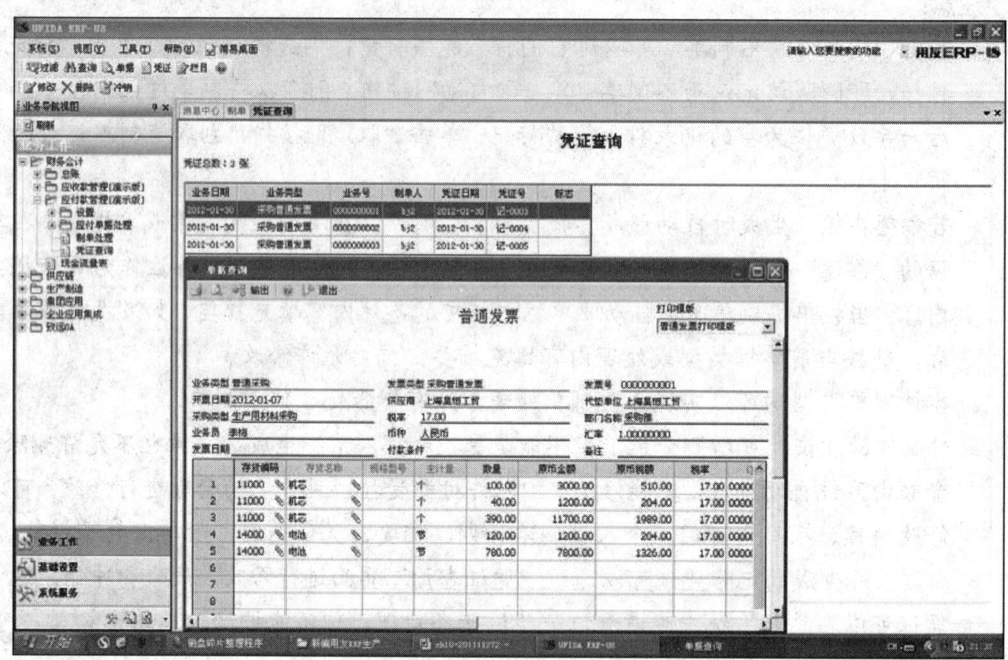

图 10-35 查询应付款单据

14. 在总账系统中查询应付款凭证

岗位：财务部门/会计

菜单路径：业务工作/财务会计/总账/凭证/查询凭证

【系统功能说明】

(1) 会计科目的设置以及期初余额的录入，可以在设置系统公用资料时完成；若会计科目没有被财务系统或其他子系统启用，也可以在本实验开始之前进行设置。应收账款和应付账款科目要设置为应收系统和应付系统控制的科目。

(2) 初次使用应收应付系统制单时，需要选择核算模型，以便按照不同的工作流程完成凭证的制作。核算模型分为简单核算和详细核算两种模式。“简单核算”的制单流程适用于与销售管理系统以及采购管理系统集成的情况，由销售管理系统(或采购管理系统)复核过的销售发票(或采购发票)直接制单生成应收(或应付)的记账凭证，它只提供基本科目设置、发票审核、制单处理和凭证查询等简单的几项功能。“详细核算”模式除了可以完成“简单核算”模式的功能以外，还可以录入收款单据或应付单据，由经过审核的收款单据或应付单据进行凭证制单，它既适用于与销售管理系统(或采购管理系统)集成，又适用于不与销售管理系统(或采购管理系统)集成使用的情况。

(3) 所制凭证如有错误需要删除时，应先在应收款或应付款管理系统的查询凭证模块中删除所制作的凭证，然后在总账系统的“填制凭证”中整理删除对应的“已作废”凭证的分录。

(4) 应收款或应付款管理系统与销售管理系统(或采购管理系统)集成使用时，应在销售管理系统(或采购管理系统)结账后，才能对应收应付系统进行结账处理。

(5) 如果设置系统的控制科目也可以在其他系统进行制单，则常会造成应收及应付款管理系统与总账系统对账不平。

(6) 在本系统制单时，若要使用存货核算系统的控制科目，则需要在总账系统选项中选择可以使用存货核算系统控制科目选项。

(7) 制单日期系统默认为当前业务日期，也是发票的日期。应大于等于所选单据的最大日期，小于当前业务日期。若同时使用了总账系统，所输入的制单日期应该满足总账制单日期序时要求，即大于同月同凭证类别的日期。

(8) 对同一张原始单据不能重复制单。

(9) 若在退出凭证界面时，还有未生成的凭证，则系统会提示是否放弃对这些凭证的操作。如果选择“是”，则系统会取消本次对这些业务的制单操作。

【思考题】

(1) 比较“详细核算”和“简单核算”两种模式的制单操作，了解它们在工作流程及功能方面的区别。

(2) 按照实验中讲述的方法把所有涉及应收款、应付款的业务都进行制单处理。

第 11 章 期末处理

11.1 业务概述

11.1.1 功能概述

期末处理业务主要是指期末结账的工作。每个会计期末需要将当期的单据数据进行封存，并将当期业务数据记入有关账表之中。

结账之前应检查本会计期间的工作是否已经全部完成，只有在当前会计期间内所有工作全部完成的前提下，才能进行期末结账，否则会遗漏某些业务。不允许跳期结账，只能从未结账的第一期逐期结账；不允许跳期取消期末结账，只能从最后一期逐期取消。若上期没有结账，本期单据仍可以正常操作，不影响日常业务的处理，但本期不能进行结账。期末结账后将不能再做已结账期间的业务，只能做未结账期的日常业务。

本实验针对销售业务、采购业务、委外业务、库存业务进行月末结账处理。月末结账是逐月将每月的销售、采购、委外和库存单据数据封存，并将当月的业务数据记入相关报表。

11.1.2 相关子系统功能模块之间的关系

期末处理各相关子系统之间的关系如图 11-1 所示。

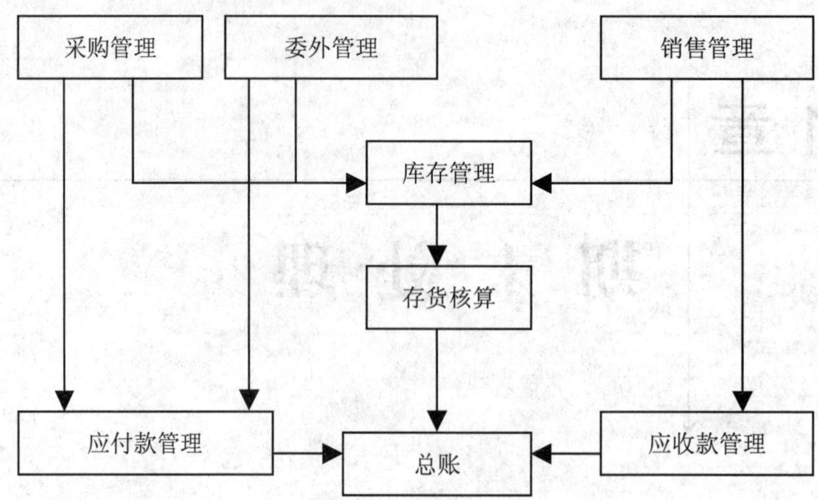

图 11-1　期末处理各子系统之间的关系

11.1.3　应用准备

各子系统业务处理均已完成，即可进行月末结账。

11.2　系统业务流程

11.2.1　日常业务流程

月末处理的流程图如图 11-2 所示。

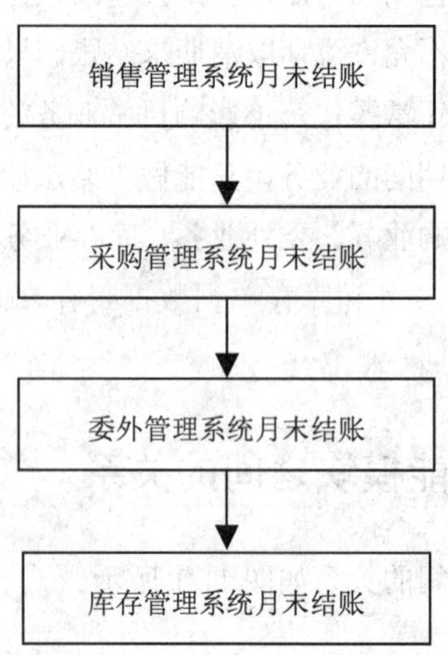

图 11-2　月末结账处理流程图

11.2.2 主要业务内容

1. 销售业务月末结账

逐月将每月的销售业务单据数据封存，并将当月的销售数据记入有关账表中。

2. 采购业务月末结账

逐月将每月的采购业务单据数据封存，并将当月的采购数据记入有关账表中。

3. 委外业务月末结账

逐月将每月的委外业务单据数据封存，并将当月的委外数据记入有关账表中。

4. 库存业务月末结账

将每月的出入库单据逐月封存，并将当月的出入库数据记入有关账表中。

11.3 实验十 期末处理

【实验目的】

理解月末处理的作用，掌握基本操作。

【实验要求】

以操作员身份进入系统进行操作。

【实验资料】

1. 实验数据准备

(1) 修改系统时间为“2012-01-31”。
(2) 引入光盘“实验数据”文件夹中“月末处理数据准备”数据账套。

2. 实验资料

(1) 销售管理系统月末结账。
(2) 采购管理系统月末结账。
(3) 委外管理系统月末结账。
(4) 库存管理系统月末结账。

【操作指导】

1. 销售管理系统月末结账

岗位：业务主管

菜单路径：业务工作/供应链/销售管理/月末结账

操作结果如图 11-3 所示。在未处理下月业务之前也可以取消结账。

图 11-3　销售管理系统月末结账

2. 采购管理系统月末结账

岗位：业务主管

菜单路径：业务工作/供应链/采购管理/月末结账

操作结果如图 11-4 所示。在未处理下月业务之前也可以取消结账。

图 11-4　采购管理系统月末结账

3. 委外管理系统月末结账

岗位：业务主管

菜单路径：业务工作/供应链/委外管理/月末结账

结账操作结果如图 11-5 所示。在未处理下月业务之前也可以取消结账，取消结账操作结果如图 11-6 所示。

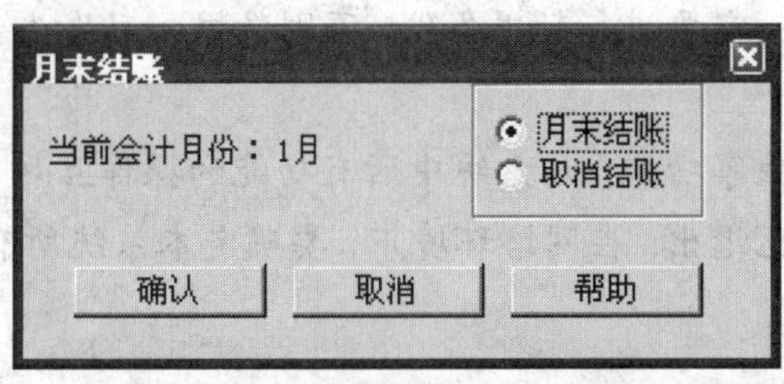

图 11-5 委外管理系统月末结账

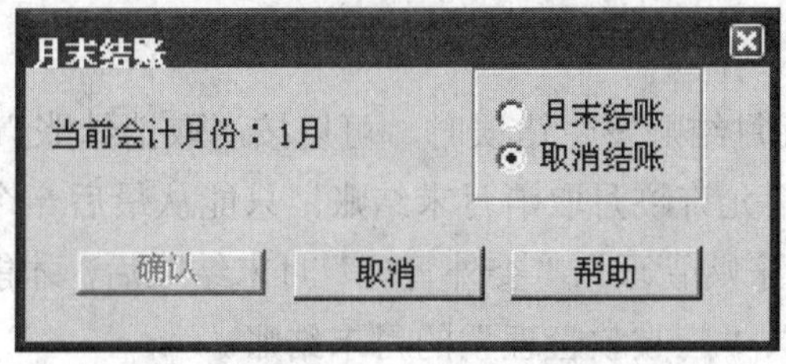

图 11-6 取消委外管理系统月末结账

4. 库存管理系统月末结账

岗位：业务主管

菜单路径：业务工作/供应链/库存管理/月末结账

操作结果如图 11-7 所示，在未处理下月业务之前也可以取消结账。

结账处理

会计月份	起始日期	结束日期	已经结账
1	2012-01-01	2012-01-31	是
2	2012-02-01	2012-02-29	否
3	2012-03-01	2012-03-31	否
4	2012-04-01	2012-04-30	否
5	2012-05-01	2012-05-31	否
6	2012-06-01	2012-06-30	否
7	2012-07-01	2012-07-31	否
8	2012-08-01	2012-08-31	否
9	2012-09-01	2012-09-30	否
10	2012-10-01	2012-10-31	否
11	2012-11-01	2012-11-30	否
12	2012-12-01	2012-12-31	否

结账 取消结账 帮助 退出

图 11-7 库存管理系统月末结账

注意：

- 只能对当前会计月进行结账，即只能对最后一个结账月份的下一个会计月进行结账。月末结账后将不能再做当前会计月的业务，只能做下个会计月的日常业务。
- 上月如果未结账，本月单据可以正常操作，不影响日常业务的处理，但本月不能结账。

- 本月还有未审核或未复核的单据时，结账时系统提示“存在未审核的单据，是否继续进行月末结账？”，用户可以选择继续结账或取消结账，即有未审核的单据仍可月末结账。
- 结账前用户应检查本会计月工作是否已全部完成，只有在当前会计月所有工作全部完成的前提下，才能进行月末结账，否则会遗漏某些业务。
- 月末结账前用户一定要进行数据备份，否则数据一旦发生错误，将会造成无法挽回的损失。
- 月末结账功能为独享功能，与系统中所有功能的操作互斥，即在操作本功能前，应确定其他功能均已退出；在网络环境下，要确定本系统所有的网络用户退出了所有的功能。

【系统功能说明】

(1) 取消结账：当某月结账发生错误时，可以按“取消结账”恢复为结账前状态，正确处理后再进行结账。不允许跳月取消月末结账。只能从最后一个月逐月取消。

(2) “销售管理”、“采购管理”、“委外管理”月末结账后，才能进行“库存管理”、“存货核算”、“应付款管理”、“应收款管理”的月末结账。

(3) 如果“采购管理”、“委外管理”、“销售管理”要取消月末结账，必须先通知“库存管理”、“存货核算”、“应付款管理”、“应收款管理”的操作人员，要求他们的系统取消月末结账。

(4) 如果“库存管理”、“存货核算”、“应付款管理”、“应收款管理”中的任何一个系统不能取消月末结账，则不能取消“采购管理”、“委外管理”、“销售管理”的月末结账。

【思考题】

为什么要进行月末处理？如何取消月末结账？

第 12 章 物料清单

12.1 业务概述

12.1.1 功能概述

物料清单(Bill Of Material，BOM)是生产制造进行主生产计划和物料需求规划的基础，同时也是编制生产与采购计划、配套领料、跟踪物流、把握生产、计算成本、投资报价、改变产品设计都需要参照的重要文件。

从物料清单的层次结构中，可显示出所有与母件关联的子件，以及每一物料如何与母件相关联的信息。

本实验主要针对产品的物料清单进行建立和维护的工作。

12.1.2 相关子系统功能模块之间的关系

物料清单模块与其他子系统之间的关系如图 12-1 所示。

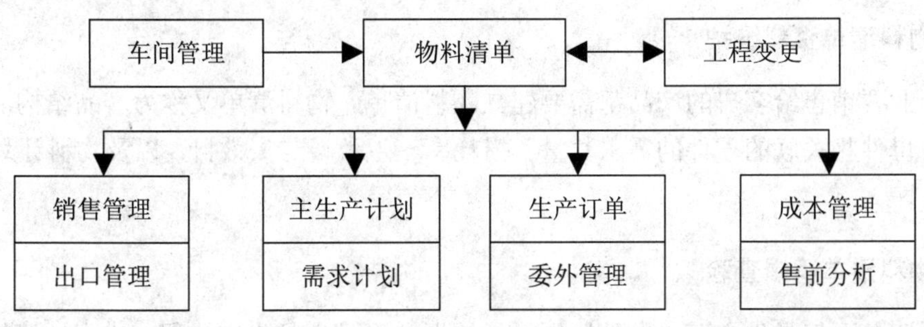

图 12-1 物料清单模块与其他子系统之间的关系

12.1.3 应用准备

在建立物料清单之前，应在存货档案中建立料品的基本信息。料品基本信息的建立主要包括如下三方面。

- 料品基本资料：存货代码、存货名称、计量单位、存货属性、税率、库存资料等。
- 料品计划资料：存货的提前期、供需政策等 MPS 和 MRP 规划资料。
- 料品成本资料：存货的成本计价方式等资料。

12.2 系统业务流程

12.2.1 日常业务流程

物料清单管理日常业务处理流程图如图 12-2 所示。

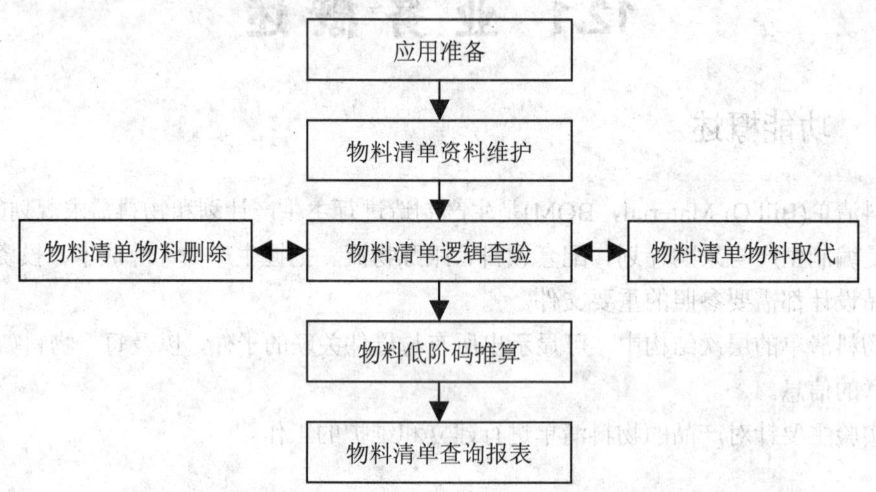

图 12-2 物料清单日常业务处理流程图

12.2.2 主要业务内容

1. 物料清单资料维护

对企业要销售给客户的产品都需要建立物料清单。物料清单又称为产品结构清单，它包含了与母件相关联的子件的需求数量、损耗率、生效日与失效日，以及物料计划资料等信息。

2. 物料清单逻辑查验

物料清单不仅是生产订单、外协领料的依据，而且也是生产排程、成本计算的依据。物料清单一旦发生错误，会引发 MPS、MRP 规划数据错误，最终引起供货品种、数量不能满足实际需求，因此，必须保证物料清单的正确性。

物料清单逻辑查验可以帮助检查物料清单中是否存在料品成为本身子件的逻辑错误。物料清单建档完成后，或物料清单中的某些料品被取代后，为确保物料清单无误可运行物料清单逻辑查验程序进行检查。

3. 物料清单物料取代

当物料编码需要更改，或原先物料要被新物料取代时，运行此功能，可以用新物料整批替换旧物料。

4. 物料清单物料删除

删除物料清单中不再采用的物料的相应母件或子件资料。执行删除后，该物料无论是母件还是子件，其原有的结构关系一律消失。

5. 物料低阶码推算

低阶码推算就是由计算机自动推算所有料品在不同 BOM 中最低的阶码，作为成本管理系统物料成本计算的依据。当新增或更改主要物料清单(包括公用清单、BOM 子件的替换料)后，各物料的低阶码应重新推算。

6. 物料清单查询打印

建立物料清单之后，可以进行母件及子件结构、标准用料查询打印等相关作业，以查验物料清单的正确性。

12.3 实验十一　物料清单维护

【实验目的】

理解物料清单的作用，掌握物料清单的相关概念及基本操作。

【实验要求】

以操作员的身份进入系统进行操作。

【实验资料】

1. 实验数据准备

(1) 修改系统时间为“2012-01-05”。

(2) 引入光盘“实验数据”文件夹中的“物料清单数据准备”数据账套。

2. 实验资料

企业生产的主要产品为“电子挂钟”，其物料清单结构资料如图 12-3 和表 12-1 所示。根据所给的资料维护“电子挂钟”的物料清单，完成如下工作内容。

(1) 建立“电子挂钟”的物料清单。

(2) 进行低阶码推算。

(3) 对建好的物料清单进行逻辑查验。

(4) 查询“电子挂钟”物料清单结构表。

(5) 若要生产“电子挂钟”1000 个，需要多少数量的子件料品。

(6) 查询料品“塑料”的母件料品。

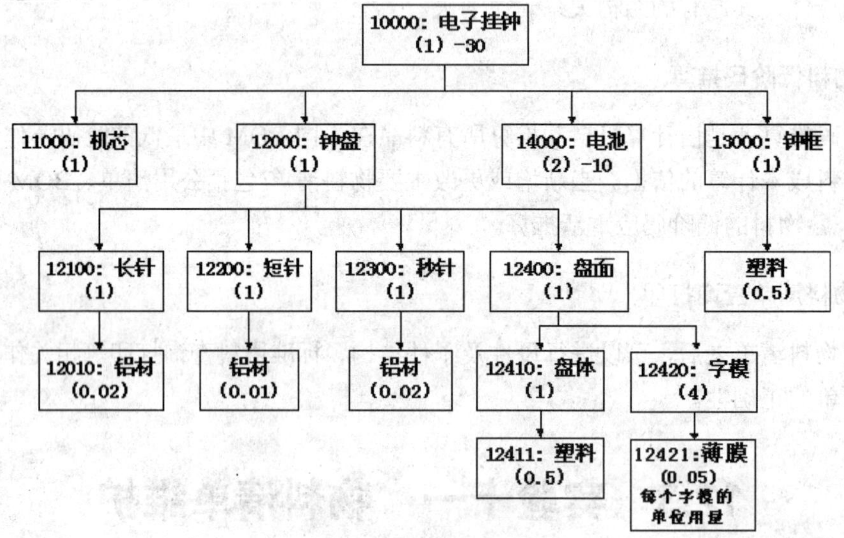

图 12-3　“电子挂钟”物料清单结构

表 12-1　物料清单结构表

子件阶别	母件编码	母件名称	子件编码	子件名称	子件计量单位	基本用量	基础数量	使用数量
+	10000	电子挂钟	11000	机芯	个	1	1	1
+	10000	电子挂钟	12000	钟盘	个	1	1	1
+	10000	电子挂钟	14000	电池	节	2	1	2
+	10000	电子挂钟	13000	钟框	个	1	1	1
++	12000	钟盘	12100	长针	根	1	1	1
++	12000	钟盘	12200	短针	根	1	1	1
++	12000	钟盘	12300	秒针	根	1	1	1
++	12000	钟盘	12400	盘面	个	1	1	1

(续表)

子件阶别	母件编码	母件名称	子件编码	子件名称	子件计量单位	基本用量	基础数量	使用数量
+++	12100	长针	12010	铝材	千克	0.02	1	0.02
+++	12200	短针	12010	铝材	千克	0.01	1	0.01
+++	12300	秒针	12010	铝材	千克	0.02	1	0.02
+++	12400	盘面	12410	盘体	个	1	1	1
+++	12400	盘面	12420	字模	个	4	1	4
++++	12410	盘体	12411	塑料	千克	0.5	1	0.5
++++	12420	字模	12421	薄膜	米	0.05	1	0.05
++	13000	钟框	12411	塑料	千克	0.5	1	0.5

【操作指导】

1. 建立“电子挂钟”的物料清单

岗位：生产管理人员

菜单路径：业务工作/生产制造/物料清单/物料清单维护/物料清单资料维护

从高阶到低阶，从母件到子件，逐级输入料品资料，直到最后一级母件为止，即确立了“电子挂钟”产品的物料清单结构。母件为“电子挂钟”这一级的子件资料输入如图 12-4 所示，单击“增加”按钮，对其每一母件的子件资料逐项输入完成后，单击“保存”按钮，其他母件同理操作。全部输入完成后的结果如图 12-5 所示。

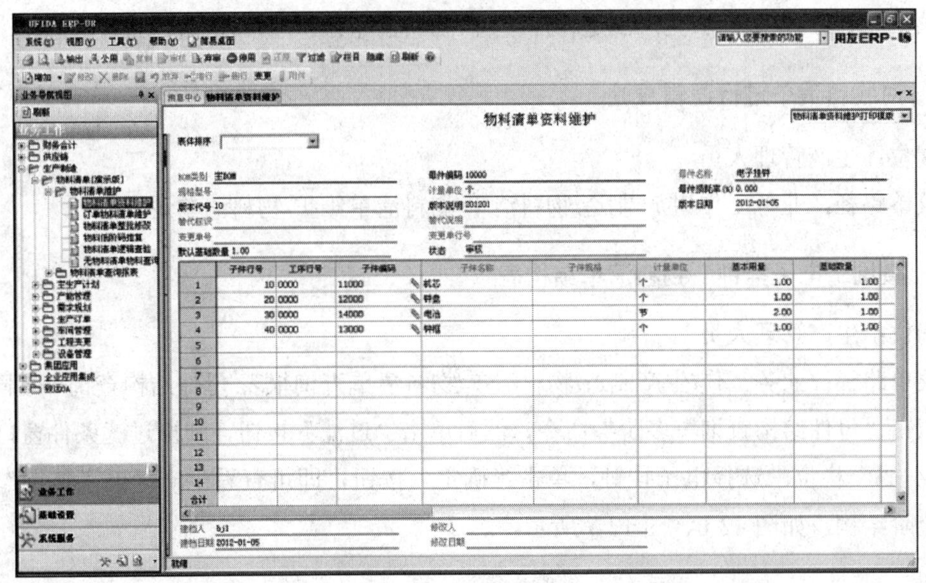

图 12-4　输入物料清单

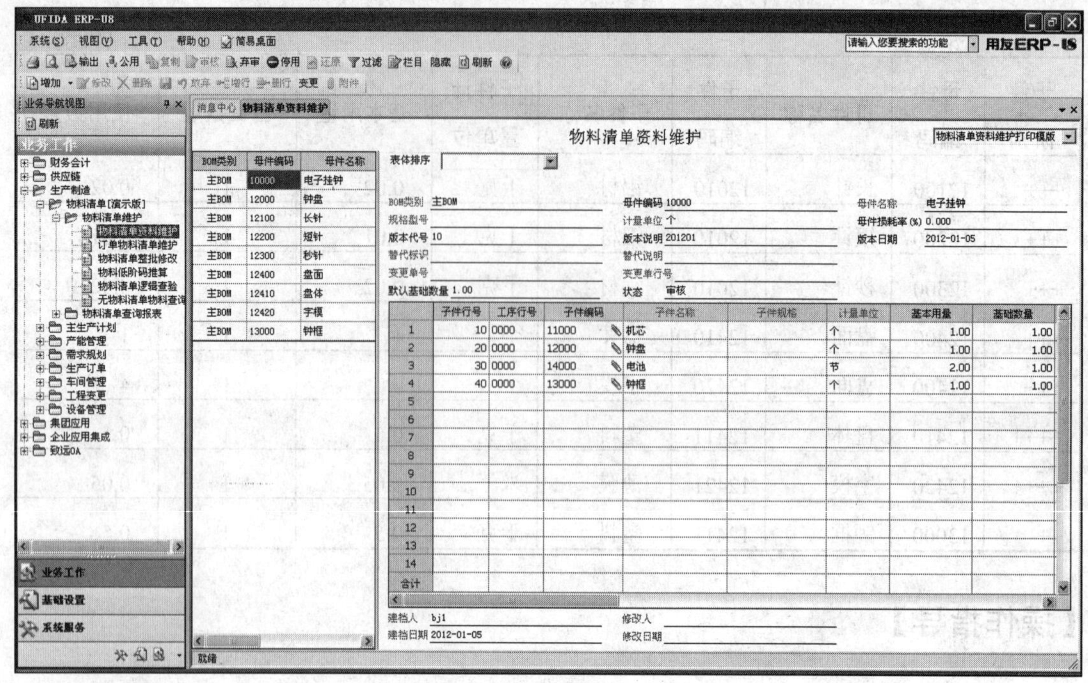

图 12-5　电子挂钟的物料清单

注意：

- 在物料清单中输入的料品，必须在存货档案中已经存在。
- 可以对多种产品建立其物料清单结构。

2. 推算物料低阶码

岗位：生产管理人员

菜单路径：业务工作/生产制造/物料清单/物料清单维护/物料低阶码推算

3. 对物料清单进行逻辑查验

岗位：生产管理人员

菜单路径：业务工作/生产制造/物料清单/物料清单维护/物料清单逻辑查验

4. 查询“电子挂钟”物料清单结构表

岗位：生产管理人员

菜单路径：业务工作/生产制造/物料清单/物料清单查询报表/母件结构查询—多阶

双击“母件结构查询—多阶”命令，然后单击“过滤”按钮，弹出过滤条件窗口，在“母件编码”栏位中选择电子挂钟，单击“确定”按钮，即可查看生产“电子挂钟”的物料的全阶结构，如图 12-6、图 12-7 所示。

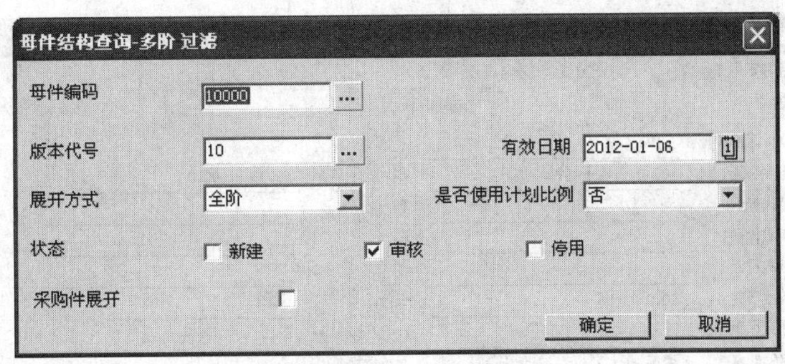

图 12-6 过滤条件窗口

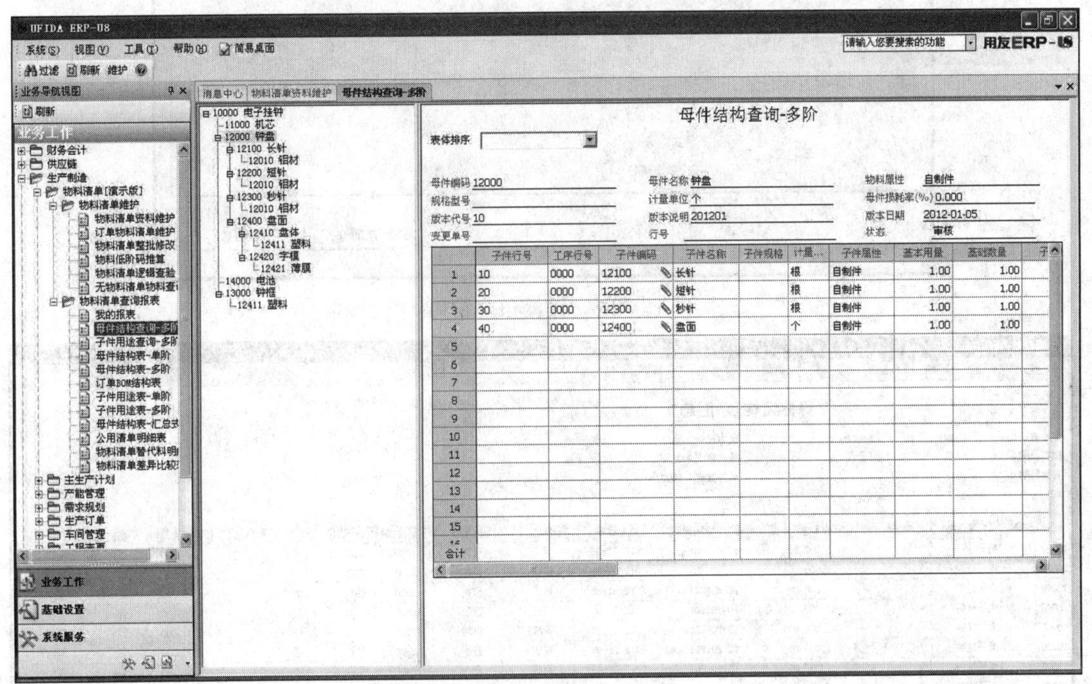

图 12-7 母件结构查询—多阶

5. 查询 1000 个“电子挂钟”所需子件料品的数量

岗位：生产管理人员

菜单路径：业务工作/生产制造/物料清单/物料清单查询报表/母件结构表—汇总式

双击“母件结构表—汇总式”命令，在“母件编码”栏位中选择电子挂钟，在“母件数量”栏位输入“1000”，单击“确定”按钮，即可查看电子挂钟的所有子件料品的用料情况，如图 12-8、图 12-9 所示。

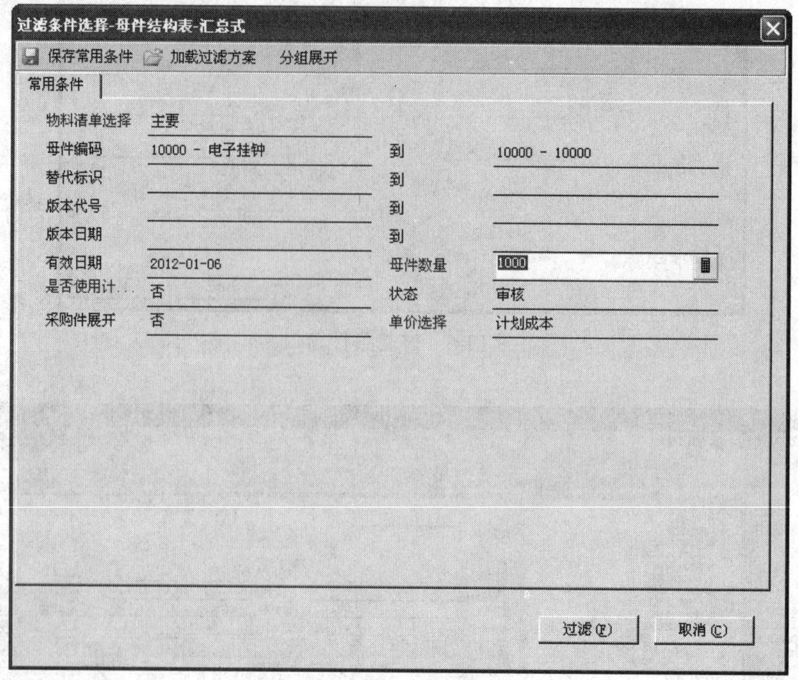

图 12-8　过滤条件窗口

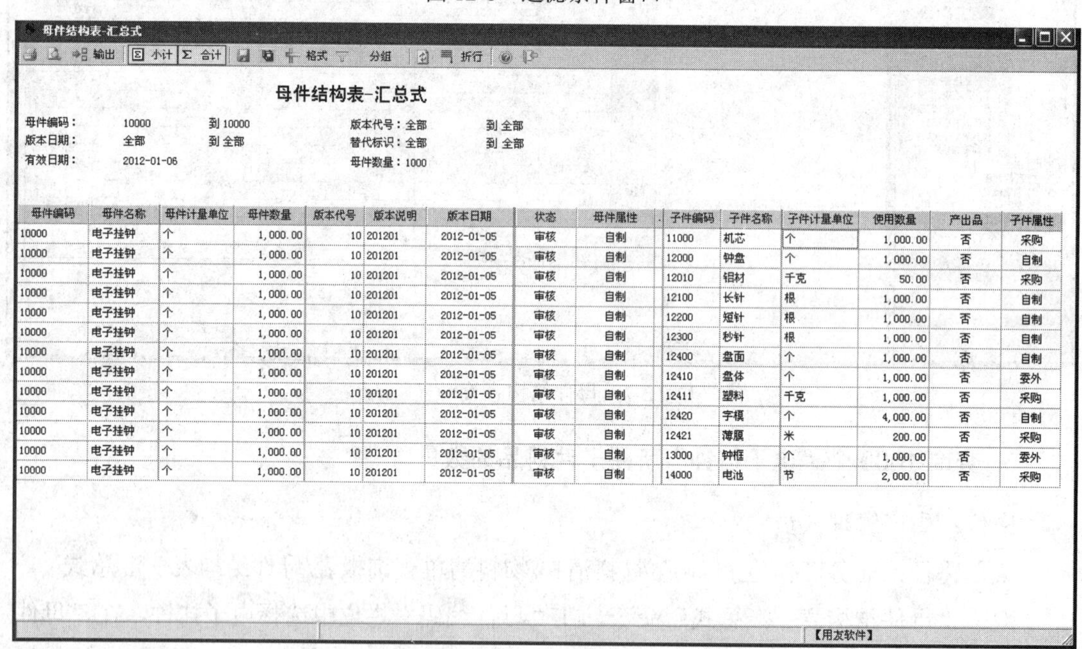

母件结构表-汇总式

母件编码：10000 到 10000　版本代号：全部 到 全部
版本日期：全部 到 全部　替代标识：全部 到 全部
有效日期：2012-01-06　母件数量：1000

母件编码	母件名称	母件计量单位	母件数量	版本代号	版本说明	版本日期	状态	母件属性	子件编码	子件名称	子件计量单位	使用数量	产出品	子件属性
10000	电子挂钟	个	1,000.00	10	201201	2012-01-05	审核	自制	11000	机芯	个	1,000.00	否	采购
10000	电子挂钟	个	1,000.00	10	201201	2012-01-05	审核	自制	12000	钟盘	个	1,000.00	否	自制
10000	电子挂钟	个	1,000.00	10	201201	2012-01-05	审核	自制	12010	铝材	千克	50.00	否	采购
10000	电子挂钟	个	1,000.00	10	201201	2012-01-05	审核	自制	12100	长针	根	1,000.00	否	自制
10000	电子挂钟	个	1,000.00	10	201201	2012-01-05	审核	自制	12200	短针	根	1,000.00	否	自制
10000	电子挂钟	个	1,000.00	10	201201	2012-01-05	审核	自制	12300	秒针	根	1,000.00	否	自制
10000	电子挂钟	个	1,000.00	10	201201	2012-01-05	审核	自制	12400	盘面	个	1,000.00	否	自制
10000	电子挂钟	个	1,000.00	10	201201	2012-01-05	审核	自制	12410	盘体	个	1,000.00	否	委外
10000	电子挂钟	个	1,000.00	10	201201	2012-01-05	审核	自制	12411	塑料	千克	1,000.00	否	采购
10000	电子挂钟	个	1,000.00	10	201201	2012-01-05	审核	自制	12420	字模	个	4,000.00	否	自制
10000	电子挂钟	个	1,000.00	10	201201	2012-01-05	审核	自制	12421	薄膜	米	200.00	否	采购
10000	电子挂钟	个	1,000.00	10	201201	2012-01-05	审核	自制	13000	钟框	个	1,000.00	否	委外
10000	电子挂钟	个	1,000.00	10	201201	2012-01-05	审核	自制	14000	电池	节	2,000.00	否	采购

图 12-9　子件用量查询

6. 查询“塑料”的母件料品资料

岗位：生产管理人员

菜单路径：业务工作/生产制造/物料清单/物料清单查询报表/子件用途查询—多阶

双击“子件用途查询—多阶”命令，然后单击“过滤”按钮，在如图 12-10 所示的过滤窗口中的“子件编码”栏位中选择塑料，单击“确定”按钮，即可查看子件“塑料”的上级母件的全阶结构，如图 12-11 所示。

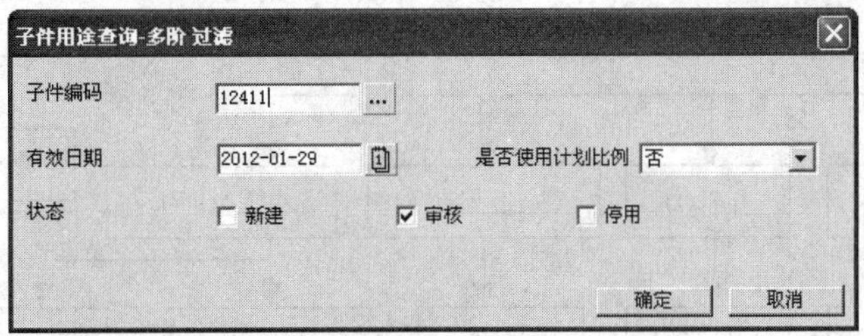

图 12-10　过滤条件对话框

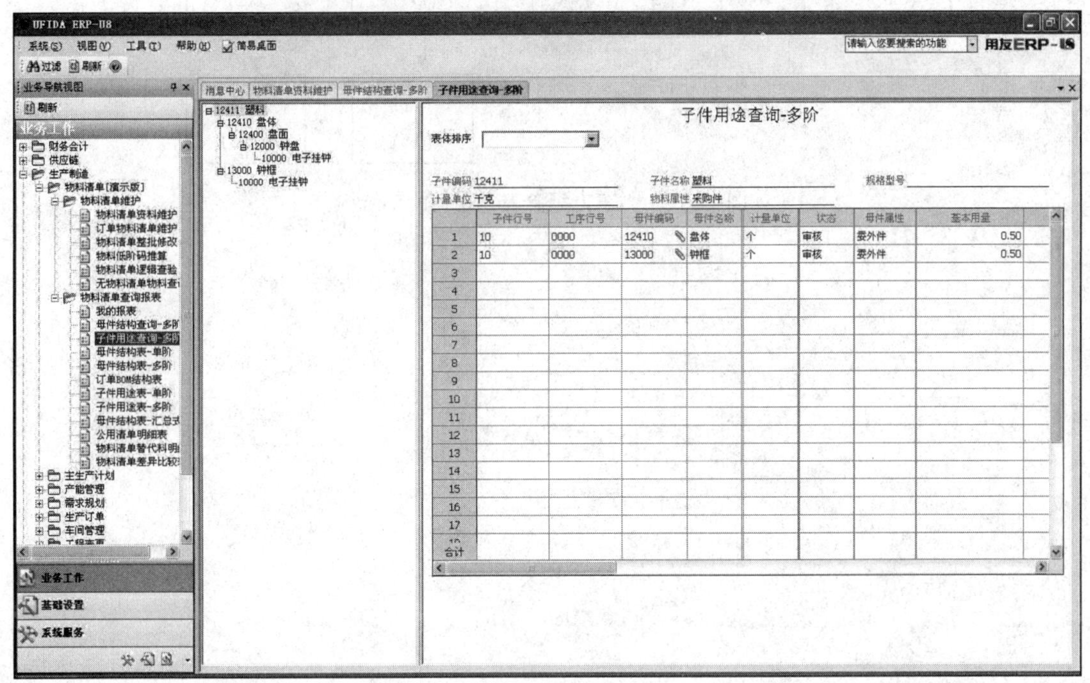

图 12-11　子件上级母件查询—多阶

【思考题】

建立“东方纪念表”(编码 20000)的物料清单：为庆祝企业建厂 10 周年，特制 1000 个电子座钟，要求盘体上专门印制纪念文字，秒针为卡通造型，配 12 个字模和进口电池。工程部经过研究确认，确定“东方纪念表”的物料清单，如图 12-12 所示。

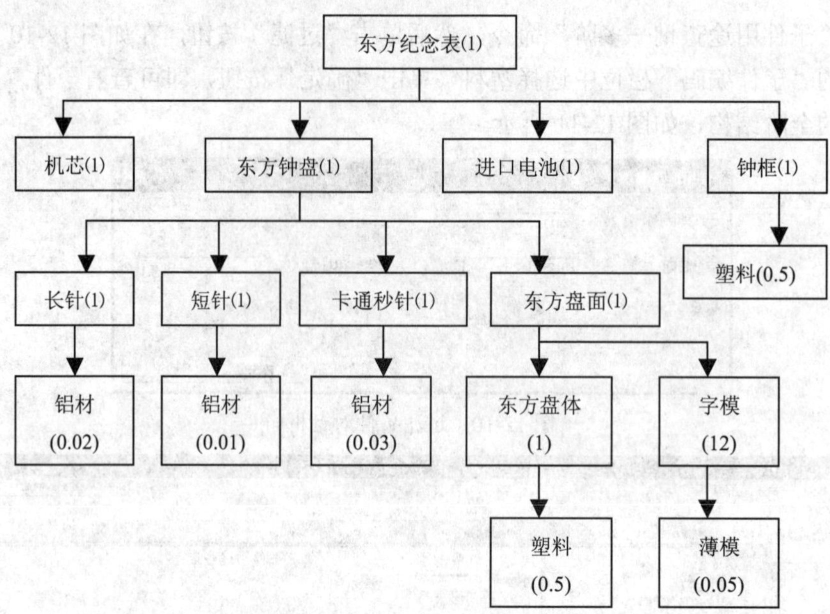

图 12-12 “东方纪念表”物料清单结构

第 13 章

工 程 变 更

13.1 业 务 概 述

13.1.1 功能概述

工程变更系统是对工程物料清单和工程工艺路线以及变更过程的管理与控制。其目的是协助工程部门及生产和物料管理部门，监控设计变更过程的各项工作，提供所需的相关信息，以减少设计变更造成的损失。其中，物料的工程物料清单是建立物料清单可选择性的依据；物料的工程工艺路线是建立工艺路线的可选择性依据。“工程变更系统”所建立的工程物料清单和工程工艺路线，可发行至“物料清单”系统和“基础档案”系统，以便增加新的物料清单和工艺路线或修改现有版本的物料清单和工艺路线。

本实验是对物料的工程物料清单和工程工艺路线的变更过程进行的管理操作。

13.1.2 相关子系统功能模块之间的关系

工程变更与其他子系统之间的关系如图 13-1 所示。

图 13-1 工程变更与其他子系统之间的关系

13.1.3 应用准备

(1) 建立账套：选择 2007 新会计制度科目，设置单位信息、分类编码方案、数据精度等。

(2) 启用“工程变更”、“物料清单”、“车间管理”、“生产订单模块”。

(3) 设置操作员权限管理。

(4) 设置基础档案：部门档案、职员档案、存货分类、计量单位、存货档案、供应商分类、供应商档案、工作中心、资源资料、标准工序资料等。

(5) 基本资料维护：使用“工程变更”模块时，“工程变更等级档案”、“工程变更原因档案”是系统内部首先需要建立的基础资料。

13.2 系统业务流程

13.2.1 日常业务流程

工程变更业务处理流程图如图 13-2 所示。

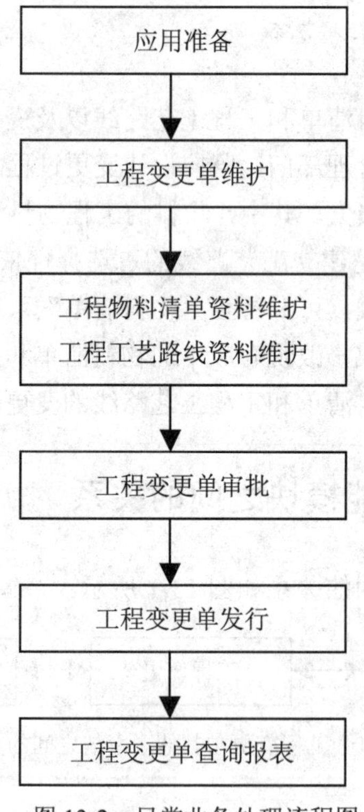

图 13-2 日常业务处理流程图

13.2.2 主要业务内容

1. 工程变更原因维护

为了满足客户需求或出于成本和质量方面的考虑，企业需要对产品的设计进行更改，因此需要维护工程变更原因资料。

2. 工程变更等级维护

说明变更作业对料品的影响程度。比如考虑修改已入库的完成品，或已完成而未入库的在制品，或只考虑修改尚在生产中的在制品。

3. 工程变更申请单输入与审核

填写具体的变更内容，如增加的料品、修改的料品及生效、失效日期等。

4. 工程物料清单维护和工程工艺路线维护

根据工程变更单生成工程物料清单和工程工艺路线。

5. 发行工程变更单

工程变更单经过相关人员的讨论确立后，将工程物料清单和工程工艺路线转变成物料清单和工艺路线资料。

物料清单和工艺路线作为企业组织生产、编排计划、生产用料控制、生产进度控制的基础资料，它的变化直接影响到企业的各个方面，因而应对其产生和变化过程进行严格管控。

6. 工程变更查询报表

查询工程变更资料，打印工程变更通知单，送交有关部门的相关人员。

13.3 实验十二 工程变更管理

【实验目的】

理解工程变更的作用，掌握工程变更的相关概念及基本操作。

【实验要求】

以操作员的身份进入系统进行操作。

【实验资料】

1. 实验数据准备

(1) 修改系统时间为“2012-01-06”。

(2) 引入光盘“实验数据”文件夹中“基础资料数据准备”数据账套。

2. 实验资料

(1) 工程变更原因维护，资料如表13-1所示。

表13-1 工程变更原因表

变更原因代号	原 因 说 明
001	客户要求
002	降低成本
003	改善质量

(2) 工程变更等级维护。资料如表13-2所示。

表13-2 工程变更等级表

变更等级代号	变 更 等 级	等 级 说 明
001	1	修改已入库的完成品
002	2	修改已完成而未入库的在制品
003	3	修改尚在生产中的在制品

(3) 在存货档案中补充输入“进口电池”(编码22000)，其他信息同“电池(14000)”。补充输入工作中心的资料(喷漆工作中心)、资源资料(高级技工5人)和标准工序资料(喷漆，工时——分子为1，工时——分母为60)。参见第1章内容。

(4) 对工程变更单进行输入与审核，并输入两个工程变更单。

一个是变更主要物料的清单：根据客户要求，电子挂钟需要配进口电池。技术部提出工程变更申请，将电子挂钟所配电池(编码14000)从2012年02月02日起改为进口电池(编码22000)。

另一个是变更主要工艺路线：为了提高产品质量，对长针进行工艺改进，增加一道“喷漆”工序，所用资源为高级技工，5人，工时(分子)为1和工时(分母)为60。

(5) 对工程物料清单进行变更维护，生成一个新版本的物料清单，版本说明“替换为进口电池”，生效日为2012-02-02。

(6) 对工程工艺路线进行变更维护，生成一个新版本的工艺路线，版本说明“改进长针”，生效日为2012-02-02。

(7) 工程变更申请的发行处理。

【操作指导】

1. 工程变更原因维护

岗位：产品设计人员

菜单路径：业务工作/生产制造/工程变更/基本资料维护/工程变更原因资料维护

单击“增加”按钮，输入变更原因资料。操作结果如图 13-3 所示。

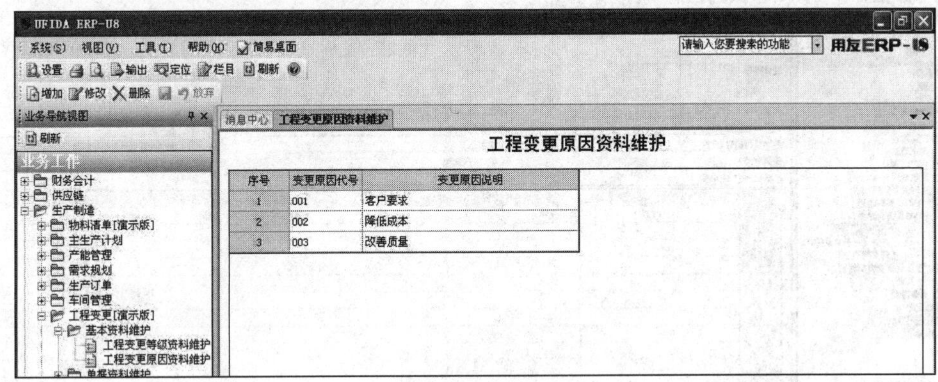

图 13-3　工程变更原因资料维护

2. 工程变更等级维护

岗位：产品设计人员

菜单路径：业务工作/生产制造/工程变更/基本资料维护/工程变更等级资料维护

单击“增加”按钮，输入变更等级资料。操作结果如图 13-4 所示。

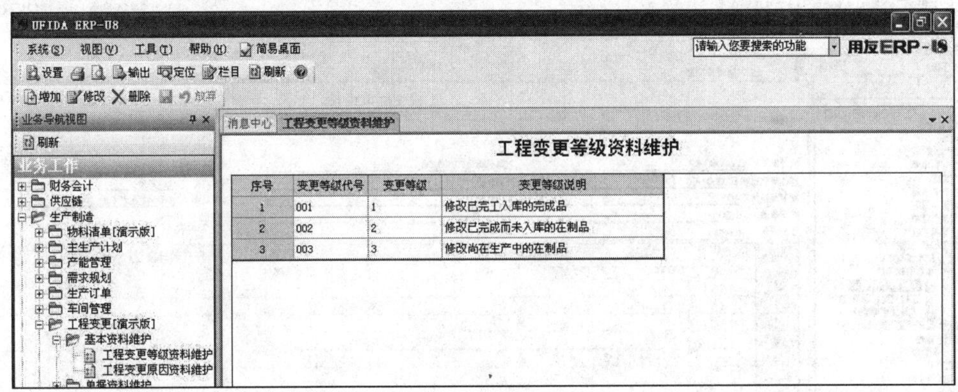

图 13-4　工程变更等级资料维护

3. 在存货档案中补充输入“进口电池”的资料

岗位：仓库管理人员

菜单路径：企业应用平台/基础设置/基础档案/存货/存货档案

4. 工程变更单输入与审核

岗位：产品设计人员

菜单路径：业务工作/生产制造/工程变更/单据资料维护/工程变更单维护

单击“增加”按钮，输入资料，操作结果如图 13-5、图 13-6 所示。

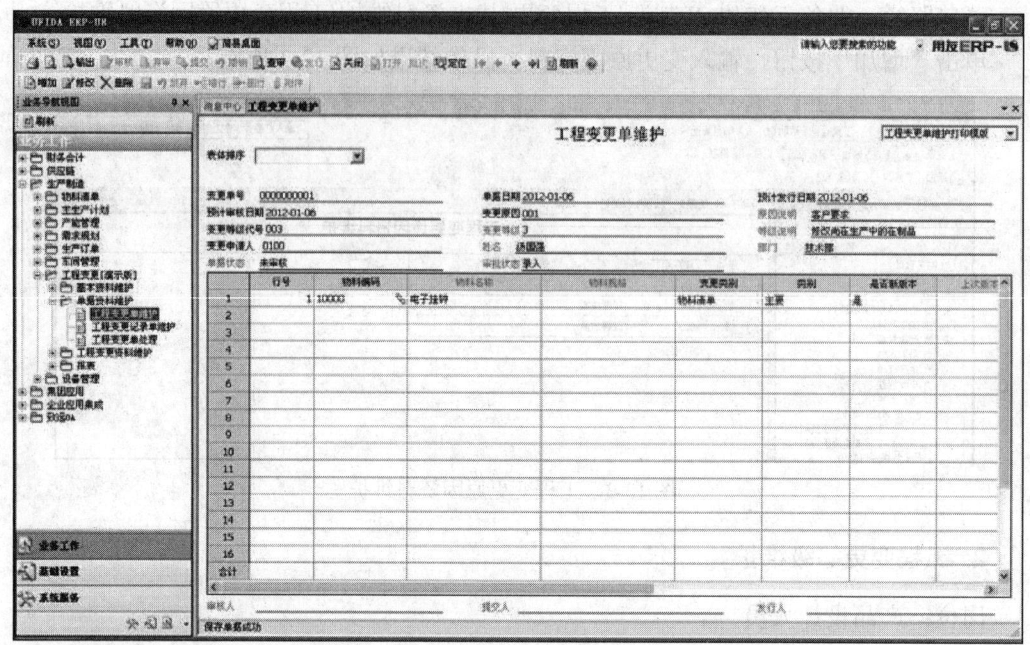

图 13-5　工程变更单维护(物料清单)

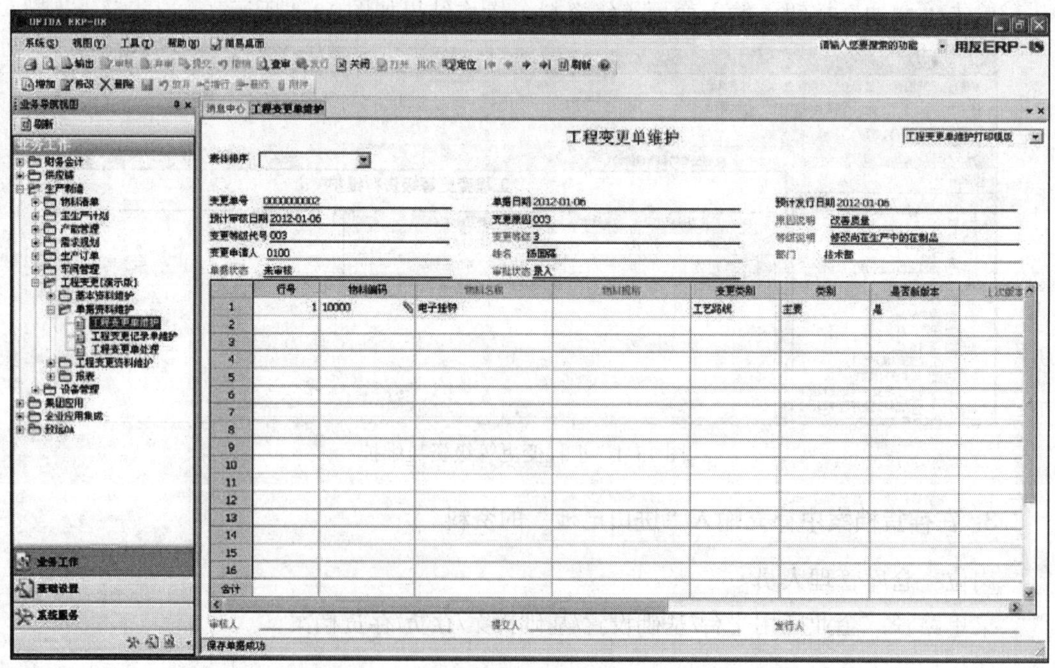

图 13-6　工程变更单维护(工艺路线)

5. 工程物料清单维护

岗位：产品设计人员

菜单路径：业务工作/生产制造/工程变更/工程变更资料维护/工程物料清单维护

单击“增加”按钮，选择“变更单号”后，用工具栏上的“复制”按钮，进入“复制”选择窗口，在其中的“复制来源”栏位中，选择“生产”，输入母件编码，单击“确定”按钮，此时，原有物料清单的内容被复制到工程物料清单中，然后在此基础上将“电池(14000)”修改为“进口电池(22000)”，最后保存单据，如图 13-7、图 13-8 所示。

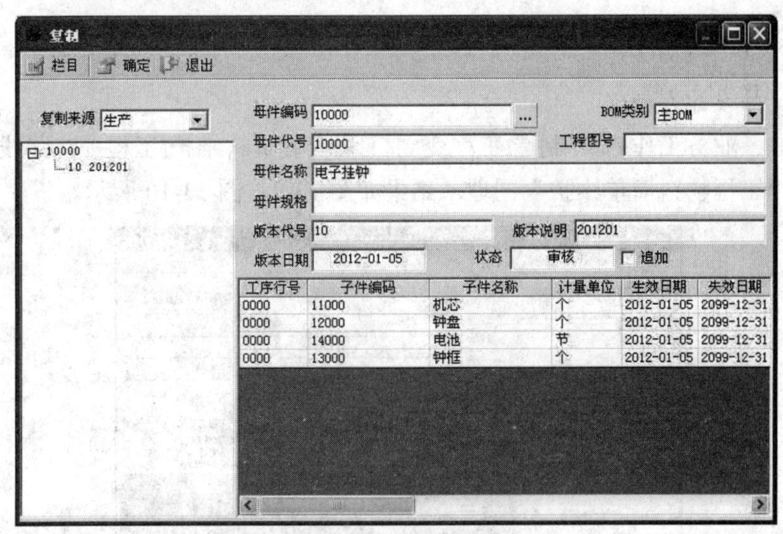

图 13-7 物料清单复制

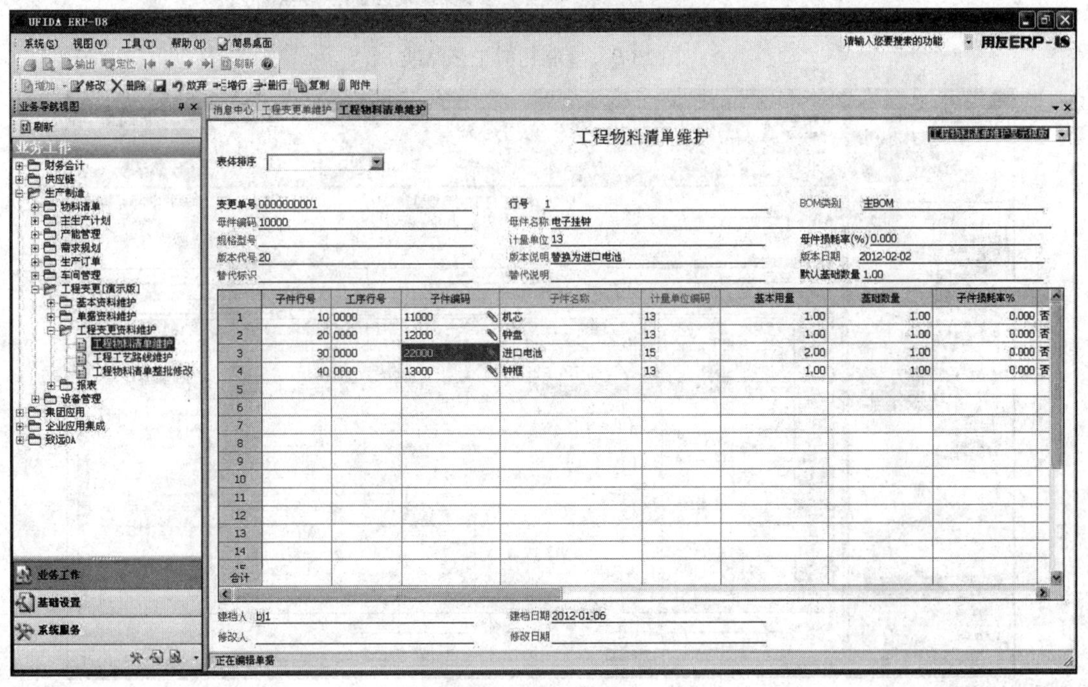

图 13-8 工程物料清单生成

注意：

- 可以手工输入物料清单内容，也可以用“复制”功能。“复制”功能可以复制原有的物料清单内容，在此基础上修改可以提高工作效率。
- 执行该功能之前，要将新的料品资料补充输入存货档案，属性为外购、自制或委外。
- 工程变更单中的“变更类别”和“类别”栏位，必须选择为主要物料清单时，方可建立工程物料清单。

6. 工程工艺路线维护

岗位：产品设计人员

菜单路径：业务工作/生产制造/工程变更/工程变更资料维护/工程工艺路线维护

操作与“工程物料清单维护”同理。结果如图 13-9、图 13-10 所示。

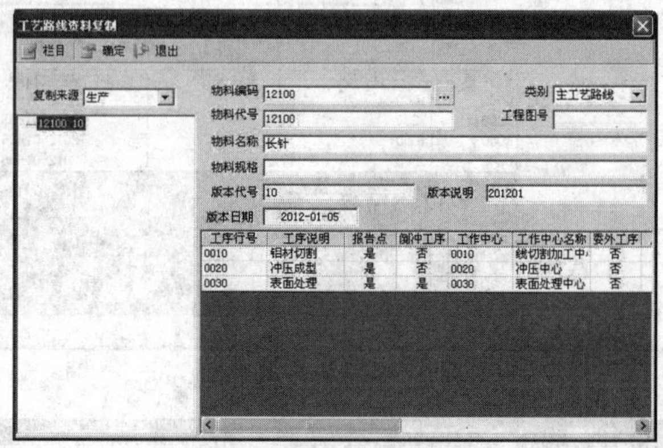

图 13-9　复制物料工艺路线

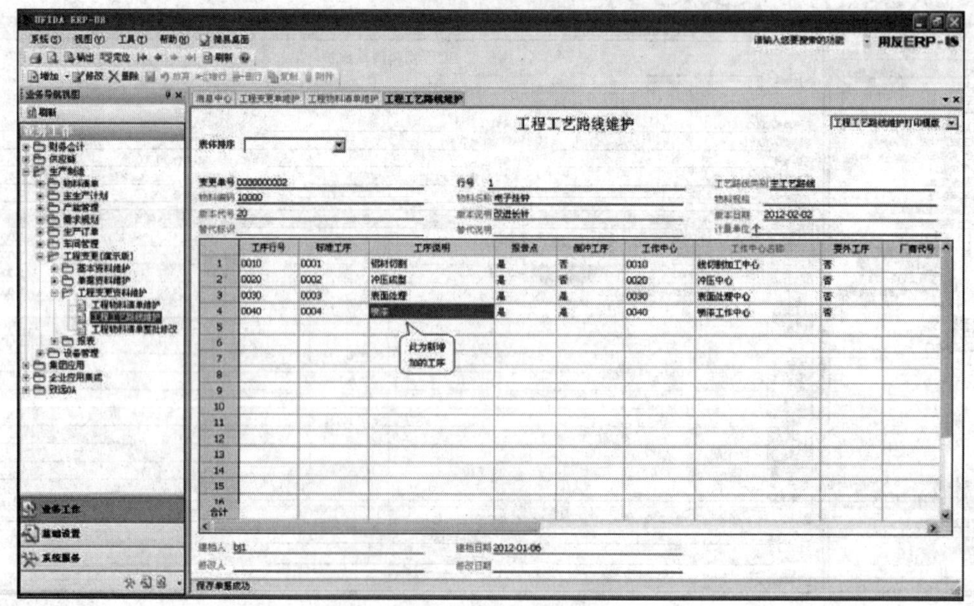

图 13-10　工程工艺路线生成

注意：

- 可以手工输入工艺路线内容，也可以用“复制”功能。“复制”功能可以复制原有的工艺路线内容，在此基础上修改可以提高工作效率。
- 执行该功能之前，要补充输入工作中心的资料、资源资料和标准工序资料。
- 工程变更单中的“变更类别”和“类别”栏位，必须选择为主工艺路线时，方可建立工程工艺路线。

7. 工程变更申请的发行处理

岗位：产品设计人员

菜单路径：业务工作/生产制造/工程变更/单据资料维护/工程变更单维护

菜单路径：业务工作/生产制造/工程变更/单据资料维护/工程变更单处理

有两种方法可以完成此项工作，即单张发行(图 13-11)和成批发行(图 13-12)。

(1) 如图 13-11 所示，在“工程变更单”查询状态下，单击工具栏上的“提交”按钮，可以对已审核的工程变更单进行提交申请审批。

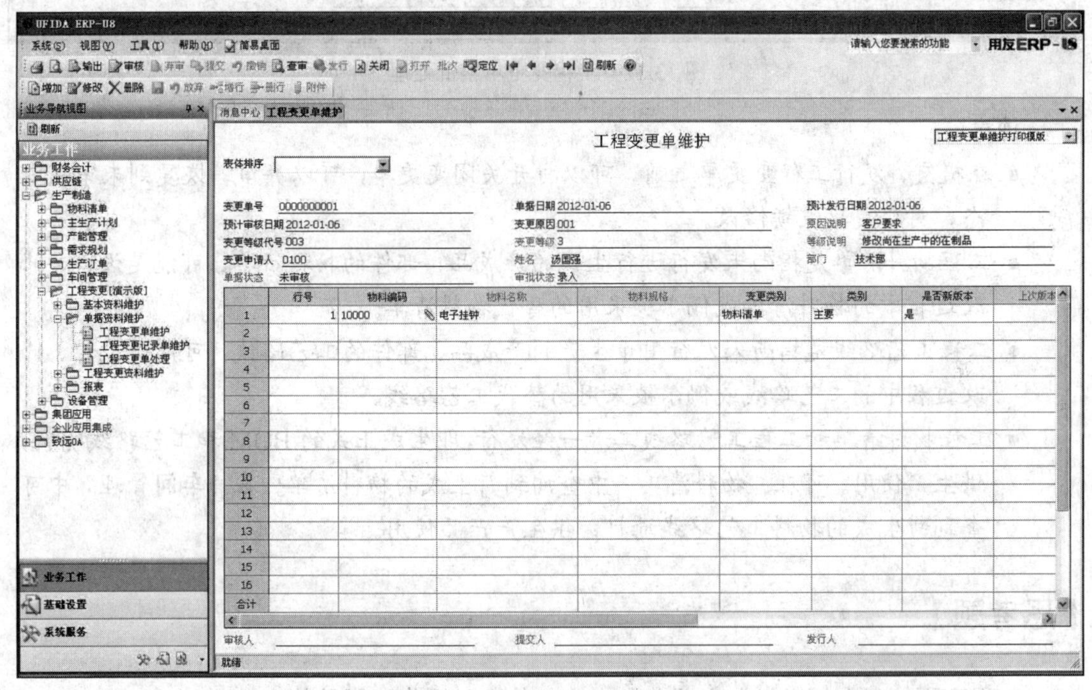

图 13-11　工程变更单的审批及发行

(2) 可以将已审核未提交的工程变更单关闭以取消本次变更，也可以将已关闭的工程变更单打开，继续执行变更任务。已提交和关闭后的单据及内容不可被删除和修改。

(3) 可以将完成审批的工程变更单“发行”处理，将变更内容传递到“物料清单”模块和“车间管理”模块，发行后的“工程变更单”不可再进行任何操作。

(4) 如图 13-12 所示，利用“工程变更单处理”功能，可以成批处理工程变更单，包括批次打印、批次审核与弃审、批次关闭与打开、批次提交、批次发行。

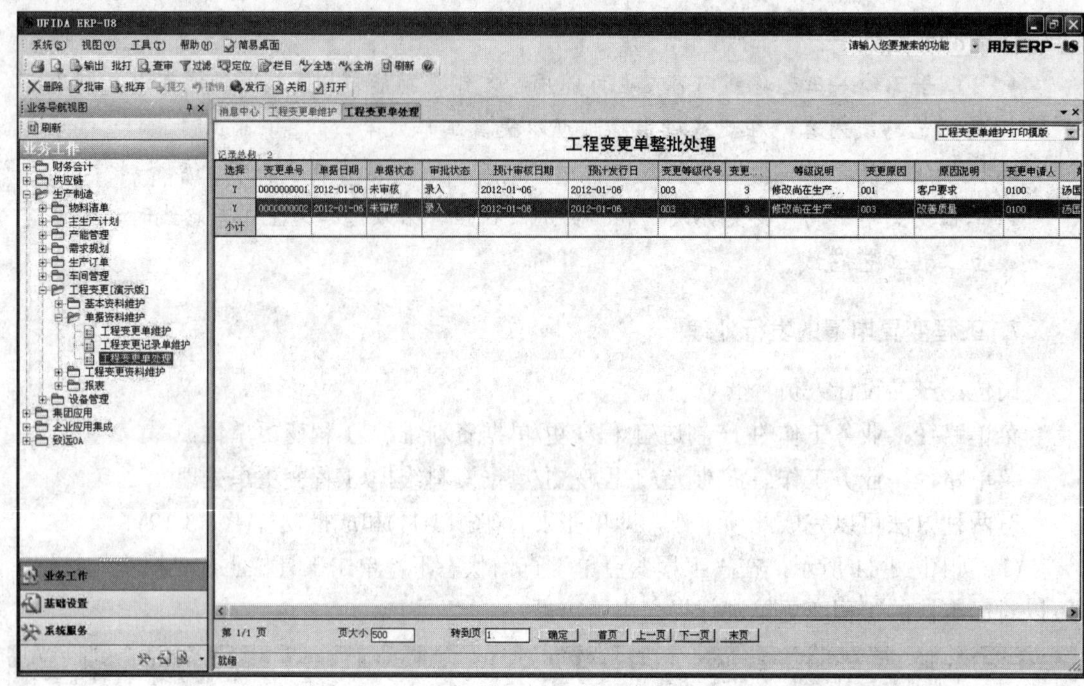

图 13-12　工程变更单整批处理

注意：

- 在提交、发行工程变更单之前，可以打开关闭变更单，可以弃审，恢复到未审核状态，对变更单继续修改。
- 工程物料清单是指尚未发行进行生产的产成品、部件的物料清单，可能是设计、修改过程中的物料清单或偶尔被采用的替代物料清单。
- 工程工艺路线是指尚未发行用于生产的产成品、部件的工艺路线，可能是设计、修改过程中的工艺路线或偶尔被采用的替代工艺路线。
- 工程物料清单和工程工艺路线二者一经发行，即生成正式的 BOM 和工艺路线资料，供生产使用。可在"物料清单"中查询到新生成的物料清单；在"车间管理"中可查到新生成的物料工艺路线资料，供生产产品使用。

【思考题】

工程变更管理有何意义？主要业务内容是什么？操作流程是什么？

第 14 章

设 备 管 理

14.1 业 务 概 述

14.1.1 功能概述

设备管理系统的工作是由设备部门的设备管理人员、维修工程师、车间维修人员以及各个设备使用部门的设备管理和维修人员等来完成的。

该系统提供设备的使用维护信息管理，将设备的预防性维修同事后修理相结合，建立起一个包括设备计划、使用、保养、维修等功能为一体的设备管理系统；通过编制周期设备计划，并根据事先的计划或者故障情况产生作业单，形成维修记录。通过查询设备报表，提高设备的监督和管理水平。

具体而言，即该系统提供企业的设备的使用信息管理、基础资料、辅助资料维护，统计日常运行情况和设备点检情况，制订保养和润滑计划，记录保养和润滑计划的执行情况；提供设备维修的作业管理，作业计划的制订，维修工单的执行情况以及维修的验收记录；统计设备故障并分析原因，提出反馈等设备日常维护管理工作，实现用户维护设备的主要信息，根据设备运行、维修情况的统计数据进行分析，对设备进行预防性保养和维修，提高设备的使用寿命，从而降低成本，提高企业的经济效益。同时通过与固定资产相连接，可以查询设备的折旧情况；通过与存货基础资料的连接，有助于得到准确的库存备件信息，以及设备作业的备件需求。

本实验是针对企业生产经营活动中所使用的设备进行管理的操作，包括设备台账管理、设备运行管理、设备故障维护、作业管理、备件管理等内容。

14.1.2　相关子系统功能模块之间的关系

设备管理与其他系统功能模块之间的关系如图 14-1 所示。

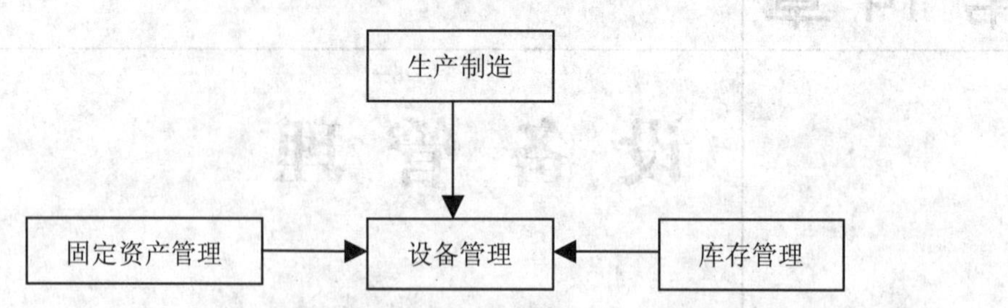

图 14-1　设备管理与其他系统功能模块之间的关系

14.1.3　应用准备

在正式使用设备管理系统之前，需将企业中要管理的设备资料全面整理，做好信息系统的准备工作，保证信息录入的完整准确。设备管理工作按照设备管理的生命周期进行，包括设备台账管理、设备运行管理、设备故障维护、作业管理、备件管理以及设备变更等内容。设备管理系统的使用也照此模式进行。因此，使用设备管理系统前应做好如下准备。

- 建立账套：用户在新建账套时可以选择工业版，可设置用户单位信息、分类编码方案、数据精度等。
- 系统启用：在新建账套后，系统提示是否进行系统启用设置，只有设置了系统启用，才可使用相应系统。
- 权限管理：用户可以对操作员权限进行管理，包括功能权限、数据权限等。
- 基础档案：用户需要进行基础档案设置。“部门档案、职员档案、存货分类、计量单位、存货档案、仓库档案、自定义项”是使用“设备管理”模块应该先行建立的基础资料。
- 单据设置：用户可以对“设备管理”模块所有单据进行格式设置、编号设置。

14.2　系统业务流程

14.2.1　日常业务流程

设备管理日常业务流程图如图 14-2 所示。

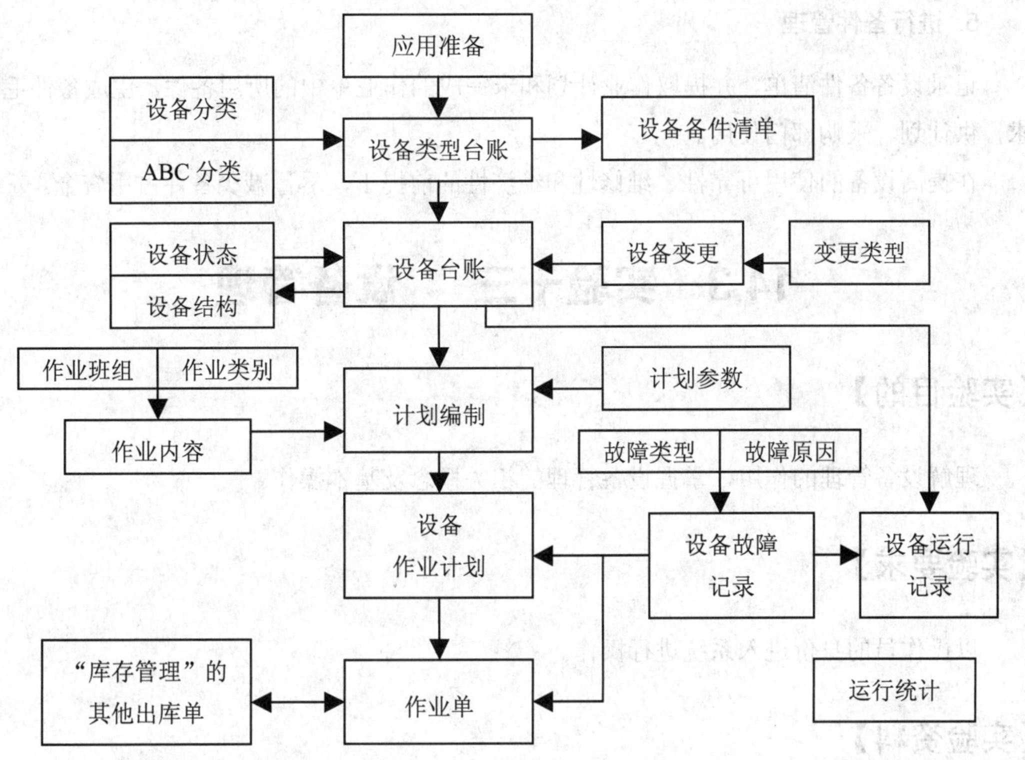

图 14-2　设备管理日常业务流程图

14.2.2　主要业务内容

1. 设备管理基础资料输入

输入系统运行的基础资料，包括设备类别、设备状态、设备 ABC 分类、设备变更类型、作业类型、作业小组、运行状态、故障类型、位置等。

2. 建立设备类型台账和设备台账

建立设备档案。

3. 制订设备作业计划

对设备维修检查、保养润滑等作业进行计划。

4. 进行设备运行管理

记录测量点测得的数据、设备的故障情况和运行停机情况，统计设备故障率和利用率。

5. 进行备件管理

记录设备备件清单，并提取作业计划和未完成的作业单中的所用备件，生成备件毛需求，供计划、采购部门使用。

在提高设备的使用可靠性、维修性和经济性的前提下，尽量减少备件占用资金。

14.3 实验十三 设备管理

【实验目的】

理解设备管理的作用，掌握设备管理的相关概念及基本操作。

【实验要求】

以操作员的身份进入系统进行操作。

【实验资料】

1. 实验数据准备

(1) 修改系统时间为“2012-01-06”。

(2) 引入光盘“实验数据”文件夹中的“基础资料数据准备”数据账套。

2. 实验资料

(1) 在供应商档案的“工业”类别中添加“北京重机厂”供应商，编码为“0050”，并在存货计量单位中增加“小时”计量单位。

(2) 在存货档案中补充输入两个备件，属材料类存货，包括：刀具(90001)、砂轮(90002)。默认仓库为备件仓库，采购固定提前期均为 1 天，二者都参与 MRP 及 ROP 计算。

(3) 输入设备管理的以下基础资料。

- 设备类别：生产用(分为机床、车床 2 种)、非生产用。
- 设备状态：正常、维修、报废。
- 设备 ABC 分类：A 类为重点设备，B 类为主要设备，C 类为一般设备。
- 变更类型：验收移交、闲置封存、移装调拨、借用租赁、报废处理。
- 作业类型：维修、保养、润滑、点检。

- 作业小组：建立 1~7 个小组。
- 运行状态：运行、维修停机、计划停机。
- 故障类型：甲、乙、丙。
- 位置：1 车间、2 车间。

(4) 输入设备类型台账和设备台账：机床类下分切割机床、冲压机床、抛光机床。对设备作业内容进行作业计划：输入计划作业的项目、所用备件情况等并编制作业单。

(5) 对设备运行状况进行监督管理。

(6) 对维修设备所需的备件进行管理。

【操作指导】

1. 补充输入基础信息

岗位：采购管理人员、仓库管理人员

菜单路径：基础设置/基础档案/客商信息/供应商分类

菜单路径：基础设置/基础档案/客商信息/供应商档案

菜单路径：基础设置/基础档案/存货/计量单位

2. 建立备件的存货档案资料

岗位：仓库/仓管员

菜单路径：基础设置/基础档案/存货/存货档案

3. 输入设备管理的基础资料

岗位：设备管理人员

菜单路径：业务工作/生产制造/设备管理/基础设置

4. 输入设备类型台账和设备台账

岗位：设备管理人员

菜单路径：业务工作/生产制造/设备管理/设备台账/设备类型台账

菜单路径：业务工作/生产制造/设备管理/设备台账/设备台账

设备类型台账如图 14-3 所示，设备台账如图 14-4 所示。

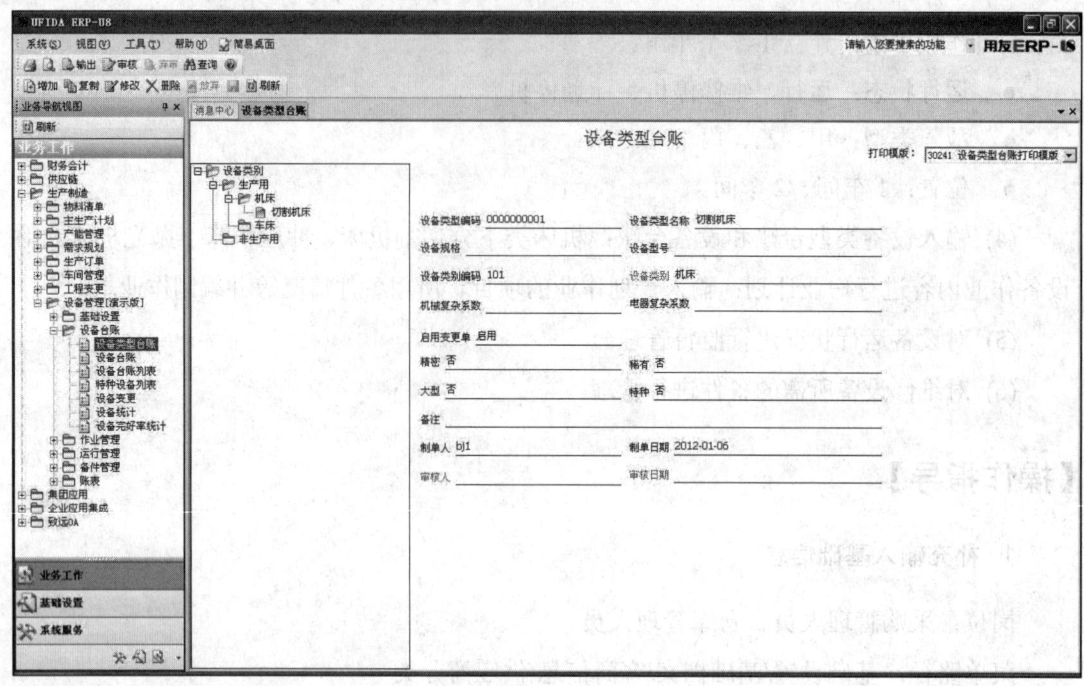

图 14-3　设备类型台账

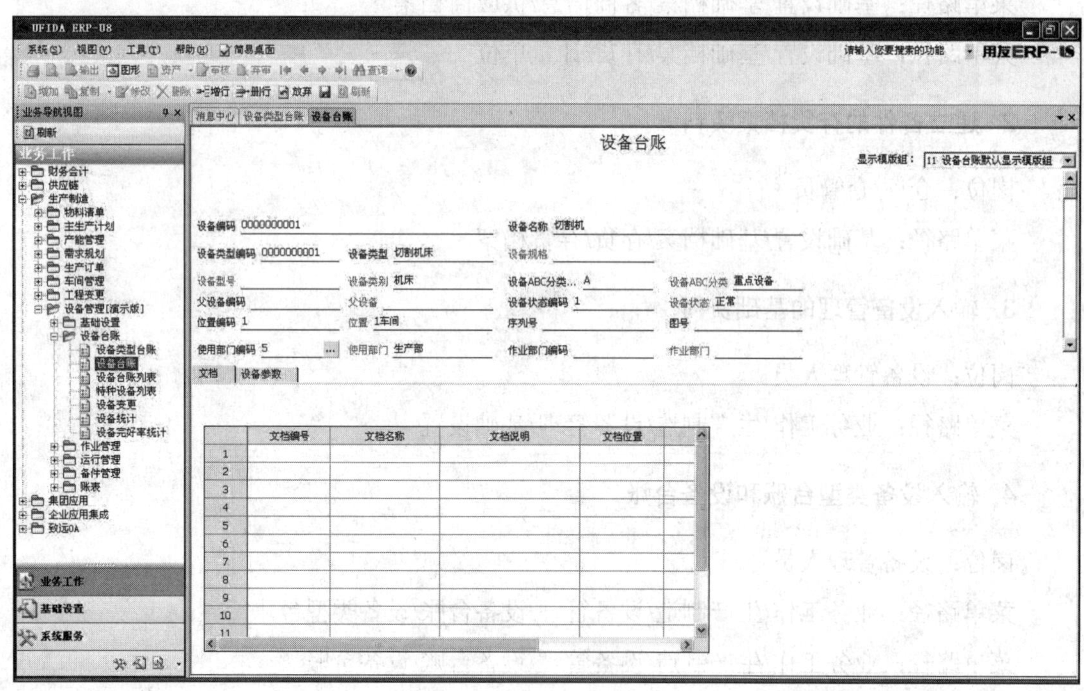

图 14-4　设备台账

5. 对设备作业进行计划

岗位：设备管理人员

菜单路径：业务工作/生产制造/设备管理/作业管理/作业内容

菜单路径：业务工作/生产制造/设备管理/作业管理/作业计划

菜单路径：业务工作/生产制造/设备管理/作业管理/作业单

(1) 作业内容操作如图 14-5 所示。

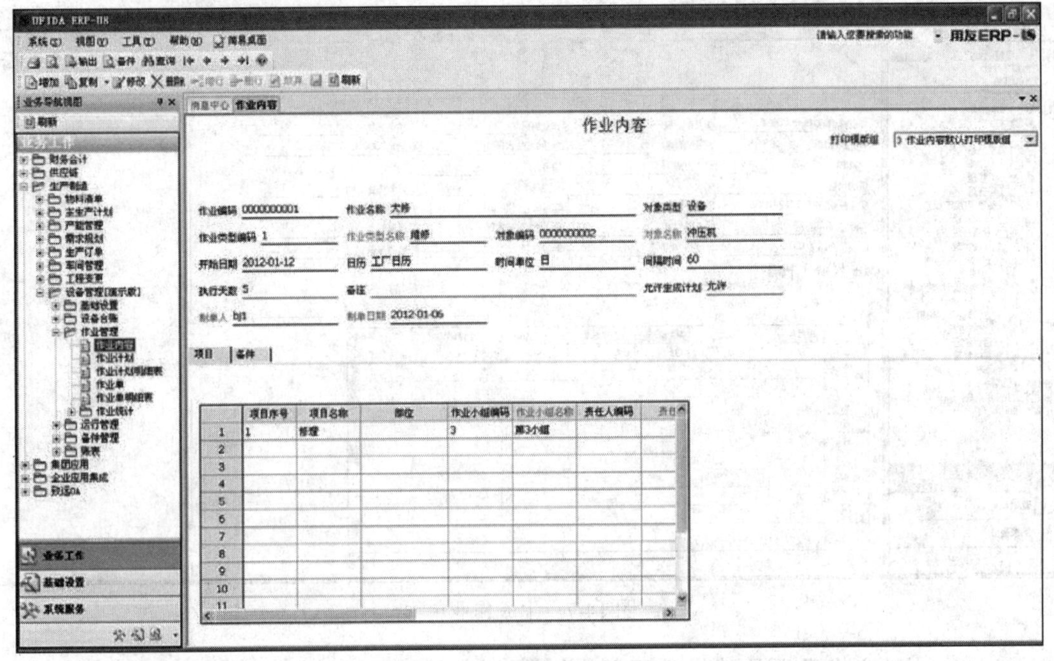

图 14-5　录入作业内容

(2) 作业计划操作如图 14-6 所示。保存以后，单击“处理”中的“审核”命令。

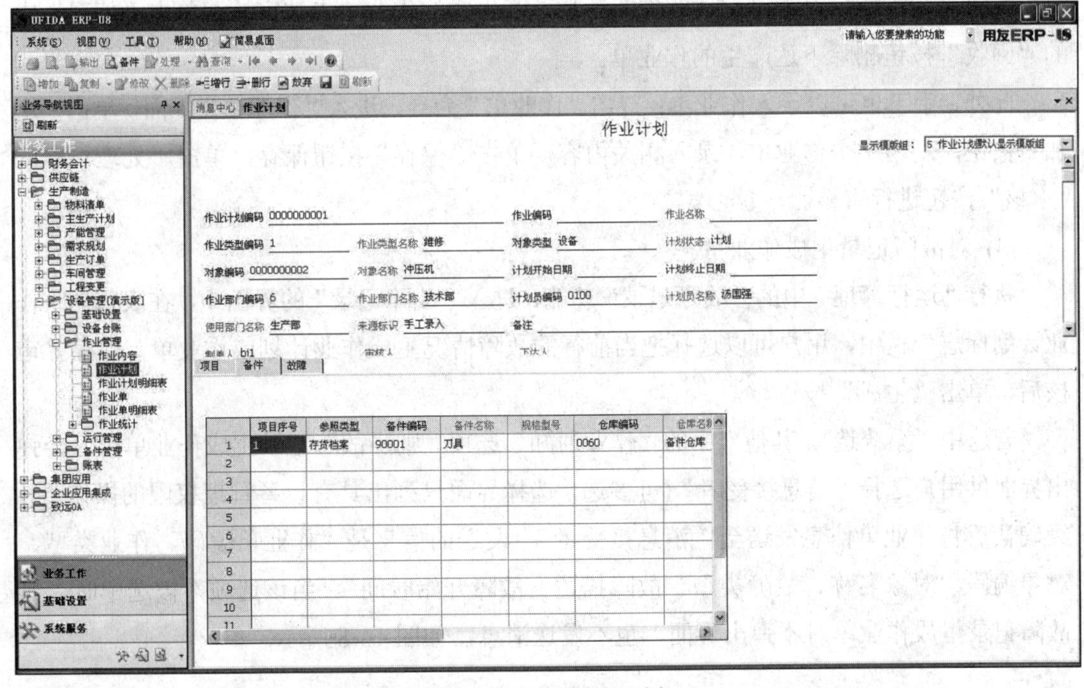

图 14-6　录入作业计划

(3) 由作业计划生成作业单的操作结果如图 14-7 所示。

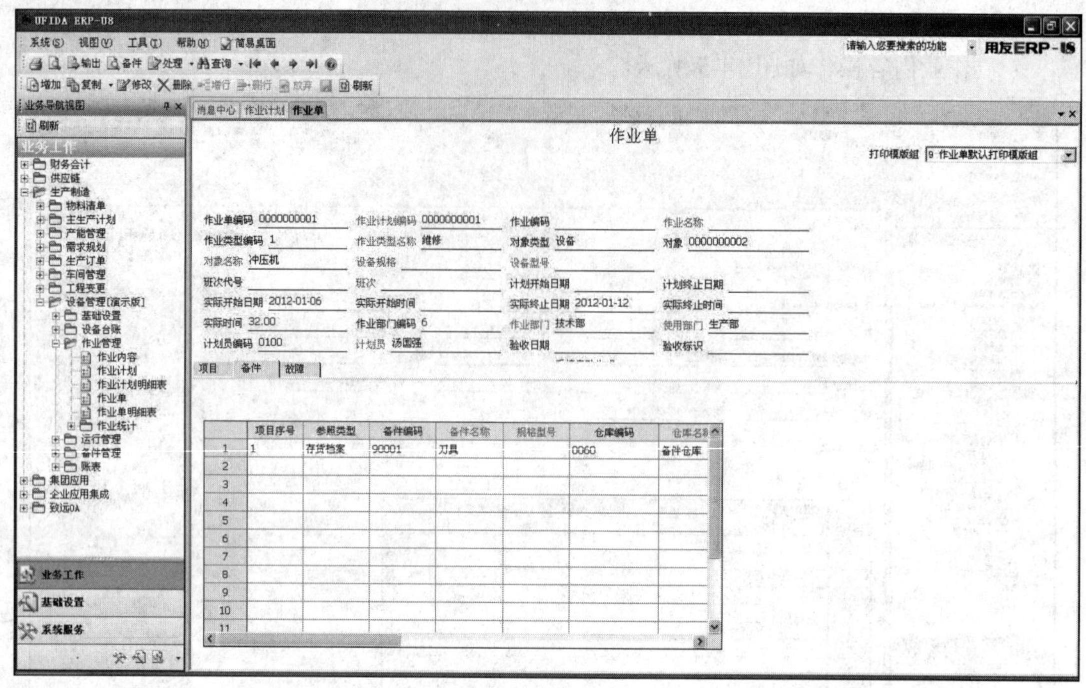

图 14-7　生成作业单

先在“作业计划”界面中，选择要执行的计划，单击工具栏“处理”中的“下达”按钮，系统根据作业计划产生一张作业单，单击“保存”按钮保存，单击“处理”中的“审核”按钮进行审核。对于已下达的作业计划，若生成的作业单未被审核，单击“处理”中的“回收”按钮删除下达产生的作业单。

此外，手工也可以录入作业单：双击“作业单”命令，进入“作业单”界面，单击“增加”按钮，新增一个作业单，录入相关内容，单击“保存”按钮保存，单击“处理”中的“审核”按钮进行审核。

(4) 对故障记录生成作业单。

执行“运行管理”中的“故障记录”功能，进入“故障记录”的界面中，在表体的“作业计划标志”栏中，用户可以选择把当前行的故障情况生成作业计划或作业单，保存并审核后，单击“生成”按钮。

若选中“系统选项/其他”中的“作业通知”选项，则当故障记录生成作业单时，会弹出界面供用户选择“消息接受者”(可多选，选择界面只列出具有设备管理权限的操作员)，经确认后将作业单信息发送至“消息接受者”。发送的信息是“作业单编码、作业类型、对象编码、对象名称、故障类型、故障描述、故障开始时间”。当该选项不被选中时，则故障记录生成作业单时不弹出界面，也不发送消息，如图 14-8 所示。

成功生成的作业单或作业计划，可以在“作业管理/作业单或作业计划”中进一步操作。

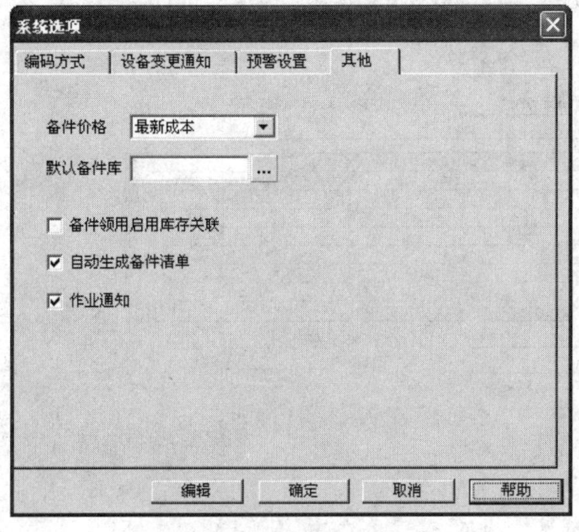

图 14-8　作业单启用消息通知

6. 对设备运行状况进行监督管理

岗位：设备管理人员

菜单路径：业务工作/生产制造/设备管理/运行管理/测量点

菜单路径：业务工作/生产制造/设备管理/运行管理/测量点记录

菜单路径：业务工作/生产制造/设备管理/运行管理/故障记录

菜单路径：业务工作/生产制造/设备管理/运行管理/运行记录

菜单路径：业务工作/生产制造/设备管理/运行管理/运行统计

(1) 设置测量点的操作如图 14-9 所示。

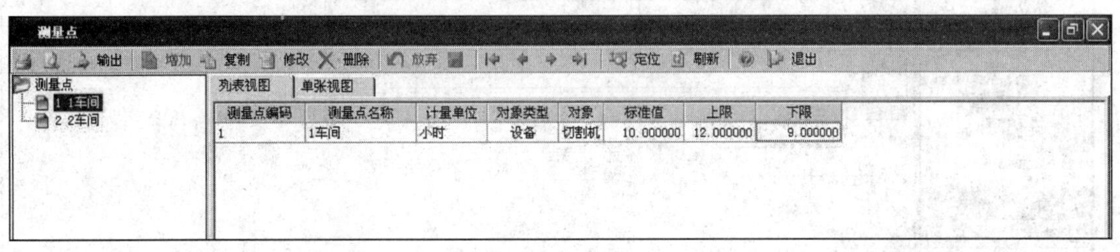

测量点编码	测量点名称	计量单位	对象类型	对象	标准值	上限	下限
1	1车间	小时	设备	切割机	10.000000	12.000000	9.000000

图 14-9　设置测量点

(2) 记录测量点的情况，如图 14-10 所示。保存后，要进行审核操作。

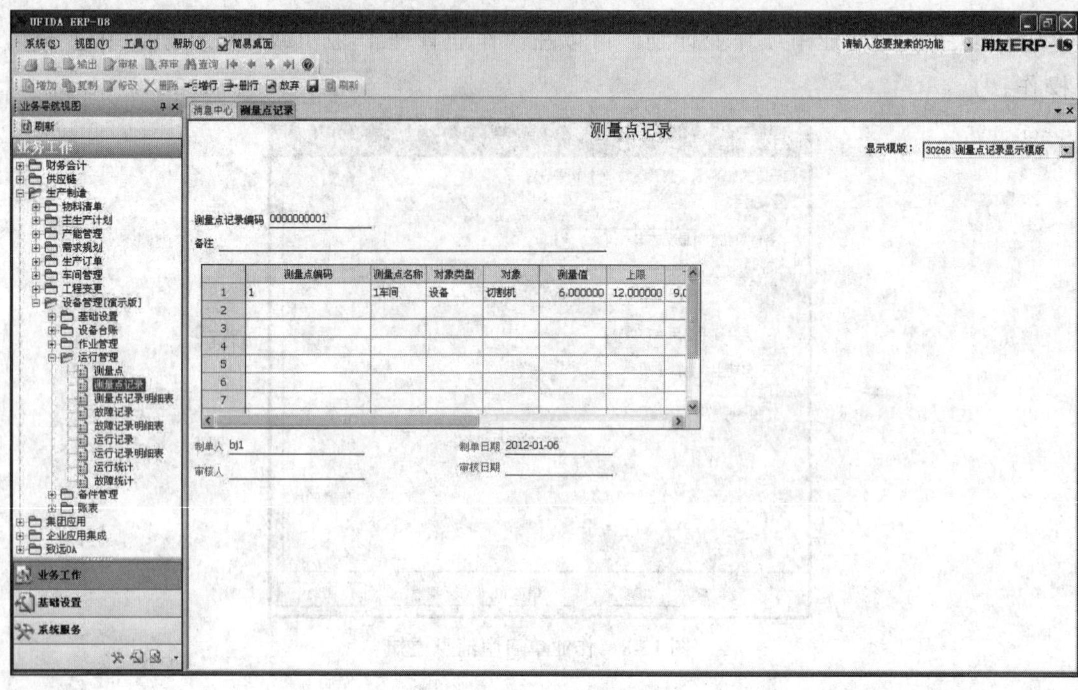

图 14-10　记录测量点

(3) 记录设备的事故与故障情况，如图 14-11 所示。保存后，要进行审核操作。

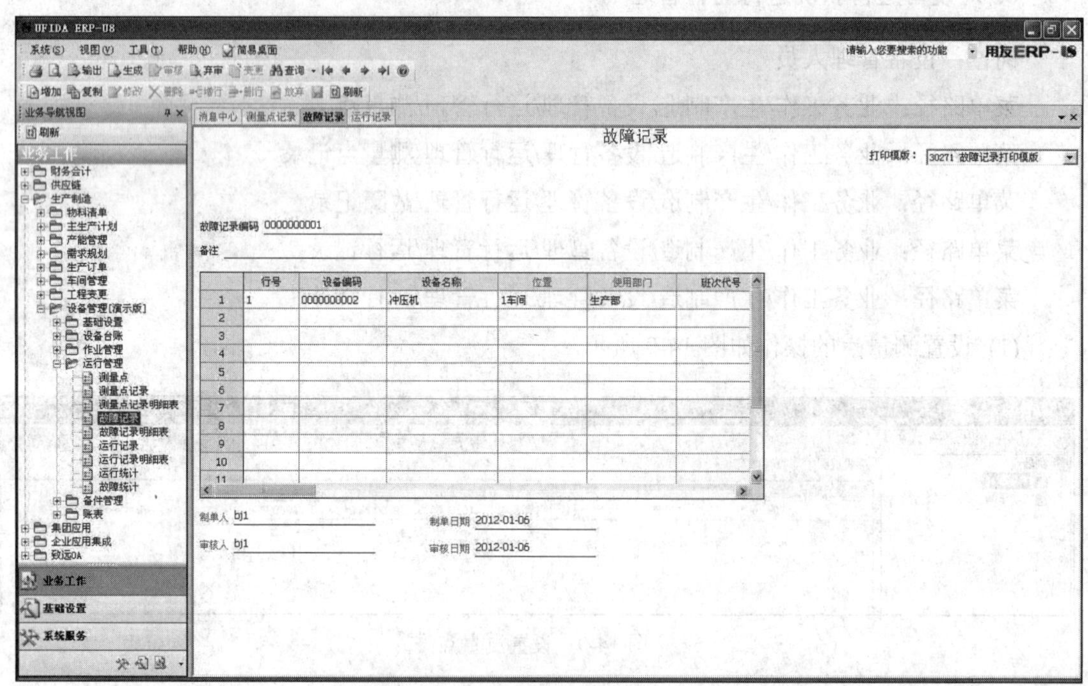

图 14-11　记录设备的事故与故障

(4) 运行记录的操作如图 14-12 所示。保存后，要进行审核操作。

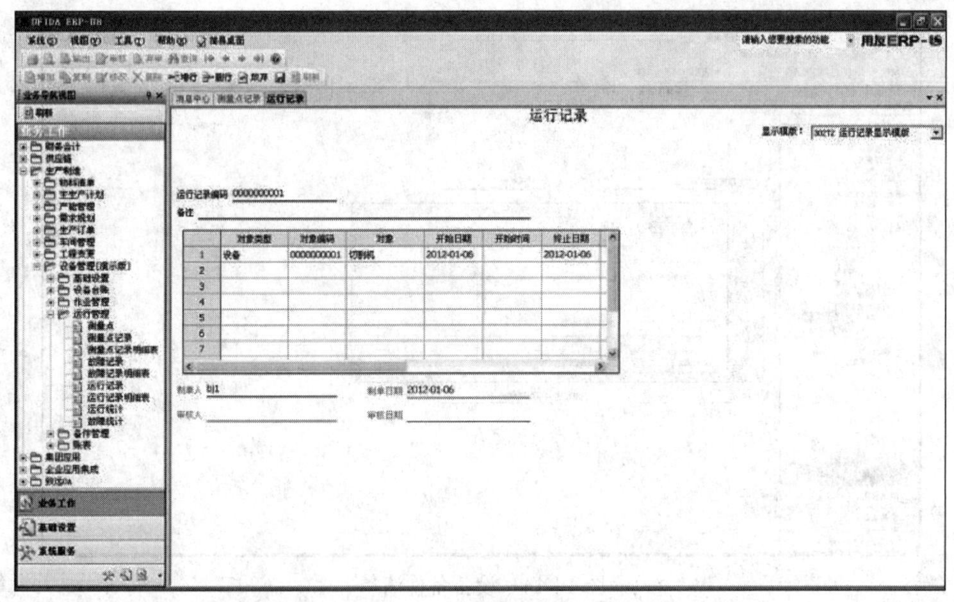

图 14-12 设备运行记录

(5) 运行统计的操作如图 14-13 所示。

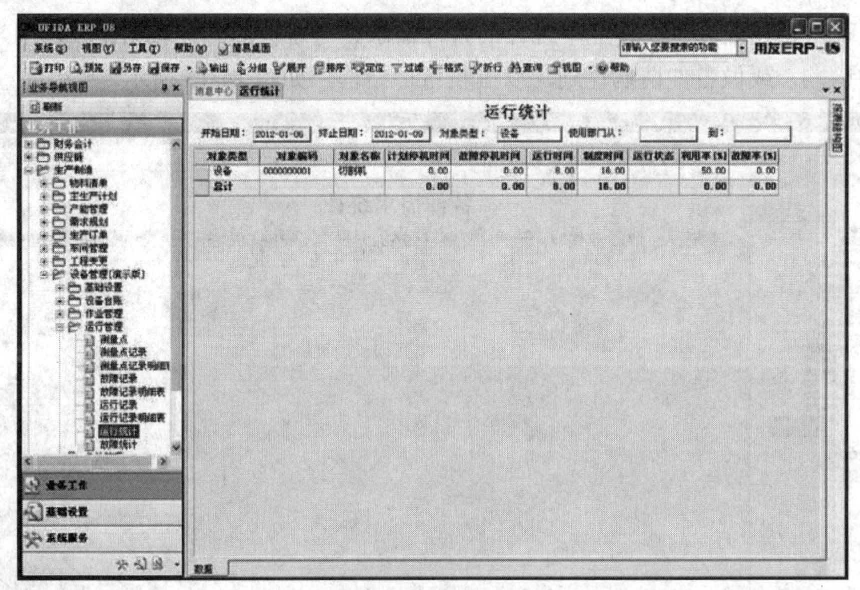

图 14-13 设备运行统计

7. 对维修设备所需的备件进行管理

岗位：设备管理人员

菜单路径：业务工作/生产制造/设备管理/备件管理/设备备件清单

菜单路径：业务工作/生产制造/设备管理/备件管理/备件需求统计

(1) 备件清单的输入操作。可手动输入，也可自动生成。当作业内容、作业计划、作业单制作完成被保存后，备件会自动加入备件清单，如图 14-14 所示。

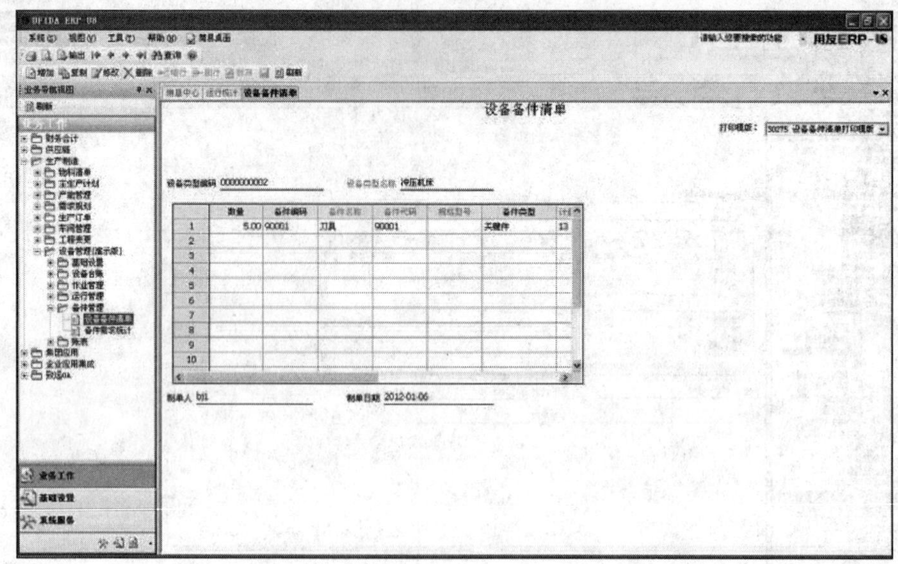

图 14-14　设备备件清单

(2) 备件需求统计操作。提取作业计划和未完成的作业单使用的备件，生成备件毛需求，供计划、采购部门使用。

用户可根据作业计划、作业单统计的备件需求、与备件的库存量相比较，用户可据此做备件的请购，或做备件请购计划，以调整备件结构，如图 14-15 所示。

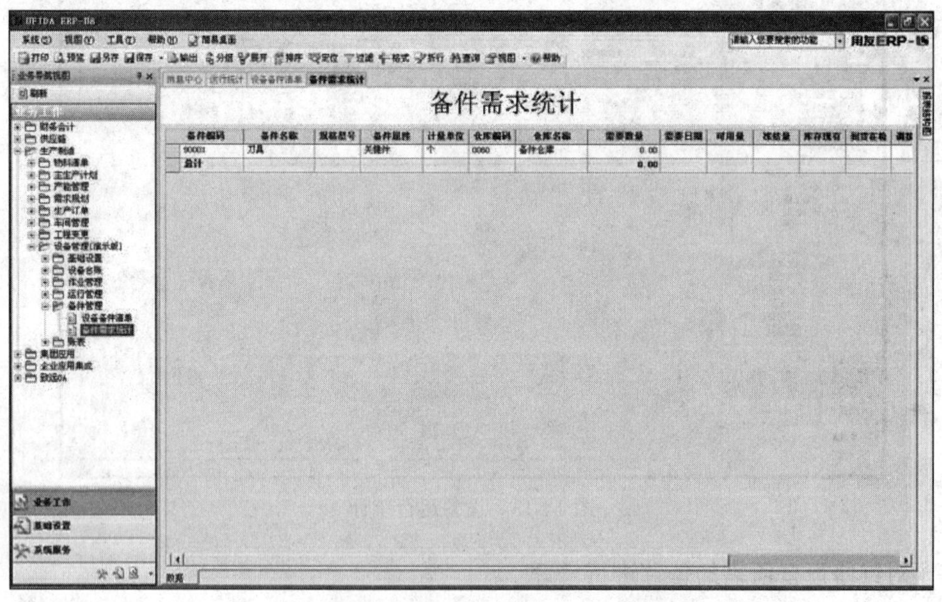

图 14-15　备件需求统计

【思考题】

设备管理有何意义？主要业务内容是什么？操作流程是什么？